全国高校思想政治工作精品项目《思想政治教育与创新创业教育深度融合下的实践育人体系构建与探索》；教育部新文科研究与改革实践项目《思创融合视角下的"I2E"创新创业教育生态系统探索与实践》；甘肃省高等学校课程思政建设研究项目《思政教育与双创教育的深度融合：范式、机制与路径》的阶段性成果

S-ICM翻转课堂教学模式研究

党建宁 ◎ 著

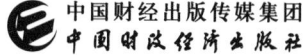

图书在版编目（CIP）数据

S-ICM 翻转课堂教学模式研究／党建宁著． ――北京：中国财政经济出版社，2021.10

（兰州财经大学学术文库）

ISBN 978-7-5223-0726-8

Ⅰ.①S… Ⅱ.①党… Ⅲ.①高等学校－课堂教学－教学模式－教学研究 Ⅳ.①G642.421

中国版本图书馆 CIP 数据核字（2021）第 164600 号

责任编辑：蔡　宾　　　　　责任校对：胡永立

封面设计：陈宇琰

S-ICM 翻转课堂教学模式研究
S-ICM FANZHUAN KETANG JIAOXUE MOSHI YANJIU

中国财政经济出版社 出版

URL：http：//www.cfeph.cn

E-mail：cfeph@cfeph.cn

（版权所有　翻印必究）

社址：北京市海淀区阜成路甲 28 号　邮政编码：100142

营销中心电话：010-88191522　编辑部门电话：010-88190666

天猫网店：中国财政经济出版社旗舰店

网址：https：//zgczjjcbs.tmall.com

北京财经印刷厂印刷　各地新华书店经销

成品尺寸：170mm×240mm　16 开　26.25 印张　395 000 字

2021 年 12 月第 1 版　2021 年 12 月北京第 1 次印刷

定价：80.00 元

ISBN 978-7-5223-0726-8

（图书出现印装问题，本社负责调换，电话：010-88190548）

本社质量投诉电话：010-88190744

打击盗版举报热线：010-88191661　QQ：2242791300

摘　　要

翻转课堂教学模式近年来在世界范围内倍受关注，它既是对传统班级授课制下教师中心模式的颠覆，也是课堂教学结构产生系统性变革的典型范式，对其进行积极探索和深入研究，能为课堂结构变革以及提高教学质量提供有力的理论佐证和实践指导。移动社交网络由于其本身所富含的移动互联技术基因和社交活动价值理念，对于社会文化传播的影响和作用渐成显势，对于教育领域的综合改革，乃至对教育信息化的整体观念和全局行动，也存在着适切而又紧密的理论关系和实践意义。然而，在翻转课堂教学的实践中，我国目前的翻转课堂教学还处在探索阶段，在平台选择和模式构建等方面还存在一定的局限性和不完整性。据此，在以质量提升为核心的高等教育内涵式发展新常态下，运用移动社交网络进行大学翻转课堂教学实践的研究，开展信息技术与教育深度融合的探索，具有较强的理论意义和现实意义。

基于此，本书明确了"基于移动社交网络的大学翻转课堂教学模式"的研究主题，在基于设计的研究范式下，综合运用了内容分析法、调查研究法、准实验研究法等研究方法，对于应用移动社交网络推进大学翻转课堂教学模式的理论与实践进行了深入的考察，探究了如何促进大学生在日益普及的移动社交网络环境中有效地开展翻转学习活动。

本书的主要研究目标是通过对移动社交网络进行教学功能的挖掘、移植和开发改造，探究运用移动社交网络开展大学翻转课堂教学的理论与实践方法。本书通过文献梳理和理论推演，首先，构建了 S-ICM 翻转课堂教学模式（即基于移动社交网络（Mobile Social Network）的"课前知识传授（Knowledge Impartment)、课堂知识内化（Knowledge Construction）、课后知识迁移（Knowledge Migration）"的三阶翻转课堂教学模式的理论原型，并对其进行了内涵解析和要素分析，设计出了该模式的评价框架和指标体系。其次，采用了基于设计的研究方法，经过三轮迭代循环，细化了S-ICM翻转课堂教学模式的分阶模式和实施体系，形成了具体的基于移动社交网络的三阶翻转课堂教学模式，以及一整套详细的教学设计方案、活动流程环节、参与式教学设计机制、学习效果评价方式等分阶模式和实施方案。再次，开展了S-ICM翻转课堂教学模式的实践应用效果评价，采用准实验研究方法，建立对照组和实验组，设计了不相等区组后测准实验设计模式和单组前测后测时间序列准实验设计模式，通过问卷调查和访谈等形式进行评价数据收集，运用统计学方法对数据进行检验分析。分析结果显示，S-ICM翻转课堂教学模式在实践教学中效果较为明显，学生在认知、情感、能力和行为几个维度的学习效果均有提升，该模式的构建以及相应内涵体系的建立，基本达到了研究的预期目标。最后，在前期研究和效果评价的基础上，结合教学实践经验和体会，进一步总结出S-ICM翻转课堂教学模式具体应用实施时必须遵循的原则和相关策略，这既是该模式推广应用的指导原则，也是对S-ICM翻转课堂教学模式内涵特征的再次凝练和深化。

本书的研究结论主要有：①在大学课堂教学中应用S-ICM翻转课堂教学模式，有利于提高高等教育教学质量。②S-ICM翻转课堂教学模式中应用移动社交网络构建翻转课堂教学平台，有利于促进信息技术与教育教学的深度融合。③S-ICM翻转课堂教学模式以知识学习为主线，串联起了知识传授、知识内化和知识迁移的整体认知链条，有利于学生认知、能力、情感和行为的统合发展。④S-ICM翻转课堂教学模式的具体施行中，必须坚持以学生为中心的教学理念，明确移动社交网络的价值效度，合理进行实践应用。

本书的创新之处主要表现在：①理论层面。本书提出的S-ICM翻转课堂教学模式，将移动社交网络有效融入课堂教学，在一定程度上丰富了翻转课堂理论体系，为促进高校信息技术与教育教学的深度融合、推进课堂教学改革和人才培养模式创新、提高人才培养质量，提供了新的途径。②实践层面。在完善和细化S-ICM翻转课堂教学模式过程中，本书总结形成的教学设计方案、活动流程环节、平台开发模式、参与式教学设计机制、学习效果评价方式、推广应用原则和策略体系等一整套具体详细的分阶段模式和实施方案，为高校开展翻转课堂教学提供了具体的操作程序和实践指导。

本书受现实条件制约，还存在着研究样本整体偏少，研究周期较短等不足。基于上述认识，期望在后续研究中，进一步完善 S-ICM 翻转课堂教学模式的理论框架，优化实施规程和教学设计方案，细化教学评价指标体系，在更宽阔的范围内如基础教育领域、继续教育领域中开展应用研究。同时借助本书的拓展性策略体系，不断提升模式本身的内涵和外延，使之更加完善和成熟。

关键词：翻转课堂教学模式；移动社交网络；知识传授；知识内化；知识迁移；基于设计的研究

Abstract

Flipped classroom model has been paid close attention in the whole world in recent years from the deep subversion of traditional teacher – oriented classroom model to the changing paradigm of classroom teaching structure system, which will provide strong theoretical evidence support and practical guidance by carrying on the positive research exploration for the combination between information technology and the reform of higher education. The rich value of mobile social network activities and the mobile Internet technology gradually influence social and cultural concepts, especially for the appropriate guidance of global theory and practice in the field of education comprehensive reform. In practice, there are some limitations and imperfection in the platform selection, model building and teaching design that lead to the flipped classroom teaching in China is still in the exploratory stage.

This studyfocuses "the research on flipped classroom model in university based on mobile social network". The design paradigm tries to comprehensively use the content analysis method, survey research method, action research method and quasi experimental research method and other research methods, exploring how to effectively promote college students in the growing popularity of mobile social network environment by investigating the teaching theory and practice application of the flipped classroom model learning activities in mobile social networks.

The main research objective of this study is to explore the value of mobile social network on theoretical and practical methods of the practice of flipped classroom. This study combines the principles of education theories with the reference of the constructing structure of the flipped classroom teaching model elements to build a framework for S-ICM flipped classroom teaching theory model on the basis of connotation and factor analysis and the evaluation and index system design. Secondly, this study develops a three-stage flipped classroom teaching model "Before Class Knowledge Impartment + Classroom Knowledge Construction + After Knowledge Migration" through the deep analysis of S-ICM flipped classroom teaching model from previous structure, which contribute to the integration of the teaching design scheme, the activity process, the teaching participation design mechanism, the learning effect evaluation method and the implementation plan. Thirdly, the study makes an implementation of effect verification and the S-ICM flipped classroom model evaluation in the process of experimental research method. A control group and an experimental group in the implementation of the unequal block posttest quasi experimental design and a single group pre post test measured time series quasi experimental design pattern. The S-ICM flipped classroom teaching model teaching practice are based on questionnaires and interviews and other forms of evaluation data collection in order to carry out the test data analysis by using statistical method. Analysis results show the expected corresponding system achievement that the S-ICM flipped classroom model popularity of teachers and students in the practice teaching process and the students' learning effects improvement from the cognitive, emotional, ability and behavior of several dimensions. Finally, this study combines teaching practice experience with the action research effect evaluation to summarize the S-ICM flipped classroom model that follows the principles and strategies implementation to deepen the explanation guidance of the S-ICM flipped classroom model.

The main conclusions of this study are: ①The S-ICM flipped classroom teaching model can contribute to improve the teaching quality of higher education. ②The S-ICM flipped classroom teaching model on the mobile social network platform is conducive to the promotion of the deep combination between information technology and education reform. ③The S-ICM flipped classroom teaching model takes knowledge learning as the main line with the cognitive integration of impartment and migration knowledge as well as internalization knowledge, which contributes to students' cognition, ability, emotion and behavior development. ④In the specific implementation of the S-ICM flipped classroom teaching model, it is necessary to adhere to the student – centered teaching philosophy, clarify the value and validity of mobile social networks, and implement reasonable practical applications.

The innovation of this study: ①From the theoretical perspective: The S-ICM flipped classroom teaching model makes a broader scope of the implementation of the flipped classroom teaching system from the in – depth analysis of definition expansion on the education information technology. The study provides a useful case collection and effect support to classroom teaching reform and innovation of talent cultivation by combing the mobile social network potential advantages with the actual needs of higher education quality improvement. ②From the practical perspective: this study has a positive contribution to the development of teaching platform design and related study platform utilization; At the same time, it also provides some practical guidance and teaching practical value for institutions to carry out the flipped classroom teaching model.

The limitation of this study is the short overall research cycle to restrict the study samples. Based on the above understanding, this study expected to further improve the theoretical framework of S-ICM flipped classroom model and optimize the implementation of the rules and the teaching design proposal and detailed teaching evaluation index system in the wider range. At the same time, the study carry out applied research in the field of basic education with the help of the development strategy and constantly improve the connotation and extension of the model itself to make it more perfect and mature.

Key words: flipped classroom model; mobile social network; Knowledge Impartment; Knowledge Construction; Knowledge Migration; Design – Based Research

目 录

第 1 章 绪论 … （ 1 ）
本章概要 … （ 1 ）
本章脉络结构 … （ 2 ）
1.1 研究背景 … （ 2 ）
1.2 研究问题 … （ 18 ）
1.3 研究目标与意义 … （ 20 ）
1.4 研究方法 … （ 23 ）
1.5 研究框架 … （ 25 ）

第 2 章 文献综述 … （ 27 ）
本章概要 … （ 27 ）
本章脉络结构 … （ 27 ）
2.1 移动社交网络相关研究 … （ 28 ）
2.2 翻转课堂教学模式相关研究 … （ 46 ）
2.3 国内外相关研究的总结与启示 … （ 77 ）

第 3 章 S-ICM 翻转课堂教学模式理论原型的构建 … （ 86 ）
本章概要 … （ 86 ）
本章脉络结构 … （ 87 ）

  3.1 S-ICM 翻转课堂教学模式的理论基础 …………………（87）
  3.2 S-ICM 翻转课堂教学模式的技术支持环境 ……………（103）
  3.3 教育学视野中的教学模式构建原则与方法 ……………（134）
  3.4 S-ICM 翻转课堂教学模式的理论原型 …………………（140）
  3.5 S-ICM 翻转课堂教学模式评价指标体系 ………………（181）

第 4 章 S-ICM 翻转课堂教学模式的迭代修正……………………（196）
  本章概要……………………………………………………………（196）
  本章脉络结构………………………………………………………（196）
  4.1 基于设计的研究概述 ……………………………………（197）
  4.2 研究总体方案设计 ………………………………………（199）
  4.3 第一轮研究——检验模式的合理性和适宜性 …………（203）
  4.4 第二轮研究——优化模式的操作性和灵活性 …………（230）
  4.5 第三轮研究——提升模式的延伸性和扩展性 …………（257）
  4.6 三轮研究小结 ……………………………………………（276）

第 5 章 S-ICM 翻转课堂教学模式的实践应用效果……………（284）
  本章概要……………………………………………………………（284）
  本章脉络结构………………………………………………………（284）
  5.1 效果评价方案设计与实施 ………………………………（285）
  5.2 效果评价数据检验与分析 ………………………………（290）

第 6 章 S-ICM 翻转课堂教学模式的应用策略总结……………（309）
  本章概要……………………………………………………………（309）
  本章脉络结构………………………………………………………（309）
  6.1 指导原则 …………………………………………………（311）
  6.2 实施策略 …………………………………………………（316）
  6.3 拓展策略 …………………………………………………（320）

第 7 章　结语 ·· (324)

　　本章概要 ·· (324)

　　本章脉络结构 ·· (324)

　　7.1　研究的主要工作 ·· (324)

　　7.2　研究成果与研究结论 ·· (327)

　　7.3　创新之处 ··· (330)

　　7.4　研究的不足与展望 ··· (332)

参考文献 ·· (334)

附录一：移动社交网络应用现状调查问卷 ································ (362)

附录二：参与移动学习和课堂学习现状调查问卷 ······················· (369)

附录三：翻转课堂教学模式调查问卷 ······································ (374)

附录四：整体满意度调查问卷 ··· (379)

附录五：满意度影响因素调查问卷 ··· (384)

附录六：访谈提纲（面向学生） ·· (389)

附录七：访谈提纲（面向教师） ·· (391)

附录八：专家意见征询表 ··· (392)

附录九：所罗门学习风格量表 ··· (398)

附录十：VAK 学习类型自我测试量表 ···································· (401)

后　记 ··· (403)

第1章 绪　　论

本章概要

　　本章从传统班级授课制中教师中心教学模式的弊端、技术驱动教育变革的趋势、WEB2.0时代中泛在学习情境下即时交互和碎片化学习的需求、高等教育内涵式发展对提高教学质量的要求等几个方面，分析了研究的背景，提出翻转课堂教学模式正是推动信息技术与教育教学深度融合、促进课堂教学发生结构性变革的有效途径之一。在此基础上，结合教学实践经验和翻转课堂发展趋势，初步形成了研究所要解决的问题，即运用移动社交网络作为翻转学习平台，构建面向大学教学的翻转课堂教学模式。随后对研究的目标和意义进行了详细阐述，并总结了选用的研究方法和初步形成的研究框架，为后续研究奠定了良好的基础。

本章脉络结构

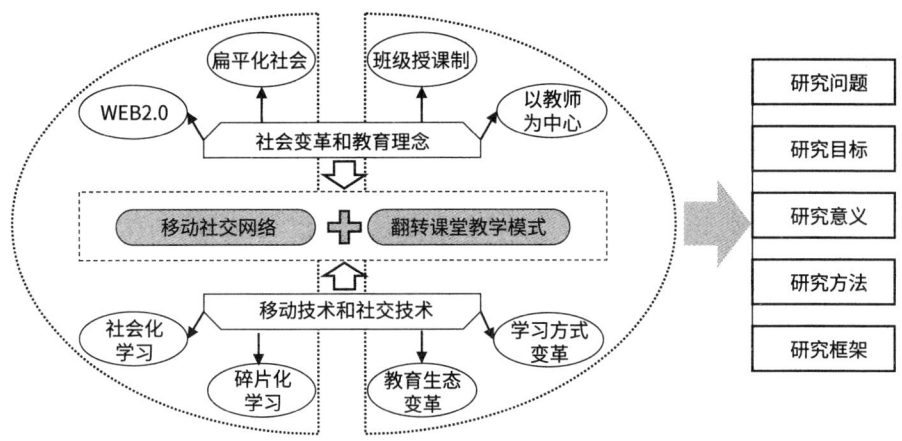

1.1 研究背景

1.1.1 传统班级授课制中教师中心模式的弊端

1. 班级授课制度的起源发展与缺陷

公元前4世纪前后,孔子在中国创立私塾,开创了平民受教育的先河,古希腊的苏格拉底等在"阿卡德米"讲学而兴学园之风。这是教育教学的最初组织形式,以教学个体为对象的个别教学,其最大局限是教学效率低下。欧洲文艺复兴前后,教育领域提出了大众化的理念,班级授课制度逐渐确立并迅速发展,它将工业化生产方式引入教育,对提升人类的整体素质起着至关重要的作用①。

---

① 商春锦. 班级授课制的历史、现状与对策[J]. 福建教育学院学报,2003(7):110-112.

第 1 章
绪　论

　　从教育整体发展趋势来看，班级授课制的出现，适应了社会发展和时代进步的需要，表现出以下优点：第一，一师多生，大规模面向学生开展教学，提高了教师的利用率和教学效率。第二，统一安排教学时间和教学内容，教与学劳逸结合，有利于增强教学效果。第三，知识系统性显著，学生学习可循序渐进、有条不紊。第四，教师系统讲授，直接指导学生学习全过程，组织纪律性强，能够发挥主导作用。第五，教学是一个师生、生生间相互交往的过程，有利于培养学生的集体主义精神。正如夸美纽斯所言："青年人最好还是一同在大的班级里面受到教导，因为把一个学生作为另一个学生的榜样与刺激，是可以产生更好的结果与更多的快乐的。"①

　　作为工业时代的产物，班级授课制在不断发展过程中既得到了前期的追捧和流行，也经历了后期的冲击和批判。在近 100 多年来的教育发展中，传统班级授课制对人的全面发展和素质提高的局限性愈发显著。特别是随着社会的开放度日益提高，教育的开放化趋势日渐增强及现代网络媒体的逐年兴起，班级授课制主要表现出三个"不适应"②，即统一教学不利于照顾学生的个别差异和更好地因材施教，限制学生个性发展，不适应现代教育以人为本的趋势；以教师讲授为主，学生被动接受，制约学生自我探究与反思，不适应现代教育以学习者为中心的趋势；教育环境封闭，书本与实践、课堂与社会相脱节限制学生的知识视野和想象创造，不适应现代教育开放的趋势③。

　　时至今日，尊重学生的特体差异，开展个性化教学、培养创新型人才，已成为教育界广泛共识④。因此，国内外诸多学者为班级授课制提出了系统改进的意见和建议，一些地区和学校进行了许多有益的探索和尝试，使班级授课制在发展中更加适应时代发展的需要。

2. 教师中心模式的历史价值及弊端

　　以赫尔巴特为代表的传统教育派将教师置于整个教学过程的中心，强调

---

① （捷）夸美纽斯. 大教学论 [M]. 傅任敢, 译. 北京：教育科学出版社, 1999.
② 吴亚书. 班级授课制的历史发展与德育改革研究 [D]. 长春：东北师范大学, 2007.
③ 商春锦. 班级授课制的历史、现状与对策 [J]. 福建教育学院学报, 2003 (7): 110 – 112.
④ 黄秋香. 浅谈现行班级授课制的遭遇及其变革 [J]. 长春理工大学学报（社会科学版），2011 (5): 167 – 169.

教师的权威作用，这一学说被称为"教师中心说"①。教师中心说以教师、教材和课堂为中心，以知识传授和智力发展为目的，凸显教师的主体性，主张教师在教学中居于支配地位、发挥教师权威和管理作用的教学理论②。

教师中心教学模式起源于原始社会中技能经验口耳相传，到奴隶社会产生了专门的教师职业，再到中世纪宗教统治下的经院主义僧侣教学制，及至近现代形成了完备的院校教学体系，这其中，教师始终处于教与学二者中的主导地位。从 17 世纪夸美纽斯所谓泛智主义教学思想中的印刷式教学术，到 20 世纪 60 年代，奥苏贝尔在有意义接受学习理论中的大力倡导讲授式教学，教师中心模式的理论体系时有进益，不断丰满。

从我国教育由传统走向现代的演进历程来看，从古代私塾教育强调"天地君亲师"的等级秩序和道德伦理，到中华人民共和国成立后凯洛夫教育理论对我国现行教育教学模式的广泛影响，这期间教师中心教学模式也一直位居主流，未曾式微。

教师中心教学模式在古今中外的教育思想史上能长时期占据主导地位，主要源于以下优势：第一，有利于教师自我实现，充分发挥了教师的主体性；第二，便于灌输国家意志和社会规范，有利于规范学生行为；第三，注重完整的学科知识体系的学习，有利于传授系统完整的文化知识③。然而，教师中心教学模式也存在实践的片面性和历史的局限性。正如路易斯·米夫萨德（Louise Mifsud）所说："在几百年制度化过程中，课堂及其文化已经根深蒂固，控制已深深植根于教与学的文化之中。"④ 这就需要我们对教师中心模式中的控制取向文化进行理性地警醒并加以修正。首先，存在教师主体和学生客体之间的二元对立的认识论局限。其次，容易忽视人的生命价值，有碍师生人生意义的共同建构，教学沦为程式化工具化的狭隘活动。第三，

---

① 刘煜. 关于师生关系研究的几点思考 [J]. 湖南农业大学学报（社会科学版），2003 (2)：78 - 80.
② 任丹丹，徐媛媛. 教师中心说、学生中心说的合理性和局限性及其整合发展趋势 [J]. 邢台学院学报，2011 (1)：45 - 47.
③ 龚孟伟. 历史的视角：教师中心教学文化的价值与局限 [J]. 学术论坛，2011 (8)：172.
④ Mifsud L. Changing learning and teaching cultures? [M] //Mobile Communications. Springer London，2005：237 - 252.

忽视了师生间的教学对话和意义建构，导致教学实践偏离培养"全面的人、完整的人、真实的人"的教育目标①。

3. 翻转课堂对教学结构的颠覆重塑

一直以来，以教师为中心的班级授课制教学存在两个难以解决的矛盾——既定的教学进度与参差不齐的学生知识掌握速度之间的矛盾，教师共性化教学与学生个性化认知的矛盾。基于此，世界范围内的教育研究者和实践者都在不遗余力地探寻新的教学模式，力图进行突破式创新或渐进式改良。2007年，美国卡罗拉多州伍德兰德高中的化学老师乔纳森·伯格曼（Jonathan Bergmann）和亚伦·萨姆斯（Aaron Sams）反思课堂教学时间如何更为有效利用的问题，尝试实践一种与传统课堂教学完全不同的教学方式即翻转课堂②，并不断通过网络和专著向广大教师进行推广。萨尔曼·汗（Salman Khan）创办的可汗学院（Khan Academy）一直在努力变革传统课堂教学结构，2011年开发了学习控制系统，开始了利用在线网络视频结合传统课堂组成翻转课堂教学模式来促进学生学习的尝试③，在北美地区备受瞩目。自此，"翻转课堂"成为世界范围内教育者关注的热点，翻转课堂教学模式也得到了广泛传播。

回归到理论层面来审视，结构和模式的翻转源于"以学生为中心"的思考，这种理念对于教育活动的启示在于：通过变换学习方式，发挥学生潜能，能够促使学习的积极主动性得到极大改变，进而提高学生的学习水平和学习能力，不仅创新了教学方式，而且使传统意义上的教学结构和教学模式发生了改变。以问题和活动为主导的课堂教学，真正体现了学生的"中心地位"，让不同程度的学生都可以获得长足发展④。由此，教师由教学的讲授

---

① 龚孟伟. 历史的视角：教师中心教学文化的价值与局限 [J]. 学术论坛，2011（8）：173.
② Bergmann J, Sams A. You're your Classroom：Reach Every Student in Every Class Every Day [M]. International Society for Technology in Education，2012.
③ （美）萨尔曼·可汗. 翻转课堂的可汗学院：互联时代的教育革命 [M]. 刘婧，译. 杭州：浙江人民出版社，2014.
④ 曾淑煌. "翻转课堂"的理论意蕴与实践探索 [J]. 教育评论，2014（10）：118-120.

者、控制者的权威形象,提升为学习的组织者和指导者的友好形象①。

"翻转课堂"的出现,为解决传统班级授课制的两个基本矛盾提供了可操作的方案。一方面,学生学习时间自主安排,学习内容、进度自行掌控。在现代信息技术的支持下,学生可以反复揣摩,还可以通过交互平台与同学或老师及时交流。学习的及时性与适切性使学生成为知识的主动发现者和意义建构者。另一方面,课堂不再是教师主导的讲授课堂,而成为面向问题解决的互动平台。学生带着自主学习时产生的问题进入课堂,教师进行集中阐释或单独答疑,学生积极调动自己的思维,投入有效的互动交流中来。在这个过程中,不同学习水平层次的学生,都可以通过个性化学习获得更多的学习体验,可以有效促进知识的深度内化。

日渐成熟的翻转课堂教学模式,体现了教育信息化与教育民主化的当代教育发展趋势。信息化即翻转课堂将现代信息技术与教育心理学结合起来,是教学模式的物质基础与技术支撑。民主化是翻转课堂教学模式的人文支撑与理念保障,凸显了以学生为中心的教学理念。翻转课堂不是简单的模式化的教学范例,而是一种原则或理念,是课堂教学的新追求和新探索。创造多元价值的课堂形式,反而更能够体现出翻转课堂所具有的魅力。因此,翻转课堂教学模式的研究和实践,更应当注重学生创新思维、自主学习、社交沟通等诸多能力的协调发展②。

1.1.2 Web2.0环境下移动社交学习的趋势

1. Web2.0下社会性学习环境的构筑

Web2.0是依据六度分隔理论,以社交网站为代表,以社交软件的应用为核心的新一代互联网应用模式。其主要特征表现为:Web2.0的"用户参与创造内容"的核心因素使网络用户由单纯的浏览者、接受者转变为网络的

---

① 金陵. "翻转课堂"翻转了什么? [J]. 中国信息技术教育,2012 (9):18.
② 孙先亮. 翻转课堂:走向全人发展的教学革命 [J]. 未来教育家,2014 (2):16-17.

第 1 章
绪 论

参与者、生产者、传播者和创造者，改变了网络信息交流的模式，信息由以前的单向传播变为双向传播，这一变革对教育教学影响深远①。

从其支持的学习性质来看，Web2.0 侧重于对发现问题、解决问题等创造性学习的支持。从其支持的学习形式来说，表现为社会网络群体之间通过各种交流活动进行的社会性学习。Web2.0 社交使传统的社会性学习产生了本质的变化，一是突破了人群交往范围，二是创造了传统的社会性学习中不可能实现的思想交互网络，即能把有相同或相近思想观点的人进行自动联结，而且几方的思想交互均可深入发展②。

从 Web2.0 支持的社会性学习的角度来看，也就是构建起了学习者无处不在、无处不可、无处不能的泛在学习环境，即任何人（Anyone），在任何地方（Anywhere），任何时间（Anytime），利用随手可得的学习设备（Any-device），以自己的方式（in Anyway）获取自己所需学习信息（Any contents）与学习支持（Any learning support）③。从广义上来讲，学习本身是泛在（无处不在）的。但无处不在的学习并不一定能充分地得到支持，也并不一定能当即产生相应的效果。从狭义的角度来理解，泛在学习仅是指泛在计算技术支持下，通过泛在学习平台或环境的学习活动④。

在 Web2.0 技术支持下的泛在学习环境，学习者的协作学习，既可以发生在个体之间，也可以存在于学习组织之间，已经实现了移动泛在和广泛互联，可在任意时空进行和信息互联和协同学习。学习活动不但与知识获取和信息沟通的渠道相互关联，还与组织的结构方式和信息存在形式密切相关。正如托马斯·弗里曼所指出的，世界是平的，从人们的生活空间已经呈现出了扁平化结构。这意味着人类长期以来一直普遍采用的层级式架构将会趋于解体，任何组织、社会机构甚至教育机构的社交活动，都将以去中心化的扁

---

① 胡继强. WEB2.0 时代背景下非正式学习环境研究 [D]. 上海：上海师范大学，2009.
② 庄秀丽. Web2.0 技术学习的问题与对策 [J]. 开放教育研究，2007 (5).
③ 李卢一，郑燕林. 泛在学习的内涵与特征解构 [J]. 现代远距离教育，2009 (4)：17-21.
④ Li L, Ogata H, Yano Y. Research on Pervasive E-learning System Development [C]. World Conference on E-learning in Corporate, Government, Healthcare, and Higher Education, 2003：595-598.

平结构存在①。

2. 移动社交网络的教学应用与价值

据中国互联网络信息中心 2016 年 1 月发布的第 37 次《中国互联网络发展状况统计报告》显示，截至 2015 年 12 月，我国网民以 10—39 岁群体为主，占整体的 75.1%；其中 20—29 岁年龄段的网民占比最高，达 29.9%②。这一年龄段中的主体基本是以在校学生为主，上课使用手机已经成为大部分学生的普遍行为，其中使用移动社交软件进行即时交流和获取资讯占最大比例③④⑤。事实上，手机等通信工具已经成为现代人每天必备的生活学习工具，一味地严格限制在课堂上使用，既缺乏实践操作的可行性，也缺乏对当代大学生群体行为意识的深度关照。于此而言，一种稳妥解决之道应当是积极有效的"疏"而非违背客观现实的"堵"。

国内外已有众多研究者意识到了移动社交在教学中应用的必要性和可行性，并进行了大量有益的探索和实验⑥⑦⑧⑨。在最新版的《新媒体联盟地平线报告》中，描述了即将进入高等教育中的新兴技术以及它们对教学、学习

---

① 托马斯·弗里德曼. 世界是平的：21 世纪简史 [M]. 何帆，肖莹莹，郝正非，译. 长沙：湖南科学技术出版社，2006.
② 中国互联网络信息中心. 中国互联网络发展状况统计报告 [EB/OL]. http://www.cnnic.net.cn/hlwfzyj/hlwxzbg/201601/P020160122469130059846.pdf.
③ 张健. 大学生课堂手机控现象探析 [J]. 长春教育学院学报，2013 (23)：24 - 25.
④ 谷大海，赵海洲，项勋，等. 手机对大学生课堂学习影响的研究 [J]. 大学教育，2013 (14)：130 - 131.
⑤ 温凤鸣. 手机上网对课堂学习效果影响的实证研究 [J]. 教育教学论坛，2014 (38)：1 - 2.
⑥ Silius Kirsi, Miilumaki Thumas, Huhtamaki Jukka. Students' motivations for social media enhanced studying and learning [J]. Knowledge Management&E - Learning：An International Journal (KM&EL)，2010，2 (1)：51 - 67.
⑦ Al - shehriSaleh, Conole G, Alevizou P. A Literature Review of the Use of Web2.0 Tools in Higher Education. A Report Commissioned By the Higher Education Academy [EB/OL]. 2010 - 1 - 1. http://www.heacademy.ac.uk/assets/EvidenceNet/Conole_Alevizou_2010.pdf.
⑧ 杨洪刚，宁玉文，高东怀，等. 基于 SNS 的网络学习共同体构建研究 [J]. 现代教育技术，2010 (5)：95 - 98.
⑨ Saleh Al - Shehri. 口袋中的语境：应用移动电话和社交网络进行情境化的语言学习 [J]. 马东明、贺万霞，何伏刚，译. 中国远程教育，2012 (7)：34 - 40.

和创新研究所产生的潜在影响。其中，社交媒体被列为在未来一到两年内驱动高等教育的变革趋势的第一位。报告指出了社交媒体日益普及的现实应用状况，认为对于教育机构来说，社交媒体可以实现师生之间的双向对话[①]。无独有偶，2013年3月初，比尔·盖茨呼吁更多的美国老师应该通过社交媒体平台互相切磋交流，互通有无，从而提高教育水平[②]。

相关研究表明，基于 Web2.0 的新兴社交媒体服务如 Facebook、LinkedIn、Whatsapp、Wechat 等已经成为最吸引年轻人的网络社会服务，用户可以集中参与活动，共享信息内容，讨论和分享意见，同时还可为不同的需求创建不同类型的学习组织。通过社交进行学习，学生的兴趣大大提高，学习的动机明显增强。作为"数字土著（Digital Natives）"的当代大学生，明显表现出越来越倾向于基于 web 的学习工具，以及自由访问网络资源的学习。社交媒体工具对学生的吸引力是无可比拟的，将社交元素融入传统课堂教学进行整合研究，既是对当代大学生学习特征和学习需求的积极应对，也是大学顺应当前注重多元泛在的社会化学习情境的客观转变。移动社交作为泛在学习环境中的利用碎片化进行学习的有效工具，将在与课堂教学的合理有效结合中，发挥更大的作用，具有深刻的理论价值和实践意义。

1.1.3 信息技术与教育教学深度融合的挑战

1. 信息技术驱动教育生态变革

2010年，美国教育技术发展计划《变革美国教育：技术推动学习》（Transforming American Education：Learning Powered by Technology）[③] 提出，应用技术改善学习绩效，促进技术与学校教育系统各要素的深度融合，从而

---

① 佚名. 新媒体联盟地平线报告（2014高等教育版）[J]. 北京广播电视大学学报，2014，(S1)：3-38.

② 王传军. 社交媒体翻转美国校园 [N/OL]. 光明日报. 2013-3-30. http://epub.cnki.net/kns/detail/detail.aspx?FileName=GMRB201303300052&DbName=CCND2013.

③ U.S. Office of Education Technology. U.S. Department of Education. Transforming American Education：Learning Powered by Technology [DB/OL]. http://www.ed.gov/sites/default/files/netp2010.pdf, 2012-01-12.

变革美国教育的目标。

我国的《国家中长期教育改革和发展规划纲要（2010—2020年）》明确指出"信息技术对教育具有革命性的影响"，需要加快教育信息化进程，并从教育信息基础设施建设、优质教育资源开发与应用、国家教育管理信息系统三个方面提出了国家教育信息化建设的基本任务[①]。而教育部发布的《教育信息化十年发展规划（2011—2020年）》则进一步提出以教育信息化破解长期制约教育发展的难题，促进教育创新与变革[②]。信息技术与教育的双向融合会带来教育创新，这是"革命性影响"的核心内涵[③]。2015年7月1日，国务院正式颁布了《国务院关于积极推进"互联网+"行动的指导意见》，国务院文件强调探索新型教育服务供给方式。鼓励互联网企业与社会教育机构根据市场需求开发数字教育资源，提供网络化教育服务。鼓励学校利用数字教育资源及教育服务平台，逐步探索网络化教育新模式，扩大优质教育资源覆盖面，促进教育公平。

由此可见，在知识经济转型的时代浪潮中，中美两国对教育创新变革有着深层次的趋同诉求，即推动信息技术与教育教学的深度融合，不断丰富和创新教育理论、教学内容、方法手段，创新人才培养模式，从而促进教育发生根本性变革[④]。

信息技术对教育的革命性影响有两重内涵，一则具有提高效率、促进发展的内涵，但更有着催生教育生态环境、引领系统性变革的内涵。深度融合的核心是构建信息技术生态观，形成一个良好的教育信息生态。教育信息生态系统的理想状态就是构建起最优秀的人与最优化的技术之间的共生关系，即促进师生双方的全面均衡协调发展[⑤]。

---

① 教育部. 国家中长期教育改革和发展规划纲要（2010—2020年）[DB/OL]. http://www.gov.cn/jrzg/2010-07/29/content_1667143.htm，2012-01-12.

② 教育部. 教育信息化十年发展规划（2011—2020年）[DB/OL]. http://www.moe.gov.cn/ewebeditor/uploadfile/2012/03/29/20120329140800968.doc，2012-04-01.

③ 余胜泉. 推进技术与教育的双向融合——《教育信息化十年发展规划（2011—2020年）》解读[J]. 中国电化教育，2012（5）.

④ 柯清超. 技术推动的教育变革与创新[J]. 中国电化教育，2012（4）：9-13.

⑤ 余胜泉，陈莉. 构建和谐"信息生态"突围教育信息化困境[J]. 中国远程教育，2006（5）：19-24.

第 1 章 绪 论

2. 信息技术引领学习方式变革

（1）学习心理学研究视角下的学习方式

庞为国（2010）在综合了多种观点后指出，学习方式泛指学习者在多种不同的学习情境中，所采取的具有不同动机趋向、心智加工水平和学习效果程度的一切学习方法和形式的总和[①]。他在学习心理学研究史的角度，概括出了学习方式的几种分类：①发现学习与接受学习；②机械学习与有意义学习；③维持性学习与创新性学习；④体验式学习与学术学习；⑤情境学习与抽象学习；⑥合作学习与独立学习；⑦自主学习与他主学习；⑧研究性学习、探究性学习、基于问题的学习。

需要指出的是，上述的学习方式并不是绝对的相对立而各自孤立存在。这是因为某些学习方式在含义上有一定的交叉，其内涵也有部分的重叠。每种学习方式都有其自身的价值，它们之间是互为补充的关系。每一类学习方式之间不是二元对立、非此即彼的关系，它们分别居于同一连续体的两端，中间还有若干形态。

（2）信息技术与教育教学深度融合视角下的信息化学习方式

立足于信息技术与学习深度融合的视角，信息技术对社会各个领域的深层影响，也一定会投射到作为人类生存活动的学习过程之中，势必会引起学生个体和群体生存方式的变化，产生信息化学习方式。所谓信息化学习方式，是指借助信息技术进行的学习。信息技术确实为新时代的学习带来了诸多可能，为新学习方式的发展拓开了广阔的创造空间[②]。从传统的印刷、函授，到广播电视、录音录像，再到计算机网络教育开始兴起[③]，引发了 CSCL 计算机支持的学习、LMS 学习、多媒体 CAI 技术的发展。为区别于传统学习方式，人们将其统称为 E - learning。大量新兴技术的不断涌现，如通信技术、移动互联技术、普适计算技术等。由此，则产生了一系列与之相配套的学习方式概念，如社区学习、普适学习以及移动学习（M - Learning）等。

---

① 庞维国. 论学习方式 [J]. 课程·教材·教法，2010（5）：13 - 19.
② 李芒，陈维超. 信息化学习方式的理论阐释 [J]. 开放教育研究，2006（2）：18 - 22.
③ 祝智庭，管珏琪. 教育变革中的技术力量 [J]. 中国电化教育，2014（1）：1 - 9.

除了基于网络的新技术，Web2.0 架构下的新媒体技术也在不断渗入教育领域，产生了诸如基于社交网络的协作学习、BYOD 学习、分布式学习等，继而随着人工智能技术、大数据技术、手势识别技术、增强虚拟现实技术以及由此产生的泛在学习、自适应学习、基于社交网络的社会化学习、基于情境的学习、体验式学习等学习方式概念也应运而生。

上述信息技术与学习深度融合中产生的种种学习方式，涵盖了既各有特色又交叉重叠，既各有侧重又统和兼顾的逻辑，有些学习方式是另一种的思想起点，也会是其他学习方式的创新发展。因此，可以用一种更为广义的"混合学习"来界定信息技术与学习深度融合视角下的信息化学习方式群落。

3. 翻转课堂教学模式技术路径与基因

(1) 信息技术发展中的翻转课堂外部推进路径

关于外部技术路径的考察，可以首先通过两条运动线路来分析。第一条线路是技术本身的发展轨迹。自公元 1400 年左右开始出现印刷机后，技术发展保持着持续增长的速度，电报、无线电台、电视、计算机、互联网相继出现，20 世纪 90 年代全球进入网络时期。上述技术不断被人们采纳并深入应用到生活中，人们不断试图通过技术手段来克服现实世界的物理障碍，增加信息流动的自由和开放，从而使得思想和知识可以广为传播，于是通过这些技术渠道催生了第二个线路即自由软件运动（Free Software Movement）的缩影，这个运动并不仅限于软件本身。例如，大英百科全书 1768 年开始发行，1981 年开始发行电子版，但仍局限于有限数量的付费用户的阅读[1]。而维基百科 2001 年出现，不但免费而且面向全世界开放。据统计，全世界总共有近 3.65 亿名民众使用维基百科，而整个网站的总编辑次数超过 10 亿次。

这两个彼此相关的运动，结合起来不断改变着教育的面貌。教育技术领域的相关研究表明，在一定程度上视频讲座会比面对面的讲座效果好[2]，而

---

① Encyclopaedia Britannica. Encyclopaedia Britannica [DB/OL]. http：//www.britannica.com/EBchecked/topic/186618/Encyclopaedia – Britannica. 2014 – 03 – 20.

② Cohen PA, Ebeling BJ, Kulik JA. A Meta – analysis of Outcome Studies of Visual – based Instruction [J]. Educational Technology Research and Development, 1981, 29 (1): 26 – 36.

带有交互功能的在线视频效果则更好①。在线作业和纸笔作业一样有效,通过精心设计开发的智能辅导系统已被证明和教师一样有效②。尽管信息技术有效支持教学方面的研究取得了一定成效,但由于良好的教育系统的开发非常昂贵,使这种应用推广较为缓慢。在这一思想理念的推动下,麻省理工学院向前迈出了重要一步,于2001年宣布推行免费公开课程(OCW,Open Course Ware)计划。此举开启了世界范围内课程资源共享的先河,依托在线学习平台进行课程内容免费开放的观念逐步延伸开来③。2002年联合国教科文组织(UNESCO)正式使用了"开放教育资源 OER(Open Educational Resources,OER)"一词④。随之应运而生的各类开放式网络学习资源及学习社区,如 P2PU(Peer-2-Peer University)、TED、Openstudy、苹果 iTunes U、中国开放教育资源联合体(CORE,The China Open Resources for Education)等,更是见证着信息时代教育大变革时代的临近。可汗学院于2006年创办,旨在"让地球上的任何人都能随时随地地享受世界一流的免费教育"。截至2014年1月,它已发布了超过4800段教学视频,在 YouTube 网站上共吸引了163.3万订阅者,观看次数超过3.55亿次⑤。TED 是融 Technology 技术、Entertainment 娱乐和 Design 设计为一体的世界性演讲大会,以独特的发展模式和理念,在极短的时间内就迅速成为全球 OER 领域备受瞩目的焦点。截至2015年2月,TED Talks 的数量已经超过1900多个⑥。在 OCR 理念的影响下,塞巴斯蒂安·史朗在2011年把他的研究生课程《人工智能》放在了互联网上,从而吸引了来自190多个不同国家的160000名学生参加学习。后

---

① Zhang D, Zhou L, Briggs RO, etal. Instructional Video in E-learning: Assessing the Impact of Interactive Video on Learning Effectiveness [J]. Information & Management, 2006, 43 (1): 15–27.

② Vanlehn K. The Relative Effectiveness of Human Tutoring, Intelligent Tutoring Systems, and Other Tutoring Systems [J]. Educational Psychologist, 2011, 46 (4): 197–221.

③ 杜文超,何秋琳,江丽君. 开启世界课程资源共享的先河——MITOCW 项目评析 [J]. 现代教育技术, 2011 (4): 14–18.

④ Johnstone SM. Open Educational Resources Serve the World [J]. Educause Quarterly, 2005, 28 (3): 15.

⑤ (美)萨尔曼·可汗. 翻转课堂的可汗学院: 互联网时代的教育革命 [M]. 刘婧,译. 杭州: 浙江人民出版社, 2014.

⑥ 数据来自 TED. Talks 网站 [OL]. http://www.ted.com/talks.

来，塞巴斯蒂安·史朗离开大学进而创办第一个 MOOC（Massive Open Online Courses）平台即 Udacity。随后，在美国多所顶尖大学陆续设立网络学习平台，Coursera、EDX 相继出现，由此形成了 MOOC 的三驾马车，共同引领着世界范围内大规模开放在线教育的潮流。

在 OEW 运动的发展历程中，从早期的 OCR 到后来的可汗学院、TED，直到现今发展迅猛的 MOOC，无不体现着 OEW 本身所蕴含的技术驱动变革教育理念和学习模式的本质意蕴，正如欧盟开放数字化学习内容观测行动计划 OLCOS（Open elearning Content Observatory Services）所指出的，OEW 的驱动因素包括：政策上要求教育机构要注重教育的创新和组织上的变化；满足基于信息技术的终身学习和个性化学习的需求；知识资源共享协议已经稳定建立而且也会越来越多地使用；为创造和处理基于小组的学习设计的新系统更广泛地使用语义上的应用程序将会提供新的方式来访问知识资源等[①]。

可汗学院、TED、MOOC 等其所创造的在线视频等大量优质教学资源的涌现，为翻转课堂的开展提供了丰富的外在资源支持[②]，同时它们已经日益成为信息时代学习生态系统中的重要组成部分，为翻转课堂的课程内容设计、开发、共享和应用提供了技术支持和理念创新[③]，在一定意义上推进了翻转课堂教学模式的产生和发展。

（2）信息技术融合中的翻转课堂内在生成基因

无论是 Flipped classroom，或是 Flipped learning、Inverted classroom，在其从产生到迅速发展的各个阶段，信息技术在其中扮演了重要的推动角色。早在 19 世纪初，SylvanusThayer 就曾在尝试设计一套新的教学体系[④]，但这种

---

① CetisJ. Open Educational Resources – opportunities and Challenges for Higher Education [EB/OL]. 2008 – 1 – 1 [2015 – 2 – 11]. http：//muele. mak. ac. ug/file. php/1/Student_Reading_Resource/ oer_briefing_paper. pdf.

② 张金磊，王颖，张宝辉. 翻转课堂教学模式研究 [J]. 远程教育杂志，2012（4）：46 – 51.

③ 钟晓流，宋述强，焦丽珍. 信息化环境中基于翻转课堂理念的教学设计研究 [J]. 开放教育研究，2013（1）：58 – 64.

④ 在该校工程专业教学中，提前将一组学习材料发送给学生，由学生在课前学习核心内容，而在课堂教学中，不再以教师的集中授课为主，转换为让学生开展一系列的学习活动，包括批判思维训练和群组交互活动。参见 Musallam R. Should You You're your Classroom? [EB/OL]. 2011 – 1 – 1（2014 – 12 – 10）[2015 – 2 – 3]. http：//www. edutopia. org/ blog/flipped – classroom – ramsey – musallam.

第1章 绪论

模式受制于当时的技术和资源所限,并未能广泛推广。20世纪90年代初,埃里克·马祖尔(Eric Mazur)带领的教学团队,引入计算机技术进行辅助教学,其所创立的同侪教学法(Peer Instruction),基本理念已颇具"翻转课堂"雏形①。1996年秋,莫里·拉吉(Maureen J. Lage)和格兰·波兰特(GlennJ. Platt)首次明确提出"翻转(Inverting the Classroom)"的设想,在其所开设的"微观经济学原理"课程开始实施翻转教学②。2007年,视频分享类网站YouTube也才刚刚兴起,而在线视频教学几乎很少有人涉足。Jonathan Bergman和Aaron Sam的翻转课堂实践正是在此间将教学视频上传至网络供缺课学生学习,由于深受学生和家长的好评,教育界才开始关注这一教学模式。到后来随着可汗在TED大会上的演讲才使得这一模式的广为关注。

教学视频就是教师或专业人员将教学内容经由运用技术手段,生成视频文件,提供给学习者开展学习教学资源③。教学视频呈现出如下特点:第一,永久保存,重复查看④。第二,丰富的概念和描述,帮助学生理解隐性信息和知识⑤。第三,非线性交互式数字视频技术允许学生与教学视频进行交互,提高了学习者的学习效率⑥。众多的翻转课堂实践者,将制作好的教学视频发布在视频分享网站上,实现交互式学习⑦。教学视频、交互式网络、学习支持平台等技术元素是当今现实意义上的翻转课堂教学模式的关键支撑要素,这也正是翻转课堂教学模式得以深入发展的内在技术基因,缺少了这些

---

① Zingarod Porter – L. Peer Instruction in computing_The value of instructor intervention [J]. Computers & Education, 2014 (71): 87 – 96.

② Lage M. J., Platt. G. J., TregliaM. Inverting the Classroom: a Gateway to Creating an Inclusive Learning Environment [J]. The Journal of Economic Education, 2000, 31 (1): 30 – 43.

③ 李小刚,靳素丽,王运武. 教学视频支持下的网络时代个性化学习研究 [J]. 中国远程教育, 2013 (7): 40 – 44, 98.

④ Hakkarainen P, Saarelainen T, Ruokamo H. Towards Meaningful Learning Through Digital Video Supported, Case Based Teaching [J]. Australasian Journal of Educational Technology, 2007, 23 (1): 87 – 109.

⑤ Goodyear P, Markauskaite L. Pedagogic Designs, Technology and Practice – Based Education. Practice – based Education [M]. Springer, 2012: 131 – 144.

⑥ Zhang D, Zhou L, Briggs RO, etal. Instructional Video in E – learning: Assessing the Impact of Interactive Videoon Learning Effectiveness [J]. Information&Management, 2006, 43 (1): 15 – 27.

⑦ 佚名. 翻转课堂和社交网络创新学习方式 [J]. 中国电化教育, 2013 (11): 147.

技术基因，也就不会有现今翻转课堂的真正实施和发展。

1.1.4 高等教育内涵式发展中提高教学质量的需求

提高高等教育质量已经成为世界高等教育发展所面临的共同课题，也是我国进入高等教育大众化阶段后高等教育发展的必由之路。目前，中国的发展已经进入新常态，单靠要素投入的发展模式已经日渐式微，科技创新已成为持续增长的永续动力。我国高等教育在经济新常态下也呈现出一种教育新常态，其中首要表现就是以质量提升为核心的内涵式发展已经成为高等教育的新常态[1]。提高质量是国家中长期教育改革和发展规划纲要确定的重要方针，也是我国高等教育改革发展最核心最紧迫的任务。刘延东指出，人才培养是高等教育的本质要求和根本使命，是衡量高校办学水平的核心标准。多年来我国高校教育教学改革取得一定进展，但仍有一些学校存在教学理念落后、教学方法陈旧的问题，一些学生知识面狭窄、综合素质和适应性不强，因此，加快教学改革势在必行[2]。在具体的改革路径上，刘延东进一步指出，一要创新教学理念和模式，要探索科学基础、实践能力和思想品德、人文素养融合发展的培养模式；二要创新教学方法和手段，要开展启发式、讨论式、参与式教学，学生的创造思维应在教学全过程中得到激发和鼓励。教师要加强与学生的联系和交流，为学生提供更多互动学习的机会。要推进信息技术在教学中的应用，增强学生运用网络资源学习的能力；三要创新学习方式。随着现代社会的发展，大学的学习方式出现许多新特征，自主学习、探究式学习和终身学习等理念得到广泛认同。要确立学生在学习中的主体地位，逐步改变以教师为中心的知识传授型教学方式，开设由学生和教师共同选题的自主学习课程，构建多元学习模式，加强学习策略和方法的训练指导，培养学生的批判性思维和创新能力，促进个性发展。

相关研究也指出，纵观10多年来我国高等教育教学质量建设的进程，

---

[1] 赵德武. 高等教育新常态与教育改革创新[N]. 光明日报, 2015-01-06.
[2] 刘延东. 深化高等教育改革 走以提高质量为核心的内涵式发展道路[J]. 中国高等教育, 2012 (11)：4-9.

第 1 章
绪　论

可以总结出为两个鲜明的特点：一是自上而下、自外而内，即 10 年来的高等教育教学质量建设，遵循的是一条从中央到地方、从政府到高校的推进路线；二是重硬轻软、重宏轻微[①]。因为在自上而下、自外而内的质量建设中，社会外部和教育顶层管理者的目光往往注重硬件环境建设和宏观导向改革等易测易控问题，而对于具体教学过程中的实施细节和微观机制则无暇观瞻。教学质量的提升是实现高等教育内涵式发展的重要途径，而它又是一个系统且复杂的过程，涉及各种因素。教学质量建设既要考虑外围的、基础性的管理体制、教学条件、学科平台等问题，还应当进一步考虑教学观念、课堂教学、教师能力、学生素养、学习支持服务体系等更加微观、深层的因素。当前，高等教育依然未能从根本上改变以知识接受为主要特征的、以批量生产适应工业时代工作需求的同质化人才为目标的教育模式，因而无法满足培养具备 21 世纪技能的创新型人才的需要。通过 10 多年的着力建设，在高等教育教学质量建设的基础性工作得到大力推进、基本硬件条件得到有效改善，学科、专业、课程、教材、师资建设业已基本到位的情况下，以内涵式发展为诉求的高等教育质量建设已经进入改革的"深水区"。处于改革深水区的高等教育教学质量建设需要有新的方向。具体而言，高校教学应当高度重视具体教学过程，大力深化教学内部的微观因素和机制改革，首先需要关注师生教学和学习观念的转变，教学过程要体现学生的中心地位；其次，要大力关注课堂教学方法和教学模式的改革创新，通过改革教学模式和教学方法、创新课堂评价标准等多种渠道，努力改变当前高校课堂教学满堂灌、重知识传递、重低阶能力培养的现状，积极将国外内先进的教学模式和方法引入高校教学实践之中，真正提高课堂教学质量和人才培养质量应该成为今后一段时期提高高等教育教学质量的工作重点。

以上有关理念演变、技术发展和平台选择等几方面研究背景的阐述，也汇聚了笔者对这一问题的多维关注视角，有利于研究问题的初步设想和形成，对以上背景分析的整体框架，可总结为如图 1-1 所示框架。

---

① 刘小强. 高等教育教学质量建设的新方向——高等教育教学质量建设的微观深层研究 [J]. 中国高教研究，2010（10）：89-91.

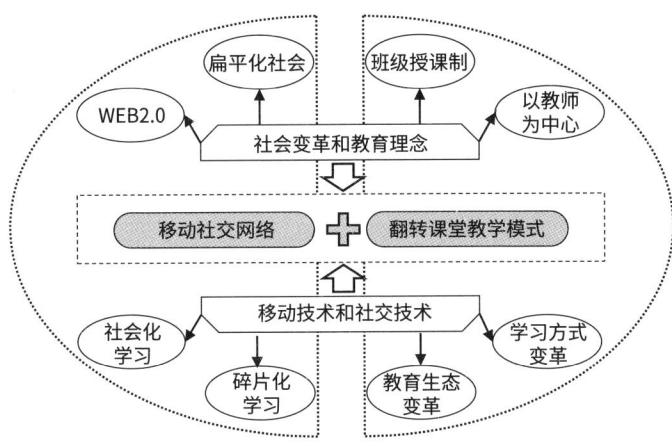

图1-1 研究背景框架

1.2 研究问题

1.2.1 问题的缘起

笔者从事高校教学工作，主要讲授新媒体及网络技术类课程，授课之余，对课堂教学效果的有效提升仍感力不从心。其一，所在学校属于经济欠发达区域的地方高校，生源和学生学习主动性相对较差，几乎很少会进行课前预备性自主学习或课后探究性延伸学习。其二，学生的学习能力、动机、态度等也差异明显，只得采取照顾绝大多数学生的折中办法进行授课，这也就不可避免地存在着学有余力的学生吃不饱，基础较差的学生吃不了，而大多数处于平均水平状态的学生吃不好的问题。其三，手机已经成了现代人的生活必需品，大学生也不例外，甚至还有更多的会在课堂上使用手机，存在分散注意力、听讲不认真的现象。

基于对上述问题的疑惑与思考，在看到"Flipped Classroom"的理念后便深受吸引，隐隐感觉到将翻转课堂和社交媒体结合起来使用，也许将会产生意想不到的"化学反应"：一是可能会提高课堂教学效率。二是源于学生对社交媒体的熟悉和依赖。三是出于对经济成本的考虑。而现行社交平台都是由具有商业品牌和经济技术实力较强的科技企业开发，其平台运行的流畅度和成熟度可以得到保证，并且使用是完全免费的。只要能合理应用其所具功能，极有可能产生良好的教学效果。在这一点上，与之相关的一些既有研究成果也使笔者坚定了进行基于社交平台的翻转课堂教学实践的研究设想。

1.2.2 问题的形成

1. 翻转课堂教学模式发展历程的纵向比较

从纵向来看，国外翻转课堂教学模式从最初的依靠课前布置文本资料让学生进行课前的自主学习，到后来通过商业化的视频分享网站使用交互式在线教学视频，再到后来产生的专门化的翻转课堂教学平台。总体而言，随着技术的不断进化，翻转课堂的组织形式也在不断改变。在国内，前置性教学、先学后教、导学案、学习任务单等教学理念和教学方法也在不断演进。但是，它们与翻转课堂一样，都蕴含着提高课堂教学效果、促进学生自主学习、强化教学交互的本质内涵。它既是对新世纪教育改革与理念嬗变的不断顺应和演进，也是新兴技术与教育、学习的积极应用和深度融合。基于这样的时代需求，对翻转课堂的本质内涵、特征要素、模型设计、平台构建、实证评估效果等进行深入研究，显得尤为必要。

2. 翻转课堂教学模式适用平台的横向比较

本书在综合考虑我国教育资源配置尚不均衡的现实情况以及对各类平台的功能分析的基础上，提出选择使用移动社交网络作为促进翻转教学的基点。在具体平台选择上也依然存在横向比较的问题。目前流行的社交平台，包括社区/论坛（BBS）类、博客类、SNS社交网络类（如人人网等）、微博类（如新浪微博等）、即时通信工具类（如腾讯 QQ 等）、多元化社交应用类（如微信等）。从面向翻转课堂教学的需求出发，在充分考虑其既有功能的教学可移植性、后台数据分析的可实现性、教学内容呈现方式的整合性、前端和后台操作的便捷性之后，最终决定选择目前在移动社交网络中发展最为活跃的微信公众平台作为支撑平台开展教学实践和研究。

基于以上思考和分析，本书将研究问题确定为：如何借助移动社交网络的受众优势和功能特点，有效构建面向大学教学的翻转课堂教学模式？

1.2.3 问题的细化

该问题可细化为以下三类小问题：

（1）现有翻转课堂教学模式有何特点或不足？为什么要采用移动社交网络来构建？移动社交网络是否适宜于支持翻转课堂教学模式？

（2）基于移动社交网络构建翻转课堂教学模式的理论基础有哪些？具体的构建方式和原则有哪些？

（3）构建出的翻转课堂教学有何不同以往的特点？该模式如何在实践中不断细化优化？该模式的实施效果如何评价？

1.3 研究目标与意义

1.3.1 研究目标

本书的主要目标是，通过对移动社交网络进行教学功能挖掘和移植，探究运用移动社交网络开展大学翻转课堂教学的理论与实践方法。

1.3.2 研究意义

1. 理论意义

以全球教育信息化的发展规律和态势来看,实现信息技术与教育教学的深度融合,是世界范围内教育信息化由表及里深入发展的关键阶段和必由之路,也是实现信息技术对教育发展产生革命性影响的重要途径与核心之举。如何实现教育信息化的纵深发展和高阶推进,如何从起步应用阶段过渡升格到融合创新阶段,深入探寻以教育信息化推动教育现代化进程的有效路径,是教育信息化领域面临的无法回避的艰巨任务和不可觊觎的重大课题。而信息技术要对教育产生革命性的影响,关键就在于教学结构的变革[①]。而翻转课堂作为课堂教学结构变革的典型代表,对其进行积极探索和深入研究,将为信息技术与高等教育深度融合提供有力的理论佐证和理念支持。

在人类社会由工业社会向信息社会演进的历史进程中,以移动互联网为代表的现代信息技术,有着关键性的推进作用和驱动影响。人们对于移动互联网的认识和理解,从单纯技术形式和信息表征,逐步扩展到哲学理念和意识形态,由工具理性上升为思维界面,由此得以广泛应用的移动社交网络也成为当今社会科学和技术哲学范畴内的全新议题和争论焦点。移动社交网络由于其本身所富含的移动互联技术基因和社交活动价值理念,对于社会文化传播的影响和作用渐成显势,毋庸置疑,同样已成为一种全新的社会话语体系,对于教育领域的综合改革,甚至对于教育信息化的整体观念和全局行动,也必然存在着适切而又紧密的理论关照和实践指引。

开展基于移动互联网络的大学翻转课堂教学模式研究,既是对社会发展、教育创新、信息化建设、高等教育内涵式发展等学术研究层面深刻把握的理论观瞻,也具有对教育信息化科学布局、持续推进、创新突破等实践应

---

① 何克抗. 如何实现信息技术与教育的"深度融合"[J]. 课程. 教材. 教法, 2014 (2): 58-62, 67.

用层面提质增效的价值耦合。

2. 实践意义

目前，我国的翻转课堂教学还处在经验性探索阶段，在平台选择、模式构建和教学设计等方面还存在一定的局限性和不确定性。因而在经验总结和文献研究的基础上，开展基于移动社交网络的大学翻转课堂教学的实践探索，通过实证数据分析和效果验证，可以促进移动社交网络支持下的大学翻转课堂教学模式走向规范化、系统化和普及化，尽可能为各级各类院校开展翻转课堂教学，特别是基于移动社交网络的翻转教学平台建设提供理论指导和实践依据，有助于提高课堂教学质量和创新人才培养模式，对于其他同类研究和实践具有一定的借鉴意义和推广价值。

综上，本书将基于移动社交网络的大学翻转课堂教学模式的理念与实践，放置于人类社会由工业社会向互联网社会转型、我国促进教育公平、提升教育质量、以教育信息化带动教育现代化的宏伟图景中，借助移动社交网络在社会文化传播和相应教育教学活动中的现实经验和创新路径，探索发掘出移动社交网络影响和作用于翻转课堂的驱动因素和内在规律，进一步从理论基础、教学设计、实施程序、教学环境、评价指标和推广应用策略等方面提炼整理出翻转课堂教学模式的理论框架和内涵体系，从而可以从总体上系统回答"为何翻转、何以翻转、效果如何"等一系列学术争鸣和现实难题，最终既能丰富和发展教育信息化的理论体系的学术研究价值，又能推动和指导教育信息化进程中不同教育层级和教育群体实施翻转课堂的实践活动，从理论系统与实践操作两个层面，实现研究目标与应用取向的深度融合。

1.4 研究方法

1.4.1 研究范式——基于设计的研究

基于设计的研究（Design-Based Research，简称 DBR），又称设计研究（Design research）、设计实验（Design Experimentation）。焦建利将其界定为在真实情境中，以研究者与实践者的协作为基础，将科学的方法与技术的方法有机结合，通过反复循环的分析、设计、开发和实施，开发技术产品，在改进教育实践的同时，修正和发展新的教育理论的一种研究方法论[①]。杨南昌在对当前三个比较有代表性的设计研究模式，即将班娜的"整合的学习设计框架"模式（Integrative Learning Design Framework，简称 ILDF）、里维斯（Reeves）和万德曼（Wademan）的模式进行比较，认为一般的设计研究均会包含广博考察与问题界定、设计生成、实施评价与迭代精制、产出发布与持续革新四个阶段[②]。

本书根据基于设计的研究的基本阶段模式，结合研究内容和研究重点，进一步将本研究也划分为如下四个阶段，即前期分析与问题界定、框架模型构建与教学模式设计、实证分析与模式修正、教学效果评价与教学策略总结。

[①] 基于设计的研究起源于学习科学研究领域，自1992年被学者布朗（Ann Brown）和柯林斯（Alan Collins）所提出，倡导一种"教育中的设计科学"，得到了很多教育学者的推崇。它以真实情境为基础，为解决实践问题而生，是一门具有创新意义的教育研究范式。参见：焦建利. 基于设计的研究：教育技术学研究的新取向 [J]. 现代教育技术，2008 (5): 5-11.

[②] 杨南昌. 设计研究的过程模式分析：整合的视角 [J]. 中国电化教育，2008 (11): 15-20.

1.4.2 研究方法

1. 内容分析法

内容分析（contentanalysis）是一种对研究内容做客观、系统的量化并加以描述的一种研究方法。在实际研究中，内容分析法实际上是以预先设计的类目表格为依据，以系统、客观和量化的方式，对信息内容加以归类统计，并根据类别项目的统计数字，做出叙述性的说明，能够达到对文献内容所反映的"质"的更深刻、更精确、更全面的认识[①]。本研究运用内容分析法对相关文献的分布情况进行分析，综述关于翻转课堂和移动社交网络的教育教学应用的相关研究成果，进行特征分析、发展分析和比较分析，从而总结出其研究和应用的路径和趋势，为本书奠定了坚实的研究基础。

2. 课堂观察法

本书将在整个研究过程中，对学生的自主学习、合作学习以及探究学习等学习行为、互动对话开展自然观察，并适当采用录音、录像等技术手段记录关键过程，随后通过撰写观察笔记的方式及时记录整理观察结果；在课堂教学过程中深入课堂展开结构化的课堂教学观察，了解学生课堂行为的发展变化。

3. 在线学习记录

本书主要依托移动社交网络开展，因此，学生在平台中学习行为的相关记录数据是需要收集的重要研究数据之一。具体而言，在线学习记录包括平台访问记录、群组交流记录、微社区发帖记录、小组项目作品及学生电子档案。

---

① 张屹，周平红. 教育技术学研究方法（第二版）[M]. 北京：北京大学出版社，2013：141-165.

4. 准实验研究法

准实验研究是指在无需随机安排被试时，运用原始群体，在较为自然的情况下进行实验研究处理的研究方法[①]。本书中，采用准实验研究法对基于移动社交网络的大学翻转课堂教学模式进行实施和效果评估与验证。

5. 调查研究法

调查研究法是有目的、有计划、有系统地搜集有关研究对象的现实状况或历史状况的材料，借以发现问题、探索相关规律的一种方法。调查研究法包括访谈法、问卷调查法、文献调查法等。本书中将综合运用访谈、问卷、文献调查等具体调查方法，对学习者面对移动社交网络和翻转课堂教学的态度、需求、满意度和实施效果进行调查研究。

6. 统计分析方法

运用统计分析软件对调查问卷收集到的相关数据，以及对观察、访谈等质性数据进行统计学分析。

1.5 研究框架

本书的研究框架如图 1-2 所示。

---

① 李克东. 教育技术学研究方法 [M]. 北京：北京师范大学出版社，2006：186.

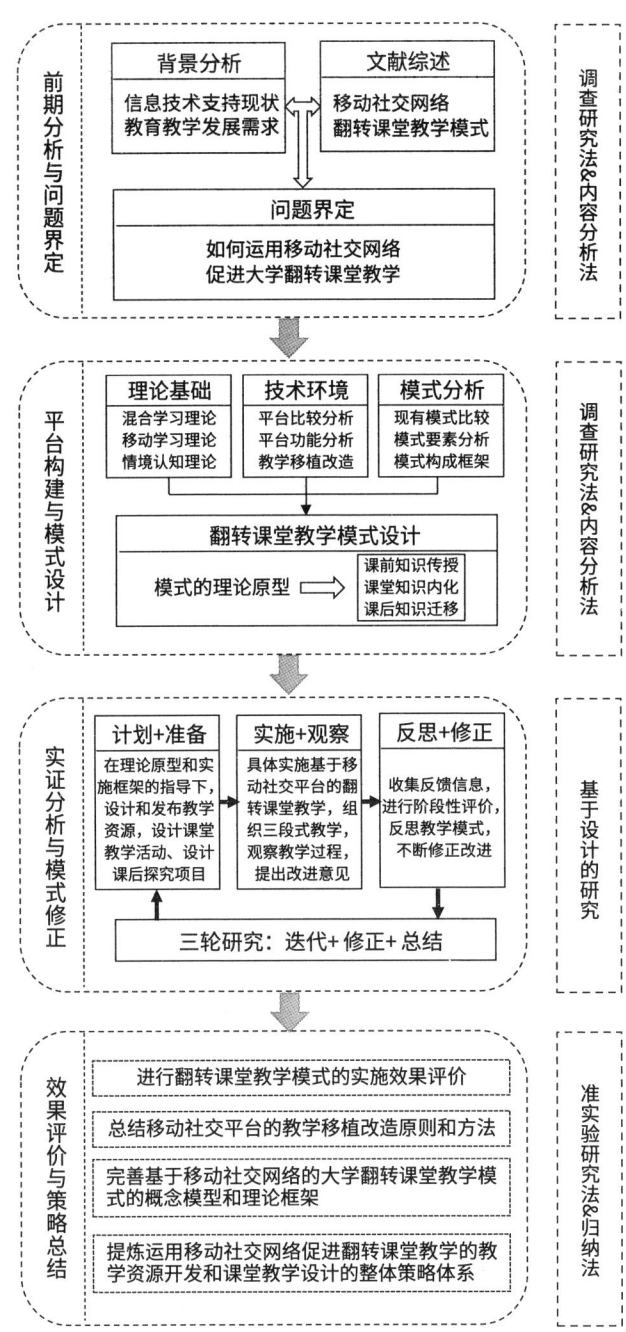

图 1-2 本书的研究框架图

第 2 章 文献综述

本章概要

本章从移动社交网络和翻转课堂两大方面进行了文献研究综述,其中移动社交网络主要集中在应用发展现状和教学应用研究两大板块,翻转课堂教学模式作为本研究的重点内容,分别对其本体属性、典型模式、实现平台、教学设计、效果评价等几个层次的研究现状和成果,进行了详细的文献梳理和述评。随后,对以上研究成果进行了全面总结,从中提炼出了对本研究开展的相关启示,在此基础上,进一步对研究问题进行聚焦后提出了"S-ICM 翻转课堂教学模式"。

本章脉络结构

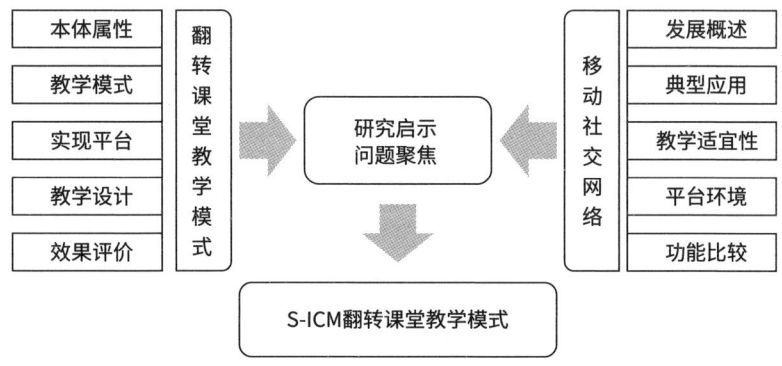

2.1 移动社交网络相关研究

2.1.1 移动社交网络发展现状研究

1. 移动社交网络的概念界定

社交网络（Social Network）的概念最早在1954年由Barnes提出[①]，用以系统地描述人类社会的关系模式。哈佛大学心理学教授Milgram提出了六度分割理论，即世界上任意两人之间，仅需要通过六个人就能实现相互联系[②]，第一次具体表述了人们之间的普遍联系，并由此将社会网络分析引入了一个崭新阶段。随着互联网的兴起，世界范围内的社交网络如Facebook、Twitter、Linkin、Wechat、微博等应用融入了人们生活的方方面面，改变了人们的生活和学习方式。

移动社交网络（Mobile Social Network）是在传统的社交网络的基础上发展起来的，主要是通过移动互联网为用户提供便捷的社交应用服务[③]。Zhang Zhao bing（2009）将移动社交网络定义为一种能够随时随地为人们提供着有价值的帮助的基于移动通信技术的新应用[④]。杨杨（2010）将移动社交网络的定义为是传统社交网络的一种新应用[⑤]。它是以移动互联网为载体，通过

---

① Yazici M, Sarac M. Centrality measures with a new index called E – User (Effective User) Index for determining the most effective user in Twitter Online Social Network [J]. International Journal on Computer Science and Engineering (IJCSE), 2015 (1): 1 – 12.

② Milgram S. The small world problem [J]. Psychology today, 1967, 2 (1): 60 – 67.

③ 李彦娜. 关于移动社交网络的用户行为影响因素研究 [D]. 大连：东北财经大学, 2012.

④ Zhang Zhao bing. Design and Development of Mobile SNS Telephone Client Based on J2ME [C]. IntelligentSystemsandApplications, 2009. I SA2009. International Workshop on 2009 IEEE, PP. 1 – 4.

⑤ 杨杨. 移动社区业务用户持续使用意向研究 [D]. 北京：北京邮电大学, 2010.

第 2 章
文献综述

移动终端将用户的真实社会身份联系在一起,为用户的沟通互动提供强大的技术支持。陆奇(2011)结合以上两种定义,将移动社交网络定义为依赖于移动终端设备的、以真实的社会关系为基础的新媒体,提供给人们与传统的互联网服务相似的网络服务[①]。

综上所述,本书将移动社交网络的定义总结为:基于传统社交网络服务,能够充分考虑用户社交体验和满足用户社交需求,以移动互联网为支撑环境,以真实社会关系为交互基础,以移动终端设备为载体,随时随地提供社交互动及信息发布、资源汇聚等其他功能需求的移动网络服务。

2. 移动社交网络的发展现状

信息技术的进步加快了社会发展的速度,全球化和信息化催生了人们新的需求,信息的即时性和有效性成为人们追求的关注点,移动互联网的出现则恰如其时地满足了这一需求。韩国 KT 经济经营研究所援引市场调查机构 TNS 和谷歌资料,发表了《2015 年上半年手机趋势》研究报告,报告显示,以 2015 年 3 月为基准,全球 56 个国家和地区智能手机平均普及率约为 60%[②]。而据市场研究公司 eMarketer 的分析数据显示,2015 年近 40% 中国人拥有智能手机,一线城市普及率达 55%[③]。据中国互联网络信息中心 2016 年发布的第 37 次《中国互联网络发展状况统计报告》显示,截至 2015 年 12 月,中国手机网民规模达 6.20 亿,网民中使用手机上网人群占比高达 90.1%[④],该数值高出同时期网民通过台式电脑和笔记本电脑接入互联网的比例,表明手机已经成为我国网民的第一大上网终端。

随着网络环境的日益完善、移动互联网技术的发展,各类移动互联网应用的需求逐渐被激发。从基础的社交应用,到信息检索、电子商务,再到教

---

① 陆奇. 移动社交网络对青年受众态度和行为的影响研究 [D]. 成都:电子科技大学,2011.
② 李小飞:全球智能手机普及率排行:韩国第 4 中国第 15 [EB/OL]. http://www.techweb.com.cn/data/2015-07-08/2172756.shtml.
③ eMarketer:2015 年近 40% 中国人拥有智能手机 一线城市普及率达 55% [EB/OL]. http://www.199it.com/archives/378476.html.
④ 中国互联网络信息中心. 中国互联网络发展状况统计报告 [EB/OL]. http://www.cnnic.net.cn/hlwfzyj/hlwxzbg/201601/P020160122469130059846.pdf.

育、医疗、交通等公共服务，移动互联网塑造了全新的社会生活形态。据第37次《中国互联网络发展状况统计报告》显示，截至2015年12月，网民中即时通信用户规模达到6.24亿，占网民总体的90.7%，其中手机即时通信用户5.57亿，占手机网民的89.9%。2016年国内移动数据服务商QuestMobile发布了《2015年中国移动互联网研究报告》，报告显示：人均单日手机使用时长为2.36小时，人均单日手机手机应用启动频次为78次，在所有手机应用中，社交应用高居榜首[①]。

3. 移动社交网络的典型应用

中国互联网络信息中心发布了《2014年中国社交类应用用户行为研究报告》，报告中对各社交类应用用户的使用行为进行了详细分析，本书引用该报告相关数据作为相关分析比较的研究蓝本。报告指出，在三大类社交应用中，即时通信工具的覆盖率最高，其次才为社交网站和微博。

（1）即时通信工具——以微信为代表

即时通信工具一直是网民重要的互联网应用之一，近年来伴随移动互联网的快速发展，针对移动设备而推出的移动即时通信工具也迅速普及，微信、易信、来往等工具纷纷出现，鉴于微信的覆盖率较高且符合移动社交的特性，故本研究以微信作为即时通信的代表应用开展研究。

（2）社交网站——以QQ空间为代表

数据显示，QQ空间的渗透率即过去半年使用过QQ空间的用户比例为57.3%，经常访问率为54.0%，两项数据均领先于其他社交网站。

（3）微博——以新浪微博为代表

数据显示，调查当年43.6%的网民使用过微博，其中使用过新浪微博的网民比例最高，为28.4%，新浪微博的渗透率远高于其他各类微博。2014年中国各移动社交类应用覆盖率如图2-1所示。

---

① QuestMobile. 2015年中国移动互联网研究报告［EB/OL］. http：//tech. sina. com. cn/ 2016 - 01 - 08/doc - ifxnkkuy7746197. shtml.

第 2 章
文献综述

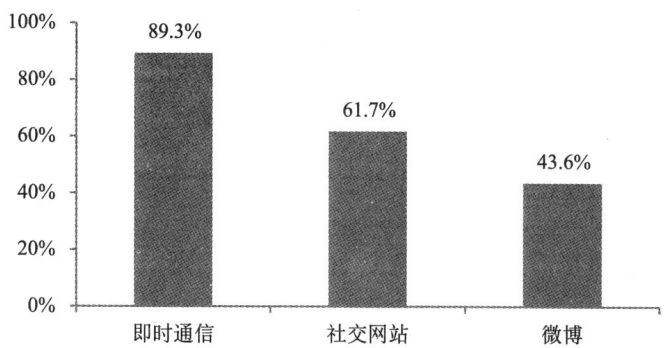

图 2-1　2014 年中国各移动社交类应用覆盖率

数据来源：CNNIC. 2014 年中国社交类应用用户行为研究报告 [EB/OL]. 2014-8-22. http://www.cnnic.net.cn/hlwfzyj/hlwxzbg/201408/P020140822379356612744.pdf，下文中如未特别注明，数据来源均为本报告。

艾媒咨询数据显示，以 2015 年 1 月为基准，在手机社交类应用如微信、QQ 位列前茅，活跃用户分别为 76.33% 和 69.68%[1]，远高于手机搜索和新闻阅读等应用。TalkingData 移动数据研究中心 2015 年 7 月发布的《2015 移动社交应用行业报告》显示，移动社交应用行业正在进入深入发展期，呈现出 O2O 化、垂直化的发展趋势，在即时通信类移动社交应用覆盖率中，超过 70% 的是微信和 QQ，在即时通信类移动社交应用活跃率中，排在前三的分别是微信、QQ 和米聊[2]。另据全球调研巨头凯度集团（Kantar Group）2015 年 2 月发布的《2015 中国社交媒体影响报告》指出，通过对社交媒体用户态度调查，随着中国人越来越多地使用移动互联网，微信已经成为中国社交媒体领域中不同代际人群使用最多的移动互联应用，而 2014 年与 2013 年的数据相比，微博的使用人数明显下降，如图 2-2 所示。

---

[1] 艾媒咨询. 中国 APP 活跃用户排行榜 TOP400 [EB/OL]. http://www.iimedia.cn/40687.html.

[2] TalkingData. 2015 移动社交应用行业报告 [EB/OL]. http://www.donews.com/net/201507/2896716.shtm.

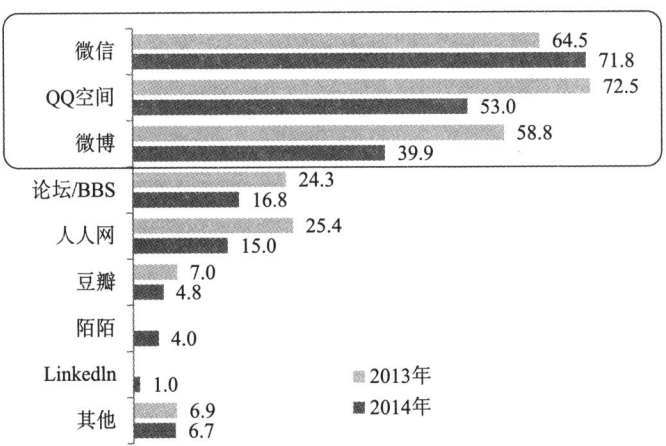

图 2-2 2013 年与 2014 年中国网民经常使用的社交媒体类型

数据来源：Kantar Group. 2015 年中国社交媒体影响报告 [EB/OL]. http://www.199it.com/archives/327301.html.

2.1.2 移动社交网络教学应用研究

在移动社交网络的学习应用方面，以"mobile learning or mobile education or m-learning or m-education"与"social media"组合为关键词查询 Elsevier SD、Wiley Inter Science 等外文期刊库，以"移动学习 and 社交 or SNS"为关键词查询中文 CNKI 数据库，发现多数为前多年集中探讨的基于传统社交网络如 Blog、Wiki 的研究，而针对移动社交网络的教学应用，目前相关研究和资料相对比较匮乏。经过对已有资料的整理分析可以看出，目前国外相关研究已经较为深入，多为探讨移动社交网络在教学中应用的策略和效果，以实证研究居多，而国内研究起步较晚，多为探索移动社交网络在教学中应用的可行性和模式框架设计，多属理论思辨，相应领域的研究还有待深入。

1. 可行性与适宜性研究

国外研究方面，基于移动社交网络的学习主要集中在高等教育领域，这与大学生普遍拥有智能手机并喜好进行网络社交相关，因此相关学者开展了

第 2 章
文 献 综 述

有关移动社交网络应用于教育教学的可行性与适宜性研究。

美国著名调查机构皮尤研究中心（Pew Research Center）2010 年发布了互联网与美国人生活项目研究报告①，该报告针对美国千禧一代的青少年使用移动互联网和社交网络的情况进行了广泛的调查研究，报告指出社交媒体和其他 Web2.0 技术的增长是史无前例的。社交媒体技术已经成为个人生活的一个重要组成部分，用户生成内容，分享照片，选择"喜欢"，或互动游戏。无处不在的社会媒体技术正改变着学生的沟通、协作和学习方式。

Christine Greenhow 等（2016）提出虽然大多青年人都认为在当今数字文化环境下，移动社交网络可以作为连接正式学习与非正式学习的桥梁，但是仍然缺乏学界的理论支撑和相应研究，因此构建了一个包含正式与非正式学习属性和形式的社交网络学习空间模型，结合社会建构理论和联通主义理论，通过两个案例研究，验证了该模型在应对复杂情境下的学习中的效应和作用，该研究同时也为未来教育中社交网络的深入应用奠定了相应的理论基础②。

Andreas Ahrens 等（2015）认为移动社交网络已经广泛用于高等教育，为学生提供了一个随时随地进行学习获得学位的机会，因此开展了有关学生使用移动社交网络进行远程学习的态度影响研究分析。研究表明，进行远程学习的学生特别是工科学生对移动社交网络的学习应用有着积极的认可，学生对于远程学习、混合学习的概念认识会主导学生运用移动社交媒体进行学习的态度，同时通过实证研究表明，在多元文化环境中，教师和学习同伴也会进一步影响其使用态度③。

Paul A（2013）针对社交媒体在高等教育课堂（无论是真实还是虚拟）

---

① Lenhart A, Purcell K, SmithA, etal. Social Media & Mobile Internet Use Among Teens and Young Adults. Millennials. [R]. Washington: Eric, 2010.

② Greenhow C, Lewin C. Social Media and Education: Reconceptualizing the Boundaries of Formal and Informal Learning [J]. Learning, Media and Technology, 2016, 41 (1): 6-30.

③ Ahrens A, Zaščerinska J. A Comparative Analysis of Educator's and Peers' Influence on Students' Attitude to Mobile Social Media in Distance Learning [J]. Literacy Information and Computer Education Journal, 2015, 6 (1): 1289-1298.

中的作用进行了综述研究和实证调查①。研究指出,随着社交媒体越来越多地出现在高等教育领域中,众多学者普遍认为有目的的社交媒体可以作为一个集成式的教育工具,教师可以通过社交媒体技术来调整和增强他们的教学过程,同时在学生使用层面也能够促进学生的主动学习。

Joanne Gikas 等(2013)的研究中,通过访谈的方式采集了美国三所大学的学生在教学中使用智能手机和移动社交网络的数据,目的在于探索学生在应用移动通信设备和移动社交网络过程中,所形成的对学习的认知程度,重点从移动计算设备为学生的学习带来的优势,以及在学习中使用移动设备带来的挫败感这两个方面开展研究②。研究结果显示,在教学中的使用移动计算设备和社交媒体和 Web2.0 工具,为学生创造了互动的途径,提供了合作的机会,让学生参与内容创作和交流,学生的学习具有比较恒定的连通性。

国内研究中,关于移动社交网络的教学应用,在近几年才逐步兴起,前期的大多数研究是针对传统社交网络的探讨,如杨洪刚等(2010)分析了网络学习共同体的现状和 SNS 的特点,在此基础上提出了基于 SNS 的学习共同体的基本模型与构成要素,并从成员角色变化的角度阐述了学习共同体的构建过程③。冯旭鹏(2010)探讨了基于 SNS 的研究生校际网络学习共同体的重要特征、共同体网络平台的基本构成元素和构建该共同体的基本原则,并设计出其组织构架④。

目前国内教育领域内关于移动社交网络的与国外研究类似,都集中于高等教育范畴。移动社交网络因其操作便捷、人际交流高效、推送内容丰富、推送消息精准等特点,符合青年学生群体的生活方式、交流习惯等而深受追捧。同时,高校教师教育文化程度较高,对社会流行观点和形态较为敏感,善于接纳新生事物。这为移动社交网络在高校教育领域的应用奠定了良好的

---

① Tess PA. The Role of Social Media in Higher Education Classes (real and Virtual) – a Literature Review [J]. Computers in Human Behavior, 2013, 29 (5): 60 – 68.

② Gikas J, Grant MM. Mobile Computing Devices in Higher Education: Student Perspectives on Learning with Cellphones, Smartphones & SocialMedia [J]. The Internet and Higher Education, 2013.

③ 杨洪刚, 宁玉文, 高东怀, 等. 基于 SNS 的网络学习共同体构建研究 [J]. 现代教育技术, 2010 (5): 95 – 98.

④ 冯旭鹏. 构建基于 SNS 的研究生校际网络学习共同体的探究 [D]. 南昌: 南昌大学, 2010.

第 2 章
文献综述

辐射效应和受众基数。移动社交网络在国内研究中，近几年逐步呈现了以微信应用为主的趋势，如白浩等（2013）认为，微信公众平台在高校教育领域具有支持移动学习、拓展交互空间等应用前景[①]。罗勇（2013）对当前教育学习类的微信公众号进行了梳理归纳，认为微信为学习者提供了更多的内容选择和交流途径，可能成为新的主流学习形式[②]。付伟（2013）认为，微信平台能在学校课堂、网络学习系统和移动学习平台之间构成相互补充[③]。

2. 学习平台与学习环境研究

如何构建基于移动社交网络的学习平台或学习环境，是国内外学者在可行性研究之后的一个重点研究领域。此类研究可以大致概括为两个层面，一是校园社交网络自身的具体构建，二是作为学习平台和学习环境的设计与实现。

校园社交网络建设方面，李文等（2014）从对促进语言学习的要素和社交网络的特性梳理入手，分析了将社交网络应用到语言学习中的可行性及媒介优势，并通过对语言学习型社交网站 Livemocha 案例的解析，提出了语言学习型社交网络中的关键点，旨在为语言学习型社交网络的设计与构建提供借鉴[④]。詹恂等（2008）针对以大学生为主要用户群体的社交网络如校内网、人人网等进行了调查研究，调查包括受众的社会结构特征、媒介接触情况、媒介使用偏好和媒介使用满意程度等，并总结出了我国校园 SNS 受众的一般特征[⑤]。李楠等（2012）[⑥]、蒋东兴（2012）[⑦]、张瑜江（2011）[⑧] 等从校

[①] 白浩，郝晶晶. 微信公众平台在高校教育领域中的应用研究 [J]. 中国教育信息化，2013 (4)：78 – 81.

[②] 罗勇. 微信学习，找回流逝在指尖的光阴 [J]. 中国远程教育（资讯），2013 (6).

[③] 付伟. 移动化学习（三）[EB/OL]. [2013 – 07 – 11]. http：//blog. sina. com. cn/s/ blog_43b7f3130101d8sd. html.

[④] 李文，涂涛. 构建语言学习型社交网络的理性思考 [J]. 中国电化教育，2014 (9)：29 – 33.

[⑤] 詹恂，古玉立. 我国校园 SNS 受众媒介使用的调查 [J]. 新闻界，2008 (3)：48 – 50.

[⑥] 李楠，胡元，杨亚河. 基于 SNS 的移动学习平台设计构想 [J]. 红河学院学报，2012 (4)：22 – 25.

[⑦] 蒋东兴. 校园社交网络大有可为 [J]. 中国教育网络，2012 (5)：16 – 17.

[⑧] 张瑜江. 学校社交网络的未来 [EB/OL]. http：//www. eqilai. com/thread – 15065 – 1 – 1. html.

园社交的关系和结构特点、校园社交的实际需求、校园信息化建设进度等角度,提出了建设校园本地社交网络的必要性和可行性。也有相关学者如仲玮等(2012)采用分布式技术和基于个人真实基本信息[①]、杜焰等(2012)利用电子校务平台的数据[②]、蒋东兴等(2012)立足于知识分享[③],进一步提出了校园社交网络的建设方案和设计模型。

利用移动社交网络构建学习平台与环境方面,杨进中等(2015)在分析现有网络学习环境的基础上,提出以社交网络模型为资源聚合与推荐框架设计新型学习环境的思路,对个人学习空间、学习资源聚合模式和个性化推荐引擎构建等学习环境设计要素进行了分析,基于开源社会性软件Sakai OAE构建了个性化学习环境并进行了实际应用,结果表明该学习环境在用户易用性和技术接受度等方面取得了较好效果[④]。潘登(2013)探讨了将社交软件作为一种服务融入移动网络学习中,并初步构建了基于联通主义的社交网络学习模式设计的基本框架[⑤]。郭敦等(2012)将移动社交网络作为构建高校"泛在学习"环境的措施之一,通过动态分组和组间联系,能够实现更深入的合作学习[⑥]。在具体的移动社交网络的应用形式上,更多学者表现出了对微信公众平台的关注和考察。郭华峰等(2015)认为微信已经成为移动互联网上主要的社交沟通工具,可以借助微信来实现微课移动学习,进而以微信公众平台为服务器,移动手机为客户端,搭建了微课移动学习平台[⑦]。白京

---

① 仲玮,杨庆海,代成琴. 校园社交网络的设计 [J]. 武汉大学学报(理学版),2012(S1):302-304.

② 杜焰,赵灿,付小龙. 高校校园社交网络系统的设计与实现 [J]. 实验技术与管理,2012(7):99-102.

③ 蒋东兴,杜焰,张新钰,等. 一个面向知识分享的校园社交网络设计 [J]. 武汉大学学报(理学版),2012(S1):1-6.

④ 杨进中,张剑平. 基于社交网络的个性化学习环境构建研究 [J]. 开放教育研究,2015(2):89-97.

⑤ 潘登. 社交软件作为一种服务——移动网络学习实施的新框架 [J]. 电子测试,2013(15):128-129.

⑥ 郭敦,张天财. 论移动互联网环境下高校"泛在学习"的构建 [J]. 电脑知识与技术,2012(9):31-32.

⑦ 郭华峰,梅成才. 基于微信公众平台的微课移动学习平台设计 [J]. 中国教育信息化,2015(1):82-84.

(2015) 看到了 Moodle 平台在移动终端访问时的显示效果不佳,教学资源无法展示等问题,通过对微信和 Moodle 的二次开发,实现了 Moodle 的教学功能和教学资源与微信公众平台的结合,有效改善了移动用户的交互形式,优化了移动端学习资源的发布方式[①]。孟凡立等(2014)分析了当前国内外移动学习平台建设情况,结合微信公众平台交互功能强、普及度高、跨平台等优势,提出了完整的基于高校现有网络教学系统和微信公众平台的移动学习空间构建方案,并研究了学习空间的功能设计及关键技术的实现路线[②]。马卉宇(2014)基于系统开发的角度,设计开发了基于微信公众平台下在线学习系统[③]。王萍(2014)比较了原生应用、Web 应用和轻量级应用三种移动应用类型,分析了微信类轻量级移动学习应用对教育领域的价值,继而提出了基于微信的移动学习平台设计框架[④]。朱学伟等(2014)提出了微信支持下移动学习平台的设计原则和流程,搭建了一个移动学习平台,通过设计案例与实施过程,证明了微信支持下的移动学习平台能有效地促进学生的学习,为广大学习者提供一种新的移动学习途径[⑤]。田嵩等(2014)利用微信公共平台提供的开放数据接口,将本地搭建的微网站与微信公共平台相结合,构建了基于混合云模式的移动学习环境[⑥]。

3. 教学功能比较研究

现有研究中对于不同类型的移动社交网络的适用于教育教学的主体功能特征也进行了广泛的比较分析和研究。

王萍(2013)认为,微信、QQ、微博的社交属性各有差异,在教育应

---

① 白京. 基于微信与 Moodle 的移动学习平台关键技术研究 [D]. 昆明:云南大学,2015.
② 孟凡立,陈琳. 基于微信公众平台的移动学习空间构建研究 [J]. 现代教育技术,2014 (10):19-25.
③ 马卉宇. 基于微信公众平台下在线学习系统的应用 [J]. 信息技术与信息化,2014 (6):137-138.
④ 王萍. 微信移动学习平台建设与应用 [J]. 现代教育技术,2014 (5):88-95.
⑤ 朱学伟,朱昱,徐小丽. 微信支持下的移动学习平台研究与设计 [J]. 中国远程教育,2014 (4):77-83.
⑥ 田嵩,魏启荣. 混合云模式下移动学习环境的设计与实现——以微信公共平台下阿拉伯语课程学习为例 [J]. 开放教育研究,2014 (6):103-110.

用的功能支持上也各具特点，对三者的学习支持功能进行了比较分析，如表2-1所示。

表 2-1　　　　微信、QQ、微博的学习支持功能比较分析

	QQ	微博	微信
运行平台	PC端、移动端	PC端、移动端	移动端
属性	通信工具 社会化关系网络	媒体工具 社会化信息网络	通信工具 社会化关系网络
媒介形式	图文、音视频（手机版）	图文（140字限制），音视频	图文、音视频
内容特性	私密性 闭环交流	实时性 公开扩散传播	私密性、可读性 闭环交流
小组学习	QQ群，开放性强	微群，开放性强	微信群，内敛性强
开放平台支持	基于腾讯开放平台	微博开放平台	微信公众平台 微信开放平台
教育功能开发	使用较少	需要一定技术基础	公众平台的易用性开发平台 需要技术基础
功能扩展能力	弱	强	强
学习支持情境	网络学习 移动学习	网络学习 移动学习	移动学习
学习支持应用	QQ消息交互 文件传输 QQ群讨论 资源共享	信息与知识管理 构建知识社区 资源分享 教育微博系统	语音文本互动交互 微信群讨论 资源发布，资源分享 内容检索

王萍认为，相对于QQ和微博，微信应用于移动学习的优势主要体现在：学习者因即时移动通信带来的使用率和依附度较高，移动手机的便捷性较高，用户由熟人体系的强关系组建的学习社群的一致性较高，信息互动模式具有多样性，以及应用开发具有易用性[①]。赵凡娟（2014）以传播学、远程教育和协作学习理论为基础，根据资源利用方式的不同，对微博、微信、

---

① 王萍. 微信移动学习的支持功能与设计原则分析 [J]. 远程教育杂志, 2013 (6): 34-41.

QQ、人人网以及博客几种主流社交网络的学习支持功能进行了分析①。王晓玲（2013）在协作学习中使用 QQ 和微信进行任务驱动，通过实验研究发现，协作学习中微信更具优势，反馈及时，协作顺利，更易取得较好的学习效果②。

4. 教学模式与教学设计研究

在移动社交网络教学应用的教学模式和教学设计研究方面，国内众多研究者依然较多地进行了移动社交网络的典型模式即微信的研究。

教学模式研究中，刘永超（2015）从微信公众平台适用的范围和条件出发，详细分析了移动学习的目标设定，阐述了移动学习内容设计原则和流程，并初步构建起了基于微信公众平台移动学习模式③；乔诗淇等（2014）分析了移动学习方式特点，构建了基于微信的移动学习模式，包括学习前期准备、学习效果提升和学习活动开展三个部分④。在后续研究中，该研究团队进一步分析了移动学习共同体的作用，结合移动学习共同体的性质与构建原则，提出"引领 Guiding + 协作 Cooperating + 提升 Promoting"式学习模式（简称 GCP 模式）。该模式的主要思想是通过微信构建移动学习共同体，教师引领移动学习共同体进行学习，移动学习共同体之间进行合作学习，最后实现共同提升⑤。

教学设计研究中，吴军奇等（2016）依据活动理论对学习动态过程的表述，建构了微信公众平台支持下的移动微型学习活动设计的一般流程，该流

---

① 赵凡娟. 主流社交网络学习支持功能的比较研究［D］. 上海：上海师范大学，2014.
② 王晓玲. 微信与 QQ 支持下基于任务驱动的协作学习之比较研究［J］. 电化教育研究，2013（11）：98 - 102.
③ 刘永超. 基于微信公众平台移动学习模式的建构［J］. 课程教育研究，2015（10）：214 - 215.
④ 乔诗淇，戴心来，姜淑敏. 基于微信的移动学习模式探究［J］. 中国信息技术教育，2014（13）：109 - 111.
⑤ 乔诗淇，戴心来，姜淑敏. 微信支持下的移动学习共同体应用模式探究［J］. 中国教育信息化，2014（12）：31 - 32.

程包括三个阶段,即前端分析、实施过程和评价修改①,具体流程如图 2-3 所示。

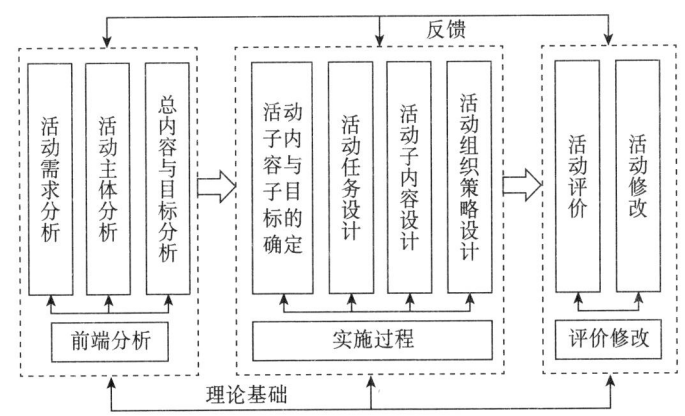

图 2-3 移动微学习活动设计流程图

张秀梅(2014)进行了关于课堂教学与以微信为平台的课下学习的混合式学习的教学设计研究,分析了基于微信的混合式学习的教学设计流程,并重点对混合学习中的交互过程和形式进行了详细探讨,构建了课堂环境与微信环境的交互、微信环境中自主学习的交互、微信环境中参与式学习的交互三种交互情境中的多种交互模型②。卢胜男(2014)分析对比了三类不同领域的微信公众平台的课程设计,结合移动学习的教学设计设原则和微型学习的设计原则,分别从课程内容、课程形式、用户界面、用户体验四个维度对基于微信公众平台的微型移动课的设计原则进行了重构与归纳,在此基础上,以 ADDIE 教学设计模式构建适于微信公众平台的微型移动课程的教学设计框架,包括前端分析、教学内容分析、教学内容设计、学习支持服务设计、学习活动设计以及修改六部分③。王萍(2013)在分析了 Elias 等所提出

---

① 吴军其,王勋倩. 基于微信公众平台的移动微学习活动设计 [J]. 现代教育技术,2016(1):53-59.
② 张秀梅. 基于微信的混合式学习研究 [D]. 保定:河北大学,2014.
③ 卢胜男. 基于微信公众平台的微型移动课程的设计与研究 [D]. 上海:上海师范大学,2014.

的八条通用教学设计（UID）原则①和 Herrington 等提出的将移动学习应用于高等教育学习环境中的 11 条设计原则②，提出了清晰的定位原则、合理的功能模块、科学的内容设计、丰富的交互互动、灵活的学习方式、互通的网络服务六条微信移动学习的设计原则③。

5. 实证应用研究

国外研究中，应用移动社交网络开展教学的实证研究成果较多，既有对学生使用态度和参与意识的研究，也有对其学习效果的验证研究。

David Fonseca 等（2013）在建筑学教学中，面对大学一年级学生，引入了可视化 3D 模型组织教学，并通过分组实验的方法，对学生对于新的可视化技术的适应能力进行了评估，其中一组学生使用传统的印刷材料，另一组使用新一代具有社交发布和互动功能的交互式 3D 模型。研究结果显示，在教学中使用具有社交互动功能的新技术，在教室里实现即时交互更为便捷，更能有效引导学生遵循教学主题，更好地培养学生的学习技能④。

Al-Shehri, Saleh 等（2012）进行了应用移动社交网络进行情境化语言学习的实验。研究得到如下结论：移动社交网络如 Facebook，提供了丰富的情境化的课外语言学习机会，拓展了课堂学习环境。此外，移动 Facebook 为学习者提供了真实的学习体验，学习者能够运用自己的知识，在真实情境中实现个人价值⑤。

Rambe 和 Bere（2013）在信息技术课堂上使用 Whatsapp 增强教师学生

---

① Tanya Elias. Universal Instructional Design Principles for Mobile Learning [J]. The International Review of Research in Open and Distance Learning, 2011（2）：143-156.

② Anthony Herrington, Jan Herrington, Jessica Mantei. Design principles for mobile learning [C] // InJ. Herrington, A. Herrington, J. Mantei, I. Olney, B. Ferry（Eds）, New technologies, newpedagogies：Mobilelearninginhighereducation, 2009：129-138.

③ 王萍. 微信移动学习的支持功能与设计原则分析 [J]. 远程教育杂志, 2013（6）：34-41.

④ Fonseca D, Villagrasa S, Martí N, etal. Visualization methods in architecture education using 3D virtual models and augmented reality in mobile and social networks [J]. Procedia - Social and Behavioral Sciences, 2013（93）：1337-1343.

⑤ Saleh Al-Shehri. 口袋中的语境：应用移动电话和社交网络进行情境化的语言学习 [J]. 马东明, 贺万霞, 何伏刚, 译. 中国远程教育, 2012（7）：34-40.

之间的沟通与学生的参与。研究从社会化技术、交互式学习等方面对 Whatsapp 教学应用效果进行了研究，并通过对学生的问卷分析，指出 Whatsapp 的应用有助于增强学生参与性、构建学习社区、促进教师教学方式的改进，提升教学的有效性①。

Jenny Wang 等（2013）对移动学习工具在 e - Learning 中的应用进行了分析，指出 Line 应用于移动学习，可以增强信息通信，交流沟通，有助于信息共享与问题解决。Line 与 Facebook、Skype、Google + 等社交网络共同构建了一种移动社会性合作学习环境。在此基础上，构建了移动支持的社会化学习（eMASE）模型（如图 2 - 4 所示），并通过实践教学，进行了学生期望与观点的调查分析，证明移动学习工具可以有效提高学习者的合作能力，促进学习动机②。

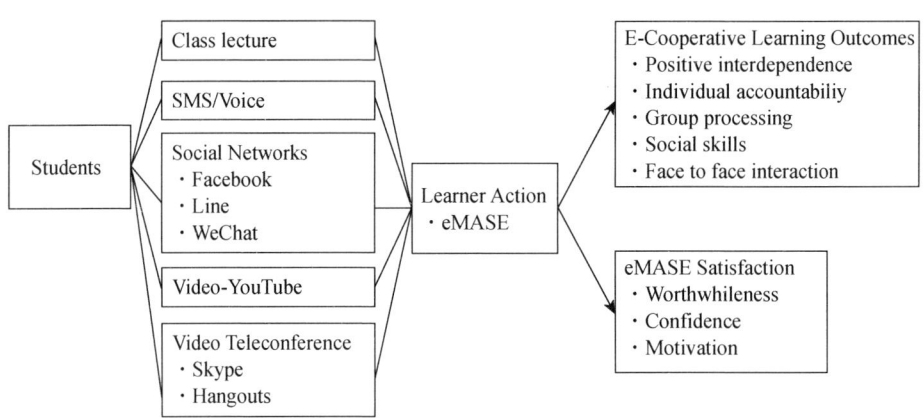

图 2 - 4　移动社交工具支持的社会化学习（eMASE）模型

图片来源：Wang J，Yu WCW，Wu E. Empowering mobile assisted sociale - learning：Students' expectations and perceptions [J]. World Journal of Education, 2013, 3 (2): p59.

---

① Patient Rambe, Aaron Bere. Using mobile instant messaging to lever - age learner participation and transform pedagogy at a South African University of Technology [J]. British Journal of Educational Technology, 2013 (4): 544 - 561.
② Wang J, Yu WCW, Wu E. Empowering mobile assisted sociale - learning: Students' expectations and perceptions [J]. World Journal of Education, 2013, 3 (2): 59.

第 2 章
文献综述

Bray 等（2013）分析了日本当前主要的移动应用在教育中的创新研究，指出 Line 的应用在日本大学生中已经超过 Facebook、Twitter，Mixi 等社会媒体，虽然目前的教育领域应用还较少，但将在移动计算与教育创新研究中体现价值[①]。

Vladimir – Ioan（2013）分析了社交网络在罗马尼亚高等教育中的使用情况，并详细研究了有关教育微博平台的使用特点和体系结构，在此基础上指出，高等教育机构管理必须首先需要明确社交网络的社会文化属性，承认社会媒体在教育领域中的重要性和必要性，然后通过提供明确的规定对其使用进行明确规范[②]。

Jeremiah Owyang（2011）通过研究美国、日本及欧洲各国 1960—2020 年间手机数量的急剧上升的趋势及移动社交应用的爆发式增长的现状，提出对于现行组织和个人通过移动社交网络进行学习时，必须有效控制和整改六个方面存在的明显断层，才能使学习更加有效[③]，并由此提出了基于移动社交的学习策略模型，即六度蜂巢框架模型，如图 2 – 5 所示。

国内研究中，利用移动社交网络进行教学方面的实证研究方面相对较少。周晨蕊等（2015）以图片语音社交软件啪啪作为实验平台，探究课后使用社交软件对小学生英语口语能力的培养效果[④]。朱晔（2015）结合社交媒体用于教学的优势及有关理论基础，以相关外语教学理论为依据，探讨社交媒体在我国外语教学中的应用与挑战等核心问题[⑤]。钟志荣（2011）从学习者的特点和课程教学的实际出发，阐述了基于 QQ 群的网络学习共同体的构

---

① Eric Bray, Ferial Khaddage. Mobile Computing and Educational Innovation in Japan [C] // InR. McBride& M. Searson (Eds.), Proceedings of Society for Information Technology& Teacher Education International Conference. Chesapeake, VA：AACE, 2013：3470 – 3472.

② Crețu Vladimir – Ioan. Social Media in Romanian Higher Education. Features, Uses and Arhitectures of Educational Microblogging Platforms [D]. Politehnica：University of Timisoara, 2013.

③ Owyang Jeremiah. Slides：Developing a Learning Strategy for Mobile and Social (Keynote) [EB/OL]. 2011 – 6 – 21. http：//www. web – strategist. com/blog/2011/06/21/slides – developing – a – learning – strategy – for – mobile – and – social – keynote/.

④ 周晨蕊, 孙众, 沈海娇. 基于移动社交的小学生英语口语学习效果研究 [J]. 电化教育研究, 2015 (8)：87 – 94.

⑤ 朱晔. 论社交媒体在我国外语教学中的应用 [J]. 外语电化教学, 2015 (4)：47 – 51.

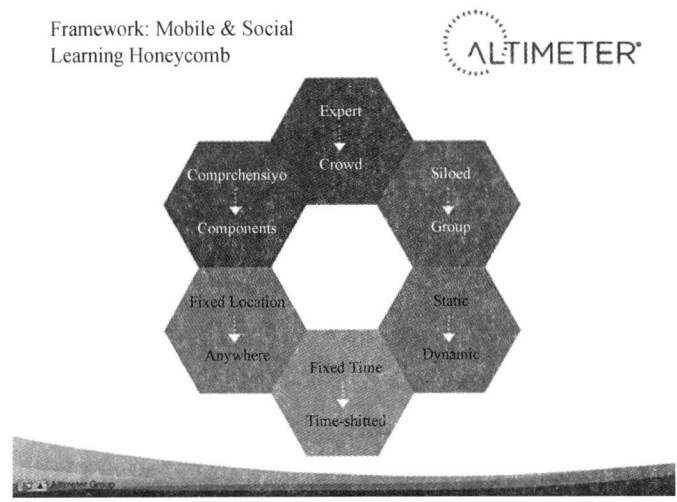

图 2-5　基于移动社交的学习策略模型

图片来源：Owyang Jeremiah. Slides: Developing a Learning Strategy for Mobile and Social (Keynote) [EB/OL]. 2011-6-21. http://www.web-strategist.com/blog/2011/06/21/slides-developing-a-learning-strategy-for-mobile-and-social-keynote/.

建及应用方法[①]。刘建伟等（2011）从"学科教学论"课程教学的特点出发，提出了 Blog 与 QQ 相结合的辅助教学平台，并给出了 Blog 与 QQ 相结合的平台设计以及实施环节，讨论了其在教学中的应用[②]。冯旭鹏（2010）对构建基于 SNS 的研究生校际网络学习共同体的必要性和可行性展开研究，深入分析了基于 SNS 的研究生校际网络学习共同体的特征、平台基本构成元素、构建共同体的原则和共同体的组织构架[③]。山峰等（2015）依托微信公众平台，创建了"数据结构"课程学习公众号，面向 598 名关注用户，采用内容分析与问卷调查相结合的方法，对学习者的特征、内容、行为、效果进行统计与分析。结果表明，微信公众平台在吸引学习者、传播微内容、推进

---

① 钟志荣. 基于 QQ 群的网络学习共同体构建及其应用 [J]. 中国电化教育，2011（8）：98-101.
② 刘建伟，李忠康. 基于 Blog 与 QQ 相结合的教学平台设计与应用——以"学科教学论"为例 [J]. 中国电化教育，2011（5）：139-142.
③ 冯旭鹏. 构建基于 SNS 的研究生校际网络学习共同体的探究 [D]. 南昌：南昌大学，2010.

第 2 章
文献综述

个性化学习与实时效果评估等方面有积极的促进作用①。王彦云（2013）基于微信公众平台设计了一套简易的英语课堂互动系统。系统由三部分组成，分别是学生的微信端、老师的手机控制端和课堂大屏幕，这三者之间，利用微信公众账号"移动语言学习"进行互动，将社交的实时性和参与性引入了课堂②。该案例是丰富大班课堂教学互动性的积极尝试，可以作为辅助教学过程的一个有效手段。袁磊等（2012）构建了微信支持下的混合式学习模式（如图 2-6 所示），模式包含前期分析，混合式学习的开展，教育信息的执行控制以及反馈评价等四个核心要素，进行了微信支持下的混合式学习的设计与实施。研究发现，微信的教育应用有助于加强师生交流，增进师生关系，帮助学生巩固知识，有效促进学生学习③。

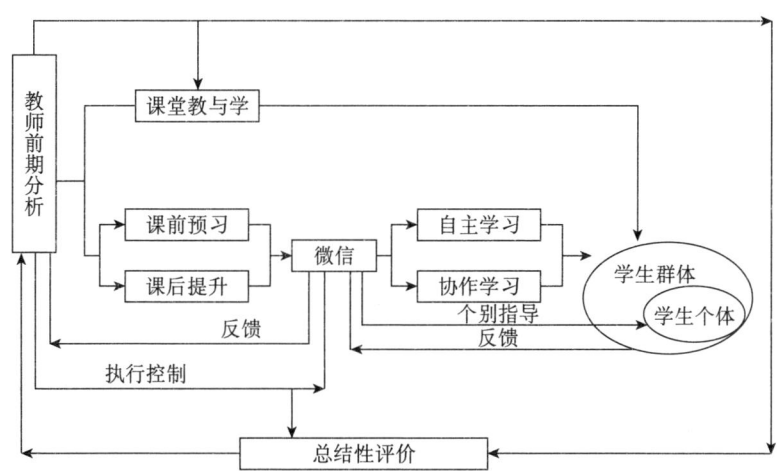

图 2-6　微信支持下的混合式学习模式

---

① 山峰，檀晓红，薛可. 基于微信公众平台的移动微型学习实证研究——以"数据结构公众平台"为例 [J]. 开放教育研究，2015（1）：97-104.
② 王彦云. Geek 大学生利用微信搭建英语课堂互动系统，将社交参与性和实时性带入课堂 [EB/OL]. [2013-07-11]. http://www.36kr.com/p/203431.html.
③ 袁磊，陈晓慧，张艳丽. 微信支持下的混合式学习研究——以"摄影基本技术"课程为例 [J]. 中国电化教育，2012（7）：128-132.

2.1.3 小结

经过对国内外大量有关移动社交网络研究的文献梳理来看，目前移动社交网络不但成为人们日常生活中不可或缺的社会交往和信息获取工具，在教学中同样也得到了广泛的探索和应用，甚至也有学者预言，"最终改变课堂的技术或许是手机（王竹立，2015）"。目前移动社交网络在教学中应用的可行性和适宜性研究方面，国内外学者从混合学习、协作学习、学习共同体等方面已有了较为深入的研究，证明了移动社交网络在教育教学中可以得到广大师生的普遍接受。而在具体应用层面，众多研究者将移动社交网络作为有效学习环境或学习支持系统进行了深入探究，既有基于移动社交网络的学习空间构建，也有个性化推荐系统的设计框架，取得了较多研究成果。更多学者看到了几种典型移动社交网络应用之间的功能区别，重点选用既有即时通信功能，又有资源汇聚功能的微信公众平台进行教学应用研究，大多为移动学习的支持平台或混合学习中的线上平台，并设计出了不同应用环境中的教学模式和教学设计方案，在相关课程中进行了实证研究。

上述研究更多的是将移动社交网络作为移动学习或混合学习的支持环境或实现平台，较少论及如何与课堂教学环节的对接和联系，而在运用移动社交网络进行翻转课堂教学的方面，相关研究较为零散，现有文献中基本只是列出了大致的思路框架，较少开展相应的课内课外学习一体化的综合研究，而在具体的教学设计实施方案、学习资源设计开发、课堂教学活动组织、学习效果评价分析等方面的研究就更为少见，这也本书的深入开展的提供了明确的思路和方向。

2.2 翻转课堂教学模式相关研究

翻转课堂作为一种起源于美国的教学模式，主旨在于关注学生的学习水

第 2 章
文献综述

平差异性和学习自主灵活性,因其"翻转"了课堂教学结构和流程时序,"颠倒"了师生双方的教学角色和主体地位,被看作是对传统教学模式的颠覆和改革。相关的研究及实践数据显示,实施翻转课堂教学模式后,课堂教学质量和教学效果得以提升,学生的学习能力和学习兴趣得到加强[①]。

近年来,在国内外教育领域得到了普遍认同和深入实践,也引起了国内外大量研究者的广泛关注和深入思考。

2.2.1 翻转课堂本体属性研究

1. 缘起与发展

据现有文献分析,翻转课堂的起源最早可以追溯到20世纪90年代初,哈佛大学的埃里克·马祖尔(Eric Mazur)教授在施行"同侪教学法"时对这一教学模式的尝试与探索。随后,莫里·拉吉(Maureen J. Lade)、格兰·波兰特(Glenn J. Platt)、J. 韦斯利·贝克(J. Wesley Baker)等对其进行了相关研究,美国迈阿密大学、威斯康星大学等在教学实践中对该模式进行了初步尝试和逐步细化。但由于参与学生较少、受限于信息技术支持,该模式在发展初期,并未引起广泛关注。

美国卡罗拉多州伍德兰德高中的两名化学教师——乔纳森·伯格曼(Jonathan Bergmann)和亚伦·萨姆斯(Aaron Sams),被一致认为是翻转课堂深入实践和推广的先驱者。2007年,他们担心学生因为参与其他事件而错过当天的课程,于是开始使用实时视频录音和截屏视频软件记录课程讲授和演示。这些课程材料初期只是上传到YouTube网站,方便学生随时随地下载观看。更具开创性的是两位教师逐渐以学生在家看视频听讲解为基础,节省出课堂时间来为在完成作业或做实验过程中有困难的学生提供指导。后来的事实证明,这种知识传授模式,构成了今天广泛意义上翻转课堂的雏形,它

---

① Knewton. The flipped classroom infographic: A new method of teaching is turning the traditional classroom on its head [EB/OL]. http://www.knewton.com/flipped-classroom/, 2012-01-13.

所具有的教育变革意义和其间蕴含的诸多教育发展可能性，远比这一简单模式本身更为重要。直至2011年随着萨尔曼·可汗（Salman Khan）创办的可汗学院的风行，翻转课堂逐渐为众多教师所熟知，同时也引发了全球教育界的深切关注和广泛讨论。

2012年，Jonathan Bergmann和Aaron Sams在总结他们教学经验的基础上，合著出版了 *You're your Classroom：Reach Every Student in Every Class Every Day* 一书。书中对翻转课堂带来的优势进行了详细描述，即学生在课堂上的互动增强了，因为时间的分配可以更加灵活机动，后进学生可以得到更多的关注，优秀学生可以得到更多的发展[1]。该书的出版也对翻转课堂教学理念和实现模式的深层传播产生了深刻影响。此外，他们二人同年建立了非营利性的翻转学习网络［Flipped Learning Network™（FLN）］，这个组织的目标是提供翻转学习模式的专业学习机会，引导、合作和传播翻转学习的相关研究，为教育者成功实施翻转学习模式提供相关知识、技巧和资源[2]。FLN也称为Flipped Learning Ning，同时也是一个在线实践社区，为当前和未来实施翻转的教育者们提供富有建设性的实践活动空间。该社区将网站参与者的数量作为评测翻转学习兴趣的标尺，2012年1月拥有2500个用户，到了2013年3月，已经有超过12000名教育工作者注册。随着互联网宽带连接技术的应用越来越广泛，技术整合的学习得到越来越多的关注，人们对于翻转课堂的兴趣也随之增长，该网站对于宣传推广和服务翻转课堂教学模式的实施做出了巨大贡献。

笔者根据上述文献资料，对翻转课堂的缘起与发展进行了详细梳理，并以可视化信息图的方式进行表征，如图2-7所示。

近年来，翻转课堂教学模式已成为世界范围教育界关注的热点，认为是影响课堂教学的重大变革，《华尔街日报》《经济学人》《华盛顿邮报》等主

---

[1] （美）乔纳森·伯格曼，亚伦·萨姆斯. 翻转课堂与慕课教学：一场正在到来的教育变革[M]. 宋伟，译. 北京：中国青年出版社，2014：39.

[2] Noora Hamdan, P Mcknight, K Mcknight, et al. A Review of Flipped Learning [EB/OL]. 2013-1-1. http://www.flippedlearning.org/cms/lib07/VA01923112/Centricity/Domain/41/ LitReview_Flipped Learning.pdf（last viewed July 2013）.

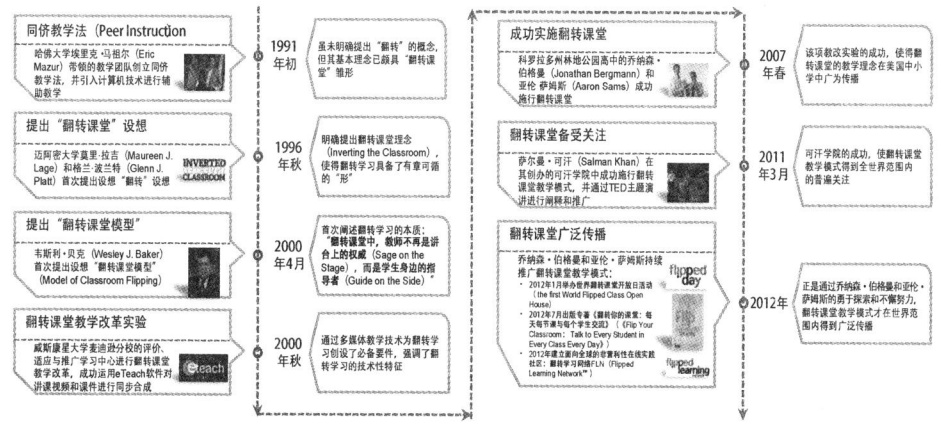

图 2-7 翻转课堂起源与发展信息图

流媒体都对翻转课堂给予热烈的关注和积极的报导①。在我国，研究者也普遍认可翻转课堂推动教学改革方面的重要作用。有学者认为翻转课堂是对传统课堂全方位、多层次的全面改革。具体体现在，第一，翻转课堂对传统课堂教学的形式结构进行了变革，即"先教后学"转变为"先学后教"，第二，翻转课堂改革了传统课堂教学的实质结构，即教师、学生、教学内容的关系及空间结构②。也有学者提出，翻转课堂这一课堂形式的新变化无异于传统课堂发生的一次深度裂变，为我国课堂教学改革的深化提供了新的思路和方向③。

2. 定义与特征

作为一个新兴事物，翻转课堂目前仍无一个教育学意义上的严格定义，国内外诸多学者大多采用描述性定义来阐释翻转课堂，其中最简洁的定义则是 Bill Tucker（2012）提出的："Online instruction at home frees class time for learning"④，即"通过家庭中的在线学习来解放课堂学习时间"，这种概念在

---

① 钟晓流，宋述强，焦丽珍. 信息化环境中基于翻转课堂理念的教学设计研究 [J]. 开放教育研究，2013（2）：58-64.
② 李允. 翻转课堂中国热的理性思考 [J]. 课程教材教法，2014（10）：19-23.
③ 秦炜炜. 翻转学习：课堂教学改革的新范式 [J]. 电化教育研究，2013（8）：84-90.
④ Tucker B. The flipped classroom [J]. Education Next, 2012, 12（1）：82-83.

本质上是对其内涵的简单阐释。另外一个相对完整的简洁定义出自 Lage 等（2000），他们认为，颠倒课堂（Inverting the classroom）就是将传统意义上的课堂内容放置于课外，反之亦然①。这一早期定义可用表 2-2 来阐释。

表 2-2　　　　　　　　　　翻转课堂的有限定义

类型	课内	课外
传统课堂	课程讲授	实践练习，问题解决
翻转课堂	实践练习，问题解决	视频课程讲授

该定义抓住了颠倒（inverted）和翻转（flipped）两个专有名词的核心特征，但仅仅是揭示了课堂教学与家庭作业之间的重组的理念，未能充分代表研究者所广为认可的翻转课堂的研究实践，仍然是一个有限的定义。

JL Bishop 等（2013）在总结分析了诸多研究者的观点后，提出了相应的定义：翻转课堂是一项包含课堂内交互群组学习活动和课堂外基于直面计算机的个性化教学的教育的技术②，并用图 2-8 所示图形进行了深入解释。

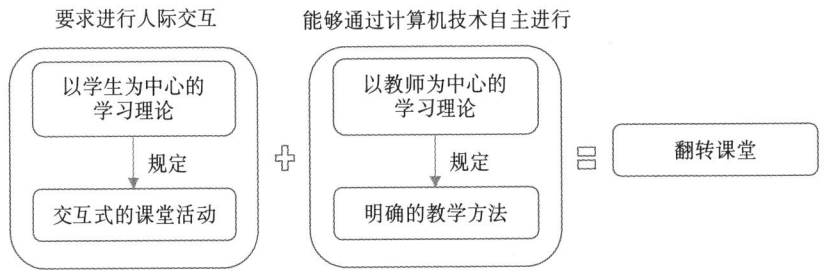

图 2-8　JL Bishop 界定的翻转课堂教学模式示意图

JL Bishop 等考虑到既往翻转课堂定义的过于宽泛，如一些定义认为课外研读教材和课内组织讨论也属于翻转课堂，对该定义做了进一步限定，

---

① Lage M J, Platt G J, Treglia M. Inverting the classroom：A gateway to creating an inclusive learning environment [J]. The Journal of Economic Education，2000，31（1）：30-43.

② Jacob Lowell Bishop，MA Verleger. The Flipped Classroom：a Survey of the Research [C] //Asee National Conference Proceedings，Atlanta，Ga，2013.

第 2 章
文献综述

即排除了在课外不使用视频的教学活动，使得该定义更具针对性和指向性。

TechSmith 公司将翻转课堂定义为学习者通过互动的、教师创建的视频在家中学习，而将家庭作业转移到课堂上的教学模式。英特尔全球教育总监 Brian Gonzalez 认为翻转课堂是指教育者赋予学习者更多的自由，把知识传授的过程放在教室外，让大家选择最适合自己的方式接受新知识；而把知识内化的过程放在教室内，以便同学之间、同学和老师之间有更多的沟通和交流[1]。这是从人类认知规律角度来分析翻转课堂的作用与效果的一种代表性观点。

FLN 组织同时看到了广大研究中将翻转课堂和翻转学习混为一谈的状况，进一步明确提出了翻转学习的定义，即翻转学习是一种教学法，师生间直接的面授教学从课堂集体学习空间中移走，由此产生的学习空间变更为一个充满活力的交互学习环境，教师可以指导学生应用所学概念并参与创造性的学习主题活动[2]。在明确该定义的同时，FLN 指出翻转课堂和翻转学习是不可互换的。翻转课堂能够引发翻转学习，但并不是必然的。教师可能已经通过让学生在课前预习教材、观看预先提供的视频或者解决一些附加的问题等途径来翻转课堂，但是作为翻转学习，教师必须在实践中引入翻转学习的四个关键支柱即 F – L – I – P[3]（F – Flexible Environment，灵活的学习环境；L – Learning Culture，变革后的学习文化；I – Intentional Content，定制的内容；P – Professional Educators 专业的教育者），也可以理解为翻转学习乃至翻转课堂必须具备的四个特征元素，如图 2 – 9 所示。

---

[1] 杨九民，邵明杰，黄磊. 基于微视频资源的翻转课堂在实验教学中的应用研究——以"现代教育技术"实验课程为例 [J]. 现代教育技术，2013（10）：36 – 40.

[2] Noora Hamdan, P Mcknight, K Mcknight, et al. A Review of Flipped Learning [EB/OL]. 2013 – 1 – 1. http：//www.flippedlearning.org/cms/lib07/VA01923112/Centricity/Domain/41/LitReview _ Flipped Learning.pdf（last viewed July 2013）.

[3] Flipped Learning Network（fln）. The Four Pillars of F – L – I – P [EB/OL]. 2014 – 3 – 12. http：//fln.schoolwires.net/cms/lib07/VA01923112/Centricity/Domain/46/FLIP_handout_FNL_Web.pdf.

图 2-9 F-L-I-P 示意图

图片来源：Flipped Learning Network（fln）. The Four Pillars of F-L-I-P［EB/OL］. 2014-3-12. http：//fln. schoolwires. net/cms/lib07/VA01923112/Centricity/Domain/46/FLIP_handout_FNL_Web. pdf.

在国内，较早对翻转课堂进行定义的如金陵（2012）提出，所谓"翻转课堂"，是指把"老师白天在教室上课，学生晚上回家做作业"的教学结构翻转过来，构建"学生白天在教室完成知识吸收与掌握的知识内化过程，晚上回家学习新知识"的教学结构，形成让学生在课堂上完成知识吸收与掌握的内化过程、在课堂外完成知识学习的新型课堂教学结构[①]。刘荣（2012）认为，翻转课堂就是由教师创建视频，学生在家中或课外观看视频中教师的讲解，回到课堂上师生面对面交流和完成作业的这样一种教学形态[②]。

在后续研究中，何克抗（2014）指出，"翻转课堂"是使传统的课堂听讲，课后作业的教学习惯、教学模式发生了"颠倒"或"翻转"，变成课前听看教师的视频讲解，课堂上在教师指导下做作业或实验的这样一种学习模式[③]。钟晓流等（2013）认为翻转课堂就是在信息化环境中，课程教师提供以教学视频为主要形式的学习资源，学生在上课前完成对教学视频等学习资源的观看和学习，师生在课堂上一起完成作业答疑、协作探究和互动交流等

---

① 金陵. "翻转课堂"翻转了什么？［J］. 中国信息技术教育，2012（9）：18.
② 刘荣. 翻转课堂：学与教的革命［J］. 基础教育课程，2012（12）：28.
③ 何克抗. 基从"翻转课堂"的本质，看"翻转课堂"在我国的未来发展［J］. 电化教育研究，2014（7）：5-13.

活动的一种新型的教学模式①。还有学者提出，翻转课堂是利用现有信息技术手段，构建信息化教学环境，重新规划课前、课内、课后，通过知识传递、知识内化、知识巩固的颠倒安排，实现传统教学中的师生角色的翻转，达到对传统课堂教学模式革新的教学设计方法②。虽然大家对翻转课堂的界定都各有侧重点，但是对翻转课堂的组织环节都有统一的看法，即翻转课堂主要是课前知识传授和课内的合作学习的翻转，该模式的具体开展和实施大都是在信息技术手段的支持下实现的。因此，可以简洁直观地将翻转课堂看作是在信息化学习环境中，帮助学生课前通过自主学习进行知识传授，课堂通过多种教学活动进行知识内化、课后通过延伸探究实现知识迁移的一种新型学习模式。

3. 本质与内涵

关于翻转课堂的本质与内涵，首先可以从 Jonathan Bergmann 和 Aaron Sams 的有关翻转课堂"是什么"和"不是什么"的问答中寻找答案。本研究对其进行了梳理汇总，形成了图 2 – 10 所示的结构图示。

从上述定义和特征分析中，可以看出，在翻转课堂教学模式中，通过多种技术的支持，教师的直接指导从大范围的群组学习空间转换为学生个人学习空间。教师利用电脑录制并讲解屏幕录像，创建他们自己的教学视频传送给学生，或者上传视频到网站比如 TED 教育网站或可汗学院。众多教育者通过使用前期准备好的可以方便学生获取的资料来进行翻转，学生可以随时随地方便地获取这些教学视频或屏幕录像，只要学生愿意可以多次使用，这就可以使得学生在课前进行充分的准备③。

---

① 钟晓流，宋述强，焦丽珍. 信息化环境中基于翻转课堂理念的教学设计研究 [J]. 开放教育研究，2013（2）：58 – 64.
② 张金磊，王颖，张宝辉. 翻转课堂教学模式研究 [J]. 远程教育杂志，2012（4）：46 – 51.
③ Musallam R. The effects of screencasting as a multimedia pre – training tool to manage the intrinsic load of chemical equilibrium instruction for advanced high school chemistry students [D]. Doctoral Dissertation，University of San Francisco，2010.

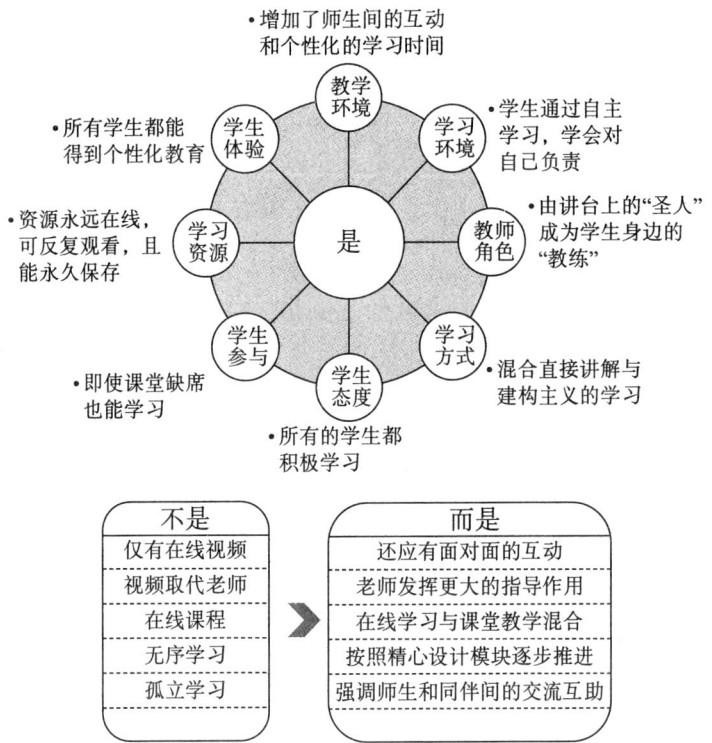

图 2-10 Jonathan Bergmann 和 Aaron Sams 的翻转课堂的本质内涵表征

利用学生的前期准备，教师可以有机会投入更多的时间来分析和整合他们的知识，通过一系列的以学生中心的活动学习策略，如开展研究或与同伴进行基于项目的学习。如果有必要，教师也可以使用课堂时间来测验学生的理解程度，帮助他们完善项目流程等。教师可以根据学生的准备水平，进行活动设计，为学生深入领会教学内容提供个性化的辅导。

翻转课堂因为含有屏幕录像或教学视频等内容，一度曾与在线、混合以及远程学习相比较，但其间却有着显著区别。举例来说，在线教育只是发生了远程学习，师生之间却不会当面交流，有时也会通过群组讨论、同伴互助或其他促进合作学习的方式，来增强课程和学习活动的效果，但经常是异步的。混合学习同样具有在线学习的因素，但是通常发生在课堂教学中，由师生的直接交流来实现，学生面对面的研讨可以带来不同的学习体验，然而，

第 2 章
文献综述

这与传统课堂中并无多大区别。上述例子同样存在于翻转课堂中。在课外通过使用视频或其他技术来传送教学内容,并不一定能使得这与课堂教学本身有所区别。但是,翻转课堂教学模式由于强调学生可以掌控自己的学习,而不仅仅只是作为教学的对象,可以使教育者从以教为主的教师中心转变到以学为主的学生中心来。

对于翻转课堂,何克抗(2014)认为,它其实是混合学习的一种变式,包括课前在线学习和课堂教学活动两部分,最终要将传统学习与在线学习的优势结合起来,既发挥教师启发、引导、监控教学过程的主导作用,又要充分体现学生作为学习过程主体的主动积极性与创造性[1]。翻转课堂力图实现对教学系统四要素(即教师、学生、教学内容和教学媒体)地位作用的改变,因此翻转课堂的本质特征就是变革课堂教学结构。

由是观之,翻转课堂教学模式的实施,总体而言具有以下本质属性和内涵要求[2],如表 2-3 所示。

表 2-3　　　　　　翻转课堂教学模式的本质内涵

教学模式	以学生为中心,注重学生的个性化需求和表达
师生关系	教师不是居于权威地位的知识传授者,而是学生学习活动的指导者和课堂教学活动的设计者,师生间可以平等对话
学习时间	强调课堂教学时间的最大效度利用,同时分配课外时间让学生进行自主学习
学习进度	学生根据已有知识水平,按照自己的学习兴趣和步调开展学习
学习方法	课堂教学时间中,综合运用探究性学习、基于问题的学习、同侪学习等多种方法,课外学习中,融合了自主学习、掌握学习等学习方式
教师素养	翻转课堂要求教师不但要具备一定的信息技术能力,也要具备根据学生学习风格和水平进行课堂教学设计的能力。此外由于教学视频只能是在课外制作,也要求教师具有强烈的教育事业心和责任感

---

[1] 何克抗. 基从"翻转课堂"的本质,看"翻转课堂"在我国的未来发展[J]. 电化教育研究,2014(7):5-13.

[2] 杨晓宏,党建宁. 翻转课堂教学模式本土化策略研究——基于中美教育文化差异比较的视角[J]. 中国电化教育,2014(11):101-110.

4. 反思与审视

近两年来，翻转课堂模式以其注重教学的发展性、参与性与异步性，能够有效兼顾不同水平学生的发展等优势得到了广大一线教师的青睐和研究者的普遍关注。然而，作为一种教学模式，相关学者认为翻转课堂有其优势，也有其限度，并不是包治百病的万能药方。客观地反思审视翻转课堂，有利于更加全面的认识翻转课堂，更加灵活有效地运用翻转课堂。

刘永琪等（2015）从学习理念、学习服务和学习质量三个方面对翻转课堂进行了伦理考量，并对促成当前翻转课堂热的动因进行了冷静的剖析。虽然翻转课堂改变了传统教学结构，并促使人们对学习过程中教师和学生的角色进行重新思考定位，但有关翻转课堂的教学研究还缺乏长期基于教育大数据的实证研究，翻转课堂在教学实践中还存在一些不足。翻转课堂应该尊重学生的个性差异，合理定位教师的角色，应有完善的伦理规范，应该形成对翻转课堂的理性认识[1]。

在学生能力和年龄阶段的要求方面，翻转课堂教学模式目前包括课前知识传授和课内知识内化两个大的基本环节，这两个环节决定了学生要具备一定的自主学习能力和协作学习能力。因此，在义务教育阶段，特别是小学生年龄还小，知识能力基础较低，学习自觉意识还不够强，因而不适宜大范围展开，由此也决定了翻转课堂模式最好能够在高中或大学阶段开展教学实践[2]。

在教师教学能力的要求方面，要使翻转课堂达到预期的教学效果，对教师教学能力是有一定要求的。在开展翻转课堂教学之前，教师应该先学习翻转课堂的先进教学理念和教学方法，提高教师的教学能力。具体来讲对教师有如下要求，首先，教师要认识到学习是学习者在对话协商、交流互动中，主动建构知识和解决问题的过程。其次，教师应该帮助学生成为学习的主人。再次，教师还要积极借鉴、尝试各种有效的教学模式，满足学生的多元

---

[1] 刘永琪，胡凡刚. 翻转课堂教学模式的伦理省思 [J]. 远程教育杂志，2015 (6)：78 – 84.
[2] 何克抗. 基从"翻转课堂"的本质，看"翻转课堂"在我国的未来发展 [J]. 电化教育研究，2014 (7)：5 – 13.

第 2 章
文献综述

发展需求①。

在对师生角色变换的要求上,翻转课堂模式对传统的"教师是主动的施教者,学生是被动的受教者"的师生角色提出了新要求。在翻转课堂中,教师在课前是教学资源的开发者,在课中,教师是学习活动的设计者、组织者与参与者,在课后,教师是学习的辅助者和指导者②。

在对优质学习资源的要求上,学生课前观看教学视频,进行自主学习,是翻转课堂教学的关键步骤,因此,设计开发优质的教学资源是翻转课堂教学实施的基石③。在美国,因为有"可汗学院"这一非营利组织的支持,能够解决各学科优质教学资源的设计与开发问题,而在我国类似的机构较为缺乏,仅凭教师个人开发教学资源也不太现实。因此,翻转课堂教学中,设计开发各学科的优质教学资源尚面临相当严峻的挑战④。

2.2.2 翻转课堂教学模型研究

国内外众多学者探索了翻转课堂教学模式,并针对不同教学内容、教学情景提出了不同的模型。总体而言可以大致分为"课外+课内"的两阶段模型以及"课前+课中+课后"的三阶段模型两大类。

1. "课外+课内"的两阶段模型

国外研究中,对翻转课堂进行模式总结提炼的研究并不多,Robert Talbert 和 Jackie Gerstein 构建的翻转课堂教学模型,属于"课外+课内"的典型模式。国内研究中,大多学者均以此为范本,构建了不同内涵的两阶段翻转课堂教学模型,除了广为人知的张金磊、钟晓流、王红等构建的两阶段模型外,在其他研究中也有所表述,本书对其梳理如下:

王培(2014)提出了翻转课堂教学模式的原则包括:学生主体性原则、

---

① 宁本涛. "翻转课堂"的基本图景与问题审究 [J]. 现代教育技术, 2014 (12): 64-69.
②③ 卢强. 翻转课堂的冷思考:实证与反思 [J]. 电化教育研究, 2013 (8): 91-97.
④ 何克抗. 基从"翻转课堂"的本质,看"翻转课堂"在我国的未来发展 [J]. 电化教育研究, 2014 (7): 5-13.

教师主导性原则、民主合作的教学原则。并在此基础上，提出了基于翻转课堂教学模式：教学过程主要由课前、课堂两个部分组成。课前主要为视频学习阶段，学生采用自主学习的方法，教师为主体，设计视频计划并在问题的引导下培养学生观看视频的兴趣。课堂阶段包括提出问题、创设情景、合作学习、总结评价、反思扩展等阶段，其中提出问题阶段采用讲授法，教师为主体，对问题进行展示及解说，选择性回放视频片段；创设情景阶段主要为描述法，教师为主体，对问题的真实情况进行描述；合作学习阶段，采取合作学习法，教师为主导学生为主体，创建小组、分组讨论、协作讨论、实施计划和成果展示；总结评价阶段采用互评法，学生与教师共同参与，学生互评、教师点评、知识总结等；反思扩展阶段采用发现法，教师为主导学生为主体，引导学生反思并提出新的思考问题[①]。

黄阳（2014）从翻转课堂的内涵出发，解析了翻转课堂教学发生的过程，基于课前任务设计、课堂活动设计以及师生角色等，针对翻转课堂教学策略与实施等问题进行深入思考与探究[②]。

陈子超等（2014）通过专业课程中开展翻转课堂的教学实践，深入分析了翻转课堂教学模式的方法和策略，构建起了一个翻转课堂教学模型，制定实施方案，运用行动研究法在实践中不断优化各环节的教学设计，提高教学绩效，包括课程开发、课前学习、课堂活动、研讨总结等阶段，如图 2 - 11 所示[③]。

曾明星等（2015）提出了三种"翻转课堂"教学模式。一是 MOOC 视频替代模式，由课前和课内构成，课前主要由教师发起 MOOC，发布课程概要、通知、微视频、PPT 作业等，学生借助论坛、微博、社会网络、社会标签等浏览、参与、训练、测试；课内主要由提出问题、创设环境、布置任务、协作训练、研讨探索、交流答疑、评价反馈等促进知识内容和能力提

---

① 王培. 基于翻转课堂教学模式的初中数学教学设计研究 [D]. 西安：陕西师范大学，2014：25 - 27.
② 黄阳. "翻转课堂"教学模式设计的几点思考 [J]. 现代教育技术，2014（12）：100 - 106.
③ 陈子超，蒋家傅. 高校翻转课堂教学模式探索与实践 [J]. 现代教育技术，2014（12）：112 - 117.

第 2 章
文献综述

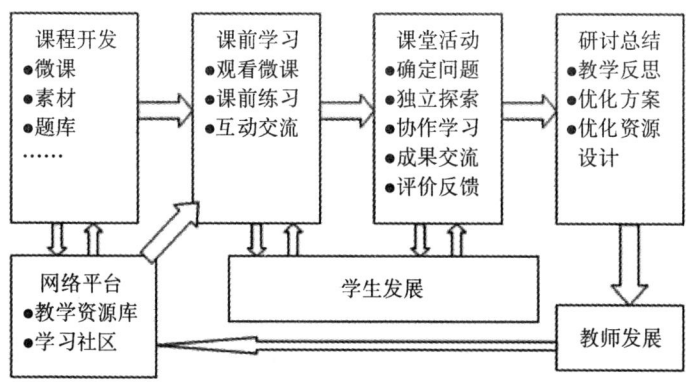

图 2-11 翻转课堂教学模式

升。二是"MOOC 视频+自制视频"模式,主要针对课前,由 MOOC 发起教师发布课程概要、通知、微视频、PPT 作业测试、实验等,学生借助论坛、微博、社交网络等浏览、参与、讨论、训练、测试,观看视频 PPT 训练题等。三是二次开发模式,即通过网络教学平台和课程教学资源的二次开发,进行本土化改造的教学模式①。

朱宏洁等(2013)提出了现代信息技术支持的"翻转课堂"教学模式:课前进行微课程设计和个性化学习,课中进行小组写作、针对性知道和反馈评价;整体模式是在现代教学理论指导和现代信息技术支持下开展活动②。

赵万霞(2014)提出电子双板环境下翻转课堂教学模式,课前教师主要完成分解内容、发布小组任务、制作电子双板课件等活动,学生开展的独立探索、协作学习、制作 PPT 课件等活动。课中,借助电子双板学生进行小组汇报,师生进行组间答疑,教师进行补充反馈③。

张新明等(2013)在 Robert Talbert 的翻转课堂教学模型的基础上,构

---

① 曾明星,周清平,蔡国民,等. 基于 MOOC 的翻转课堂教学模式研究 [J]. 中国电化教育,2015(4):102-108.
② 朱宏洁,朱赟. 翻转课堂及其有效实施策略刍议 [J]. 2013(8):79-83.
③ 赵万霞. 电子双板环境下翻转课堂的应用研究——以《网络教育资源设计与开发》为例 [D]. 武汉:华中师范大学,2014:18-19.

建了一个基于借助 QQ 的翻转课堂教学模型，由课程开发、课前知识传授、课堂知识内容三个阶段构成。课程开发主要针对电子书包、精品课程、微视频、文档、PPT 等内容开展。课前知识传授由观看教学视频、QQ 群交流、课前针对性练习等活动构成。课堂知识内化主要由问题活动、创设教学情景、自主探究、合作学习、个性化辅导、评价反馈等构成[①]。

徐姐等（2013）提出了基于翻转课堂的化学实验教学模式和相关支撑体系，由学习资料开发制作、课前知识传授、课堂教学活动和教学反馈评价等阶段构成。学习资料准备主要生成学习资源包。课前知识传授阶段主要为观看视频、试题测验、实验操作练习、实验方案设计与预验证、查找资料、同学之间交流、与教师交流等。课堂活动主要为完成分组实验、个别指导、成果展示、小组讨论、实验报告等。反馈与评价主要为完成实验操作测验、学生问卷调查、访谈、教师教研等活动[②]。

田爱丽（2014）提出翻转掌握教学模式实施的基本要素与环节：包括明确目标、有的放矢，提供导引、帮助学习，课前自学、初步掌握，课堂探究、实现目标，单元测试、强化学习等[③]。

杨九民等（2013）提出了基于微视频资源的翻转课堂，并在"现代教育技术"实验课程中进行了实践应用。课前主要完成录制微视频、发布资源等课前准备活动；学生开展基于微视频实验资源的自主学习和协作学习。课中主要进行实做评测，开展协作交流与指导答疑，最终完成作评[④]。

陈怡（2014）提出了基于混合学习的翻转课堂教学。课前教师进行备课、准备教学资源与布置任务；学生学习知识、总结收获确定问题，师生进行交流讨论。课中分为两个阶段，面对面教学和在线教学。面对面教学开展

---

① 张新明，何文涛，李振云. 基于 QQ 群 + Tablet PC 的翻转课堂 [J]. 电化教育研究，2013（8）：68 - 72.

② 徐姐，钟绍春，马相春. 基于翻转课堂的化学实验教学模式及支撑系统研究 [J]. 远程教育杂志，2013（5）：107 - 112.

③ 田爱丽. 翻转课堂中"翻转掌握教学模式"的应用研究 [J]. 课程教材教法，2014（10）：24 - 28.

④ 杨九民，邵明杰，黄磊. 基于微视频资源的翻转课堂在实验教学中的应用研究——以"现代教育技术"实验课程为例 [J]. 现代教育技术，2013（10）：36 - 40.

第 2 章
文献综述

合作探究、个性化指导、巩固练习、总结点播和反馈评价；在线教学阶段首先查阅学习公告，教师引导学生开展自主学习，学生思考讨论完成任务，最终进行反馈总结①。

林才英（2014）提出了初中英语翻转课堂教学模型。准备阶段教师准备自主学习材料，包括学习任务单、导学案、自测卡、微视频、授课 PPT、过关卡等；给学生发放纸质学习材料，包括学习任务单、导学案、检测卡，并通过 QQ 群平台发放微视频。课前学习阶段，学生自主学习与检测，学生根据学习任务单完成自测。课前互动阶段，通过 QQ 群平台，学生学习中遇到的困难，及时与同学或教师沟通自学过程中遇到的问题。课堂学习和巩固阶段，教师组织学习讨论，分组讨论自主学习环节的问题，讨论形式可以采取探究式、情景式等②。

2. "课前 + 课中 + 课后"的三阶段模型

国外研究中，Explore – Explain – Apply 和 Explore – Flip – Apply 模式是典型的三阶段模型，对于翻转课堂教学模式构建有着广泛的借鉴意义③④。其中第一个阶段是探索，在先验知识的基础上，学生对学习材料进行自主探索。第二个阶段是课堂中的原理讲授和概念解释，学习者在教师的指引下进行概念原理等的内化吸收。第三阶段是实践应用阶段，学生将所学知识应用到实践领域，优化其解决思路，拓展其适用范围，在这个过程中，学生的思维模式也得到了全面锻炼和形成。英国北安普顿大学的 Rob Farmer 对翻转课堂中学生的学习行为进行了概括性提炼，具体分为课前（阅读、讨论和思考等）、课中（分析、发现、解释和领会等）、课后（评估、总结和反思等）

---

① 陈怡. 基于混合学习的翻转课堂教学设计与应用研究 [D]. 武汉：华中师范大学，2014：28 – 30.
② 林才英. 初中英语翻转课堂教学行动研究 [D]. 南宁：广西师范大学，2014：29 – 32.
③ The Learning Cycle：A Comparison of Models of Strategies for Conceptual Reconstruction：A Review of the Literature [EB/OL]. [2013 – 06 – 10]. http：//astlc. ua. edu/ ScienceInElem&MiddleSchool/565LearningCycle – ComparingModels. htm.
④ Cycles of Learning. Explore – flip – apply：introduction and example1 [EB/OL]. [2013 – 07 – 14]. http：//www. flipteaching. com/files/ archive – sep – 2011. php.

三个阶段的 22 种行为①。这种行为枚举基本涵盖了学习中可能涉及的所有行为。从课前、课中、课后的行为映射至布鲁姆的教育目标层次上,可看出课前主要侧重于识记部分,课中侧重于理解、应用和分析,课后侧重于强化、反思等②。

汪晓东等(2013)通过在教育技术学专业英语课程中的教学实验,提出了翻转课堂的教学模式:分为课前、课中、课后三个阶段,持续一至两周时间。课前教师发布学习任务和资源,学生自学,完成个人作业。课中第一步为教师小组作业指导解答疑难问题,学生组内协作完成小组作业;第二步为教师点评,学生分组汇报组间交流;第三步为教师补充讲解、答疑解惑、布置作业,学生修正理解、提问讨论、互动交流。课后教师平台交流,学生修改作业、上传平台③。

陈加敏等(2014)提出了课前、课堂、课后的师生合作性翻转课堂教学模式。课前学生自主学习课本知识,学习纸质材料并质疑、交流完成问题;课堂小组协作学习、质疑解答、探究、教师引导总结;课后作业练习、学生评价巩固等④。

叶冬连等(2014)提出了基于翻转课堂的参与式教学模式师生互动模型,从教师活动、学生活动两个维度对课前、课中、课后进行阐述。教师在课堂主要完成设计导学、录制微视频、编制测评题、汇总问题等活动,学生完成自主学习、完成评测、提出问题等知识获取活动。课中教师主要为指导、答疑、点评、布置作业等,学生完成组织协作、小组汇报、修正理解、提出讨论等知识内化过程。课后教师就行平台交流,学生完成

---

① Rob Farmer. What is the flipped classroom? [DB/OL]. The university of NorthAmpton:2015 - 1 - 16. http://blogs.northampton.ac.uk/learntech/2015/01/16/what - is - the - flipped - classroom/. [2015 - 12 - 10].

② 祝智庭,雷云鹤. 翻转课堂 2.0:走向创造驱动的智慧学习 [J]. 电化教育研究,2016 (3).

③ 汪晓东,张晨婧仔. "翻转课堂"在大学教学中的应用研究——以教育技术学专业英语课程为例 [J]. 现代教育技术,2013 (8):11 - 16.

④ 陈加敏,朱承慧. 翻转课堂教学模式变式实践与反思 [J]. 课程教材教法,2014 (11):86 - 91.

作业①。

宋朝霞等（2014）在深入分析项目式学习法的基础上，构建出了基于翻转课堂的项目式教学模型，其中教师教学结构由课前教学准备、课堂教学活动组织和课后总结几部分组成，学生学习结构由课前知识传授、课堂知识内化和课后知识固化三阶段组成②。

吴忠良等（2014）提出了基于网络学习空间的翻转课堂教学模式。教学资源开发阶段，教师编写教学设计、制作课件、录制视频、布置习题。课前知识传递阶段，学生观看视频进行评价、在线交流、做习题，教师查看学习效果、分析问题、设计课堂活动。课上拓展升华阶段，组织课堂活动、个性化辅导、分组讨论、探究性活动；学生参与课堂活动、解决问题、协作学习。课后评价总结阶段，教师查看教学效果，进行总结性评价；学生学习总结、反馈学习效果、提出意见③。

赵呈领等（2014）提出基于微视频资源的翻转课堂教学模式。课前教师与学生进行充分交流，教师制作导学案、制作微视频、上传资源；学生下载微视频、下载导学案、完成预习自测题。课中主要为创设情景、自主协作学习、反馈评价进行交流互动。课后进行延伸类实践活动，开展课外探究学习。整体阶段开展形成性评价和总结性评价活动④。

黄琰（2014）提出了基于DBR的翻转课堂实验教学模式。课前借助交流平台教师激发兴趣发布任务、提供资料辅助指导、师生交流收集反馈；学生了解任务确定目标、观看视频完成联系、小组讨论提问反馈。实验课堂阶段，教师课堂引入反馈总结、组织活动指导帮助、师生互动总结记录；学生自学回顾提出问题、合作交流练习操作、寻求帮助分享收获；整体形成问题回

---

① 叶冬连，万昆，曾婷，等. 基于翻转课堂的参与式教学模式师生互动效果研究 [J]. 现代教育技术，2014（12）：77-83.

② 宋朝霞，俞启定. 基于翻转课堂的项目式教学模式研究 [J]. 远程教育杂志，2014（1）：96-104.

③ 吴忠良，赵磊. 基于网络学习空间的翻转课堂教学模式初探 [J]. 中国电化教育，2014（4）：121-126.

④ 赵呈领，徐晶晶，刘清堂. 基于微视频资源的翻转课堂教学模式设计与应用探究 [J]. 现代教育技术，2014（12）：70-76.

顾、独立探索、协作练习、成果交流、总结反馈的封闭环。课后借助交流平台教师引导复习、评价总结、课后反思；学生提交反思、复习测试、课外实践①。

付兰敏（2014）提出了基于翻转课堂理念的初中信息技术教学模式。课前阶段，主要使学生采用自主学习的方式进行知识传递，完成观看视频、前测练习、提出问题等活动。课中主要通过合作学习完成知识的内化，主要活动为协作讨论、小组合作等。课后阶段为知识补救、整理作品、疑难问题结局、群体分享等②。

刘小晶等（2014）从分析"数据结构"课程教学现状和翻转课堂的概念入手，探究如何在高校数据结构课堂教学中有效实施翻转课堂的教学模式。提出由课程资源开发阶段、翻转课堂教学模式实施阶段、教学效果的评测与总结反思阶段构成的模式，如图 2–12 所示③。

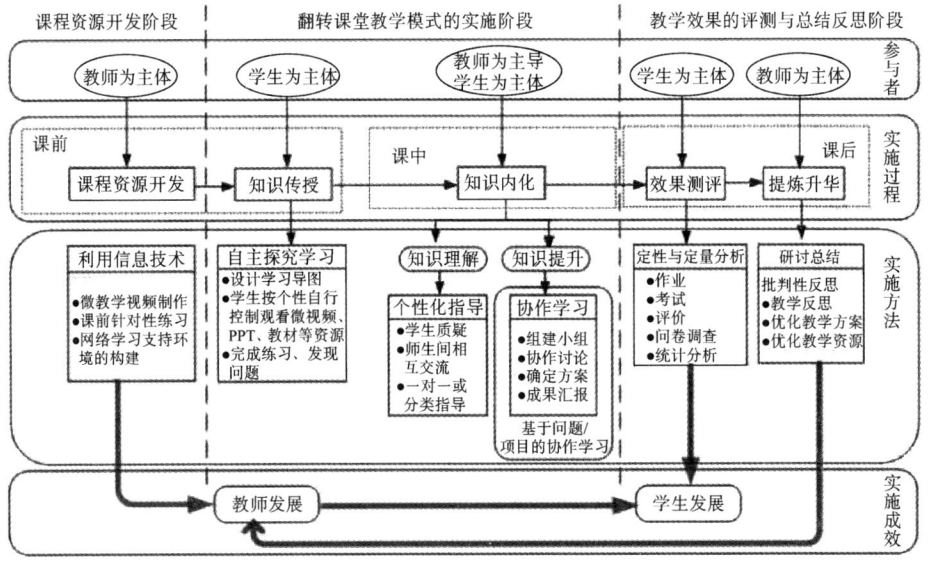

图 2–12 翻转课堂教学模式

---

① 黄琰. 基于 DBR 的翻转课堂实验教学设计与应用研究 [D]. 武汉：华中师范大学，2014：35.
② 付兰敏. 基于翻转课堂理念的初中信息技术教学模式的应用研究 [D]. 济南：山东师范大学，2014：20.
③ 刘小晶，钟琦，张剑平. 翻转课堂模式在"数据结构"课程教学中的应用研究 [J]. 中国电化教育，2014（8）：105–110.

吴洪艳（2015）将个性化学习理念与翻转课堂融合，一方面提出基于个性化学习理念的翻转课堂教学模式，以期提高学习者的学习积极性，提升翻转课堂的实施效果；另一方面指出该模式在教学实践过程中还存在挑战，需不断探索，以便为教学质量改革提供借鉴①。课前活动包括课程准备和知识传授；课中活动包括师生交流、创设个性化任务、协作探究、个性化辅导、成果呈现、过程总结、个性化评价。第三阶段为课后体会与反思。

冯莹莹（2015）提出基于同伴互助的高校翻转课堂教学模型。课前阶段主要开展基于QQ群的课堂学习活动，课前教师进行内容分析、教学设计、资源开发、资源发放等活动，学生则进行学案导学、团队组建、任务驱动、任务提交。课堂开展基于同伴互助的课堂学习，知识回顾、知识点检验、团队微汇报、互学互评。课后开展基于共同反思的课后学习，进行总结性评价，共同反思②。

陈会源（2015）提出基于微视频的翻转课堂教学模式。课前阶段主要是知识传递过程，学生观看视频自主学习、完成课前任务单；教师下发课前任务单、监控学生学习进度、收集反馈准备课上活动。课中主要是知识内容过程，学生内容热身、独立作业、小组协作、成果展示；教师分析交流、指导、辅助、评价等开展教学与学习活动。课后主要是知识应用，学生制作作品、分享作品、学生互动；教师知识补救、作品评价③。

2.2.3 翻转课堂支持平台研究

1. 翻转课堂支持平台研究现状

胡建平（2014）在分析目前常用网络学习管理系统优缺点的基础上，设

---

① 吴洪艳. 个性化学习理念与翻转课堂教学模式的融合 [J]. 现代教育技术, 2015 (8): 46 - 52.
② 冯莹莹. 基于同伴互助的高校翻转课堂教学研究——以《教育传播学》为例 [D]. 开封: 河南大学, 2015: 26 - 32.
③ 陈会源. 基于微视频的翻转课堂教学模式研究 [D]. 济南: 山东师范大学, 2015: 28 - 30.

计了以 Canvas 平台为基础、基于翻转课堂的项目式教学模式[1]。

王校伟（2015）提出基于 Moodle 平台的综合日语翻转课堂教学模式，将研究重点放在 Moodle 学习平台的设计上，突出语言学习平台的特色，添加录音、日语聊天、语料库等功能，方便学生练习口语、锻炼听力、拓展知识，以达到真正提高学生听、说、读、写、译综合能力的目的[2]。

徐姮等（2013）基于翻转课堂的化学实验教学模式及支撑系统研究中提出了翻转课堂平台的功能定位，包括①提供教学内容和资源。②提供虚拟实验环境。③提供探究空间。④提供监控和指导。⑤提供交流空间。[3]

王伟等（2014）在基于翻转课堂模式的网络学习空间设计与案例研究中提出，翻转课堂网络学习空间设计需要考虑学习者能力纬度、教学法纬度、沟通管理纬度、学科内容纬度、技术纬度。学习者能力纬度主要考虑学习个体与学习共同体知识建构、资源利用、自我控制、协作交流、创新反思、评价激励能力等；教学法纬度主要考虑教学模式、教学方法、教学策略、教学理念、教学结构；沟通管理纬度主要考虑信息发布、互动答疑、家校沟通、教学质量监督、私密安全等；学科内容纬度主要考虑教学资源库、学习资源库、学习工具库、作业与考试系统、学生档案袋等；技术纬度主要考虑内部支持技术（包括云技术、Web2.0/3.0）和外部配置技术（教育软件、社交工具）等[4]。

曾明星（2013）提出了"翻转课堂"云计算教学平台。理论学习方面，主要为教学视频、课前训练、课前测试统计。运行管理方面主要为项目管理、学习管理、资源管理、师生交流等。软件开发方面，主要为项目规划、需求分析、设计说明、代码说明、测试报告[5]。

---

[1] 胡建平. Canvas 平台支持下的翻转课堂实践探究［J］. 中国远程教育，2014（9）：72－77.

[2] 王校伟. 基于 Moodle 平台的综合日语翻转课堂教学模式研究［J］. 中国成人教育，2015（17）：164－166.

[3] 徐姮，钟绍春，马相春. 基于翻转课堂的化学实验教学模式及支撑系统研究［J］. 远程教育杂志，2013（5）：107－112.

[4] 王伟，赵桐，钟绍春. 基于翻转课堂模式的网络学习空间设计与案例研究［J］. 远程教育杂志，2014（3）：71－77.

[5] 曾明星. 软件工程专业"翻转课堂"云计算教学平台探讨［J］. 现代教育技术，2013（8）：26－31.

第 2 章
文献综述

高丽霞（2015）提出高职院校翻转课堂信息化教学平台，系统包括课程资源管理、在线学习、交流讨论、考核评价、系统维护五个大模块。其中课程资源管理包括课件管理、教材管理、测试题管理、课程信息管理、作业管理；在线学习模块包括课件学习、教材学习、在线测试、课程信息浏览、作业提交等；交流讨论模块主要实现师生间的交流和讨论功能；考核评价模块主要实现学生成绩查询功能；系统维护模块主要包括用户管理、权限管理、信息审核、讨论区板块管理等。

2. 翻转课堂支持平台现状分析

翻转课堂的顺利实施需要借助计算机技术和网络技术支撑下的网络教学系统平台，此类教学系统应具有管理、相关课程的辅助教学、交流协作等功能[1]。通过查询，可以发现目前国内外的翻转课堂教学平台基本包括五类模式：第一类，国外相关学术机构或公益组织开发的各类非营利性学习平台，如可汗学院、Flipped Learning Network™（FLN）[2] 等；第二类，借助已有学习管理系统 LMS（Learning Management System）开展应用，既包括商业化的 LMS 如 Blackboard[3]，也包括开源式 LMS 如 Moodle、Canvas、Dokeos 等[4][5][6]；第三类，在线教育市场迅猛发展的过程中涌现出来的各类具有翻转学习功能的在线学习平台，如 UTGreat（http：//utgreat.com/）、云游在线自主学习平台、闻道微课移动教学系统（http：//wk.eastedu.com/）等；第四类，具有

---

[1] 张新明，何文涛，李振云. 基于 QQ 群 + TabletPC 的翻转课堂［J］. 电化教育研究，2013（8）：70 - 74.

[2] YarbroJ, ArfstromK, McknightK, etal. Extension of a Review of Flipped Learning［EB/OL］. 2014 - 1 - 1［2015 - 1 - 16］. http：//fln.schoolwires.net/cms/lib07/VA01923112/Centricity/Domain/41/Extensionof%20FLipped%20Learning%20LIt%20Review%20June%202014.pdf.

[3] Lussier K. Flipping Clinical Practice In a Nursing Program［C］. Society for Information Technology&Teacher Education International Conference 2014，2014（1）：376 - 376.

[4] Fulton K. The Flipped Classroom：Transforming Education at Byron High School：A Minnes ot a High School with Severe Budget Constraints Enlisted You TubeinIts Successful Effort to Boos tMath Competency Scores［J］. THE Journal（Technological HorizonsIn Education），2012，39（3）：18.

[5] 胡建平. Canvas 平台支持下的翻转课堂实践探究［J］. 中国远程教育，2014（9）：72 - 77,96.

[6] 朱国顺. LMS 支持的"翻转课堂"构建［J］. 中小学信息技术教育，2014（4）：94 - 96.

技术实力的学校自行开发的翻转学习平台①②③；第五类，学科教师面向实际教学应用，借助流行社交软件如 Facebook、腾讯 QQ 等进行的翻转教学④⑤⑥。

对国内用户来说，第一类平台由于基本属于全英文界面，对中文教学环境的支持相对较弱；第二、第四类平台则需要相关专业技术人员进行设计制作或二次开发，平台的运维成本及基础设施建设都需要大量资金的投入，实施运行成本较大；第三类平台虽然不用自行维护，但是考虑到商业网站的费用支持，也导致一些学校和教师望而却步；第五类中，腾讯 QQ 操作简单、用户量大、免维护和零费用等特点，同时提供了强有力的交互工具，包括沟通工具、协作工具（如虚拟白板、文件共享与文件传输工具等）、追踪评价工具、个人主页空间等⑦。QQ 的这些功能基本能够满足翻转课堂的需要，是构建翻转课堂比较理想的网络平台。但该种模式由于缺少了微信公众平台所具有的后台数据分析、学习内容整合发布、即时评论反馈等功能，仍然具有一定的缺陷和不足。

3. 翻转课堂支持平台的选择原则和策略分析

关于翻转课堂教学平台的选择，可以参考国内外已有的关于网络教学系统的选择理论和依据。

国外关于合成的学习环境 SLE（Synthetic Learning Environment）构建的

---

① 曾明星，周清平，王晓波，等．软件工程专业"翻转课堂"云计算教学平台探讨［J］．现代教育技术，2013（8）：28-33．

② 张新明，何文溥．支持翻转课堂的网络教学系统模型探究［J］．现代教育技术，2013（8）：21-25．

③ 王虎．基于社交网络的影视创作课程协作平台研究［J］．中国电化教育，2014（10）：58-64．

④ Kate Hayden. FACEBOOK IN THE FLIPPED CLASSROOM［EB/OL］．2014-10-20. http://www.flippedchemistry.com/blog/facebook-flipped-classroom.

⑤ 张新明，何文涛，李振云．基于 QQ 群 + TabletPC 的翻转课堂［J］．电化教育研究，2013（8）：70-74．

⑥ 张子锋，范春香．基于 QQ 的翻转课堂学习环境设计［J］．江苏教育研究，2014（25）：70-72．

⑦ 钟志荣．基于 QQ 群网络学习共同体构建及应用［J］．中国电化教育，2011（8）：92-95．

第 2 章
文献综述

研究值得借鉴。Dede 等（1999）[①] 认为，为学习创建最佳的系统环境不仅要考虑技术和学科内容的影响，还要考虑学习者特征和教学原则，这些都是 SLEs 的综合组成部分。据此 Janis 等（2008）[②] 进一步总结出 SLE 系统的影响因素，包括学习者特征（包括学习者个体差异、对技术的舒适感程度、学习的预先态度倾向和期望等）、教学特征和策略（包括真实性、模型推理、情节和案例设计、协作性和社会性学习、学习动机、目标设置和接受、投入度和情感境脉、地位认可、个性化等）。总体而言，一个采纳了教学设计的 SLE 系统，应重点考虑技术、学习者特征、教学特征和策略以及动机因素。

国内研究中，王宇等（2006）提出选择网络辅助教学平台应该遵循如下原则：易用性原则、标准化原则、先进性和可靠性原则、可扩展性原则和安全性原则[③]。王志军等（2012）[④] 提出从用户体验和教学可用性出发，构建了网络教学平台的选择和分析模型（SAM），该选择模型的一级维度为学习内容、学习活动、学习支持、学习资源、学习评价、管理、技术特性、教学可用性、用户体验九个维度。这九个维度分为两个层次，教学可用性和用户体验是最高的指导原则，既是网络教学平台的综合考察维度，又是各个具体功能模块设计的重要考察点。

综合上述几种面向设计开发的平台构建实践，侧重于选用的理论模型，从中梳理不难发现，网络教学平台的选择，在考虑技术的成熟、安全基础上，需要着重考虑以下几个方面的原则，即树立学生中心的理念，学习者适应性原则和教学可用性原则这两个核心原则，同时必须包含社交参与和数据分析两个功能。以学生为中心的原则需贯穿于平台整体运行即教学组织的全过程中，具体到实际教学要素中，首先要考虑学习者适应性原则，包括技术

[①] Dede C, Salzman MC, Loftin RB, etal. Multisensory Immersion as a Modeling Environment for Learning Complex Scientific Concepts [A]. Modeling and Simulation in Science and Mathematics Education [C]. Springer, 1999: 282 - 319.

[②] Cannon - BowersJA, BowersCA. Synthetic learning environments [A]. Hand book of research on educational communications and technology [C]. 2008 (3): 317 - 327.

[③] 王宇, 张五红. 高校网络辅助教学平台选择、实施及分析 [J]. 电化教育研究, 2006 (2): 43 - 46, 51.

[④] 王志军, 余胜泉. 网络教学平台的选择和分析模型研究 [J]. 电化教育研究, 2012 (5): 36 - 42.

的舒适度即操作的易用性便捷性是否会对学习造成不必要的障碍，学生使用的情感意愿倾向如是否喜欢使用等。其次要考虑学习者学习动机的激发和引导，如创设社会化交互和个性交互的学习环境，在交互中促进学生的存在感和融入意识，铺设案例情景，采用协作性学习，构建促进学习的投入度和情感境脉等。教学应用原则主要考虑平台的师生开展教学的可用性，即教学活动组织和实现的相关策略，包括学习内容的设计和发布、学习资源的发送和获取、学习活动的组织和实施、学习评价与管理等。

结合上述分析，依据翻转课堂教学活动实施的"课前+课堂+课后"的三阶模式，可进一步总结出翻转课堂教学平台的选择原则和应用策略，如图2-13所示。

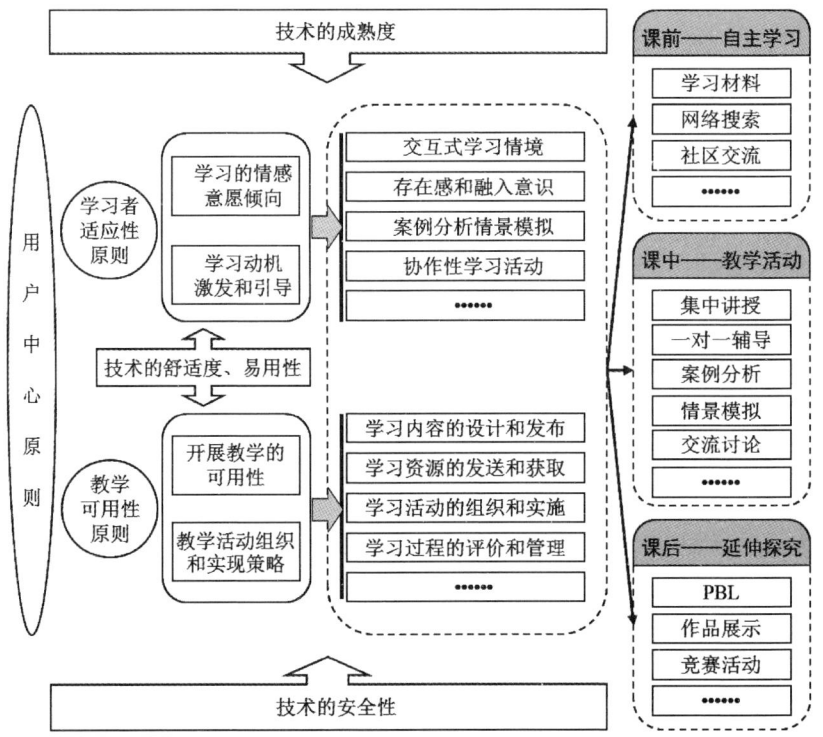

图2-13 翻转课堂教学平台选择的理念、原则和应用策略

4. 翻转课堂支持平台选择和应用的原则分析

在图 2-13 所示的翻转课堂教学平台的选择要素和策略中，可进一步用文字具体表述为如下几条：

(1) 坚持以学生为中心的理念原则。以学生为中心，体现在平台选用时必须先考虑学生的适应性，再结合教学的应用性进行平台系统的选型应用，这也与翻转课堂教学模式所遵循的"学生中心"的教学理念相适应。

(2) 考虑学习者适应性的情感原则。由于翻转课堂教学模式中，将知识内化放在课堂教学过程中，而知识传递则提前放置于课前的学生自主学习活动中，因此，学生是否能以较强的自控和自律意识坚持学习，就必须得到足够的关注和重视。虽然学生的既有学习水平、学习风格倾向，学习内容的丰富程度等因素都会影响学生的自主学习效果，但是就教学平台本身而言，需要首先考虑学生对该系统平台是否熟悉，是否乐于参与，是否会具有较为强烈的使用的情感意愿倾向，此外，还要考虑平台技术的使用舒适度与便捷性，包括操作流程、界面设计、导航设计等，尽量减少因为平台本身的技术因素对学生的学习产生不必要的障碍和阻滞。

(3) 注重教学可应用性的实用原则。教学平台最终是要在教学过程中发挥支持和增强学习的功能，就需要满足学与教两方面的需求，而且应该与翻转课堂教学模式中的几个阶段均能对应起来。

首先，在课前知识传授阶段，教师提前设计学习资源，通过平台发布学习内容，学生对视频或图文材料进行自主学习，在学习产生迷惑时的提供的先行组织者材料和相关学习链接，能够提供学习者与教师或同伴在学习社区中的讨论和交流，此外，对于已学内容的发散性或扩充式学习资料的提供也是必需的。

其次，在课堂组织教学阶段，主要采取教师与学生面对面的教学活动，如组织小组讨论、案例分析、情景模拟等多种形式，此外，还可借助平台功能，组织如下方式的教学活动：

①根据教学平台提供的后台分析数据，一则可以了解学生参与学习的整体情况，二则可以确定学生在课前学习中普遍存在的疑难问题，从而进行有

针对性的集中讲授；

②根据学生在课前学习中的学习记录，与学生进行一对一辅导或小组式交流；

③结合课前预备资料，通过教学平台发布进一步深入学习的探究问题或案例描述，结合教室中的多媒体教学设备进行集体学习；

④借助平台的统计功能，实现类似于教学辅助系统Understoodit的教学反馈信息收集功能，以便教师能够即时掌握学生对所学问题的接受和理解程度。

最后，在课后延伸探究阶段，学生可以借助平台提供的群组讨论功能，在课下以小组方式进行PBL（基于项目的学习），共同在线协作完成既定项目任务，项目成果可以为文字、图片或视频动画等多种形式发布在平台提供的作品展示区域，可由教师或班级同学进行点评和打分，以此营造出一种多方协作、互动评比的竞赛式探究活动，增加学生参与项目任务的兴趣和积极性，进一步加深对学习内容的理解和掌握。

（4）增强学生情境融入的社交参与功能原则。翻转课堂教学模式中还特别强调学生进行社会化交往，通过平台的媒介丰富度和感官复杂性，来促进增强学生的学习参与度，在网络学习共同体中体验社会存在感和参与意识，从而进一步强化学生的主动意义建构和对知识的内化掌握，这也与建构主义学习理论提倡的情境、协作、会话机制相适应，同时也反映了社会化学习理论、群体动力和社会互赖理论、交互—反馈理论对翻转课堂教学模式的支撑意义。

（5）提供学生学习数据的分析评价功能原则。翻转课堂教学模式能够成功实施的一个重要方面就是教师能够实时掌握学生的学习进度和学习状况，如根据学生对所发布课前学习资料的学习时长和记录来判断学生是否参加了学习，根据学生对学习资料类型的喜好度（如视频、动画、案例、图像或文字等）来推测学生的认知类型，根据学生对某一问题的多次反复观看和提问来确定学生是否掌握了学习内容，根据学生间的交流讨论来了解大多数学生是否遇到了同一难题。教师在获取这些相关信息后，就可以进一步调整教学策略，如对视频制作时长或呈现方式进行重新考虑，对某一绝大多数学生不清楚的问题进行集中讲授,对学生普遍关注的感兴趣问题进行课堂深入探究或进行课后开展基于项目的学习等。因此,一个合格的翻转教学平台,必须能够提供对学生实时学习情况的数据统计和分析,以便教师可以随时掌控教学进度和不断优化教学策略。同时,在系统平台中也应当可以进行相关教学评价,除了对学生是否参与学习或参与学习的积极性进行过程记录与评价外,还需提供学生作品展示交流的模块,以便开展打分评价,以此作为结果性评价的一种方式。此外,平台还应当提供学生评价学习材料的功能,包括标注喜好度或提出意见,从而实现教学过程中师生间平等、民主、友好的情感氛围。

2.2.4 翻转课堂效果评价研究

1. 实施效果

卢强(2013)对教育技术学专业"非线性编辑"课程中进行了翻转课堂教学实践,并对学生在翻转课堂教学模式中的学习效果进行了分析,研究发现,单纯追求形式上的模仿而没有内涵上的呼应是教学实践效果没有明显提升的主要原因。需要对师生地位和角色进行重新定位,精心设计制作视频等学习材料,重新建立实时平等的课堂对话交流机制[1]。黄琰等(2014)将翻转课堂教学模式引入"现代教育技术"课的实验教学中,针对传统教学中存在的问题进行教学设计和资源建设,并通过两轮的迭代研究对基于翻转课堂的现代教育技术实验教学进行了改进和完善。研究结果表明,翻转课堂教学模式在实验教学中的应用,可以改变传统实验教学中教师讲、学生听、简单练的教学形式,能有效地提高学生的学习积极性以及学习效率[2]。另外,为了深入了解 MOOC 加翻转课堂教学的实践效果,田爱丽(2014)对我国开展 MOOC 加翻转课堂教学的百余所学校进行了调查。结果表明,MOOC 加

---

[1] 卢强. 翻转课堂的冷思考:实证与反思 [J]. 电化教育研究, 2013 (8): 91 – 97.
[2] 黄琰, 蒋玲, 黄磊. 翻转课堂在"现代教育技术"实验教学中的应用研究 [J]. 中国电化教育, 2014 (4): 110 – 115.

翻转课堂的教学模式在激发学生兴趣、培养学生自主学习能力和协作学习能力，以及促进学生思维发展、实践能力和成绩提升等方面具有积极的作用①。

2. 满意度及影响因素

李晓文（2015）以顾客满意度模型为基础，构建了翻转课堂学生学习满意度模型，并设计相关量表进行了翻转课堂满意度实证研究。结果表明，学生对翻转课堂教学的满意度总体较高，其决定性影响因子是学生对翻转课堂教学的质量感知。同时质量感知主要受到课程特征、教学设计、师生互动、网络学习平台和学习资源五大关键因子的影响②。于文浩（2015）以双因素理论为框架开展翻转课堂教学，对翻转课堂的满意因素和不满意因素进行了调研，在调研中共收集到109个思想单元，并将其归纳为18类满意因素和13类不满意因素③。翟雪松等（2015）从学习者预期变量出发，结合客户满意度模型和技术接受模型，对四所本科高校178学生参与为期一年的翻转课堂教学试点，在实践的基础上，提出了我国翻转课堂满意度模型，研究发现了翻转课堂中学习者个性化需求、预先课程体验等因素对学习者满意度的重要影响机制④。

3. 评价方法

翻转课堂模式改变了传统课堂教学的形式结构和实质结构，因此，有研究者提出对翻转课堂的评价也应该也传统课堂的评价完全不同⑤。然而，现阶段对翻转课堂的评价体系还没有建立，相当多的翻转课堂实践仍然采用传统课堂教学评价的方法来进行翻转课堂的教学评价，主要评价学生的考试成绩或实践作品质量，或是对学生参与翻转课堂的主观态度进行调查。研究者

---

① 田爱丽."慕课加翻转课堂教学"成效的实证研究［J］. 开放教育研究，2015（12）：86－94.
② 李晓文. 翻转课堂的学生满意度评价研究［J］. 高教发展与评估，2015（5）：98－116.
③ 于文浩. 翻转课堂的学习满意度［J］. 开放教育研究，2015（6）：65－73.
④ 翟雪松，尹吉明，林莉兰. 结构方程视角下我国翻转课堂满意度模型构建［J］. 高教探索，2015（5）：65－72.
⑤ 张金磊，王颖，张宝辉. 翻转课堂教学模式研究［J］. 远程教育杂志，2012（4）：46－51.

指出，建立翻转课堂的教学质量评价体系目前已经成为翻转课堂发展的核心要务[1]。

基于以上分析，李馨（2015）在分析 CDIC 教育模式评价体系构建过程的基础上，提出了翻转课堂教学质量评价体系的理论基础、基本原则以及评价体系建设路线图。她指出，要实现能将评价与教学活动的紧密结合，翻转课堂的评价必须融入课前准备和课堂教学过程学中。同时，翻转课堂教学质量评价体系重点在于评价指标内容的形成，而指标内容的确定和权重系数的确定都要通过翻转课堂教学实践来进行。张金磊（2012）也指出，翻转课堂的评价应该要由老师、同学、专家以及学习者自己共同完成，要注重对学习结果和学习过程的评价，并且综合运用多种方法；评价内容也要涉及问题选择、学习表现、计划完成和成果展示等多方面[2]。

2.2.5 小结

从上述国内外有关翻转课堂教学模式的研究成果可以看到，作为一种世界范围内流行的教学模式，国内外研究者对翻转课堂开展了积极的探索研究。早期研究中，有关翻转课堂的起源、理念、概念、内涵、特征等基础性研究比较深入，也取得了大量研究成果，这些对翻转课堂的本质阐释以及结构描述的研究，为翻转课堂的广泛推广和深入实施，奠定了良好的理论研究基础和思想意识积淀。

翻转课堂教学模型研究方面，国内外学者立足于不同的理论视点和实践角度，构建了形式多样、内涵丰富的翻转课堂教学模型，总体可以大致分为"课外+课内"的两阶段模型以及"课前+课中+课后"的三阶段模型两大类。从研究趋势和实践走向上来看，三阶模型无论是从研究数量还是研究深度上，相较二阶模型都有着明显的优势，研究者和实践者已不满足于课内和课外的简单划分，而是进一步将课外学习活动细分为课前与课后两部分，并

---

[1] 李馨. 翻转课堂的教学质量评价体系研究——借鉴 CDIO 教学模式评价标准 [J]. 电化教育研究，2015（3）：96-100.

[2] 张金磊，王颖，张宝辉. 翻转课堂教学模式研究 [J]. 远程教育杂志，2012（4）：46-51.

分别提出了其中的重点实施内容和主要学习方式，使其与课堂教学产生了相互交织、互相促进的深度关联，这不但显现出了广大研究者对于翻转课堂内在本质规律和外部结构形式的理解趋于深入，而且也是对学生学习过程中认知规律的积极顺应，是对有效提高课堂教学质量的深度反思。

翻转课堂教学支持平台研究中，目前国内外翻转课堂教学平台基本包括五类模式，既有少量的自行开发的学习平台，更多的则是结合已有商业或公益网络教学平台，开展翻转课堂教学的实践应用研究。其中，现有网络教学平台如 Moodle、Blackboard 等虽然在网络学习中有着广泛的应用，但由于其系统结构较为复杂、操作流程稍显烦琐，在广大师生的实际应用中有着不同程度的疑惑和困扰；另外，该类平台的部署需要成熟的校园网络环境基础和专业的技术人员支持，对于国内更大范围内的院校师生而言，有着一定的难度，同时，该类平台在移动设备端的功能支持不够完善，不易实现随时随地的移动式泛在学习。因此，更多的研究者将关注的视角转向了移动社交网络，依托该类平台的系统稳定性和成熟性，以及运行维护的零成本，合理运用其突出的即时通信功能和信息发布功能，结合教学实际进行合理移植，将其改造成为能够满足翻转教学需求的平台，在这方面进行了大量积极的探索和实践，而微信公众平台更以其较高的用户覆盖率和较好的后台支持性，能够实现师生多维交互、学习材料发布、课堂教学辅助和学生作品展示等教学功能，已经成为广大研究者和实践者部署实践翻转课堂教学模式的有效平台。

在翻转课堂教学模式的教学实证研究和效果评价研究中，不论是在研究数量还是研究深度上，目前的研究整体偏少，而且相关的评价指标体系的研究不够深入，实施效果的整体满意度和影响因素分析尚显不足。基于对这一研究现状的清醒认识和深入分析，本研究在后续研究工作中将进一步结合实证研究进行翻转课堂教学模式的评价指标体系构建和实施效果评价，这也将成为本书需要着力探讨的又一重要内容。

2.3 国内外相关研究的总结与启示

2.3.1 国内外相关研究的总结

首先，在移动社交网络的研究中，国内外大多数研究者的研究成果均传达出了对其应用于教育教学过程的认可与期许。新的社会学习理论已经远远超越了20世纪班杜拉们所提出的单纯性质的社会模仿的意义和价值，学者们已经将关注点转移到了网络社会和社交网络、新媒体以及网上社群等为学习者所营造的新型学习环境中来。在移动互联网高度发展的今天，移动社交网络的应用意识已经深入人心，大学生作为思想活跃、乐于探索的一个社会群体，对于移动信息技术有着高度的敏感性，对于移动社交也有着异乎寻常的应用热情与操作体验。教育的成功施行，既要符合学习者的年龄特征和心理诉求，也要顺应学习者作为社会人的社交互动需求和主体存在意识。

国内外已有大量的研究探索移动社交网络在教育教学过程中的应用，通过移动社交网络与移动学习、在线学习、远程学习和混合学习等多种学习方式的深度融合和有效耦合，既搭建了新型学习环境和学习平台，也构建了相应的教学模式和教学设计方案，在相关实证研究中，对于移动社交网络的教学应用效果也有着充分的效果验证和经验总结。因此，在教育教学实践中，积极推动移动社交网络教学应用的广度和深度，广泛探索移动社交网络教学应用的多种联结方式、多元实施路径和多维应用空间，认真总结移动社交网络教学应用的规律和策略，使其发挥更大的功用和效果，避免潜在的问题和不足，既是促进正式学习和非正式学习有效联结的实然应对，也是推动高等教育综合改革的应然选择。

其次，翻转课堂教学模式所传递出的以学生为中心的核心教学理念，以及尊重学习的差异化和个性化的价值主张，既打破了传统班级授课制中千人一面的教学现状，也颠覆了传统教学中长期以来教师为中心的主导模式，也正符合新时期教育改革与发展的路径与需要，因此一经推出便引发了世界范围内广大教育工作者和研究者的积极响应和强烈关注。

现有研究中，有关翻转课堂教学模式的本质特征和内涵属性研究已经比较深入，其教育功能和应用效果在研究实验和教学实践中也得到了广泛的认可，但是在具体模式构建、学习平台选择、学习资源开发、学习评价指标等方面的研究中，仍然不够深入和系统，尤其在国内研究中普遍存在重实践轻应用、重思辨轻实证的现状。翻转课堂教学模式的有效施行，还需要在模式指向性、平台普适性、资源丰富性、评价合理性等方面开展更为深入的探讨和实践。

再次，现有翻转课堂教学模式的支撑环境的研究和实践中，相关学者有的探讨了自行开发网络平台的技术路径和设计方法，有的运用国外现有网络教学平台进行翻转课堂教学，应用移动社交网络开展翻转课堂的教学实践和研究相对较少。通常认为，教学系统平台的采用，除了在技术力量许可情况下进行自主开发或合作开发，也可以在资金允许的情况下购置平台软件或第三方外包服务，但在我国当前教育资源配置不平衡的情况下，大多数学校不具备相关的技术或资金实力，采用借助既有平台进行功能移植和改造，也是一个可行之策。

微信作为目前移动社交网络应用最为广泛的一种形式，不但在大学生群体中有着广泛的受众基础和操作经验，而且其可移植应用于学生学习和教学活动的功能较之 QQ、微博等更为适宜，而且其强大的后台数据分析功能，更为其他移动社交网络所不具备。因此，本书在进行移动社交网络与翻转课堂教学模式的结合应用时，选择微信作为进行研究实践平台，在此基础上进行功能移植和设计开发，构建相应的教学模式，提炼具体的教学策略，形成合理的评价体系，以确保应用移动社交网络构建翻转课堂教学模式的可行性、适宜性和合理性。

最后，在有关翻转课堂教学模式的流程结构研究中，早期研究关注点在于课内教学和课外学习的时序翻转，而对课外则主要集中在课前时段。但随着研究的逐渐深入,已有研究者提出课外不仅局限于课前,还应该涵盖课后学习活动,如学生自我探究学习以及小组合作探究学习等,既能顺接课堂教学活动,对所学知识技能等进行深化应用,也能锻炼和培养学生的探究意识与合作精神,实现个体与团体的协调进步与全面发展。

2.3.2 国内外相关研究对本研究的启示

通过对移动社交网络与翻转课堂教学模式等内容的文献综述,笔者对本书的定位和方向有了更加明确的认识。

首先,笔者更加确信"基于移动社交网络的大学翻转课堂教学模式研究"课题的价值和意义所在。一方面,对移动社交网络中教与学的探讨,实际上是紧紧跟随了教育未来发展的大趋势,是对社会化教育理论和混合学习环境的深入探索;另一方面,以翻转课堂教学模式作为研究的主体内容,探索课堂教学结构变革引发的教学效果和教学质量的提升,又与信息技术与教育教学的深入融合的理念高度契合。因此,不论是对理论的完善,还是对实践的探索,本课题都具有可研究的价值和意义。

其次,现有研究指出,在翻转课堂教学中,由于需要学生前期进行积极深入的自主学习,对于学生的自主学习能力和自我控制、自我约束要求较高,因此,该模式相较中小学基础教育而言,大学生群体的年龄心智较为成熟、学习动力目标更为明确、学习自控性更加稳定、学习方法更为灵活,因此翻转课堂更适合于在学习阶段的高端(即大学或职业教育阶段)中扩展甚至大范围实施[1](何克抗,2014)。因此,本书将结合笔者的高校教学实际工作,在针对大学生的课程教学实践中,开展有关大学翻转课堂教学模式的深入探索,并试图从中找到相应的推广应用原则和策略,以期使本书的研究结论能在更大范围内推广施行。

再次,将移动社交网络应用于高校的教育教学过程中,国内外已经有了

---

[1] 何克抗. 从"翻转课堂"的本质,看"翻转课堂"在我国的未来发展[J]. 电化教育研究,2014(7):5-16.

诸多相应研究和实践，对其应用效果和实践效应方面均有着较为积极乐观的评价和结论。本书将结合移动社交网络在大学生群体中的用户覆盖广泛、不受时空限制、使用操作较为便捷、改造移植相对容易、信息发布形式灵活等优势，进一步探讨如何发挥移动社交网络的功能特点来推进大学翻转课堂教学模式的深入实施。在这一点上，移动社交网络作为翻转教学平台也符合 TAM 技术接受模型理论，不但具有受众接受的易用性，也有技术支持的可用性。此外，现有研究中虽然对运用移动社交网络推进翻转课堂教学这一思路有所涉及，但总体研究不够深入，这也为本书的持续深入开展，既提供了思路创新方面的借鉴和指引，又有着研究深度方面的挑战和要求。

最后，有关翻转课堂教学模式本身的模型结构体系和流程阶段划分的研究中，依然出现了"课外+课内"的两阶段模型以及"课前+课中+课后"的三阶段模型的两系分化的研究格局。虽然三阶段模型在后期研究中得到了研究者更多的关注和探索，但究其本质而言，这两种阶段模型都是对翻转课堂内涵和本质的直观表述，两者本身并无对错之分。相关研究也指出，根据我国教育教学的实际，课前、课中与课后是关联的，只谈课前、课中，不问课后，模式有"欠完整"之嫌[①]（沈书生等，2013）。三阶段模型中对课外学习活动的划分更为详细，并就课前和课后分别设计了相应的学习活动和要求，对教学实践活动更具指向性和操作性。因此，本书将参照三阶段模型，有效融入移动社交网络的技术因素，重点探讨三个阶段的具体实施过程和推行方法。

2.3.3 S-ICM 翻转课堂教学模式的提出

综合上述文献研究的启示，在明确了"课前+课中+课后"三阶段模型的初步设想后，接下来的重点工作就在于如何细化三个阶段中的各自实施重

[①] 沈书生，刘强，谢同祥. 一种基于电子书包的翻转课堂教学模式［J］. 中国电化教育，2013（12）：107-111.

心和教学设计思路的问题。目前,国内外众多研究者对于三个阶段中的教学内容、能力目标、评价要求和分阶导向的观点并不一致,大体可分为知识导向(如知识传授和知识内化等)、问题导向(如问题催生、问题探究、问题解决等)和学习方式导向(如自主学习、掌握学习、合作学习、探究学习等)三类,其中以知识为核心导向的观点最具影响力。

有关知识导向的翻转课堂教学模式研究中,大多数研究者立足于翻转课堂先驱研究人员对其内涵实质的表述,即"翻转课堂是指教育者赋予学生更多的自由,把知识传授放在教室外,让学生选择最适合自己的方式接受新知识,而把知识内化放在教室内,以便学生和教师之间有更多的沟通和交流。"这一观点来最早来自英特尔(INTEL)全球教育总监 Brian Gonzalez 在 2011 年度中国教育信息化峰会上的主题发言[1]。这一观点既是对当时国外研究进展的深刻总结,也是翻转课堂在我国广为传播的肇始之论。此后,翻转课堂实现的课前进行"知识传授"与课堂进行"知识内化"的翻转教学理念深入人心。国内诸多研究也都立足于此,开展了大量有关翻转课堂中有关知识传授与知识内化的讨论和探究[2][3][4][5]。随后,相关学者又将研究的视角深入课前和课后的角度[6][7][8][9][10],如宋朝霞等(2014)构建了较为详尽的课前

---

[1] 林君芬,张文兰,黄国洪,等. 颠倒课堂:教育技术应用新热点[J]. 教育信息技术,2013(4):3-8.

[2] 张金磊,王颖,张宝辉. 翻转课堂教学模式研究[J]. 远程教育杂志,2012(4):46-51.

[3] 卢强. 翻转课堂的冷思考:实证与反思[J]. 电化教育研究,2013(8):93-99.

[4] 赵兴龙. 翻转课堂中知识内化过程及教学模式设计[J]. 现代远程教育研究,2014(2):55-61.

[5] 祝智庭,管珏琪,邱慧娴. 翻转课堂国内应用实践与反思[J]. 电化教育研究,2015(6):66-72.

[6] The Learning Cycle: A Comparison of Models of Strategies for Conceptual Reconstruction: A Review of the Literature [EB/OL]. [2013-06-10]. http://astlc.ua.edu/ScienceInElem&MiddleSchool/565LearningCycle-ComparingModels.htm.

[7] Cycles of Learning. Explore-flip-apply: introduction and example1 [EB/OL]. [2013-07-14]. http://www.flipteaching.com/files/archive-sep-2011.php.

[8] 刘小晶,钟琦,张剑平. 翻转课堂模式在"数据结构"课程教学中的应用研究[J]. 中国电化教育,2014(8):105-110.

[9] 汪晓东,张晨婧仔."翻转课堂"在大学教学中的应用研究——以教育技术学专业英语课程为例[J]. 现代教育技术,2013(8):11-16.

[10] 宋朝霞,俞启定. 基于翻转课堂的项目式教学模式研究[J]. 远程教育杂志,2014(1):96.

（自主学习）、课堂（知识内化）、课后（知识固化）的三阶模型，并就每一阶段用的教师准备活动和课堂教学组织活动，以及学生的参与学习的活动进行了详细表述，具有较强的借鉴意义。

有关知识的有效学习，相关研究指出，学习者首先必须进入较好的知识接收准备阶段，包括认知准备和情感准备，从而进入良好的学习状态。其次是要进行接受性或研究性等有意义的学习。再次是将学习所得知识进行内化，内化进自己的认知图式，转化成为学习者自己的知识、技能、情感、态度和价值观。最后是加强应用，知识的深层应用既是学习的目的，反过来也能再次促进知识内化[1]。

以翻转课堂的理念来审视上述阶段，其中的准备以及相应的有意义学习，都可以在课前来完成知识传授，即教师通过教学系统设计，将较为简单的浅层学习内容如概念和理解性问题，以学习材料的形式前置于课前，由学生通过自主学习实现（浅层）知识传授，这一观点已经得到了国内外广大研究者的普遍认同，在此不再赘述。而关于知识内化或曰（深层）知识（深度）内化问题，无论是加涅的在学习过程中自我调控和主动加工的模型，还是维特罗克的强调学习的主动建构过程的生成学习模型，亦或梅耶有关学习是主动建构新知识的内部联系和新旧知识之间联系的形成的模型，都反映出了知识内化是学生通过系列认知活动，把学习材料中的外部知识重新组合转变成内部知识，也即学生主体认知结构中的原有知识与新知识之间建立起了内在关联，形成其头脑里的新的认知结构。这种有序的认知结构能促进学生内化的智力价值水平[2]。因此，知识内化理应成为翻转课堂教学模式中重点进行设计和实施的阶段。

现有的学习理论认识到学习不仅是发生在个体内部的心理活动，不仅是将外在的经验内化为个体经验即获取或接受知识的过程，而是个体参与实践，与社会环境协商互动的过程，是个体身份与社会角色不断变化，实现学

---

[1] 王水发. 怎样进行有效学习 [J]. 上海教育科研，2006（6）：67-70.
[2] 周天梅. 论知识内化教学——一个素质教育的关键问题 [J]. 西南民族学院学报（哲学社会科学版），2001（8）：208-211，237.

第 2 章
文献综述

习体共同跨越发展的过程①。有关学习的隐喻,经历了"学习是反应的强化""学习是知识的获得""学习是知识建构""学习是知识的社会协商""学习是参与实践共同体"的变迁②。由此可见,只有实践应用才能反映出是否完全掌握了所学内容,实践应用不但能将知识转化成为能力,也能反过来再次促进知识的内化。而这种实践应用除了传统意义上课后习题、作业练习等巩固性应用,更多的应该是迁移应用。

迁移应用是指在知识应用当中,能将所学知识的一般形式和相同要素迁移到实际情境中去,能将熟习的条件关系和学习定势迁移到实践问题的解决中去,以使学生以后在面临现实生活问题时能提取在课堂里习得的相关材料。早期的学习理论家在论及迁移时,一般是指一种学习对另一种学习的影响。所以,合理利用知识迁移应用,能够有效提升学习质量,它不仅涵括把所学内容迁移到实践应用过程中去,而且还包括把前期学习内容迁移到后续学习中去,把认知领域内的认知策略迁移到情感、技能和行为领域当中去③。而在翻转课堂教学过程中,通过掌握学习法,学习者课前对学习材料的多次反复学习能够实现对新知识"一次内化"向"渐进式内化"的转变,同样,课后的实践应用也实现了对课堂教学的梯度性内化。有学者指出,"翻转课堂主要通过教学流程翻转,分解知识内化的难度,增加知识内化的次数,促进学习者知识获得。"④ 而这也正是翻转课堂教学模式的价值效度和独特魅力所在。

由是观之,在以知识为导向的翻转课堂模式中,除了既成共识的"知识传授"和"知识内化"之外,还应充分考虑到所学知识在实际情境和实践应用当中的知识迁移环节,唯有如此,才能使学习者的知识建构更为牢固稳定,才能真正实现深度学习和有效学习的目的。

据此,本书认为,将翻转课堂教学模式的流程结构整体划分为课前、课中和课后三个环节,进行教学模式和教学活动设计,应当是比较适宜的。结

---

① 吴刚. 工作场所中基于项目行动学习的理论模型研究 [D]. 上海:华东师范大学,2013.
② 聂竹明. 从共享到共生的 e–Learning 研究 [D]. 南京:南京师范大学,2012.
③ 王水发. 怎样进行有效学习 [J]. 上海教育科研,2006 (6):67–70.
④ 赵兴龙. 翻转课堂中知识内化过程及教学模式设计 [J]. 现代远程教育研究,2014 (2).

合三个环节的活动,可进一步将本研究所要构建和实施的模式归纳表述为"课前知识传授+课堂知识内化+课后知识迁移"的三阶式翻转课堂教学模式。这其中,移动社交网络也与传统模式中作为知识呈现工具的应用有所区别,更加强调其对学生学习活动的技术环境支持性和资源信息聚合性,由简单的即时通信交流工具进阶为学生开展学习活动和教师组织课堂教学的一体化整合式平台,承担起学习信息汇聚、学习材料发布、学习记录汇总、学习行为分析、师生互动交流、社区探讨答疑、课堂教学辅助、教学资源呈现、学生成果展示、项目作品互评以及知识资源再生等多项目标任务的综合性翻转学习平台,该模式内涵如图2-14所示。

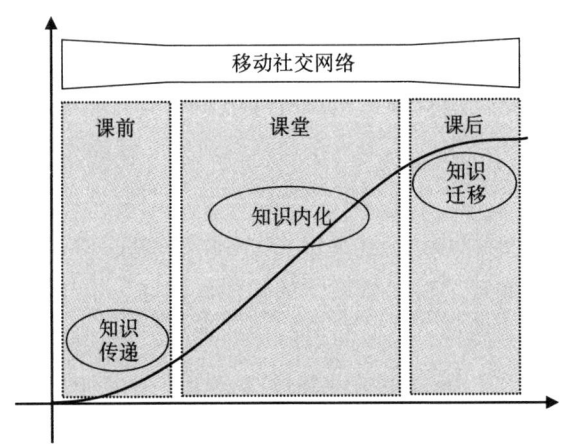

图2-14　S-ICM翻转课堂教学模式示意图

基于上述分析,通过文献研究,可对本书的研究目标和研究内容进一步加以深度聚焦:基于移动社交网络的大学翻转课堂教学模式研究,就是要在深入考察移动社交网络的教学应用可行性和适宜性的基础上,依据相关学习理论和教学理论,以微信公众平台为例,通过教学功能移植和传播价值拓展来构筑翻转学习的平台环境,深入探索"课前知识传授+课堂知识内化+课后知识迁移"的三阶式翻转课堂教学模式的构建原则和方法,形成一个涵括理论基础框架、教学设计方案、实施应用策略、评价指标体系的翻转课堂教学模式。

第 2 章
文献综述

上述表述中，可以清晰地看到两处较为突出的核心内容，一是移动社交网络的支持，二是"课前知识传授+课堂知识内化+课后知识迁移"的三阶式翻转课堂教学模式。移动社交网络的英文为 Mobile Social Network，其中移动 Mobile 是其外在表现形式，网络 Network 是其内在属性特征，而其核心在于 Social，即社交，这也正是社会化学习理论或者说社交学习理论的核心要素。"课前知识传授+课堂知识内化+课后知识迁移"分别对应着 Knowledge Impartment、Knowledge Construction 和 Knowledge Migration 三种知识习得过程。基于此，本研究为了表述简洁，凸显理念，对"基于移动社交网络的大学翻转课堂教学模式"进行核心词汇提取，进一步凝练为"S-ICM 翻转课堂教学模式"，其概念内涵如图 2-14 所示，在后续研究中将对这一模式开展深入分析、构建和评价。

S–ICM 翻转课堂教学模式理论原型的构建

本章概要

本章首先分析了本书研究所要遵照和秉持的理论基础，从宏观和微观两个角度构建起了理论基础总体框架，并对四个主要的宏观理论基础即人本主义学习理论、建构主义学习理论、混合学习理论以及掌握学习理论进行了详细表述。随后，具体分析了移动社交网络可以提供的技术支持环境，立足于教育学视野中教学模式的构建原则和方法，借鉴相关典型翻转课堂教学模式的内涵特征，构建起了 S–ICM 翻转课堂教学模式的理论原型，并从理论依据、教学目标、操作程序、教学环境和教学评价五个方面进行了要素解析。然后，结合网络学习、混合学习、移动社交网络学习的相关评价指标体系，设计出了 S–ICM 翻转课堂教学模式的评价指标体系。

第 3 章
S–ICM 翻转课堂教学模式理论原型的构建

本章脉络结构

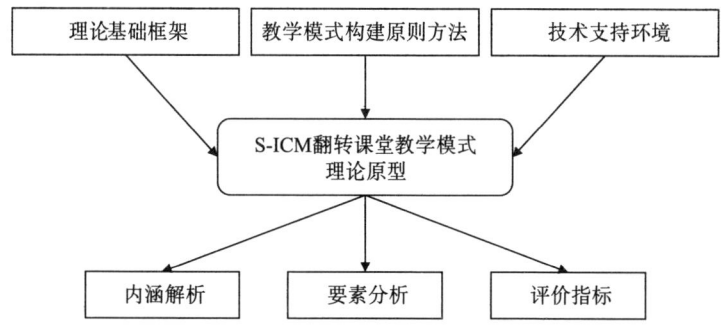

3.1 S–ICM 翻转课堂教学模式的理论基础

目前关于移动社交网络支持下的翻转课堂教学模式的研究相对较少，且大多并未涉及理论基础研究，故需要逐步梳理国内外关于社交网络、移动社交网络、以及翻转课堂的相关理论基础，对其进行系统辨析和比较研究，在其中找出交叉性强、关联度高、辐射面广、互通公用的相关理论作为宏观指导理论，同时结合移动社交网络和翻转课堂教学模式的内涵特征，进一步提炼出在平台构建、资源制作、教学设计、教学组织、效果评估等各环节，具有明确规范功能和指向作用的相关理论作为微观实施理论，构建起本研究顺利开展的坚实的理论基础体系，以确保研究的科学性和严密性。

3.1.1 理论基础总体框架

1. 移动社交网络教学应用的理论基础

国外研究中，Zakaria（2013）认为至少有五个关键理论即最近发展区理论、协作/合作学习理论、交互—反馈理论、虚拟学习社区理论和非正式学习理论可以表明 Web2.0 工具和社交软件可以作为为教学和学习有用的工具[①]。

Buzzetto - More（2012）通过在教学中使用 Facebook，深入研究了社会网络系统作为教学工具的有效性问题。在研究中该作者详细梳理了社交网络支持下的学习理论体系，如表 3-1 所示。

表 3-1　　　　　　　　社交网络支持下的学习理论体系

学习理论	相关研究者
社会化学习 Social learning theory 社交网络为学生提供了支持学习和广泛参与的社会资本，给学生提供社会、情感和认知的支持，通过开展与志趣相投者的协作学习，培养学生社交沟通能力以及接触和理解多种多样的不同观点，来实现各种社会学习功能	Greenhow & Robelia（2009）； Smith（2009）； Brown（2008）； Ellison，Steinfield & Lampe（2007）； Buzzetto - More（2012）
建构主义 Constructivism 学习以学生为中心，自我主导、教师辅助，强调经验，自主，反思，依赖社会情境	Cheal（2012）
按需学习 Learning Available On Demand 通过使用多种移动和非移动设备，可以在任何位置进行同步和异步学习	Foggetal（2011）； United States Department of Education（2010）
实境学习 Authentic Learning 学习基于真实世界的活动或者是代表了实际应用的活动	United States Department of Education（2010）； Yang Su（2011）；Foggetal（2011）
以学生为中心 Student - Centered Learning 随着教师身份变为学习引导者，学生进行的自我导向和自主学习会更有自我责任感	Foggetal.（2011）； Buzzetto - More（2012）； GreenhowasreportedinYang Su（2011）
学生参与度 Student Engagement 在学习中，学生积极参与学习过程，激发成功，活跃在学习社区，尽管面临挑战仍会愿意坚持	Shih（2011）； Webb（2009）

---

① Zakaria MH. E - learning 2.0 Experiences Within Higher Education：Theorising Students' and Teachers' Experiences in Web2.0 Learning ［D］. Brisbane：Queensland University of Technology，2013.

第 3 章
S-ICM 翻转课堂教学模式理论原型的构建

续表

学习理论	相关研究者
媒体丰富性和感官复杂性 **Media Richness and Sensory Complexity** 媒介的丰富程度和感官的多样刺激，都会激发一部分学习者更加投入的参与学习	Cheal（2012）； Jones & Shiao（2011）

国内研究中，冯旭鹏（2010）进行了构建基于 SNS 的研究生校际网络学习共同体的研究，他将其理论基础归结为三个方面的五个理论：[①] 一是建构主义学习理论，二是群体动力与社会互赖理论，三是教育交往与对话理论。由于微信是在我国范围内广为流行的移动社交应用，故国外研究鲜有涉及，国内有关微信公众平台教学应用的相关研究近年来呈现逐年增加的趋势，关于其理论基础研究基本集中在硕博论文中有所表述，故将现有研究中的相关结果汇总如表 3-2 所示。

表 3-2　　　　　　　　微信公众平台教学应用的理论基础

认知主义	非正式学习	联通主义	建构主义	自主学习	协作学习	教育传播学	情境认知	人本主义	认知负荷	细化理论	研究者
●		●	●								陈峰[②]
			●				●	●			张秀梅[③]
			●	●	●						吕海燕[④]
		●							●		卢胜男[⑤]
	●	●								●	王婷[⑥]

由表 3-2 可见，目前国内研究者对于微信公众平台在教育教学中成功应用的理论基础，基本归结为建构主义、联通主义和非正式学习三种，其余

[①] 冯旭鹏. 构建基于 SNS 的研究生校际网络学习共同体的探究 [D]. 南昌：南昌大学，2010.
[②] 陈峰. 基于微信的微型移动学习资源设计研究 [D]. 沈阳：辽宁师范大学，2014.
[③] 张秀梅. 基于微信的混合式学习研究 [D]. 保定：河北大学，2014.
[④] 吕海燕. 微信在移动教育中的应用研究 [D]. 延安：延安大学，2014.
[⑤] 卢胜男. 基于微信公众平台的微型移动课程的设计与研究 [D]. 上海：上海师范大学，2014.
[⑥] 王婷. 基于微信公众平台的微课程学习现状调查研究 [D]. 上海：上海师范大学，2014.

如自主学习、协作学习、情境认知及认知负荷等理论是专注于资源建设、教学设计、微课开发等实际应用领域，也具有一定的借鉴意义。由于微信公众平台也属于移动社交网络应用范畴，故而关于其在教学中应用的理论基础，也可放诸于移动社交网络教育应用的广泛视野中探查。上文所述国内外相关研究结果与微信公众平台的教育应用的理论基础重合度颇高，也印证了这一观点，需要在实际开发应用中，针对不同的研究方向和应用范围进行审慎抉择和优化组合，使之真正发挥奠定基础、理论指导的作用和意义。

2. 翻转课堂教学模式的相关理论基础

（1）国外研究。国外研究中，Bishop 和 Verleger（2013）详细梳理了翻转课堂的理论基础框架①。基于对翻转课堂的关键点在于传统意义上的知识传授的讲授活动转置于课前，故而该框架主要用来指导课堂教学设计。另外，翻转课堂特别强调以学生为中心的教育理念，故该理论基础框架更多地聚焦于备受研究者关注的以学生为中心的学习（student – centered learning）理念，而这一理念普遍认为来源于皮亚杰（Piaget，1967）和维果斯基（Vygotsky，1978）的理论体系。Tudge 和 Winterhoff 曾经详细分析了皮亚杰和维果斯基两种理论之间的异同点②。Foot 和 Howe 研究了同侪互助学习（peer – assisted learning）产生的背景概况，同时特别指出，建构主义学习论（constructivism）和协作学习理论源自于皮亚杰的认知冲突理论（cognitive conflict），而合作学习（cooperative learning）则源自维果斯基的最近发展区理论（zone of proximal development）③。Topping 和 Ehly 提出同侪互助学习理论其实足以涵盖上述理论④。Smith 和 MacGregor 认为是由 Lewin 和 Deutsch 强调了

---

① BishopJL, Verleger M. The Flipped Classroom：a Survey of the Research［C］. A see National Conference Proceedings, Atlanta, Ga, 2013.

② J. R. H. Tudgeand P. A. Winterhoff. Vygotsky, Piaget, and Bandura：Perspectives on the relations between the social world and cognitive development［J］. HumanD evelopment，1993，36：61.

③ H. Foot and C. Howe. The psycho educational basis of peer – assisted learning. In K. J. Topping and S. W. Ehly, editors, Peer – Assisted Learning, pages27 – 43. Lawrence Erlbaum Associates, 1998.

④ K. J. Topping and S. W. Ehly, editors. Peer – Assisted Learning. Lawrence Erlbaum Associates, 1998. ISBN9780805825022. URL：http：//books. google. com/books? id = UZv6grfgeF4C.

第 3 章
S-ICM 翻转课堂教学模式理论原型的构建

合作学习的产生深受社会互相依存理论（socialinter-dependence theories）的影响[①]。建构主义也被认为是基于问题的学习（problem-based learning）和自主学习（active learning）的起源点[②]。大卫·库伯（David kolb）在总结了约翰·杜威（John. Dewey）、库尔特·勒温（Kurt Lewin）和皮亚杰经验学习模式的基础之上提出自己的经验学习模式即经验学习圈理论，这一理论后来又成了学习风格理论的基础。Felder 和 Silverman 融合了库伯的学习风格理论和荣格的心理类型理论后形成了自己的所罗门学习风格理论[③]。以上理论发展沿革及脉络体系可如图 3-1 所示。

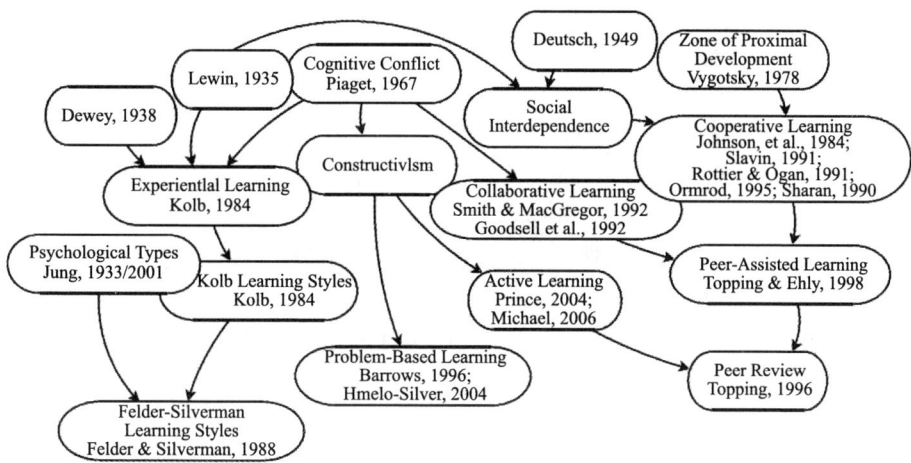

图 3-1 翻转课堂理论框架的发展沿革及脉络体系

图片来源：BishopJL, Verleger M. The Flipped Classroom: a Survey of the Research [C]. A see National Conference Proceedings, Atlanta, Ga, 2013.

---

① B. L. Smith and J. T. Mac Gregor. What is collaborative learning? In M. Maher A. M. Goodsell and V. Tinto, editors, Collaborative learning: A source book for higher education, pages10-30. National Centeron Postsecondary Teaching, Learning and Assessment, 1992.

② R. S. Grabinger and J. C. Dunlap. Rich environments for active learning: A definition. Association for Learning Technology Journal, 1995, 3 (2): 5-34.

③ Matthew Alan Verleger. Analysis of an informed peer review matching algorithm and its impact on student work on model-eliciting activities. Dissertation, Purdue University, December2009. URLhttp: // proquest. umi. com/pqdlink? did = 2056269091&Fmt = 7&clientId = 1652&RQT = 309&VName = PQD.

从图 3-1 所示的发展沿革及脉络体系中可以清晰地看到,翻转课堂立足于以学生为中心的学习理念,理论基础可追溯至建构主义学习理论、最近发展区理论、社会互相依存理论、协作学习理论、合作学习理论、同侪互助学习理论、自主学习理论以及学习风格理论等,其相互包容交叉的集合关系可由图 3-2 所示的韦恩图来表征,需要说明的是,由于学习风格理论与其他理论之间并无显著的框架交织关系,故没有包含在内。

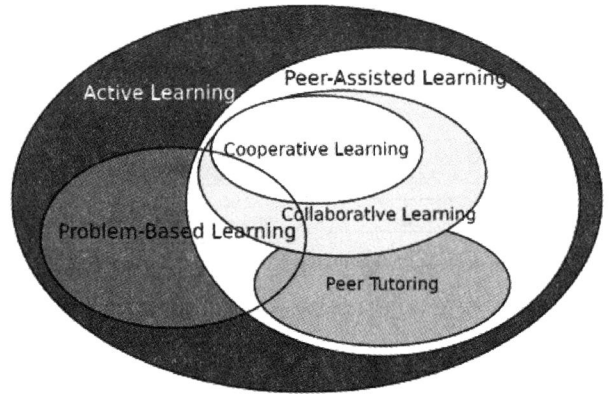

图 3-2 翻转课堂理论基础的韦恩图示

图片来源:Bishop JL, Verleger M. The Flipped Classroom: a Survey of the Research [C]. A see National Conference Proceedings, Atlanta, Ga, 2013.

美国翻转学习网络 FLN(Flipped Learning Network™)为了深入研究翻转学习模式,也对其理论基础进行了分析探讨[①]。该网络研究者认为,虽然既有的关于翻转学习模式的量化研究和质性研究都较为有限,但是,在已有研究中关于模式的关键要素的研究表明,该模式的研究基点建立在教学中实现教师中心向学生中心的教学方法的转变。这一研究基点也体现在翻转学习模式的一个重要特征上,即通过有意识创设的课外空间的学习机会,使学生的学习空间最大化,在课堂中强调最大化进行一对一教学互动,使教学的关注

---

① Hamdan N, Mcknight P, Mcknight K, etal. A Review of Flipped Learning [EB/OL]. 2013-1-1. http://www.flippedlearning.org/cms/lib07/VA01923112/Centricity/Domain/41/LitReview_FlippedLearning.pdf.

点集中在学生中心上,学生可以积极参与到教学过程中来。基于此,研究者们进一步梳理了相关的理论基础,包括自主学习理论(active learning)、同侪学习理论(peer instruction)、心理启动效应(priming on memory)、前训学习理论(pre-training on learning)、学习者多样性理论(diverse learners)等。

乔纳森·伯尔曼和亚伦·萨姆斯是业界公认的翻转课堂教学模式的先驱,他们在推行翻转课堂教学模式的初期,在其网站①声明翻转课堂模式源自新的教育和学习理论,其采用的仍然是为众所周知的掌握学习理论(Mastery Learning),在后期的进一步实践和探索中,又提出除了掌握学习理论,全方位学习设计理论(UDL, universal design of learning)、基于项目的学习理论(project-based learning)、基于目标/标准的评价理论(objective/standards-based grading)等也对翻转课堂的产生和发展起到了有益的作用②,故也可视其为相关理论基础。

2012年5月美国创见研究所(Innosight Institute)发布了题为"Classifying K-12 Blended Learning"(K-12混合式学习的分类)的报告③。该报告提出了混合学习的4种类别,即循环模式、弹性模式、自混合模式、增强虚拟模式,其中还给循环模式增加了子类。而翻转课堂教学模式就是其中之一。与之相应,相关研究者也已开始以混合学习的理论视角进行翻转课堂的相关研究④⑤,据此,也可将混合学习理论作为翻转课堂的理论基础。融合翻转课堂的混合学习分类如图3-3所示。

---

① http://learning4mastery.com/index.html.

② Bergmann J, Sams A. You're your Classroom: Reach Every Student in Every Class Every Day [M]. International Society for Technology in Education, 2012.

③ Staker H, Horn MB. Classifying K-12 Blended Learning. [R]. Innosight Institute, 2012.

④ Horn M. The Transformational Potential of Flipped Classrooms [J]. Education Next, 2013, 13 (3): 78-79.

⑤ Hill P. Online Educational Delivery Models: a Descriptive View. [J]. Educause Review, 2012, 47 (6): 84.

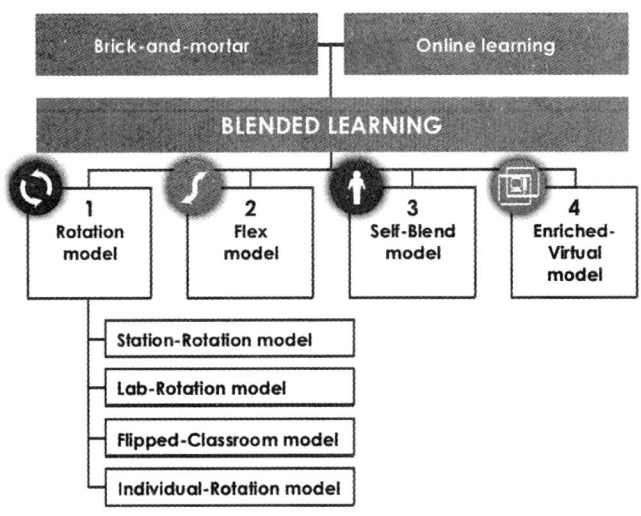

图 3-3　融合翻转课堂的混合学习分类

图片来源：Staker H, Horn MB. Classifying K-12 Blended Learning. [R]. Innosight Institute, 2012.

（2）国内研究。有关翻转课堂理论基础的研究，目前在相关期刊文章中较为零散，如蔡欢欢等（2014）认为其理论基础包括人本主义理论、掌握学习理论和建构主义学习理论[1]，张铮等（2014）认为除了人本主义和建构主义之外，还包括研究性教学理论和对话教学理论[2]，朱宏洁等（2013）在论及翻转课堂的实施策略时，明确指出翻转课堂主要以建构主义和掌握学习理论为指导[3]。此外，也有学者基于不同理论视角对翻转课堂教学模式进行了融合研究，也可视为翻转课堂的相关理论基础，如认知负荷理论[4]、破坏性创新理论[5]、

---

[1] 蔡欢欢，段作章. 翻转课堂教学模式的理论探析 [J]. 现代教育科学，2014（12）：120-122.
[2] 张铮，余静. 信息化环境下中小学"翻转课堂"研究综述 [J]. 中国信息技术教育，2014（15）：77-78.
[3] 朱宏洁，朱赟. 翻转课堂及其有效实施策略刍议 [J]. 电化教育研究，2013（8）：81-85.
[4] 宋艳玲，孟昭鹏，闫雅娟. 从认知负荷视角探究翻转课堂——兼及翻转课堂的典型模式分析 [J]. 远程教育杂志，2014（1）：105-112.
[5] 姜淑敏，戴心来，乔诗淇. 基于破坏性创新的翻转课堂实施策略探究 [J]. 中国信息技术教育，2014（17）：114-115.

第 3 章
S-ICM 翻转课堂教学模式理论原型的构建

布鲁姆教学目标分类理论①、ARCS 动机理论②等。国内硕博论文中关于翻转课堂的理论基础归类如表 3-3 所示。

表 3-3　国内硕博论文中关于翻转课堂的理论基础归类

混合学习	数字化学习	认知发现学习	互动理论	人本主义	建构主义	活动学习	合作学习	微学习/微课程	情境学习	掌握学习	最近发展区	学习风格	学习金字塔	自主学习	ARCS动机	协作学习	布鲁姆目标分类	个性化学习	元认知	支架式学习	研究者
●	●																				李宏敏③
●	●																				李燕④
		●																			付兰敏⑤
					●	●															朱凯歌⑥
							●														赵万霞⑦
					●			●													邵明杰⑧
●																					陈怡⑨
		●						●			●										陈晓菲⑩
																					赵莹莹⑪
●					●	●															张妍⑫

---

①　吴秉健. 基于布鲁姆教学目标分类的翻转学习模式研究 [J]. 中小学信息技术教育，2013 (3): 62-66.

②　王海艳，季敏婷，张成龙. 基于 ARCS 理论的翻转课堂课前任务布置模型设计 [J]. 中国教育技术装备，2014 (22): 59-60.

③　李宏敏. 基于翻转课堂教学理念的课程设计与开发 [D]. 南宁：广西师范学院，2013.

④　李燕. 基于翻转课堂理念的初中信息技术网络课程设计与开发 [D]. 济南：山东师范大学，2014.

⑤　付兰敏. 基于翻转课堂理念的初中信息技术教学模式的应用研究 [D]. 济南：山东师范大学，2014.

⑥　朱凯歌. 基于电子双板的翻转课堂教学模式应用研究 [D]. 武汉：华中师范大学，2014.

⑦　赵万霞. 电子双板环境下翻转课堂的应用研究 [D]. 武汉：华中师范大学，2014.

⑧　邵明杰. 基于微视频资源的翻转课堂在实验教学中的应用研究 [D]. 武汉：华中师范大学，2014.

⑨　陈怡. 基于混合学习的翻转课堂教学设计与应用研究 [D]. 武汉：华中师范大学，2014.

⑩　陈晓菲. 翻转课堂教学模式的研究 [D]. 武汉：华中师范大学，2014.

⑪　赵莹莹. "翻转课堂" 在高中信息技术教学中的应用研究 [D]. 北京：首都师范大学，2014.

⑫　张妍. 翻转课堂教学模式用于小学信息技术课程的行动研究 [D]. 北京：首都师范大学，2014.

续表

混合学习	数字化学习	认知发现学习	互动理论	人本主义	建构主义	活动学习	合作学习	微学习/微课程	情境学习	掌握学习	最近发展区	学习风格	学习金字塔	自主学习	ARCS动机	协作学习	布鲁姆目标分类	个性化学习	元认知	支架式学习	研究者
					●	●								●							林才英①
														●	●						王安琪②
								●								●					李国锋③
					●																刘国欢④
●																					孙辰昕⑤
●				●	●																游录超⑥
									●									●			仇慧⑦
									●		●		●					●			刘艳斐⑧
					●					●				●					●	●	何文涛⑨
				●	●				●		●										罗少华⑩

与前文关于移动社交网络和微信公众平台的研究相似,总体而言,国内关于翻转课堂教学模式相关理论基础的研究,更多地集中于硕博学位论文中。表3-3集中列举了目前我国有关翻转课堂的学位论文研究中对理论基础的认识,同时需要进一步说明的是,依照前文有关学习理论的演化进程的阐述,表3-3所列理论中仍有重复交叉的成分,可进行进一步归并处理。

建构主义学习理论认为,情境、协作、会话和意义建构是学习环境中的

---

① 林才英. 初中英语翻转课堂教学行动研究 [D]. 桂林:广西师范大学,2014.
② 王安琪. 翻转课堂在初中英语语言技能教学中的应用 [D]. 上海:上海外国语大学,2014.
③ 李国锋. 面向翻转课堂的网络教学系统设计与开发 [D]. 扬州:扬州大学,2014.
④ 刘国欢. 生本教育理念下翻转课堂教学模式的研究 [D]. 长春:东北师范大学,2014.
⑤ 孙辰昕. "翻转课堂"在农村地区教师教育技术能力培训中的应用 [D]. 长春:东北师范大学,2014
⑥ 游录超. 高职实用写作课程的翻转课堂设计与实施 [D]. 杭州:浙江师范大学,2014.
⑦ 仇慧. 基于翻转课堂模式下的大学英语教学的研究 [D]. 大庆:东北石油大学,2014.
⑧ 刘艳斐. "翻转课堂"教学应用研究 [D]. 西安:陕西师范大学,2014.
⑨ 何文涛. 翻转课堂及其教学实践研究 [D]. 新乡:河南师范大学,2014.
⑩ 罗少华. 中美翻转课堂实践案例比较研究 [D]. 西安:陕西师范大学,2014.

第 3 章
S-ICM 翻转课堂教学模式理论原型的构建

四大要素或属性,支架式教学(Scaffolding Instruction)则是建构主义模式下比较成熟的一种教学法①,此外,在建构主义的发展历程中,布鲁纳的认知发现学习以及维果茨基的最近发展区理论也进一步扩充了传统建构主义②,形成了涵盖传统建构主我、个人建构主义和社会建构主义三种流派体系,而从前文的论述中可知,合作学习是在最近发展区理论之上发展起来的一种学习理论,由此,上述情境学习和协作学习、合作学习、支架式学习、认知发现学习和最近发展区可归纳至建构主义学习理论的大范畴之中。

人本主义的学习理论的内涵强调自主学习和协作学习,强调体现以学生为中心,由学生自主进行知识建构。与建构主义不同,它更强调以人的发展为本,即强调学生的自我发展,强调发掘人的创造潜能,强调情感教育③,因此可以考虑将自主学习和个性化学习等归类到人本主义学习理论之中。

数字化学习理论比较宽泛,微型学习(微课程)被认为是非正式学习的一种模式,在翻转课堂教学中,可以采纳课前数字化微视频方式的学习,再结合数字化设备支持的课堂教学,完成一种"混合"式的教学,因此在本书中将这一类别的学习理论纳入混合学习理论一并加以讨论④。

3. 理论基础框架

基于以上认识,本书进一步将翻转课堂教学模式的理论基础划分为两个层次,第一类为宏观指导理论,第二类为微观实施理论,如表3-4所示。

上文分别论述了移动社交网络、微信公众平台和翻转课堂教学模式的理论基础,可以看出,一些理论如人本主义、建构主义等基本都有所陈述,而另有其他学习理论如自主学习、协作学习、学习风格等又多有交叉,故本研究结合翻转课堂的内涵特征和实施策略,进一步对各类理论进行糅合细分,

---

① 何克抗. 建构主义的教学模式、教学方法与教学设计 [J]. 北京师范大学学报(社会科学版),1997(5):74-81.
② 何克抗. 建构主义——革新传统教学的理论基础(上)[J]. 电化教育研究,1997(3):3-9.
③ 雷钢. 人本主义学习理论对教育技术的新启示 [J]. 中国电化教育,2010(6):30-33.
④ 祝智庭,张浩,顾小清. 微型学习——非正式学习的实用模式 [J]. 中国电化教育,2008(2):10-13.

表 3-4　　　　　　翻转课堂教学模式理论基础框架

宏观指导理论	人本主义学习理论
	建构主义学习理论
	掌握学习理论
	混合学习理论
微观实施理论	布鲁姆目标分类理论
	学习金字塔理论
	ARCS 动机理论
	学习风格理论
	认知负荷理论
	……

从而构建起本研究分类明确、体系完备的理论基础体系，如图 3-4 所示。

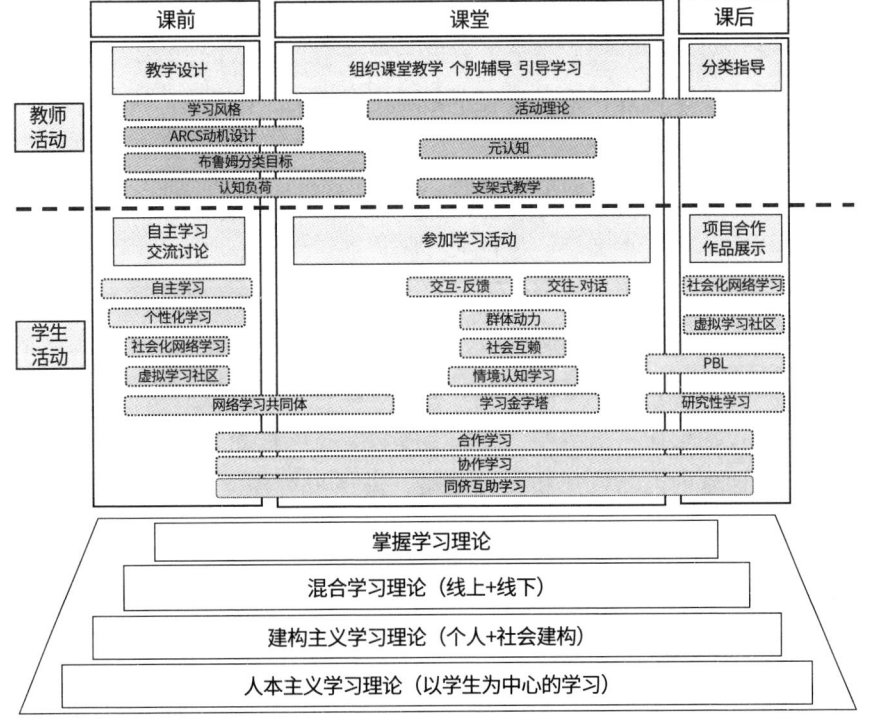

图 3-4　S-ICM 翻转课堂教学模式理论基础细分图示

第 3 章
S-ICM 翻转课堂教学模式理论原型的构建

需要指出的是，理论基础图示中，人本主义学习理论、建构主义学习理论、混合学习理论和掌握学习理论作为宏观指导理论，是开展全文研究的贯穿始终的全局性理念层的理论基础，而在涉及翻转课堂各个阶段和环节中，包括平台设计、资源制作和教师和学习的教学活动的设计和组织中，又会根据实际需要，在各类具体理论的指导下开展，应当指出的是，有些理论如协作学习、合作学习、同侪互助学习、PBL、网络学习共同体等，也会在各个阶段中穿插层叠使用，在图 3-4 中以条框的长度和横跨度来标识。

3.1.2 人本主义学习理论

与认知主义不同，人本主义是建立在人本主义心理学的基础之上的学习理论。虽然人本主义的某些观点带有明显的主观主义色彩，但是它提出的以人为本的教育观念思想，突出了人的主体性和主动性，依然颇具启发意义。人本主义学习理论凸显了学生的主体地位，也体现了以人为本的现代教育理念[①]。

人本主义认为教学的过程不是向学生填灌知识，而是教师要为学习者提供丰富的学习资源，创造有利于知识发现的信息平台，尊重学生的主体地位，让学生成为学习的真正主人，促进学生的全方位可持续发展。人本主义的教学观念认为教学在本质是属于社会互动过程，师生之间、生生之间应建立一种平等民主，相互认同、尊重理解的富有情感的新型合作关系。在合作性的教学方式下，教学主要是为了培养学生的自主学习、主动探究、集体合作等现代公民的基本素质。

人本主义理论承认学生的个体差异性，认为既然人作为复杂的高级动物，也必定有着个体差异性，这才是人不同于机器和动物的本质属性。从这个意义上来说，即使教师用同样的教学方法传授相同的教学内容，也不能保证每个学习者都能完全理解掌握和实践应用相同的知识。所以，教育必须尊重学生的个体差异，开展因材施教。体现在教学中就是树立以学生为本的教

---

① 陈晓菲. 翻转课堂教学模式的研究 [D]. 武汉：华中师范大学，2014.

学理念，坚持一切为了学生的教育主张，关注学生的实际需求，真正让学生成为的独立自主的学习主体①。

由此可见，人本主义学习理论所倡导的核心理念"以学生为中心"，与翻转课堂的教学理念初衷完全契合，只有教师摒弃教师是"讲坛上的圣人"的心理角色，做学习的指导者和促进者，才能与学生建立公平、民主的教学情境，才能在资源制作、教学组织等多方面深刻体现以学生的需求为主、以学生的体验为主，也才能将翻转课堂的实施落到实处。

3.1.3 建构主义学习理论

瑞士心理学家皮亚杰最早提出建构主义理论，后来逐渐成为主流的教育理论思想。建构主义学习理论认为：知识不是通过教师传授获得的，是学习者在一定的情境借助于其他人的帮助，利用必要的学习资源，通过意义建构的方式获得的。

建构主义学习理论的关键要点是以学生为中心，强调学生对知识的主动探索，主动发现和主动建构②。建构主义的知识观在于教学不是知识的传递，而是知识的处理和转换。建构主义的学习观认为，学习是通过对社会文化的参与而内化成的知识技能即学习的社会互动性。建构主义者认为具体情境的可感知的活动之中存在着知识，个体只有通过有意义的活动才能深入透彻掌握知识学习的情境性。建构主义的学生观中，强调学生的经验和潜能，由于学生在经验基础、学习背景和知识体系有着很大差异，所以构建出来的知识也具有独特的个体特征。

由上所述，建构主义下学习是学生主动的意义建构，知识的重点在于学生内化而不是教师传递，这都与翻转课堂将知识的传授放在课前，而在课堂中集中进行知识内化的核心特征相吻合。同时，建构主义学习理论重点强调的"情境""协作""会话"等理念，也与翻转课堂中的课堂教学主要进行

---

① 付兰敏. 基于翻转课堂理念的初中信息技术教学模式的应用研究 [D]. 济南：山东师范大学，2014.

② 阮志孝. 建构主义教育理论的传播学解读 [J]. 现代远程教育研究，2006（3）：67.

情境化学习、协作学习，以及注重师生平等交流对话、注重多维社交等特征相吻合。关于建构主义和翻转课堂的对应关系，可由表3-5进一步标示。

表3-5　　　翻转课堂与建构主义学习理论的对应关系

比较项目	翻转课堂	建构主义
课前	学生自主学习教师提前发布的相学习材料，实现知识传授	学生由外部刺激的被动接受者和知识的灌输对象，转变为信息加工的主体、知识意义的主动构建者
课堂	学生在教师指导下，参与课堂学习活动，进行知识内化包括讨论、小组合作学习、一对一辅导等	教师要由知识的传授者、灌输者转变为学生主动建构意义的帮助者、促进者
课后	学生进行课后自主探究学习或基于项目的学习，进行知识迁移	媒体也不再是帮助教师传授知识的手段、方法，而是用来创设情境、进行协作学习和会话交流，即作为学生主动学习、协作式探索的认知工具
目标	提高学习效率，促进知识内化	引导学生通过零存整取方式建构个性化体系，实现知识创新
评价	以学科目标为主进行统一评价	由教与学这两个基本要素组成的教学系统的整体功能是使学生完成对新知识的评价，意义建构，同时提高学生自学能力与创造能力

3.1.4　混合学习理论

混合式学习最早在2000年的《美国教育技术白皮书》中提出，在印度NIIT公司的《B-Learning白皮书》中指出，混合学习应该被定义为一种学习方式，Singh和Reed共同提出了混合式学习的定义，即混合式学习的"5R"定义：采用Right（合适）的学习技术，适应Right（好）的个人学习风格，在Right（适当）的时间，锻炼Right（正确）的技能，给Right（合适）的人[①]，从而以最佳状态完成学习目标。

混合学习的英文名称有的采用Blended Learning，也有采用Hybrid Learn-

---

① 黄荣怀，马丁，郑兰琴，等. 基于混合式学习的课程设计理论[J]. 电化教育研究，2009(1)：9-14.

ing，且定义也有多种。在多种定义中大部分都认为混合学习是混合了不同的学习条件环境，特别是传统的面授教学环境和信息技术教学环境的混合。

  国内研究中，李克东教授认为"混合式学习作为一种新型教学方式，以降低教学成本、提高教学效益为目的的整合面授教学和网络学习两种模式的教学模式①。何克抗教授认为：所谓的混合式学习就是要把传统的学习方式和新的网络化的学习方式相结合，使其在同一个内同的学习过程中发挥各自的优势，这也就要求学习的过程中既要充分地体现教师的教学主导作用，发挥教师引导、启发、监控等作用，也要让学生在学习过程中发挥主体作用，让学生成为学习的主人，发挥自身的主动性、积极性和创造性完成学习任务②。随着对混合学习的研究和实践的深入，现在被采用较多的提法是：混合学习是在线学习与课堂学习相结合的一种学习方式。翻转课堂实现了在线学习与课堂学习的混合，作为一种新型的混合学习形态，符合混合学习的基本规律和方法，这不但可以进一步指导翻转课堂的实施过程，也为丰富混合学习的方法和内容提供了可能。

3.1.5 掌握学习理论

  掌握学习理论是美国20世纪50—60年代教育发展的产物，由美国当代著名心理学家、教育家本杰明·布卢姆提出。掌握学习理论是指如果提供给学生充足的学习时间和学习条件，任何学生都可以通过反复练习，完全掌握教学过程的全部学习内容。布卢姆进一步指出：按照学习规律有序推进教学，学生面临学习困难时可以随时获得帮助，对掌握程度确定明确标准，那么所有学生都能够得到很好的掌握，大多数学生在学习能力、学习进程和学习动机方面会产生齐头并进的局面。

  掌握学习理论的核心在于为掌握而教，教学的任务就是要找到使学生掌握所学知识的手段。布卢姆相信在教师的引导下，大多数学生可以学好专业

---

① 李克东，赵建华. 混合学习的原理与应用模式 [J]. 电化教育研究，2004 (7)：1-6.
② 何克抗. 从 Blending Learning 看教育技术理论的新发展（下）[J]. 电化教育研究，2004 (4)：22-26.

知识，会产生更高的学习动机，这就会改变传统思想中关于学生成绩正态分布观点。在掌握学习的教学评价中，布卢姆认为需要结合诊断性评价、形成性评价和总结性评价来进行测量。三阶段的评价构成了一个有序推进的教学过程，学生反馈与教师指正贯穿始终。教师通过每个阶段的评价，不但能够掌握学生的学习进度，也可以不断改进自己的教学方式和策略。学生通过每个阶段的评价，可以发现自身问题，弥补自身不足，真正成为学习的主人，为自己的学习负责。

在传统课堂上，教师进行的面向全班的讲解，并不能保证每个学生都能够完全听懂，但受限于教学时间，不得不继续进入下一章节。而翻转课堂的教学模式，学生可以充分利用课外时间，根据自己的学习水平自定步调，可以不断反复观看学习材料，只要积极地投入练习，就能够顺利完成学习目标。

掌握学习理论也特别强调教学反馈的重要性，强调在以班级教学的情境中，教师对学生开展即时的反馈和矫正环节，为学生提供充足的时间和个别指导，使可以深入掌握学习目标规定的学习内容。学生课前学习中存在的一时无法解决的难题，教师可在课堂教学时间内进行有针对性的个别辅导。这也与 S-ICM 翻转课堂教学模式中提前分配学习单元，学生可以对无法理解的内容，通过微信平台进行交流谈论或提问，而教师针对绝大多数学生一时无法理解掌握的内容，可以在课堂中继续进行集体讲授或单独答疑解惑，这种即时反馈机制也会强化学生的学习效果，使得学生可以充分实现对每一学习单元和每一课时内容的完全掌握。

3.2 S-ICM 翻转课堂教学模式的技术支持环境

在论及技术对于教育教学的支持和促进作用时，可以从世界范围内高等教育的发展战略的角度加以考量。我国的《国家中长期教育改革和发展规划纲要（2010—2020年）》明确指出"信息技术对教育具有革命性的影响"，从教育信息基础设施建设、优质教育资源开发应用、国家教育管理信息系统三个方面提出了国家教育信息化建设的基本任务[①]。而教育部发布的《教育信息化十年发展规划（2011—2020年）》则进一步提出以教育信息化破解长期制约教育发展的难题，促进教育创新与变革[②]。信息技术与教育的双向融合会带来教育创新，这是"革命性影响"的核心内涵[③]。2015年，国务院正式颁布了《国务院关于积极推进"互联网+"行动的指导意见》[④]，强调探索新型教育服务供给方式，鼓励互联网企业与社会教育机构根据市场需求开发数字教育资源，提供网络化教育服务。鼓励学校利用数字教育资源及教育服务平台，逐步探索网络化教育新模式。

黎加厚（2011）指出，美国2010版国家教育技术计划《变革美国教育：技术推动学习》中提出的"技术支持的教育系统结构性变革"的理念和技术模型，本质就是学生位于中心，而动力在于技术，与学生建立联系的是支持学生学习的人，如教师、家长、学习伙伴、学习辅导者等，而与学生的学习终端设备相链接的是则是技术和资源，如信息分享、知识管理、知识建构、资源汇聚、在线辅导等，以及网络学习社区、个人学习空间、学习同伴、专家教练等[⑤]。这一技术驱动模型如图3-5所示。

沈书生（2013）提出，以学生为中心的学习就是为学生建立全面的人力、技术和资源支持等，让学生主动地发现知识、内化知识，最终实现有效掌握。对学习的支持，尤其是技术促进的学习，必须表现为通过技术为学生提供学习工具、学习资源、学习伙伴，或者凭借技术来推进学生的学习领域向更大范围延伸，让学生可以接触到更多样更丰富的工具、资源；通过网

---

① 教育部.国家中长期教育改革和发展规划纲要（2010—2020年）[DB/OL]. http：//www.gov.cn/jrzg/2010-07/29/content_1667143.htm，2012-01-12.

② 教育部.教育信息化十年发展规划（2011—2020年）[DB/OL]. http：//www.moe.gov.cn/ewebeditor/uploadfile/2012/03/29/20120329140800968.doc，2012-04-01.

③ 余胜泉.推进技术与教育的双向融合——《教育信息化十年发展规划（2011—2020年）》解读[J].中国电化教育，2012（5）.

④ 国务院.国务院关于积极推进"互联网+"行动的指导意见[J].中华人民共和国国务院公报，2015（20）：20-22.

⑤ 黎加厚."电子书包"的遐想[J].远程教育杂志，2011（4）：113.

第 3 章
S-ICM 翻转课堂教学模式理论原型的构建

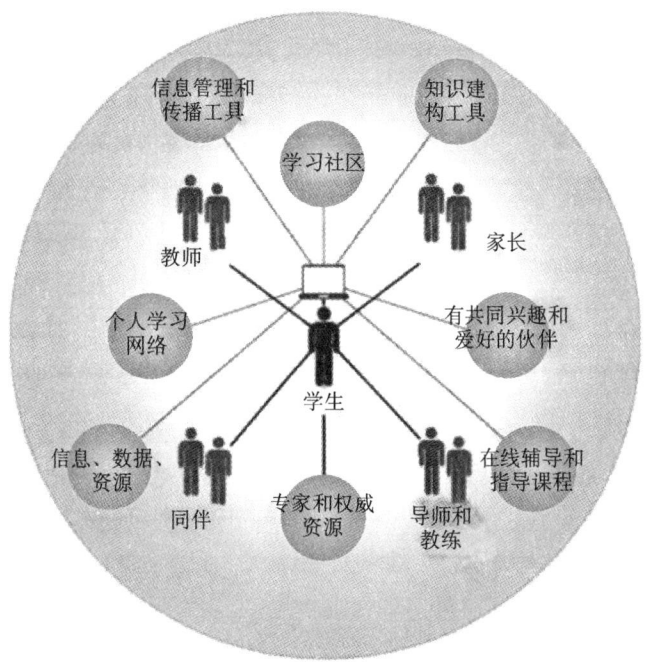

图 3-5 技术推动学习的学习模型

资料来源：US Department of Education. Transforming American Education: Learning Powered by Technology [J]. Us Department of Education, 2011, 8 (2): 124.

络，接触更多学习同伴、社区协作成员，以激发学习动力，把握学习进程，或者得到教师或其他专家教练的及时帮助与指导，跨越学习阻碍和瓶颈，推动学习持续开展①。

在移动社交网络支持翻转课堂教学的研究中，范文翔等（2015）总结了微信的教育功能（如表3-6所示），并结合翻转课堂的技术需求分析了微信所能提供的功能支持（如表3-7所示）②，对本书研究移动设计网络的技术环境的设计和开发具有较大的借鉴意义。

---

① 沈书生，刘强，谢同祥. 一种基于电子书包的翻转课堂教学模式 [J]. 中国电化教育，2013 (12): 107-111.

② 范文翔，马燕，李凯，等. 移动学习环境下微信支持的翻转课堂实践探究 [J]. 开放教育研究，2015 (3): 90-97.

表 3-6　　　　　　　　　　　微信的教育功能

功能列表		功能描述	教育应用
平台化功能	运行平台	IOS, Android, Windows Phone, BlackBerry, Symbian, Microsoft Windows, Mac OS, Web	支持移动学习、数字化学习、混合学习、泛在学习、碎片化学习
	开放平台	移动应用开发，公众账号开发	提供接口，可将教育教学相关内容发送给指定好友或分享至朋友圈
	公众平台	服务号，订阅号	支持功能扩展，可实现群发推送、自动回复、订阅推送相关教学材料
通信功能	即时通信	可发送文字、图片、语音、视频，支持视频聊天、位置分享和实时对讲	可用于学生间的讨论和交流及师生间的交流、答疑和个性化指导
	群聊功能	支持多人群聊，具体功能参见"聊天功能"的"功能描述"	支持协作学习、小组学习，方便讨论交流和资源共享
社交功能	朋友圈	可发布图文信息，分享信息，可对信息点"赞"和评论，与好友进行互动交流	可实现学习资源与学习心得发布与共享，支持互动评论和学习评价
	好友添加	支持查找微信号、QQ好友、通信录，分享微信号、查看附近的人、摇一摇、漂流瓶	多渠道添加好友，便于学习小组的组建，容易获取学习资源、支持和帮助

表 3-7　　　　　　　翻转课堂技术需求和微信解决方案

翻转课堂技术需求	微信功能解决方案
教学视频呈现	公众平台
学习材料呈现	公众平台
问题的确定	即时通信
创建教学情境	公众平台、即时通信、群聊
个性化指导	公众平台、即时通信、群聊
自主学习	公众平台、即时通信、群聊
协作学习	公众平台、即时通信、群聊
总结、评价与反馈	朋友圈、群聊、即时通信

第 3 章
S-ICM 翻转课堂教学模式理论原型的构建

上文中已经探讨了移动社交网络作为一种技术环境，其所具有的社交互动属性以及信息发布和资源汇聚功能，对教学应用有着广泛而深入的支持作用。本节就如何应用移动社交网络构建翻转课堂教学的技术支持环境，对课前知识传授、课堂知识内化以及课后知识迁移提供全方位的技术支持进行深入探讨。

3.2.1 移动社交网络支持下的课前知识传授环境构建

在上文关于翻转课堂的课前学生自主学习实现知识传授的相关探讨中，已经明确了学生课前主要进行的两种活动，即学生个体对学习材料进行自主学习和进行课前群体讨论交流，因此移动社交网络也主要就这两方面的学习需求提供相应的功能支持，通过移动社交网络实现基础性浅层内容的知识传授。

1. 个体自主学习

（1）信息推送功能。教师将制作好的视频或图文学习资料通过微信公众平台，采用群发模式，推送到每个学生的手机微信端，微信公众平台会在后台呈现某一信息的发送到达率以及阅读情况，教师可随时掌握发送情况，随时做出相应的重新编制或重新发送操作。为了保证信息质量不佳或推送数量过多对用户造成信息困惑和干扰，因此微信每日推送的信息数量基本上限制四条，这就要求教师对推送信息进行合理设计与精心编排。

学生在收到推送信息后，在微信 APP 上会有新消息提示，学生可根据个人情况，灵活安排阅读学习材料的时间和场所。考虑到学生有可能遇到手机功能支持不足或者无线网络信号不佳的情况，学生可灵活选择使用微信网页端或微信 PC 端进行学习，从而减少了外在客观因素对学习进程的影响和制约。

（2）阅读链接功能。教师使用微信公众平台设计制作学习材料时会对文章进行精细加工，但由于翻转课堂中对于学习材料的设计基本是遵循微课的设计标准，即以短小的知识单元进行分步呈现，避免长篇大论式的信息铺陈，以免带给学生过多的认知负荷。因此，教师在发布休息材料时，在阅读原文处添加源文章的网址链接，既可提供相关内容的深度阅读，又增加了学习内容的递进层次。此外，也可在此处插入相关的网页资源链接，如调查问卷、网盘文件、在线视频等，使学习内容更加丰富有序，更加便于学生进行多方面、多层次的自主学习，进一步提高课前知识传授的效果。

（3）搜索引擎功能。微信软件本身内嵌搜索功能，除了早期单纯搜索联系人和聊天记录外，后续版本中该功能又延伸到了搜索相关公众号、订阅文章、收藏过的微信文章、朋友圈发布文章等功能，如图3-6所示。

图3-6 微信内嵌的搜索引擎功能

微信搜索功能的完善，使其作为社交化学习的有力工具成为可能，除却教师在公众平台发布的学习资料内容外，学生还可以对同学间的讨论记录、微信朋友圈的相关文章、自己收藏的文档等进行站内搜索，也可以通过对相关网页内容进行网际搜索，并可进行细分归档。这一功能将学生对教师发布学习材料的学习，广泛地延伸到了整个移动社交网络中，通过更多相关内容的学习，可消解大部分学生在求知过程中的困惑，促进其对相关学习问题背景内容和相关知识链条的了解和掌握。

（4）反馈回复功能。微信公众平台支持关键词提取文章功能，教师事先在制作学习材料时，根据对学生学习水平的掌握，可以结合学习内容，设计相关潜在的支架式学习材料，即可包括对某一问题的背景解析，也可以是某一话题的前沿资讯，并对每一材料设置相关关键词以备查询，还需在材料末端加以提示。教师在发布课程学习材料时，只向所有学生推送需要集体共同学习的新材料，而潜在支架式学习材料并不一同发送。学生在学有所困时，可以根据学习材料中有关关键词的提示信息，在微信公众平台中回复相应关键词，即可查阅与这一主题相关的预先设置好的支架式学习材料。例如，在"网络与新媒体"的公众平台中，笔者事先设置了专业介绍、培养目标、主修课程、就业方向等关键词来阐述和网络与新媒体相关的内容，学生可就其需要了解的内容进行关键词回复，即可获得相应材料内容。

在反馈回复方面，关键词回复，微信公众平台也提供点击相应页面链接，实现即时反馈的功能。如点击菜单栏中的"最新资讯"后，平台可立即推送有关最新资讯，有效实现人机之间的交互反馈功能，如图 3-7 所示。

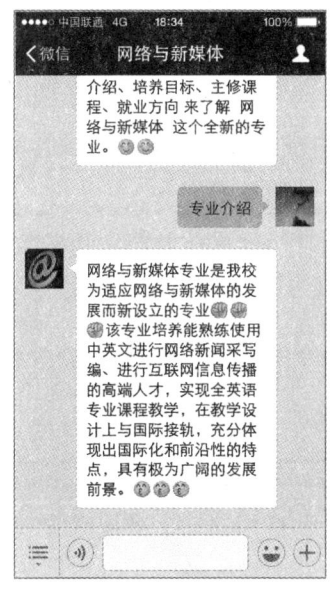 

图 3-7　微信的反馈回复功能

2. 集体协作学习

传统意义上的课前学习一般是由学习者自我完成，从阅读资料、查阅信息、搜索网页、反复思索等学习活动都是由学习者独立进行。而在移动互联网络广为普及的学习情境下,移动社交网络可以提供更加多元化的学习途径和方式,学习者可以与教师、同伴、专家等进行多种方式的集体协作学习,在个人智慧向集体智慧的迈进的同时,有效提高课前知识传授的深度和效果。

(1) 多维交互方式。丰富的交互方式是翻转学习平台需要考虑的原则之一,移动社交网络可以提供多种维度的交互方式,实现师生之间、学生之间、群组之间、社群之间的有效交互,通过广泛而深入的交流讨论,实现对所学内容的深度理解。

①一对一单独交互。一对一交互,既包括人机之间的交互,也包括师生之间、学生之间的单独人际互动。师生之间或学生之间的人际互动中,可以深度体现微信的人际传播优势即随时随地自由发生、传播路径直线通达、传播噪音少、传播效率高以及快速简便等。学生在课前学习时,遇到一时无法理解的问题或困惑,可通过微信直接向教师进行请教,在教师指导下,完成对相关材料的深入学习;也可以在第一时间与学习伙伴进行交流探讨,学习伙伴既可以是同班级的同学,也可以是网络好友,在交流中进行深入讨论,从而获得相应的启示,这有助于继续进行课前学习。

②多对多群组交互。微信提供的微信群功能是结合熟人社交属性与用户操作习惯的一种组间讨论形式,相对于具有陌生人社交属性的QQ,微信建群更为方便高效,发起者可在任何有需要的时候主动添加或者有意向地邀请其他用户加入群组,进行信息交流互动,如图3-8所示。通过微信群构建起的学习共同体,群内成员之间可以充分交流讨论,可以共享图片、视频、网址等,进行师生或生生之间的合作学习,另外,微信群的提供语音交互功能可以更有效地实现群组成员的即时交流和群体互动。微信群实质就是一个微型社群,虽然具有社群组织中的去中心化的属性要求,但作为学习共同体的微观组织形式,仍要考虑设定既定注定和话题引导人,克服过度碎片化对学习议题的冲击。

第 3 章
S-ICM 翻转课堂教学模式理论原型的构建

图 3-8　微信的多对多群组交互功能

③多对多社区交互。Web2.0 时代，利用先进的社交技术技术搭建起来的网络学习社区，打破了传统人际社区的时空局限，个体信息与集体智慧相互交织，汇总不同成员提供的知识，将其整理成相应形式的成果资料，通过分类、搜索和筛选工具实现相关信息的搜集和追踪，通过即时发布和积极跟进，保持知识的新鲜度和有效性，变被动学习为主动学习，变知识接受为知识分享，社区化学习已经成为学习活动的有效组织形式。因此，借助微信公众平台的开发接口功能，在翻转学习平台搭建微社区，教师可以设置话题组织学生讨论，学生也可以提出相关问题引起大家交流，从而实现了信息和知识的固化沉淀，避免了群组交流中话题发散和信息零散的问题；学生可以通过微社区中搜索相关问题的解决思路和最终答案，在浏览相关留言评价的过程中获得新知，从而促进知识生成。微信接入的微社区功能如图 3-9 所示。

图 3－9　微信接入的微社区功能

（2）多种交互格式。移动社交网络能够为学习者提供多层面的交互形式，使学习的体验更为丰富。在具体交互形式上，微信主要提供了文本、语音和视频等几大格式。在大多数移动社交网络中，文本信息交互是基本功能，也是微信交互中最为常见的形式，学生将思想观点通过文字传达出来，与讨论的另一方实现实时互动，不但交流迅捷顺畅，而且便于记录、查找和收藏。语音信息则是微信提供的另一种信息呈现功能，学习者在文本输入不便或需要即时快速交流时，可以发送语音信息，语音信息提供了一种更为简单的沟通手段。而视频功能的加入，能够将交流者的人物图像或交互环境，以视频形式直观地进行展现，同时也可以插入相关学习视频，如在线课程、MOOC 课堂等，为学生提供更为多样的学习材料。

（3）文件共享功能。在翻转课堂的课前学习中，除了人际交互还需进行文件资料的实时分享，而微信的文件传输功能即可有效实现文本、图像、视频文件的传输共享。这种传输和共享除了可在学习者之间发生，也可实现移动设备包括手机、平板电脑和本地 PC 之间的双向传输，有效实现学习材料的汇集整理。微信的文件资料传输共享功能如图 3－10 所示。

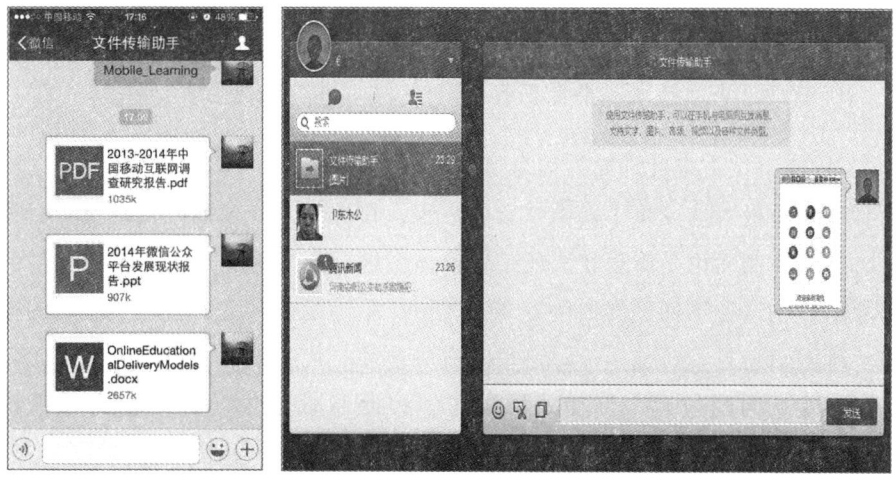

图 3-10 微信的文件资料传输共享功能

3.2.2 移动社交网络支持下的课堂知识内化环境构建

在课堂教学中，教师和学生之间可以开展面对面的教学活动，教师依据教学目标和学习内容，结合学生课前学习情况，组织多种教学活动形式，既可以简单回顾讲授，也可以集中解惑答疑，既可以组织小组讨论、案例分析、角色扮演和情景模拟，也可以分类指导、单独辅导。学生则带着课前疑问或感兴趣的问题，积极参与到课堂活动中来，在教师的指导下，通过多种小组学习、合作学习、探究学习等多种学习活动促进知识内化。相关专家学者曾经指出，为了表面效果而在课堂教学中滥用社交类工具，是本末倒置、哗众取宠的一种误区。因此必须指出，在课堂教学中，移动社交网络不再像课前学习活动一样作为主要的学习平台环境，而是需要教师根据实际教学进度加以合理利用，坚持移动社交网络支持课堂教学的适量性原则和适度性原则，既不能完全依赖移动社交网络来推进教学流程，也不能刻意滥用移动社交网络来组织教学活动，使其成为良好的教学辅助支持工具，配合课堂教学情境，共同完成教学任务，有效助推学生的知识内化。

本书结合移动社交网络的功能特点，对移动社交网络适宜于在课堂教学中的几种运用形式做了梳理和归纳，可总结为如下几个方面。

1. BYOD 中的一对一个性化教学

从 20 世纪下半叶开始的信息技术革命，特别是进入 21 世纪后的第三次工业革命，极大地变革了人类社会的进程，在这个大变革的时代环境中，我国的教育体制无论是课程教法还是评价体系等，由于深受长期以来应试教育体制的影响，还不同程度地留有 20 世纪 50 年代苏联凯洛夫教育学体系的痕迹。面对信息技术时代，一时还很难适应这种时代变革，则需要一个理念转变和逐步认同的过程。例如，如果在学校课堂教学中实施学生自带手机（BYOD），开展一对一学习（一个学生拥有一台终端）和个性化教育等。近几年的《地平线报告》中多次提出，学生自带设备（即 Bring Your Own Device，简称 BYOD）进课堂是新兴技术在教育中应用的大趋势，一系列报告显示 BYOD 已经被全球范围内的学校所接纳，并在积极开发建设相关的课程[1]。同时，一对一数字化学习能为每个学生提供个性化教育，可以有效促进学生自主学习能力和问题分析解决能力的提高，能够体现以学生为中心的教学理念，也会促进师生角色转型，是学生在网络环境下随时随地可进行的泛在学习[2]。由此，深入探究并有效实施 BYOD 情境下一对一数字化教学活动，不但是实现信息技术与教育教学深度融合的必然途径，也是将移动社交网络纳入翻转课堂教学，促进学生知识内化的有效措施。

在翻转课堂中开展一对一数字化教学的过程中，教师允许并且要求每个学生携带手机参与课堂教学活动。教师经过对每个学生的学习分格和学习特征的分析，结合每个学生对课前学习材料的学习情况，可以分门别类的设置相关课堂探究问题，通过微信公众平台的分类发送功能，将探究学习项目或需要学生解决的问题，推送到每个学生的手机上，学生既可独立完成，也可由教师指定相似学习水平和学习风格的学生建立学习小组共同完成，这期间

---

[1] 黎加厚，王竹立. 最终改变课堂的或许是手机——关于学生自带设备进课堂的讨论 [J]. 中国信息技术教育，2015（20）：4-12.

[2] 蒋鸣和，肖玉敏，朱益明. 信息技术助推学校转型——英特尔~教育变革及技术整合研究项目上海项目研究报告 [J]. 中国电化教育，2014（5）：45-46.

教师可对学生的学习进展进行观测，及时解答学生的问题和疑惑，也可就某一具体问题与学生进行富有建设性的对话和争辩式的交流，通过师生的共同协作最终完成项目任务或实现问题解决，从而有效促进学生的知识内化。该模式的实施框架如图3-11所示。

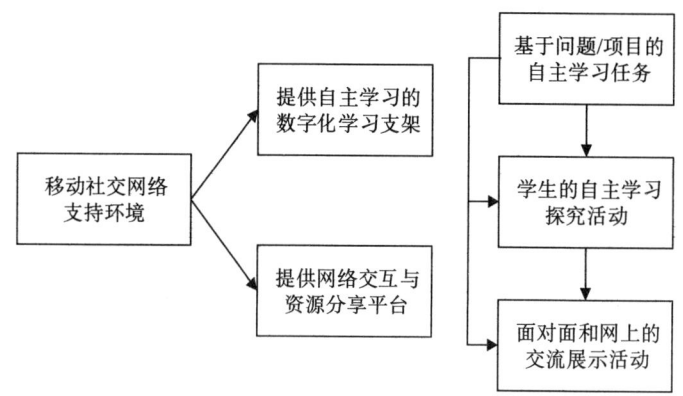

图3-11 翻转课堂中一对一数字化教学实施框架

2. 微信墙教学活动

微信墙（Wechat Wall）又称微信上墙、微信大屏幕等，是一款基于微信平台开放性开发出来的移动虚拟服务产品。目前在企业会展、年会、培训、路演等活动现场应用较多，其主要实现方式是用户通过关注微信公众号，即可从手机微信上发出文字、语音等形式，经过微信墙系统，将其投射在大屏幕上，不同信息的呈现方式包括列表、滚屏和弹幕几种，这就使全体人员可以在第一时间看到不同用户发来的信息，并能就某一条信息表示赞同或展开追问，有利于用户广泛参加互动交流。在具体教学应用实践中，刘晓斌将其总结为头脑风暴、集体纠错、即时评价、学生提问、检查输出、同伴交互、精彩回顾等多种可用于翻转课堂的教学活动形式[①]，并从学习隐喻的角度进行了分析总结。微信墙教学场景如图3-12所示。

---

① 刘晓斌. 微信墙教学的八种常见活动形式 [EB/OL]. http://blog.sina.com.cn/s/blog_6f010eec0102vyik.html.

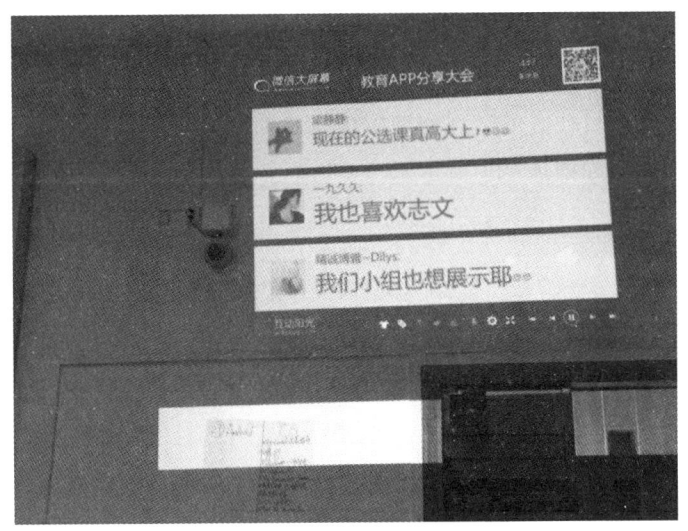

图 3-12 微信墙教学场景

图片来源：http://blog.sina.com.cn/s/blog_6f010eec0102vyik.html.

微信墙的设置并不复杂，经过网上简单注册申请即可免费使用，对于设备也无特殊要求，普通多媒体教室中的电脑加投影仪即可实现。目前从事微信墙开发的在线商业系统较多，如微盟 Weimob、微久信、微信宝等。经过综合比较，研究团队最终选择了比较流行的 Hi 现场微信墙，其功能特性包括微信互动、现场投票、图片墙、签到墙、数据统计、信息管理、大屏投放、个性背景以及个性 LOGO 等，架设简单、场景丰富，比较适合于课堂教学应用。

3. 课堂应答反馈系统

在大学的课堂中，多数学生由于含羞心理或不善于口头表达等的原因，主动举手提问的情况不太常见，学生对授课内容的直接反馈和评价则更为少见，这就会使教师无法即刻掌握学生的学习情况，不利于教学活动的深入开展。借助移动社交网络的统计功能，可以在翻转课堂中实现类似于教学辅助系统 Understoodit 的教学反馈信息收集功能，以便教师能够即时掌握学生对所学问题的接受和理解程度。

第 3 章
S-ICM 翻转课堂教学模式理论原型的构建

Understoodit 是一个网络教学辅助软件，能够收集学生的课堂实时反馈意见，旨在帮助老师和学生进行有效沟通，解决学生疑问，提高教学质量。通常在课堂上，当教师询问学生是否听懂的时候，学生或许会由于害羞而不会举手，这样不利于教师对学习学习情况和理解程度的统计。利用 Understoodit 平台学生不用通过举手将自己的疑惑或理解实时反馈给老师，所有的反馈会汇总成统计数据，然后老师可以根据反馈实时调整自己的教学节奏或进度。学生也能更好地利用课堂时间学习和理解老师所讲内容[①]。

相关软件在国内外运用 IPAD 进行教学的课堂中多有应用，目前国内一些高校也已研发并使用了类似的教学互动反馈系统[②]。如苏州科技学院计算机专业学生团队，利用微信公众平台设计了一套简易的英语课堂互动系统，将社交的实时性和参与性引入课堂，利用微信公众账号"移动语言学习"组织教学活动，收到了良好的教学效果。微信搭建的课堂互动系统如图 3-13 所示。

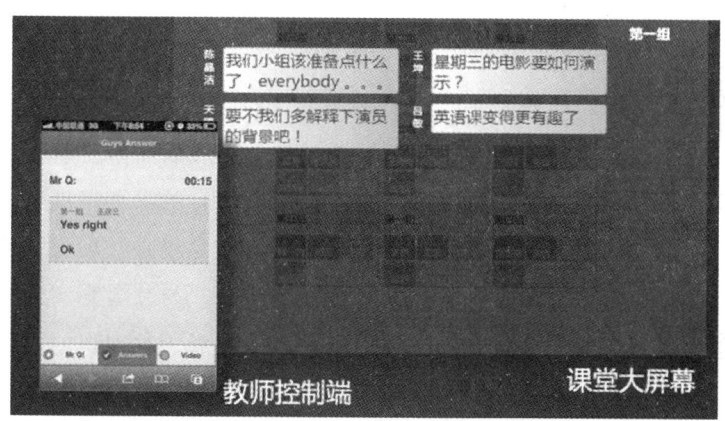

图 3-13 微信搭建的课堂互动系统

图片来源：http://36kr.com/p/203431.html.

---

① Understoodit：网络教学辅助系统 [EB/OL]．2012-05-03. http://www.36kr.com/p/105452.html.

② 黄艾娇，彭德倩．同济课堂实现实时反馈 [N]．解放日报，2013-09-13.

4. 二维码支持的资料发送功能

二维码是一种新型的条码技术，按照一定的编码规则（码制）编制成矩阵形式，在纵横两个方向存储信息，用以表达一组数字或字母符号信息的图形标识符，并能整合图像、声音、文字等多媒体信息，而且易于制作、成本低。在微信中有效嵌入了二维码扫描功能，可通过手机微信扫描后识别二维码所代表的信息。焦建利提出，在教学中可以有效结合二维码功能，事前在专业的调查问卷网站如问卷星等网站上设计好调查问卷，并生成二维码，在课堂上让学生通过微信扫描二维码，打开问卷调查网页链接，从而实现调研互动和观念交流。其次，也可将相关教学所用资料在开课之前，发布到百度云等网络云盘中，利用网络上免费的二维码生成网站，将百度云的分享网址生成二维码，将二维码和提取密码发送给学生，学生只要用微信扫描二维码，可以在下载教师的教学讲义材料，实现教学资料的充分分享。

3.2.3 移动社交网络支持下的课后知识迁移环境构建

在课后知识迁移活动中，教师根据课堂教学进展以及学生掌握情况，合理设置课后探究学习任务，既可以是对课堂学习内容的深度拓展和延伸，也可是结合所学知识进行实践应用，目的在于通过作品设计、项目开发、问题解决、社会调研等多种形式，在个体参与社会实践，与社会真实环境协商互动的过程中进行积极的意义建构，进一步促进学生对所学知识的深化巩固和有效迁移。这期间，移动社交网络除了能够提供个体探究以及集体协作中的交互讨论和信息检索外，还能实现以下功能。

1. 收藏建档功能

微信的提供的收藏功能支持文字、语音、图片、视频、网页、音乐、图书等信息，收藏单个文件不超过25M，总收藏容量1G。这些功能的合理使用，会使得学生的自主学习过程更具灵活性。例如，学生对于学习材料中认为有意义的篇章段落或图片视频，可以加入微信收藏夹，以供反复阅读和观看。此外,还可以在日常阅读浏览相关微信公众订阅号的文章时,将有用信息加入收藏夹中。此外,微信收藏文章可以设置标签,学生可以按照学科门类或知识属性进行标签化分类管理,便于再次学习时的查询和搜索。同时,还可以将第三方知识管理软件如有道云笔记等的学习内容,同步收藏到微信之中,反之亦可将微信内容同步到有道云笔记,方便学生在多个平台中使用学习资料,实现学习记录的有效迁移。微信的收藏建档功能如图3-14所示。

图3-14 微信的收藏建档功能

2. 分享展示功能

微信的朋友圈功能目的本身在于让用户随时随地发布个人感言或分享咨询文章,而在学习活动中,可以将其转制为课后探究学习成果的发布平台,由学生将知识迁移过程中的设计作品和项目报告发布在朋友圈中进行分享展示。为了避免引起不必要的混淆,可以选择朋友圈发布中的分标签发布功能,即可实现只有选中的人群可以阅读评论,不为其他人所围观和困扰,也即实现了学习共同体中的作品展示效果。待学生发布作品后，可有同班或同组的学习伙伴进行点赞或评论，既可以是对该话题的延伸探讨，也可以指出作品设计中的不足之处或可取之处，以便发布者能够更好地进行作品修正和经验积累。在这一过程中，由于受到学习指导者（教师）和学习写作者（同伴）以及学习辅助者（其他相关人员）的支持和点评，学生的学习体验会更加丰富，学习心理会更加满足，学习动力得到强化，学习兴趣会得到进一步激发，从而可以有效促进知识的迁移。

3. 学习评价功能

学生经过课前知识传授、课堂知识内化和课后知识迁移后，需要进行总体学习效果的评价。通过移动社交网络，可以实现三类评价，即自我评价、相互评价以及后台评价。上述三种评价可以根据实际教学需要，分别或组合运用于学生课后知识迁移的效果评价。

（1）自我评价。自我评价即自己对自己进行评价，自己给自己打分。在微信公众平台上的应用的方式有很多，如提交学习小结、写学习心得体会或者填写"自我评价"问卷表等。在微信公众平台进行学生自评，不仅给学生提供了一个回顾和反省学习过程的机会，也给教师提供了一个开展教学和辅导的重要参考。

（2）相互评价。相互评价主要是指学生与学生之间的互评。微信公众平台上，学生与学生的互评是开放的，不需要规定评价的范围，也不强求学生对班上每一位同学进行评价，它是基于启发式的一种评价。这种评价机制是建立在同学之间充分信任、互相学习和共同促进的基础上，提供真心的帮助。具体操作上，可通过技术手段给可评价学生一个自由选择留名的方式，可以留下自己的真实姓名、用户名、呢称，也可以不留名。从而彻底解除了学生在相互评价时所承受的巨大心理压力和舆论压力。而在朋友圈的作品评价应用上，则学生根据自己需求进行，无硬性要求。

（3）后台评价。后台评价，主要通过移动社交网络的后台数据统计分析功能来实现。在微信公众平台上，学生通过移动社交网络进行学习时，会在后台留下大量学习行为轨迹和学习日志数据，后台系统可自动完成对所有记录的分类，并统计出结果，再按照预先设计好的评价模式进行评价。如某同学近期访问量大大增加（或减少），可将这一信息直接反馈给管理者或学生本人，或者送入评价模式，经过运算和推测提供给教师进行管理和教学参考，以便及时采取适当的措施介入教学中。

3.2.4 移动社交网络中的二次技术开发与应用

1. HTML5 技术在移动社交网络中的实现

HTML5 作为下一代 HTML 标准，诞生在于联网应用迅速发展的进程中，使网络标准达到符合现今的网络需求，实现桌面和移动平台之间的无缝衔接。使用 HTML5 可以实现本地数据存储、缓存引用、Javascript 和 XHTMLHttpRequest2，最突出的就是设计目的就是为了在移动设备上支持多媒体，使音视频等使外部应用可以直接与浏览器内部的数据直接相连，使移动互联网络的特性在移动设备端能够得以充分展现。HTML5 已经成为移动微课设计的主流开发工具。

在翻转课堂中，教师可以使用微信公众平台自带的页面编辑器进行学习资料的设计开发，虽然能够满足绝大部分的教学设计需要，但同时也还存在着不如 HTML5 网页编辑工具灵活多样的局限，同时，教师手头还有大量的课堂教学 PPT 类的演示资料，也无法随时导入微信公众平台进行页面展示。因此，有效结合微信公众平台的开发接口功能，进行积极的技术改造和开发，应当能为翻转课堂教学提供更为丰富的学习资源和素材。

本研究在实现教师授课 PPT 与 HTML5 的转换技术研究中，经过多方探索和试用，最终采取了 Touchshow 技术服务方式，进行在线 PPT 转换为 H5 页面的技术实验工作。Touchshow 转换的结果可以在支持 html5 标准的所有设备上浏览，并可在移动社交网络中进行分享。Touchshow 可以通过页面模式、演示模式和思维导图模式三种模式进行转换。具体转换流程如下：

（1）登录 http：//ts.whytouch.com 页面，并注册账号，如图 3-15 所示。

图 3-15 Touchshow 网站页面

（2）上传 PPT 文件，进行相关设置后开始转换，如图 3-16 所示。

图 3-16 Touchshow 转换界面

（3）转换成功后可生成二维码，如图 3-17 所示。

图 3-17 Touchshow 生成的转换作品二维码

(4) 在微信公众平台中发布该信息。具体的发布方式可根据教学实际需要灵活掌握,即可将二维码直接发布在微信群中,也可发布在朋友圈中,由学生通过手机微信识别后进入该界面,此外还可以通过下述方法进行推送:

①群发图文消息。新建图文信息,说明本资源的主要内容和学习指南,在图文信息页面底端的阅读原文处,插入相应超链接:http://ts.whytouch.com/ppt/0e6071111d28579b1810190f8687f4a7/index.html。

②群发文字消息。可直接在微信后台中输入如下代码,将其以文字消息的形式发送给学生,代码如下:

```
< ahref = "
http://ts.whytouch.com/ppt/0e6071111d28579b1810190f8687f4a7/index.html "
>翻转课堂时间轴可视化图示
</a>
```

③关注自动回复。可在"被添加自动回复"的消息里面,输入上述代码。学生关注微信公众号后,就可以接受到一条系统自动发送的消息,点击此消息的链接,即可阅读相关 HTML5 页面。

④消息自动回复。学生向微信公众平台发送消息,系统会自动回复一条消息,可以将此链接放在这条消息中。学生收到回复消息后即可点击阅读。

⑤关键词自动回复。教师可以提前在微信公众平台中设置特定的关键词,如"时间轴"等,学生发送关键词即可获取消息进行阅读。

⑥设置下拉菜单。教师可提前设置下拉菜单,学生通过点击菜单获取图文消息,然后打开图文消息中点击"阅读原文"来阅读相关 HTML5 页面。

⑦设置自定义菜单。教师通过设置自定义菜单,将网址填入其中,学生点击菜单后即可跳转到指定网址进行阅读。

2. Soloman 学习风格测试系统的设计与开发

学习者通过开展学习风格测量,可以清晰掌握自己的学习风格和学习特征，教师也可以从中整体把握不同特质学生的学习倾向和学习需求，为此，笔者结合所罗门学习风格测试量表，设计开发了基于移动社交网络的学习风格测试系统。

所罗门的学习风格测试量表中，将学习风格按信息加工、感知、输入和理解四个方面分为八种类型，即活跃型与沉思型、感悟型与直觉型、视觉型与言语型、序列型与综合型（具体量表如附录所示）。该量表的具体测算方法如表 3-8 所示。

表 3-8　　　　　　　　所罗门学习风格量表测算方法

活跃型/沉思型			感悟型/直觉型			视觉型/言语型			序列型/综合型		
问题	a	b	问题	a	b	问题	a	b	问题	a	b
1	1		2	1		3	1		4		1
5		1	6		1	7	1		8	1	
9	1		10		1	11		1	12	1	
13		1	14	1		15	1		16	1	
17		1	18		1	19	1		20		1
21		1	22	1		23		1	24	1	
25	1		26		1	27		1	28	1	
29	1		30		1	31	1		32	1	
33	1		34	1		35	1		36	1	
37		1	38		1	39	1		40	1	
41		1	42	1		43		1	44		1
总计	5	6	总计	5	6	总计	7	4	总计	5	6
（较大数 - 较小数） + 较大数的字母											
1b			1b			3a			1b		

量表测试说明：

1. 在表中适当的地方填上"1"（例：如果你第 3 题的答案为 a，在第 3 题的 a 栏填上"1"；如果你第 15 题的答案为 b，在第 15 题的 b 栏填上"1"）。

2. 计算每一列总数并填在总计栏地方。

3. 这 4 个量表中每一个，用较大的总数减去较小的总数，记下差值（1 到 11）和字母（a 或 b）。例如：在"活跃型/沉思型"中，你有 4 个"a"和 7 个"b"，你就在那一栏的最后一行写上"3b"（3 = 7 - 4，并且因为 b 在两者中最大）；又如若你在"感悟型/直觉型"中，你有 8 个"a"和 3 个

第3章
S-ICM 翻转课堂教学模式理论原型的构建

"b",则在最后一栏记上"5a"。

解释:每一种量表的取值可能为 11a、9a、7a、5a、3a、a、11b、9b、7b、5b、3b、b 中的一种。其中字母代表学习风格的类型不同,数字代表程度的差异。若得到字母"a",表示属于前者学习风格,且"a"前的系数越大,表明程度越强烈;若得到字母"b",表示属于后者学习风格,且"b"前的系数越大,同样表明程度越强烈。例如:在活跃型/沉思型量表中得到"9a",表明测试者属于活跃型的学习风格,且程度很强烈;如果得到"5b",则表明测试者属于沉思型的学习风格,且程度一般。在视觉型/言语型量表中得到"a",表明测试者属于视觉型的学习风格,且程度非常弱;如果得到"3b",则表明测试者属于言语型的学习风格,且程度较弱。

通过测量,每个学生可以得到自己的学习风格类型,并可获得相应的学习特征分析以及学习活动建议,如表 3-9 所示。

表 3-9　　　　　　所罗门学习风格量表测试结论及建议

活跃型/沉思型	从信息加工的角度看,您的学习风格偏向于活跃型,那么您会倾向于和别人一起做事或讨论,喜欢和团体一起来解决问题。您可以和众多网友一起讨论、学习,或者帮助他人提出问题。
感悟型/直觉型	从信息感知的角度看,您的学习风格偏向于感悟型,那么您可能很擅长记忆事实和做一些现成的工作,对复杂和突发的情况感到反感。您应当多看一些相关的案例,平时多记录一些有用的心得体会。
视觉型/言语型	从信息输入的角度看,您的学习风格偏向于视觉型,那么您就一定是用眼睛学习一切学习材料。你应当多使用图片、图表、流程图、图像、影片等视觉辅助性工具。要多使用"课程学习"中的"知识概览"和"视频导学",练习将词汇或概念等在脑海里视觉化或形成图象,并及时回顾。
序列型/综合型	从信息理解的角度看,您的学习风格偏向于综合型,那么您可能习惯大步学习,吸收没有任何联系的随意的材料,然后突然获得它。或许您能更快地解决复杂问题,或者一旦您抓住了主要部分就用新奇的方式将它们组合起来,但您却很难解释清楚他们是如何工作的。您应当多看看"综合案例学习",及有关的案例。您也可以到"学习答疑"那里试着解决问题。

基于上述认知,笔者采用 HTML5 技术,依托微信公众平台,开发了学习风格测试系统,学生可登录微信后进行自我测量,系统根据测量结果,给出相应的学习特征分析和学习建议。该系统的核心设计代码如下:

```
<! DOCTYPE HTMLPUBLIC " -//W3C//DTD HTML 4.01 Transitional//EN" >
    < html lang = "en" >
    < head >
    < meta http - equiv = " Content - Type" content = " text/html; charset = utf - 8" / >
    < meta id = " viewport" name = " viewport" content = " width = device - width; initial - scale = 1.0; minimum - scale = 1.0; maximum - scale = 2.0" / >
    < meta name = " format - detection" content = " telephone = no" >
    < title >学习类型测试 </title >
    < link href = "../../css/xxcs/xxfg_cs_css.css" type = " text/css" rel = " stylesheet" / >
    < script type = " text/javascript" src = " ../../scripts/xxcs/jquery - 1.9.1.min.js" > </script >
    < script type = " text/javascript" src = "../../scripts/xxcs/xxfgcs.js" > </script >
    </head >
    < style type = "text/css" >
    .contbut div{display:none;}
    </style >
    < body >
    < div class = "ylwarp" >
        < input type = "hidden" id = "openid" value = "" / >
    < div class = "ylimgtop" > < img src = "../../images/xxcs/slm.png" / > < a > </a > </div >
        < div class = "ylcontent" >
            < label class = "label" >选择与您相符的选项 </label >
            < div class = "cont" >
                < p class = "phead" > < span id = "questionNumID" >1 </span >/
```

```
              <span>44</span></p>
         </div>
         <div class="contbut pcontItem">
         <div value="1" id="1question">
         <p class="pcont">为了较好地理解某些事物,我首先</p>
         <a class="hover" name="a"><span></span>试试看</a>
         <a name="b"><span></span>深思熟虑</a>
         </div>
         <div value="2" id="2question">
         <p class="pcont">我办事喜欢 </p>
         <a class="hover" name="a"><span></span>讲究实际</a>
         <a name="b"><span></span>标新立异</a>
         </div>
```

....

中间类似部分省略

....

```
    <div value="43" id="43question">
         <p class="pcont">我能画下我去过的地方 </p>
         <a class="hover" name="a"><span></span>很容易且相当精确</a>
         <a name="b"><span></span>很困难且没有许多细节</a>
         </div>
    <div value="44" id="44question">
         <p class="pcont">当在小组中解决问题时,我更可能是</p>
         <a class="hover" name="a"><span></span>思考解决问题的步骤</a>
         <a name="b"><span></span>思考可能结果及在更广泛的领域内的应用</a>
         </div>
```

```
    <div class="clear"></div>
  </div>
  <a href="#" class="nextBtn">下一步</a>
</div>
<div class="war_bg" style="display:none;"></div>
<div class="loading" style="display:none;"><img src="../../images/xxcs/sh_11.png" /></div>
</div>
</body>
</html>
```

所罗门学习风格测试系统界面如图3-18所示。

 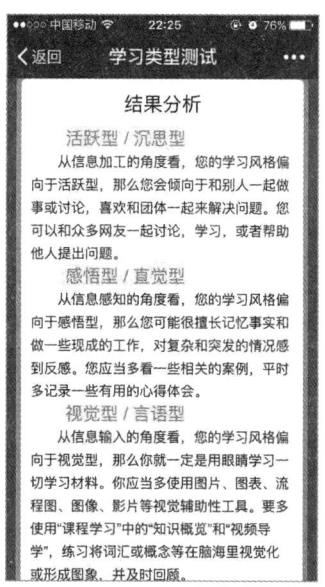

图3-18 所罗门学习风格测试系统界面

3. VAK学习类型自我测试系统的设计与开发

VAK（Visual，Auditary，Kinesthetic）作为典型的学习类型测试理论，是依据学生的学习风格将学生分成三种不同的类型：视觉型学习者、听觉型

第 3 章
S-ICM 翻转课堂教学模式理论原型的构建

学习者以及操作型学习者（具体量表如附录所示）。该量表的具体测算方法如表 3-10 所示。

表 3-10　　　　　VAK 学习类型自我测试量表测算方法

量表测算方法
选（A）得 2 分、选（B）得 1 分、先（C）得 0 分。
将第 1、4、7、10、13、16、19、22、25、28、31、34 的得分相加，记为 a；
将第 2、5、8、11、14、17、20、23、26、29、32、35 的得分相加，记为 b；
将第 3、6、9、12、15、18、21、24、27、30、33、36 的得分相加，记为 c；
用公式 a（a+b+c）计算你的"视觉"倾向权重；
用公式 b/（a+b+c）计算你的"听觉"倾向权重；
用公式 c/（a+b+c）计算你的"动作"倾向权重；
最后结果：你属于＿＿＿＿＿＿学习类型

通过测量，每个学生可以得到自己的学习类型，所有学习者在学习时，都明显地反应出偏倚于某种或某几种感知觉通道进行信息加工学习，而上述视觉、听觉和动作三种类型的学习者的学习类型也是各有所长，需要学习者在了解自己的学习类型后，充分发挥优势，弥补不足。三种类型的学习活动建议如表 3-11 所示。

表 3-11　　　　　VAK 学习类型自我测试的学习建议

对视觉型学习者的学习建议
由于视觉型学习者的学习成绩一般比较好，因此往往容易产生过于自信的思想，而且有时会沉溺于自我中心的范围中而看不到其他外在的事物。这时视觉型学习者应该设法扩大自己的视野，放下架子，多向别人学习和请教，并多找些课外读物和习题集等以丰富自己的知识范围。由于他们大多把主要精力都投入学习上了，因而有些人会对其他活动不太感兴趣，特别是动手能力的培养是这个学习类型的人一定要注意的一个方面。 　　这类学习者可通过下列方式加强学习能力： 　　＊ 用图片来学习 　　＊ 涂鸦，画符号 　　＊ 画图表，地图 　　＊ 把艺术与其他学科结合起来 　　＊ 使用脑图

续表

对视觉型学习者的学习建议
* 做想象的活动 * 看或制作你自己的录像带 * 运用模拟表演 * 变动在房间的位置以获得不同的景象 * 运用先前组织好的东西或目标设定的图表 * 使材料聚集起来 * 突出色彩 * 运用电脑图示
对听觉型学习者的学习建议
多培养独立解决问题和处理问题的能力，遇到不会或不懂的问题不可急于向他人请教，应该自己多动脑筋想办法，或借助查字典、查有关参考资料去寻找答案，只有在实在无法解答时才可再去请教别人。 　　要培养自己独立思考问题的习惯，因此，在平时的学习和生活中，要多问自己几个为什么，这样既开阔了自己的思路，又使自己对问题的认识更加深入。 　　听觉型学习者可通过下列方式加强学习能力： * 演奏乐器 * 通过歌曲进行学习 * 通过参与或者听音乐会来进行学习 * 伴随着巴洛克音乐来学习 * 伴随音乐锻炼身体 * 把音乐与其他学科领域结合起来 * 用音乐改变你的情绪 * 用音乐来放松 * 通过音乐来构想画面 * 在电脑上谱曲
对动作型学习者的学习建议
这类学生在学习时宜采用分散法进行学习。这是因为这类学生从小养成的学习习惯通常是边玩边学，比如边看书边看电视，边吃零食边写字，因此注意力往往是不集中的，分段学习法就很适合于他们，否则学习效率会很低。分段学习法是先集中学习 30 分钟，然后休息 10 分钟左右，再改换其他学科学习，慢慢地再把 30 分钟延长到 45 分钟、60 分钟、一个半小时等，逐渐培养自己集中精力学习的习惯。为了集中自己的注意力，开始时可以先学一些自己感兴趣的学科，等情绪调动起来之后再改为学习较难的或不大感兴趣的学科。这样交替进行学习的方式可以使学习者不至于感到太疲劳，并可以逐渐地对不感兴趣的学科也产生兴趣，从而提高自己的学习成绩。 　　这种类型的学习者要学点集中精力的方法。比如多给自己增加一些课外读物，让引人入胜的

第3章 S-ICM 翻转课堂教学模式理论原型的构建

续表

对动作型学习者的学习建议

书籍来帮助培养"坐得住"的习惯,并让自己坚信自己是坐得住的,需要改进的只是自己对学习科目的兴趣和思维方法。

当然对这类学习者来说,周围的学习环境安静一些对他们是最有利的,因此,应该尽可能地为自己创造一个和谐、安静的学习环境,因为这样可以最小限度地分散他们的学习注意力。

动觉学习者可通过下列方式加强学习能力:
* 使用电脑编码的体育运动,使你成为你正在学习的对象
* 用舞蹈来学习
* 运动来学习
* 用演戏来学习
* 在自然学科和数学方面多动手
* 多改变一下状态或多休息
* 把运动与所有的课程都结合起来
* 当你在游泳或散步时,在头脑中复习一下功课
* 利用模型、机器、乐高技术和手工艺
* 利用空手道来集中注意力
* 利用校外调查旅行
* 利用班级的游戏
* 利用戏剧和扮演角色
* 拍打手指、拍手、跺脚、跳、爬

基于上述认知,笔者采用 HTML5 技术,依托微信公众平台,开发了 VAK 学习类型测试系统,学生可登录微信后进行自我测量,系统根据测量结果,给出相应的学习类型分析和学习建议。该系统的核心设计代码如下:

```
<! DOCTYPE HTML PUBLIC " -//W3C//DTD HTML 4.01 Transitional//EN" >
<html lang = "en" >
<head>
<meta http - equiv = "Content - Type" content = "text/html; charset = utf - 8" />
<meta id = "viewport" name = "viewport" content = "width = device - width; initial - scale = 1.0; minimum - scale = 1.0; maximum - scale = 2.0" />
<meta name = "format - detection" content = "telephone = no" >
```

```
<title>学习类型测试</title>
<link href="../../css/xxcs/content_css.css" type="text/css" rel="stylesheet"/>
<script type="text/javascript" src="../../scripts/xxcs/jquery-1.9.1.min.js"></script>
<script type="text/javascript" src="../../scripts/xxcs/ceshi.js"></script>
</head>
<body>
<div class="ylwarp">
    <input type="hidden" id="openid" value=""/>
    <div class="ylimgtop"><img src="../../images/xxcs/lybg_1_01.png"/><a></a></div>
    <div class="ylcontent">
        <label class="label">选择与您相符的选项</label>
        <div class="cont">
            <p class="phead"><span id="questionNumID">1</span>/<span>36</span></p>
            <p class="pcont" value="1" id="1question">我喜欢乱涂乱画,笔记本里常有许多图画或者箭头之类的内容。</p>
```
......

中间类似部分省略

......

```
        </div>
        <div class="contbut"><a class="hover" name="2"><span></span>经常</a><a name="1"><span></span>有时</a><a name="0"><span></span>从不</a><div class="clear"></div></div>
            <a href="#" class="nextBtn">下一步</a>
```

第 3 章
S-ICM 翻转课堂教学模式理论原型的构建

</div>

<div class="ylimgbot"><img src="../../images/xxcs/lybg_03.png"/></div>

<div class="war_bg" style="display:none;"></div>

<div class="loading" style="display:none;"><img src="../../images/xxcs/sh_11.png"/></div>

</div>

</body>

</html>

所罗门学习风格测试系统界面如图 3-19 所示。

图 3-19　所罗门学习风格测试系统界面

3.3 教育学视野中的教学模式构建原则与方法

3.3.1 教学模式的本质内涵与概念界定

1. 教学模式的本质内涵

教学模式（Model of Teaching）是理论与实践的统一，是理论与实践相互联系的中介与桥梁。教学模式以理论为基础，同时又是教学理论的可操作范式。每一种教学模式，都会体现或自觉运用了一定的教学原理。同时，教学模式又是教学时间的范型，是实践经验的提炼、概括。教学模式兼有理论与实践的成分，架起了理论和实践相互转化的桥梁[①]。理论具体化为教学模式，就能为教师实际的应用和操作，实践提炼为教学模式，则把教学要素的稳定联系体现了出来，从中可以得到规律性认识。正是借助于教学模式，现代教学理论和实践得到了统一；而教学模式，则成为理论和实践的汇聚，成为现代教学的浓缩形式。

2. 教学模式的概念界定

虽然教学模式的思想可以追溯久远，但是"教学模式"的概念，在20世纪70年代初才在教育研究领域正式出现。1972年，美国哥伦比亚大学的乔伊斯（B. Joyce）和威尔（M. Weil）出版了《教学模式》一书，率先将教学模式引进教学论研究领域。他们认为，教学模式是"构成课程和课业、选择教材、提示教师活动的一种范型或计划"[②]。在其后续研究中，他们进一步

[①] 黄济，王策三. 现代教学论 [M]. 北京：人民教育出版社，1996：417-418.
[②] Joyce BR, Weil M, Calhoun E. Models of teaching [M]. Englewood Cliffs, NJ: Prentice-Hall, 1986.

第 3 章
S-ICM 翻转课堂教学模式理论原型的构建

将教学模式表述为学习模式,认为教学过程就是为学生创设一种环境,在这个环境里,学生能够相互影响,学会如何学习。对教学模式的这种界定,可以归结为"环境说"[①]。

国内学者对教学模式的理解也存在一些差异,主要表现为以下几种观点:

结构说:即教学模式就是教学结构,如"教学模式,又称教学结构,它是在一定的教学思想指导下建立的比较典型和比较稳定的教学程式[②]"(于深德,1989)。又如"所谓教学模式,就是指反映特定教学理论逻辑轮廓的、为保持某种教学的相对稳定而具体的教学活动结构。其作用是设计课程、安排教学材料、指导课堂教学等[③]"(李伯黍,1994)。

方法说:即把教学模式看做一种大方法论,"教学模式不仅是一种教学手段,而且是从教学原理、教学内容、教学的目标和任务、教学过程直至教学组织形式的整体、系统的操作样式,这种操作样式是加以理论化的[④]"(叶澜,1993)。

此外还有一些学者从不同角度进行了界定,或认为教学模式就是教学过程;或认为教学模式属于教学方法等不一而足,在此不再赘述。

在我国教育技术界,对于教学模式的理解也有一下几种观点:何克抗教授和李克东教授等经过长期研究提出的一种观点,即教学模式是在一定教育思想、教学理论和学习理论的指导下,在一定的环境中,教与学各个要素的稳定关系和活动进程的结构形式[⑤],祝智庭教授提出"教学模式也称教学结构,是在一定的教育思想指导下建立起来的比较稳定的教学程序或构型[⑥]"。可见,上述界定基本上可归属于"结构说"或"程序说"的范畴之内。

此外,在论及教学模式内涵时,何克抗教授进一步明确指出,教学模式

[①] 管靖华. 基于信息技术的教学模式研究 [D]. 济南:山东师范大学,2003.
[②] 于深德,朱学思. 探索新的教学模式 [J]. 山东教育科研,1989 (4):31-33.
[③] 李伯黍. 教育心理学 [M]. 上海:华东师范大学出版社,1994:333.
[④] 叶澜. 新编教育学教程 [M]. 上海:华东师范大学出版社,1993:332.
[⑤] 何克抗,李克东,谢幼如,等. "主导—主体"教学模式的理论基础 [J]. 电化教育研究,2000 (2):3-9.
[⑥] 祝智庭. 现代教育技术 [M]. 北京:教育科学出版社,2002.

属于教学方法、教学策略的范畴,但又不尽相同;教学方法或教学策略一般是指教学过程中采用的单一的方法或策略,而教学模式则是指综合方法或策略的固定组合与运用。在教学过程中为了实现某种预期效果或目标,往往要综合多种方法与策略,当该组合能多次长效地达到预期目标时就会演变成为一种有效的教学模式[①]。

3.3.2 教学模式的基本要素及相互关系

尽管人们对于教学模式的概念界定表述各异,但对于教学模式结构的有着基本的认同和判断,相关表述如表 3-12 所示。

表 3-12　　　　　　　　教学模式的组成要素

教学模式组成要素	相关学者
指导思想、理论依据、目标、实现条件、操作程序、主要变式和评价	吴永军
指导思想、主题、目标、程序、策略、内容和评价	李秉德、李定仁
教学目标、教学程序及其操作要领和教学条件	裴文敏、寿云霞
理论基础、功能目标、实现条件和活动程序	李如密

概况而言,一个完整的教学模式,应该涵盖理论依据、教学目标、操作程序、教学环境和教学评价五大要素。

1. 理论依据(教育思想、教育理论或教育哲学)

任何教学模式都有一定的教学理论或教学思想依据。教学模式所隐含的教育哲学是通过教育理论、教学理论和学习理论反映出来的,影响着教学结构、教学方法和教学程序的确立,而且控制和引导着教学过程的走向和路径,是教学模式的精髓和灵魂所在,体现了教学模式的内在特质。应该说,教学模式的理论依据如"一只看不见的手",融合在教学过程的各个要素、

---

① 何克抗,吴娟. 信息技术与课程整合的教学模式研究之一——教学模式的内涵及分类 [J]. 现代教育技术,2008 (7): 5-8.

各个环节中,深深影响着教学实施的效果和评价。

2. 教学目标(教学目的、教学期望或理想意图)

每一种教学模式指向一定的教学目标,都是"为达到特定的教学目标而设计的[①]",教学目标在一定程度上决定了教学模式的具体的操作性程序以及教学手段。教学的理想意图是通过教学可望达到的教学效果,具体表现为提出明确的教学目标,正确的教学目标又是建立在科学的教学思想或理论和客观的教学规律基础之上的。

3. 操作程序(实施程序或操作要领)

操作程序是教学活动展开的时间序列或逻辑步骤。不论哪一种教学模式都有一套独特的操作程序,它是教学模式得以存在的必要条件。教学程序是对教学过程的设计。教学程序包括教学的阶段顺序、教学步骤,它提供的是教师或学生在整个教学过程中的系列活动安排:它将过程划分为几个教学阶段,不同的阶段确定不同的任务,每一阶段中可安排几种具体的活动。

4. 教学环境(教学条件、支持系统)

教学环境是指课堂内各种因素的总和。教学环境一般经常被认为是课堂物质环境,包括教室、教材、教具、设备、媒体、系统、平台等。除此之外,教学环境还应当体现在教学成功实施的条件设置上,教学手段和方法的运用情境等,同时教学环境也包括课堂中的人际关系、课堂的气氛等因素构成的。不同的教学模式对课堂环境的要求是不同的。有些以学生为中心的教学模式要求学生有较多的参与,这就需要有更宽松的、自由的气氛;有的教学模式以学生之间的相互作用为主,则对班级中人际关系有更高的要求。总之,教学模式中的教学环境与师生间的交互作用方式有密切的关系。

---

① (美)保罗·D. 埃金,等. 课堂教学策略 [M]. 王维成,等,译. 北京:教育科学出版社,1990.

5. 教学评价（效果评估或绩效测评）

教学评价是教学模式的一个重要因素，包括评价的方法和标准，是指对某种教学模式所达到的教与学的效果的价值判断，同时也是对教学模式实施过程的总结归纳，通过改进和优化使其不断完善。教学模式的目标、程序和条件不同，评价的方法和标准也就不同。一个教学模式一般都要规定自己的评价方法和标准。目前除少数教学模式具有适合自己特征的评价标准和评价方式外，更多的教学模式的评价仍需进行深入的研究和验证。

综上所述，可以看出，任何教学模式一般都会包含着理论依据（教育思想、教育理论或教育哲学）、教学目标（教学目的、教学期望或理想意图）、操作程序（实施程序或操作要领）、交互作用（师生组合、师生关系或作用关系）、教学环境（教学条件、支持系统）、教学评价（效果评估或绩效测评）等要素。这些要素各占有不同的地位，具有不同的功能，起着不同的作用。它们之间既有区别又彼此联系，相互蕴含，相互制约，共同构成了一个完整的教学模式。

教学思想或教学理论是教学模式得以建立的基础和依据，它对其他要素起着导向作用；教学目标是教学模式的核心，它制约着操作程序、师生组合、教学条件，也是教学评价的标准和尺度；操作程序是教学模式实施的环节和步骤；师生组合是教学模式对教师和学生在教学活动中的安排方式；教学条件和环境保证着教学模式功能的有效发挥；教学评价能使人们了解教学目标的达成度，从而调整或重组操作程序、师生活动方式等，以便使教学模式得到进一步的改造和完善。

一般来说，任何一个教学模式都会包含这些要素，至于各要素的具体内容，则因教学模式的不同而各有差异。通过剖析教学模式的结构和要素，我们可以得到这样一个启示：将教学模式的诸要素割裂开来，孤立地加以研究和应用，不仅是难以施行的，而且是片面狭隘的。为了进一步标明各要素之间的相互关系，本书在综合多项研究的基础上，尝试对其进行可视化表征，如图3-20所示。

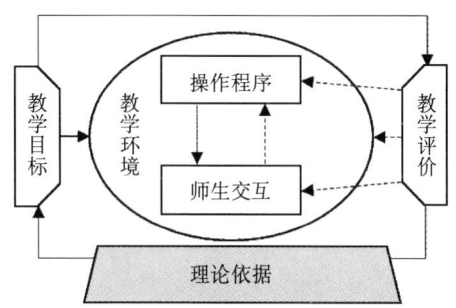

图 3-20 教学模式各要素相互作用示意图

3.3.3 教学模式的构建方式和构建原则

随着时代的进步和科技的发展以及社会对人才的需求变化,教学模式也不可能是一成不变的。在批判继承已有教学模式的基础上,借助新理论、新技术、新方法、新工具,建构出比旧的模式更为理想的教学模式,当属教学模式不断发展之必然[1]。

1. 教学模式构建的基本方式

所谓教学模式构建,是指明确了教学目标后,在可能的情况下,通过简明扼要的解释或象征性的符号反映教学理论(教学思想)的基本特征,在人们头脑中形成一些较为具体的框架;同时,为某种教学理论适用于教学实践提供较为完备的可操作的实施程序,便于理论外化为现实。

从方法论角度看,国内外教学模式的建构不外乎两种方法:演绎法和归纳法。演绎法是一种自上而下的方法,指从一种科学理论假设出发,推演出一种教学模式,然后用严密的实验证实这种教学模式的可行性和有效性。它的起点是科学理论假设,形成的思维过程是演绎。通过这种方法建构教学模式又可以分为两种情况:一种是把有关的基础研究成果直接转化成教学模式,另一种是在通过观察和实验所获得的经验材料基础上直接组织和设计的

---

[1] 李定仁,徐继存.教学论研究二十年[M].北京:人民教育出版社,2001:267-290.

某种类型的教学模式。归纳法是一种自下而上的方法，指从教学经验中总结归纳出来的教学模式。它的起点是经验，形成的过程是归纳。用这种方法形成的模式，有的是在历史上前人总结的各种经验基础上，进一步加工改造而成，有的是对现阶段多个成熟的教学实践中所积累起来的先进经验加以总结、提高和系统化而成的，因而又可称为升华法[①]。

应当看到，建构教学模式构建时，归纳法和演绎法往往是反复交错进行的，是一个理论与实践双向交织的动态过程，两种方法需要综合运用，不可偏倚。

2. 教学模式构建的基本原则

教学模式的构建是一项富有创造性的工作，没有也不应有一个固定格式。总体来说需要遵循以下原则进行：理论的科学性与实践的可行性相统一原则、批判继承、合理借鉴与积极创新相统一原则、归纳法与演绎法相统一原则。当然，构建教学模式的途径方式多种多样，而且它们之间没有截然区分，可综合加以运用。

3.4 S-ICM 翻转课堂教学模式的理论原型

3.4.1 相关翻转课堂教学模型的分析与启示

1. 国内外典型翻转课堂教学模型分析

（1）Robert Talbert 的翻转课堂教学模型。国内的诸多研究者在探寻翻转课堂教学模型的设计和应用时，均立足于美国 Robert Talbert 教授的翻转课

---

① 吴也显. 试析教学模式的研究 [J]. 课程. 教材. 教法, 1992 (4): 19-23.

教学模型。经过多年教学的积累，Robert Talbert 总结出翻转课堂的实施结构模型如图 3-21 所示。该模型简要地描述了翻转课堂实施过程中的主要环节，然而适用它的学科多偏向于理科类的操作性课程，对于文科类课程还需要进一步完善。

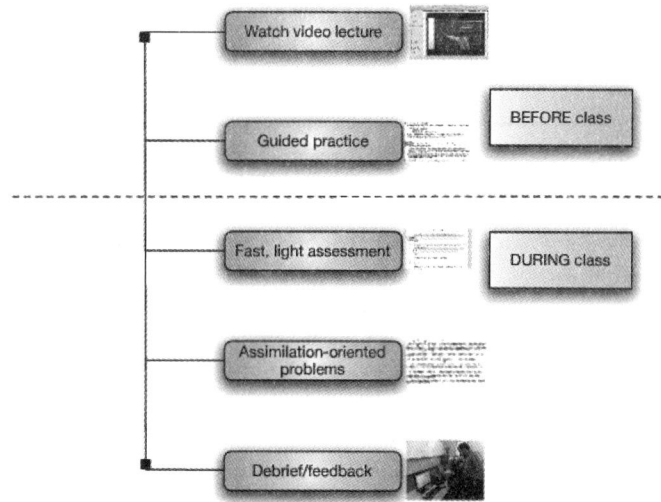

图 3-21 翻转课堂实施结构模型

资料来源：Robert Talbert. Inverting the Linear Algebra Classroom [EB/OL]. http：//prezi.com/dz0rbkpy6tam/inverting-the-linear-algebra-classroom.

（2）Jackie Gerstein 的翻转课堂教学模型。2011 年，美国学者 Jackie Gerstein 依据 David Kolb 的体验学习圈理论[①]和 Bernice McCarthy 的 4MAT 教学模式[②]，构建了翻转课堂教学模型，如图 3-22 所示。该模型是基于学习圈的环式结构，包括体验参与、概念探索、意义生成和展示应用四个阶段[③]。

---

① Greenaway R. Experiential learning cycles [EB/OL]. http：//reviewing.co.uk/research/learning.cycles.htm.
② About learning. What is 4mat [EB/OL]. http：//www.aboutlearning.com/what-is-4mat.
③ 钟晓流，宋述强，焦丽珍. 信息化环境中基于翻转课堂理念的教学设计研究 [J]. 开放教育研究，2013（1）：60-66.

在该模型中，学习者的一个学习周期往往从体验活动开始，通过真实社会情境下的实践学习活动来吸引学生参与学习。体验的本质是教育和培训中需要重点关注的环节，这也与有关体验学习和约翰·杜威的思想教育相符合，为学生提供身临其境的学习活动设计，也正与建构主义学习观中由个人经验通往学习的创造愿望的理念相契合。随后，学生通过视频、音频或社交网络、网络资源等进行概念理解和意义建构，最后运用学习之后获得的知识和技能，创作富有创新性和个性化的作品，并进行展示分享①。

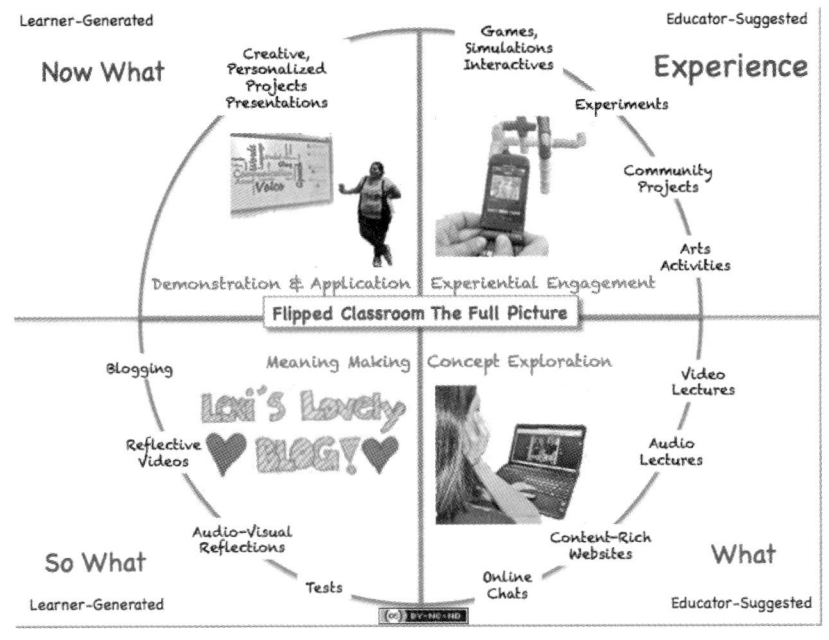

图 3-22　翻转课堂教学模型

图片来源：http://usergeneratededucation.files.wordpress.com/2011/06/2012-06-09_1734.png.

（3）张金磊等的翻转课堂教学模型。张金磊等（2012）是国内较早提出翻转课堂教学模型的研究团队，他们认为翻转课堂的本质在于对传统课堂

---

① Gerstein J. The flipped classroom: the full picture [EB/OL]. http://usergeneratededucation.wordpress.com/2011/06/13/the-flipped-classroom-model-a-full-picture/.

中"知识传授"与"知识内化"的颠覆,即学生通过信息技术的辅助在课后完成知识传授,在课堂中在老师的帮助与同学的协助完成知识内化。在此基础上,结合建构主义学习理论、系统化教学设计理论,在 Robert Talbert 教授的翻转课堂模型基础上,构建了一个涵盖课前和课中两个环节、由信息技术与学习活动支撑的翻转课堂教学模型①,如图 3-23 所示。

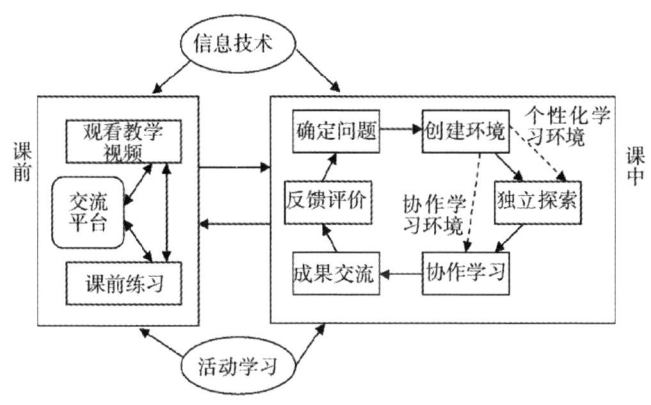

图 3-23 翻转课堂教学模型

2013 年,张金磊又从翻转课堂的内涵出发,在明确教师角色定位的基础上,对翻转课堂教学模型中的关键因素进行探析,进一步确定了几个关键要素为:教学视频设计、个性化协作式学习环境的构建、课堂活动的设计等,这为后续笔者设计不用应用情境的翻转课堂教学模型提供了有力的理论支撑。

(4) 王红等的翻转课堂教学模型。王红等(2013)通过分析翻转课堂的意义和价值,在国内外典型案例分析的基础上,结合国内教学实际,设计构建出本土化的翻转课堂教学模型②,如图 3-24 所示。

---

① 张金磊."翻转课堂"教学模式的关键因素探析 [J]. 中国远程教育,2013 (10):59-64.

② 王红,赵蔚,孙立会,等. 翻转课堂教学模型的设计——基于国内外典型案例分析 [J]. 现代教育技术,2013 (8):7-12.

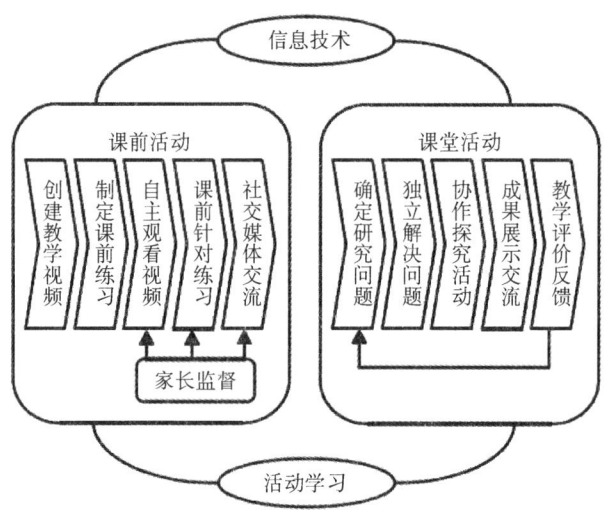

图 3-24 翻转课堂教学模型

该模型强调将信息技术和活动学习作为两个关键组成部分，共同影响学生的个别化学习环境，使学生在课外进行自主学习，在课内进行协作学习。该模型的特点在于时序性较强，活动安排比较详细，而且突出了家长监督，有利于形成"生—家—校"三者之间的互动。

（5）钟晓流等的太极环式翻转课堂模型。钟晓流等（2013）将翻转课堂理念、中国传统文化中的太极思想与布鲁姆认知领域教学目标分类理论相融合，构建出一个太极环式翻转课堂模型[①]，如图 3-25 所示。

钟晓流等认为翻转课堂是由教师的教和学生的学所组成的双边互动过程。该模型围绕教学中的问题展开，整个教与学的活动分为教学准备、记忆理解、应用分析和综合评价四个阶段，依据学习时段划分了课上时间和课下时间，此外还融入了对学习环境和资源的考虑。

（6）沈书生等的基于电子书包支持的翻转课堂教学模型。沈书生等（2013）在研习既有翻转课堂教学模型的基础上，构建了基于电子书包支持的翻转课堂教学模型，即以学生为中心，电子书包作为提供核心技术支持的

---

① 钟晓流，宋述强，焦丽珍. 信息化环境中基于翻转课堂理念的教学设计研究 [J]. 开放教育研究，2013（1）：58-64.

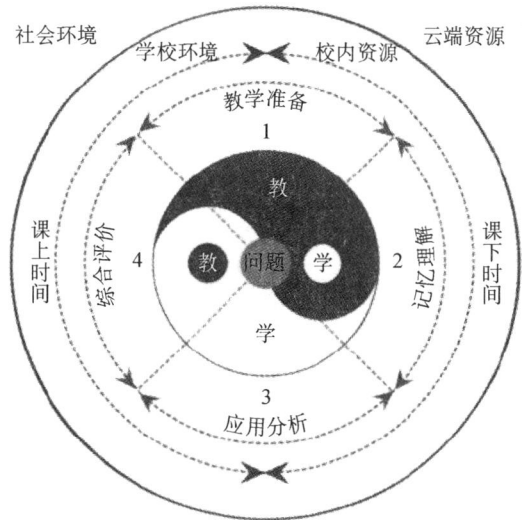

图 3-25　太极环式翻转课堂模型

手段，提供教学视频供学生观看，并通过学生与网络资源和辅助工具的联结，使其获得更多的学习支持①，如图 3-26 所示。

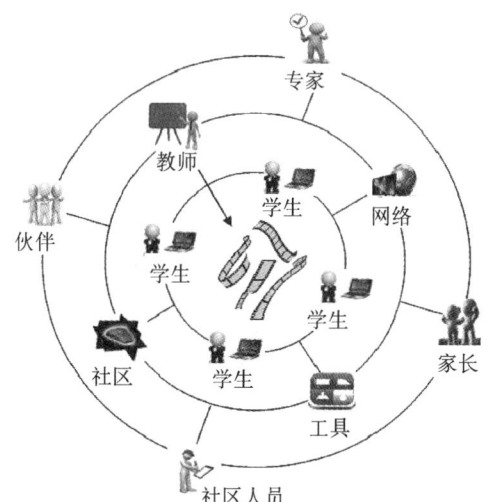

图 3-26　基于电子书包支持的翻转课堂教学模型

---

① 沈书生，刘强，谢同祥. 一种基于电子书包的翻转课堂教学模式 [J]. 中国电化教育，2013（12）：107-111.

该模型根据我国教育教学的实际,考虑到课前、课中与课后教学活动的关联性,因此并未按照课前、课堂的时段划分学习界限,只是提示了教师和学生在课前、课中各个阶段应该从事和参与的教学活动。同时考虑到模型的包容性,故并未嵌入具体的教学组织活动。

2. 现有移动社交网络支持下的翻转课堂教学模型分析

在上述研究中,移动社交网络的主要应用形式主要有微信、QQ 和微博等,其余如社交网站等的覆盖率及功能特性适合教学应用相对较少,本研究也按照这三类进行分别表述。

(1) 基于微博的翻转课堂教学模型。国内研究中,有关微博应用于翻转课堂教学的研究并不多见,张战胜等(2014)以腾讯微博为例,探讨了基于社交网络环境的翻转课堂的可行性与实施策略,构建了基于腾讯微博的翻转课堂教学模型,如图 3-27 所示。该模型中,由教师进行教学任务分析,将复杂的学习任务分解成微小的学习单元,然后在腾讯微博中,教师建立微群,发布文本、图像、音频、视频等多种媒体形式的信息,师生之间针对某个问题通过发起"投票"征求其他成员的意见等。该模型的应用重点在于翻转课堂自主学习环节在社交网络中实施的可行性与优越性,但是对于课堂教学和课后活动的支持稍显不足[①]。

(2) 基于 QQ 的翻转课堂教学模型。由于腾讯 QQ 产生时间较长,应用人数众多,有研究者将其纳入了翻转课堂的实现平台进行了相关研究,但总体数量仍然较少。张新明等(2013)借助 QQ 群和平板电脑构建出了一个翻转课堂教学模型,如图 3-28 所示。该模型主要由课程开发、课前知识传授和课堂知识内化三部分组成。在这三个过程中,通过 QQ 群和平板电脑实现了构建翻转课堂中的信息传递、互动实施和个性化协作学习环境的创设[②]。

---

① 张战胜,韦金凤,王美荣,等. 基于社交网络的翻转课堂与实施策略研究——以腾讯微博为例 [J]. 生活教育,2014 (15):59-60.
② 张新明,何文涛,李振云. 基于 QQ 群 + Tablet PC 的翻转课堂 [J]. 电化教育研究,2013 (8):70-74.

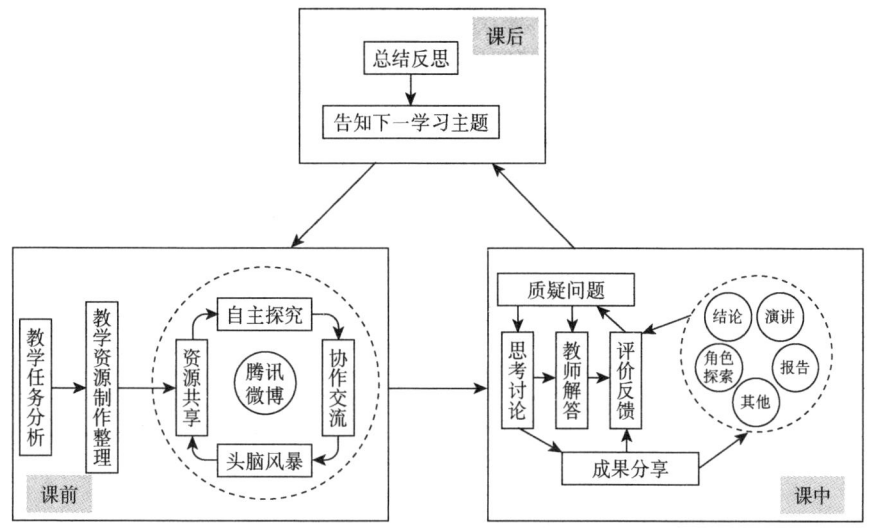

图 3-27 基于微博的翻转课堂教学模型

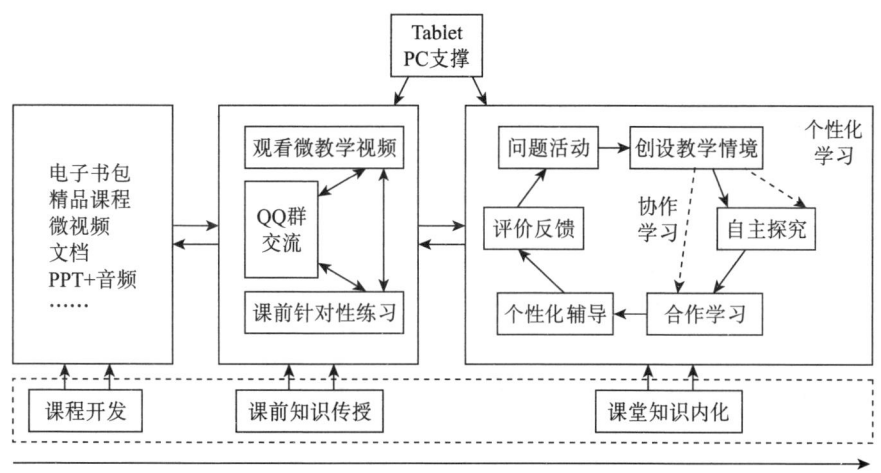

图 3-28 基于 QQ 群 + TabletPC 的翻转课堂教学模型

但该模型仅依靠 QQ 群组建的学习共同体来实施翻转课堂教学,实现形式和途径较为单一。在 QQ 群中,部分学生自学时自制能力较差,经常交流无关信息,会干扰其他学生。而且,由于教师也不可能一直登录 QQ,会无法及时解答学生遇到的自学难题。

公海霞等(2013)以初中生物课程为例,构建了 QQ 群支持的翻转课堂教学模型，如图 3-29 所示。该模型由教师、学生、网络平台三大要素组成。其中教师占主导地位，学生占主体地位，学生采用探究协作方式进行学习，网络平台具有桥梁的作用①。

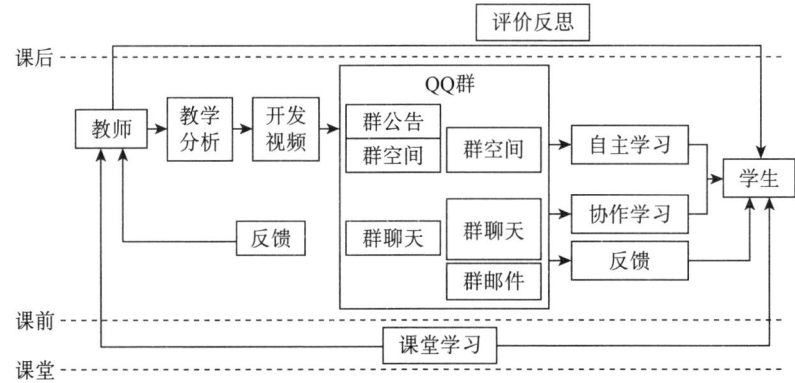

图 3-29　基于 QQ 群的翻转课堂教学模型

从图 3-29 中可以看出，该模型中移动社交网络即 QQ 群主要用于课外阶段，对课堂教学活动支持不够，而且评价方式较为单一。与上述模型一样，也会存在 QQ 群交流无序、呈现零散的问题。

(3) 基于微信的翻转课堂教学模型。在目前有关移动社交网络应用于翻转课堂的研究中，采用微信形式的翻转课堂教学模型研究，相较微博和 QQ，不论在数量上还是质量上，都有着明显优势。这也与微信的功能定位和覆盖面有着密切的关系。

范文翔等（2015）在进行移动学习环境下微信支持的翻转课堂实践研究中，构建了微信支持的翻转课堂教学模型，如图 3-30 所示。该模型由教师课前准备、学生在线学习和师生课堂教学三部分构成。模型以学生为中心、教师为主导，依托微信构造个性化学习环境，在自主在线学习和课堂教学过程中为学生提供个性化指导，注重对学习活动与学习情境的构建，增加教学反馈模块，便于对教学活动进行适当的调整与优化，促使学生更好地完成对

---

① 公海霞，王甘霖，彭立. 基于即时通信平台的翻转课堂教学模式研究 [J]. 软件导刊，2013 (11)：183-185.

知识的意义建构①。

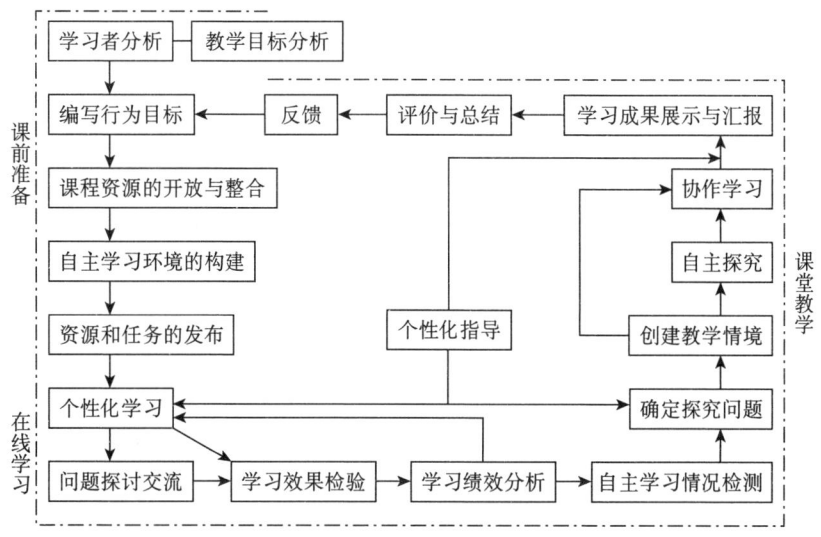

图 3-30　微信支持的翻转课堂教学模型

该模型有效利用微信群来进行师生交流，通过公众平台发布学习材料等做法颇为可取。但是该模型并未涉及课后学习活动的设计和组织，在线学习的测试任务依据关键词回复来进行，测试评价结果的反馈不及时，都是一些潜在的缺陷，在一定程度上制约了该模型功效的深入发挥。

黄强（2014）在探讨了利用微信进行信息技术翻转课堂学习的可行性分析之后，虽然并未提出明确的教学模式，但是结合具体课例，进行了学习活动设计，如表 3-13 所示。

表 3-13　　　基于微信平台的翻转课堂的学习设计方案

阶段		学习目标与学习策略
课前	学习目标	掌握用选区工具进行抠图的基本知识和能力，基本完成学习要求
	学习方式	观看视频、阅读教材及其他材料
	学习媒体	微信平台

---

① 范文翔，马燕，李凯，等.移动学习环境下微信支持的翻转课堂实践探究 [J]. 开放教育研究，2015 (3)：90-97.

续表

阶段		学习目标与学习策略
课中	学习目标	解决学生课前学习所产生的困惑，引导学生总结和提升所学内容
	学习方式	答疑、研讨、讲授并用
	学习媒体	电脑、平板电脑、多媒体课件、微信
课后	学习目标	引导学生对所学内容进行反思、总结和提升
	学习方式	课后习题、研讨等
	学习媒体	微信平台

3. 对本书的启示

上述国内外典型翻转课堂教学模型中，Robert Talbert 的翻转课堂结构模型简洁明了地表征了翻转课堂的基本时序和主要结构，具有一定的借鉴意义。但该模型过于简单，仅对学生行为进行了说明，并未对教师行为的限定和规划，也没有更多地涉及教学环境及教学评价等教学模式要素。

Jackie Gerstein 的翻转课堂教学模型因为是借鉴了体验学习圈理论 4MAT 教学模式，这两种理论本身就是封闭循环圈的模式理论，故而该模型有着较强的周期性和流程性，对一个教学循环内的教学活动指导具有一定的现实意义。但是正因为只是表征了一个循环内的教学活动，有关课堂内外的连接、学习主题单元之间的关联、学习周期之间的持续推荐则阐述较少。

张金磊等与王红等构建的翻转课堂教学模型较为相似，均突出了信息技术的内隐支持和学习活动的外显驱动，都是按照课前和课后两个阶段安排教师与学生的活动。在其表述中，未能涉及课后活动的设计和安排，不能不说是一种遗憾。

太极环式的翻转课堂模型对翻转课堂师生双边活动刻画准确，教学活动的循序渐进的思路比较合理，而且形式表征比较特别，融入了浓厚的中国本土元素，值得借鉴。但图示过于设计化，表征意义和内涵指向并不明晰，此外有关课上时间和课下时间与学习环境和社会环境的交代不尽完善。

基于电子书包的翻转课堂教学模型中，凸显了教学视频的核心作用，翻转课堂教学活动均是由电子书包提供的教学视频来支持。从这一点上来看，有些过于强调教学视频的作用，相反，学习资料除了视频资料以外，还应该有更多类型和形式，以便不同学习风格和学习水平的学生可以自由选用。同时正如设计者所言，考虑到模型的兼容性，该模型也并未包括具体的教学活动。

由是观之，上述模型在师生活动的具体设计、教学阶段的任务分解、模型的适用范围等诸多方面尚有不足之处。

而在现有移动社交网络支持下的翻转课堂教学模型中，从整体研究趋势和应用范围来看，QQ和微博由于其功能和形式所限，并不能很好地支持翻转课堂的有效实施。而在有关基于微信的翻转课堂教学模型中，大致可以分为两类，第一类是单纯应用微信的群组功能，组建学习社群，通过微信群来发布学习材料，进行师生交互，这与基于QQ的模型存在同样的弊端和问题；第二类是开发设计了微信公众平台，但是在平台资源开发、结构组织、功能拓展等方面均存在不同程度的不足和缺憾，特别是针对平台的后台数据分析功能的深度应用方面就更为少见，于此则难以开展有针对性的学习行为分析和精准教学，这也是本研究在模型构建和平台应用中需要重点解决的问题。此外，最为关键的一点在于，微信通过公众平台可以提供后台数据分析统计功能，加之平台开放了开发功能接口，有技术实力的使用者可以进一步开发出更为丰富的数据分析和评价功能，这是QQ和微博所不能比拟的。同时，微信的即时通信功能由于覆盖率高，在实际使用中优于QQ，微信公众平台在发布订阅信息时也可以选择同步发布在腾讯微博，在一定程度上覆盖了微博的功能。为了便于更多的用户使用，微信在2014年推出了网页版，2015年又推出了PC版，这也就增加了用户在移动终端和PC间的选择机会，使微信可以适应各种互联网络的应用情境，在这一点上，也为微信的教学应用提供了更为广阔的应用前景。

3.4.2 理论原型整体框架

如前所述，教学模式的构建有多种方法，如理论演绎法、经验归纳法以及相应的借鉴创新的原则，本研究采用了几种方式的统一综合，即在借鉴已有的移动社交网络教学模式、翻转课堂教学模式的基础上，在翻转课堂教学平台选择和应用的理念、原则和要素等理论分析的指导下，依据教学模式的结构要素：理论依据、教学目标、操作程序、师生交互、教学环境和教学评价，充分考虑移动社交网络作为翻转教学平台的可行性和便捷性、翻转课堂教学模型的本质内涵、师生交互行为的阶段特征，以知识学习为主线，立足于第2章所探讨的"课前知识传授＋课堂知识内化＋课后知识迁移"的三阶概念框架，通过对大学翻转课堂教学活动实践的反复摸索，积累经验，进行分析、概括和提炼，总结归纳出了一个全要素的、规范化的、稳定的活动程序和规则，形成了 S-ICM 翻转课堂教学模式的理论原型，如图3-31所示。

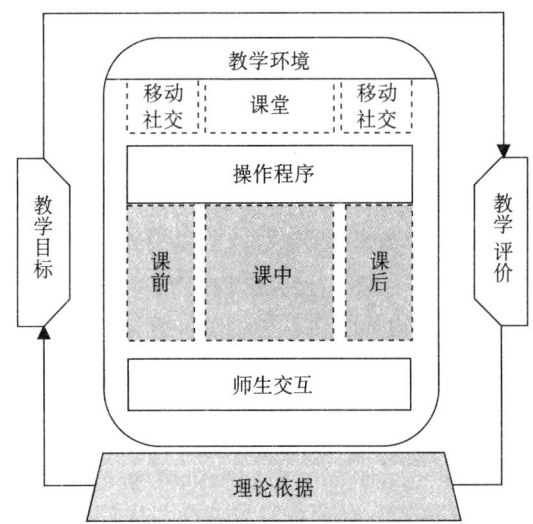

图 3-31　S-ICM 翻转课堂教学模式的理论原型

3.4.3　理论原型内涵解析

反观该模型，应该说比较好地契合了一个完整的教学模式所应具备的结构体系和要素内涵。第一，理论依据模块作为整个教学模式的首要基础支撑要素，对其他诸要素起着指向和规范的作用，应该明确的是，这个理论依据主要是结合了翻转课堂所坚守和秉持的"以学生为中心"的教学理念，这个理念表现为自成体系的相关宏观指导理论，包括人本主义学习理论、建构主义学习理论、混合学习理论和掌握学习理论等，也细化为对各个层级、各个环节的具体微观操作策略理论，包括社会化学习理论、网络学习共同体理论、教学设计理论、活动学习理论以及探究学习理论等，贯穿于教学的全过程。

第二，理论依据继而进一步确定了教学目标为全人教育，即面向学生集体，要促进全体学生的共同发展，具体到单个学生，又要促进学生的全面发展，包括了认知维、情感维、能力维、行为维和交互维等多个维度。这一目标将内嵌在教学实施的各个环节之中，涵盖了教学程序施行的各个阶段、教学交互的各个层级、教学环境的各个方面。

第三，教学目标的确定也将进一步明确教学评价的框架生成，对教学模式实施效果的评价标准和规程，是与教学目标相对应的。教学评价的评测结果的所显示出来教学效果的高低优劣，既反映了教学操作程序是否完整顺畅、教学交互是否充分有效、教学环境是否配置完善，也能反过来甄别教学目标设置的合理与否。

第四，在操作程序中，即在教学实施程序和流程推进中，本模式结合翻转课堂"课前进行知识传递、课中进行知识内化、课后进行知识迁移"的阶段要义，进一步将操作程序划分为课前、课堂和课后三个阶段，每一阶段都进行了合理规划和活动设计，这将在下面的要素分析中集中进行表述。

第五，在师生交互中，为了最大程度地体现翻转课堂中"翻"与"转"的本质，即"翻"的是课前、课后的教学时空，"转"的是从教师中心转向学生中心，对课堂教学而言，"转"之后最大的变化就是师生之间、学生之间、学生与媒体、资源之间的交互大幅提升，从而转变了以往传统课堂的班级集体讲授所带来的弊端，因此在模式中将教学交互从最基本的课堂中面向全体平均式交互的概念模型，延伸到了课前和课后，并且形象地转化为体现交互程度强弱的高低层次模型，其中，教学交互最为深刻的或最为强化的阶段设定在课堂教学中，而课前和课后的交互，也是对既往传统课堂在这两个环节中比较欠缺的弊端的有效改观。

第六，在教学环境中，该模式在课堂教学条件之外，创造性地融入了移动社交网络,即由移动社交网络所创设的网络接入便捷、资源推送及时、交互方式丰富、数据分析多样的教学情境,可以在更大程度上地激发学生参与学习的积极性和主动性,在获取知识信息的同时,也会增强学生的学习融入感和社会存在感,从而构建起了一个促进学生有效学习和深度学习的良好环境。

第七,该模式整体呈现了在教学理论支撑下,从教学目标到教学评价之间的循环往复结构,教学目标决定教学评价,教学评价又将在相关理论的指导下,进一步结合实际情况和现实需求,合理设置教学目标,设计教学流程、加深教学交互、优化教学环境,开展新一轮的教学过程。因此,这一结构体现了模式本身所具有的在迭代中更新,在开放中进化的设计理念,展现了"理论——实践——理论"的螺旋上升和波浪前进的递增架构和演进路径。

3.4.4 理论原型要素分析

1. 理论依据

在本书的理论基础部分,总结出了 S-ICM 翻转课堂教学模式里理论基础框架,其中人本主义学习理论、建构主义学习理论、混合学习理论和掌握学习理论作为宏观指导理论,是构建翻转课堂教学模式的贯穿始终的全局性理念层的理论基础,在此不再赘述。

2. 教学目标

(1) 目标的结构与层级。一般来说,所谓目标是个人、部门或整个组织所期望实现的成果。在生活中,目标指明了人们需要完成的使命,有助于集中注意力进行广泛努力,以达成相应的理想或目的意图。

在世界教育领域中,最早出现也是最为常用的教育目标模型,源于美国著名教育学家拉尔夫·泰勒 (Ralph Tyler) 在 1949 年出版的《课程与教学的基本原理》(Basic Principles of Curriculum and Instruction) 提出的"泰勒原

第 3 章
S-ICM 翻转课堂教学模式理论原型的构建

理 (the Tyler Rationale)",即课程编制可以分为"确定教育目标""选择教育经验""组织教育经验""评价教育计划"的四个步骤或四个阶段,这一原理被公认为是关于课程开发最为简洁清晰的理论阐述①②。

有关目标的层次,也是本研究需要关注的另一个问题。总的目标域可以极为形象的表示为一个从宏观概括到微观具体的连续模型。相关学者确定了三个具体性层次,即总体目标、教育目标和教学指导目标,其中第三个现在被更加普遍的称为教学目标③。三个层次的目标分类框架如表 3-14 所示。

表 3-14　　　总体目标、教育目标和教学目标之间的关系

	目标层次		
	总体目标	教育目标	教学目标
范围	广泛	中等	具体
学习所需时间	一年或多年(通常多年)	几周或数月	几小时或几天
目的或功能	提供愿景	设计课程	准备教学实施计划
用途实例	年度课程设计	教学单元设计	教学活动设计

表格来源:[美] L·W·安德森,等. 学习、教学和评估的分类学——布鲁姆教育目标分类学修订版(简缩本)[M]. 皮连生,译. 上海:华东师范大学出版社,2007.12-14. 稍加归并和改述。

总体目标是需要大量实践与教学努力才能实现的复杂和多方面的学习结果。总体目标或目的较为粗线条地表明了人们认为好的教育中应该包含的重要因素,其作用是为未来提供愿景,并为决策者、课程开发者、教师和全体公众提供奋斗口号,引导人们为将会实现的结果奋斗迈进。教育目标处于目标连续模型的中间低位。相比总体目标更为具体,但比日常课堂教学所需具体目标却更为概括。教学目标在具体的内容领域中开展日常教学的目标。

可以看到,在教育中,目标明确指出学生学习的预期成果,提出教育过

---

① 罗明东. 拉尔夫·W·泰勒与"泰勒原理"[J]. 教育研究与实验,1988(4):67-69.
② 马开剑. 泰勒原理在后现代语境中的解构与重塑[J]. 全球教育展望,2004(4):48-52,6.
③ (美) L·W·安德森,等. 学习、教学和评估的分类学——布鲁姆教育目标分类学修订版(简缩本)[M]. 皮连生,译. 上海:华东师范大学出版社,2007:12-14.

程使学生发生的预期变化。在教学中，因为教学是一项有目的的理性行为，目标尤为重要。教学目标依据教育目的来制定是通过课堂教学所要达到的具体目标的集中体现。因此，可以从教育目标分类的宏观结构中考察具体的教学目标分类与制定。

(2) 典型教育目标分类的方法与区别。教育目标分类学是从纵向和横向结合的维度对教育目标进行了描述，包括教育目标纵向的层级结构、教育目标横向的内容组成，从一个立体的视角对教育目标的构成模型进行审视。

关于教育目标分类，目前在我国比较流行的分类学方法是布鲁姆的教育目标分类法，而在国际范围内，霍恩斯坦的教育目标分类也已经引起了越来越多研究者的关注，现就这两种教育目标分类进行概要阐释。

①布卢姆教育目标分类。教育目标分类研究始于20世纪初的美国，它是适应教育评价的需要发展起来的。由于美国教育评价之父泰勒等人的倡导，到20世纪40年代教育目标受到了美国教育界的广泛关注。1948年一群高校负责考试的教育人士，聚集在波士顿召开了一次非正式会议，与会者普遍认为，应精确"思维""问题解决"等模糊术语的表述惯例，建立一个描述学习预期结果的标准框架，以便助推测试试题、测验步骤及测试理念的交流[①]。在达成共识的基础上，进一步提出了教育目标的分类框架，即划分为认知领域、情感领域和动作技能领域。经过多次研究与协商，决定采用生物学上使用的分类方法对教学目标进行分类。其主要任务就是要"选择合适的符号，并给它们下精确的、合用的定义，然后设法让使用者们取得一致认可"。1949年开始，由本杰明·布卢姆（Benjamin Bloom）组织了一批专家学者，集中考虑如何将这个想法变为现实，正式开始了对这三个领域的教育目标进行分类的研究。

直至1956年，由布卢姆主编，恩格尔哈特（Engelhart, M. D.）、弗斯特（Furst, E. J.）、希尔（Hill, W. H.）和克拉斯沃尔（Krathwohl, D. R.）等编写出版了《教育目标分类学手册一：认知领域》一书，书中提出了一个

---

① 布卢姆，等. 教育目标分类学：第一分册，认知领域 [M]. 罗黎辉，丁证霖，石伟平，等，译. 上海：华东师范大学出版社，1986：6-18.

第 3 章
S-ICM 翻转课堂教学模式理论原型的构建

明确的教育目标分类体系，由此也奠定了教育目标分类理论的基础，在世界范围内为测试设计和课程开发提供了最为基础的理论依据。随后，1964 年第二分册出版，1972 年第三分册出版，标志着布卢姆教育目标分类体系的整体建立。应当指出的是，这一分类体系是由众多测量专家、心理学家等共同努力的结果，而把它称之为布卢姆教育目标分类理论，是为了纪念和表征布卢姆在理论的创立过程中做出的贡献和成绩[1]。60 余年来，布卢姆的教育目标分类学产生了巨大的影响，《手册》被翻译成 20 多种文字，其影响力遍及全世界[2]。

布鲁姆教育目标分类系统广泛应用于教育上的课程、教学、评量和测验编制上，影响极为深远，但任何一种理论体系不可能在创立之初就完美无缺，毫无瑕疵，都需要在实践中进一步检验和发展。

布卢姆教育目标分类理论虽然影响巨大，但由于其建立于行为主义盛行的 20 世纪 60 年代，难免会烙上时代的烙印，在历经 40 年的使用后，随着相同学术领域研究成果的累积，以及心理学认知历程研究发展及建构主义的崛起等，心理学界和教育学界对其时有批判反思。相关专家学者从哲学思辨和实证研究等方面进行了思辨和检验，并提出呼吁修订 Bloom 的分类系统。

针对初期理论在随后的发展中逐渐显现的弊端和局限，众多心理学家和教育学家逐渐意识到需要对其进行必要的修订，1996 年开始，在著名的教育心理学家理查德·迈耶（R. E. Mayer）等、课程理论与教学研究者洛林·安德森（L. W. Anderson）等、测量和测验专家戴维·克拉斯沃尔（D. R. Krathwohl）等于 2001 年正式出版了《学习、教学和评价的分类学——布卢姆教育目标分类学的修订》一书，完成了对布卢姆教育目标分类理论的修订，也标志着布卢姆教育目标分类学随着心理学理论的发展做出了新的改进。修订版的教育目标分类主要做出了两方面的调整，一是对认知过程维度进行了调整，二是增加了知识分类维度。

---

[1] 王瑞霞. 布卢姆教育目标分类理论新发展及其教学意义 [D]. 上海：华东师范大学，2007.
[2] （美）L. W. 安德森，L. A. 索斯尼克. 布卢姆教育目标分类学——40 年的回顾 [M]. 谭晓玉，等，译. 上海：华东师范大学出版社，1998：30.

具体修订内容可如图3-32所示①。

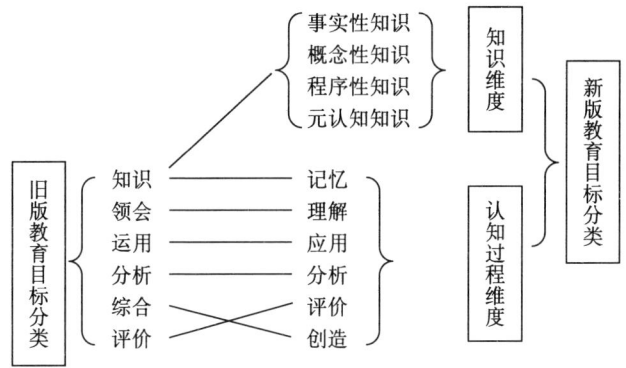

图3-32 布卢姆教育目标分类学修订版本变化示意图

修订版的布卢姆教育目标分类的二维分类表、知识维度的分类以及认知过程维度的分类,如表3-15所示。

表3-15 布鲁姆教育目标分类修订的二维框架

知识维度	认知过程维度					
	记忆 Remember	理解 Understand	运用 Apply	分析 Analyze	评价 Evaluate	创造 Create
事实性知识 Factual Know ledge						
概念性知识 Conceptual Know ledge						
程序性知识 Procedural Know ledge						
元认知知识 Metacognitive Know ledge						

---

① 黄莺,彭丽辉,杨心德. 知识分类在教学设计中的作用——论对布卢姆教育目标分类学的修订 [J]. 教育评论,2008 (5):165-168.

在这个教育目标分类的二维框架的应用中应注意如下几点：

第一，任何主题均可在此两向度交叉形成的表格被分类。

第二，分类表的细格内可依序放入教学目标、教学活动、教学评价工作等项目，以清楚、完整地呈现教学和评价的设计构思。

第三，分类表的表格项目经常被用来检验相关的重点，课程的调整与未达成的教育机会，它们所包含或缺乏的教育目标，从分类表的表格中很容易显现出来。

第四，透过分类表，教师能决定如何去改善课程的计划与传递教学内容。

国外也有相关研究者就布卢姆教育目标分类学修订版中所描述的认知过程维度，运用金字塔图形及阶梯图形显示了认知过程从底部到顶部的层级特征，分别如图3-33、图3-34所示。

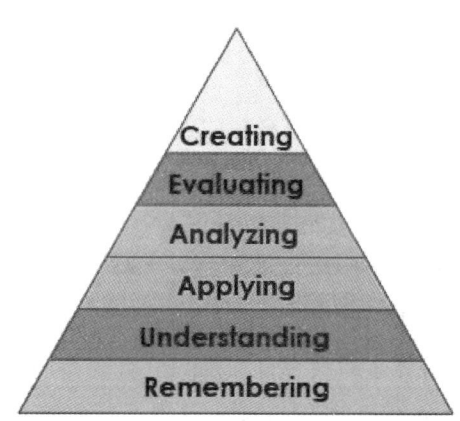

图3-33 布卢姆教育目标分类学修订版认知过程金字塔示意图

图片来源：https://www.teachervision.com/teaching-methods/new-teacher/48445.html.

②霍恩斯坦教育目标分类。1998年，美国佛罗里达国际大学教授霍恩斯坦（Hauenstein, A.D）教授在其著作《教育目标的一种概念架构——对传统分类学的整合》一书中，不仅对布卢姆等在认知、情感和心理动作领域中所做分类之利弊进行了检视，同时开创性地对行为领域进行了概括和梳理并将其纳入整体分类目标之中。这一分类着眼于教学系统的结构与功能机制，

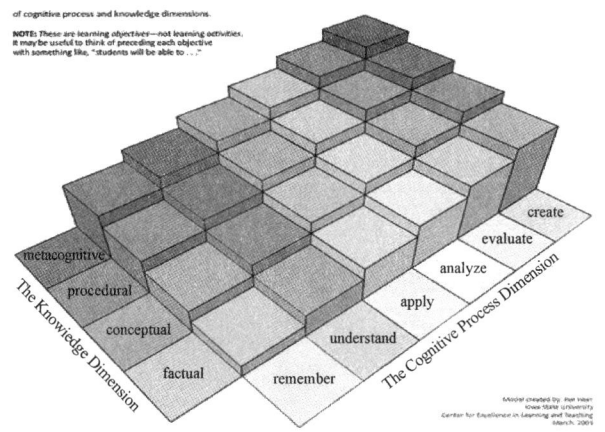

图 3-34 布卢姆教育目标分类学修订版认知过程阶梯示意图

图片来源：http://www.celt.iastate.edu/teaching-resources/effective-practice/revised-blooms-taxonomy/.

突出体现了教育目标分类的协调均衡、严谨统一、注重内化生成和外显表现等鲜明的特点，由此构建起了一个全新的教育目标分类的架构。

霍恩斯坦认为，教育目标是可以按照一定的领域来加以区分的。所谓领域是对知识或理性活动范围做出的明显区分，可以讲教育目标分为认知领域、情感领域、心理动作领域和行为领域，各领域目标又可以进一步细分。同时，还可以按照发展水平和成就水平来对目标进行层级分类，教育目标分类学就是一套依据层级体系对教育目标进行分类的办法。可以认为，霍恩斯坦的教育目标分类"整合模式"是对布卢姆等教育目标分类之"要素法"的一种大胆超越，体现了教育目标分类上的新视野。

霍恩斯坦认为，按照基本术语的一致性、层级排序的周密性等标准来看，布卢姆教育目标分类尚存有不少缺陷，有必要在批判性分析和评价的基础上予以重新界定。不过，重新界定认知、情感和心理动作领域目标，需要有一套互相探究交流的基本准则。为此，他提出了五条分类规则[①]。霍恩斯

[①] HauensteinAD. Aconceptual framework for educational objectives: A holistic approach to traditional taxonomies [M]. Lanham, MD: UnivProfAmer, 1998.

第 3 章
S-ICM 翻转课堂教学模式理论原型的构建

坦对新的教育目标分类进行改造的另一个重要意图是,他认为布卢姆等的教育目标在分类层次以及数目上都偏多,实际工作者难以对付。在教学系统观的引领下,霍恩斯坦将认知、情感和心理动作三个领域的目标统一划分为五个层次,每个层次下的子类数目也比原来大为减少。最为关键的是,他同时新增添了行为领域来统筹上述三个领域的目标。行为领域不是脱离了具体的认知、情感和心理动作领域孤立存在的,而是将其整合成一个完整的人、完整的学习所必须的完整的结构。行为领域分为习得、同化、适应、表现和抱负五种水平,每一种水平分别由认知、情感、心理动作的相应类别成分组成①。

具体分类领域和各个领域的层级分类如表 3-16 所示②。

表 3-16　　　　　　　霍恩斯坦教育目标框架

领域层次	认知领域	情感领域	动作技能领域	行为领域
1.0	概念化 认出 定义 概括	接受 觉察 愿意 注意	知觉 感知 辨认 观察 意向	获取 接受 知觉 概念化
2.0	理解 翻译 解释 推断	反应 默认 遵从 估价	模仿 激活 模仿 协调	同化 反应 理解 模仿
3.0	应用 澄清 解答	价值评价 认可 更喜爱 确认	整合 统整 标准化	适应 价值评价 应用 整合
4.0	评价 分析 描述	信奉 相信 信奉	创作 保持 调试	施行 信奉 评价 创作
5.0	综合 假设 解决	举止 显示 改变	熟练 创始 完善化	达成 举止 综合 熟练

---

① 马兰,盛群力.教育目标分类新架构——豪恩斯坦教学系统观与目标分类整合模式述评[J].中国电化教育,2005(7):20-24.

② 丁念金.霍恩斯坦教育目标分类与布卢姆教育目标分类的比较[J].外国教育研究,2004(12):10-13.

第一，认知领域包括 5 个层次（或类型）的目标：

概念化，指在一个特殊的情境中认出、定义、概括一个思想的能力，包含认出、定义（即识别一个概念的本质特征、范围和意义的能力）和概括（即把一个思想、物体或现象的各个部分加以综合以便能够传递一个概念的所有方面和性质的能力）3 个分层次；

理解，指翻译和解释一个思想，以及推断内容信息的能力，包含翻译（即把信息转换成另一种形式的能力）、解释（即解释概念和相互关系的能力）和推断（即由给予的信息进行推理的能力）3 个分层次；

应用，指澄清一个问题或一种情境，并用适当的原理与程序解决一个具体问题或情境的能力，包含澄清和解答 2 个分层次（类型）；

评价，指分析和描述信息和资料或情境以进行评判的能力，包括分析（把物体或思想分解成更简单的部分并了解部分如何联系或组织起来的能力）和描述（把信息与一个应当遵循的准则或标准作对比时识别其差异的能力）2 个分层次；

综合，指假设或解决产生新的办法或答案的复杂问题的能力，包括假设（即作出尝试性的假定以引出或检验逻辑的或经验的结果的能力）和解决（即回答复杂问题的能力）2 个分层次。

第二，情感领域的目标分为 5 个类别（或层次）的目标：

接受，指觉察、愿意和注意的意向。包括觉察（即意识到一个人周围的生活的倾向）、愿意（即选择容许和考虑特定的经验而不是忽视和拒绝它们）和注意 3 个分层次；

反应，指默认、遵从和估价一种反应情境的倾向。它包括默认、遵从（即在很少有或没有敦促的情况下行动的倾向）和估价（即估价一个人关于一种反应的感情的倾向）3 个分层次；

价值评价，指认可（accept）、更喜爱和证实（confirm）一种价值的倾向，包括认可、更喜爱和确认（即通过经验证实一种价值之重要性的倾向）；

信奉，指相信并将一种价值作为指导原则的倾向，包括相信和承诺（即内化并坚持一种价值原则的倾向）；

举止，指遵照一种价值或信念显示和改变行为的倾向，包括显示（即遵照某种价值或信念而行动的倾向）和改变（即遵照价值和信念调整或升华行动的倾向）。

第三，动作技能领域的目标包括 5 个层次：

知觉，指接受和认识到关于概念、思想、物体和现象的详情的能力，包括感觉、辨认（即认出并将特定刺激和提示与特定概念、思想、物体或现象联系起来的能力）、观察和意向（即了解、领悟和识别一个概念、思想、物体、现象的作用或价值的能力，和以一定的方式摸索或行动的意向）4 个分层次；

模仿，指激活、模仿和调节自然能力以形成一种符合一般模式或情境的行动或行为样式的能力，包括激活（即开始实施符合一般模式的自然的行动的能力）、模仿和协调（即按照控制的动作顺序或次序，以适当的程度模仿行动的能力）3 个分层次；

整合，指将适当动作结合起来并以达到技能认定的质量和特征做出动作，包括统整（即把两种或更多的能力转换或结合成更复杂的样式或任务的能力）和标准化（即以达到技能认定的规定的质量和特征执行任务的能力）2 个分层次；

创作，指保持并调适能胜任的、有效的技术和技能以执行指定职责的能力，包括保持（即执行规定或期望效果的活动程序的能力），和调适（即把技能与方法的变化注入正在进行的实践之中的能力）2 个分层次；

熟练，指创始和完善能力与技能的能力和愿望，包括创始（即有目的地、有创造性地改变任务和技能的构成以产生新的技巧、过程和作品的能力）和完善化（即寻求和达到更高水平的能力、专长、智慧、艺术才能、敏感性的能力和愿望）2 个分层次。

第四，引人注目的是，豪恩斯坦在其教育目标分类的新架构中提出了一个新的领域——行为领域。它并不是一个孤立的领域，而是认知、情感和心理动作领域目标的整合。

行为领域也包括 5 个层次（或类型）的目标：

获取，指在特殊的情境中接受、知觉并使一个思想或现象概念化的能力，包括接受、知觉和概念化 3 个亚类；

同化，指在一种情境中理解并作适当反应的能力，是将概念、思想和观念改变或转换为类似情境的能力，包括反应、理解和模仿3个亚类；

适应，指改变与指定的质量、根据和标准相符合的知识、技能和性格的能力，包括价值评价，应用和整合3个亚类；

施行，指对情境进行评价和产生结果的能力，即根据情境分析、描述、评价和整合知识、价值和信仰的行动，包括信奉、评价和创作3个亚类；

达成，指综合知识和精通技能并将这些表现在行为中的能力，包括举止、综合和熟练3个亚类。

以上四个层次的教育目标分类领域之间的关系，如图3-35所示。

图3-35 霍恩斯坦教育目标分类构成示意图

霍恩斯坦与布卢姆教育目标分类的相同之处如下：

第一，教学目标分类的对象既可观测又可表述，都是可以观测到的学生的外显行为和作为，并且在教学目标陈述中，运用的也是关于外显行为的标准术语；

第二，两种分类体系中的教育目标均具层次结构，都是在学生行为序列中呈现出明显的层次性，即从简单到复杂，从较低层次到较高层次，具有一定的自下而上累积性的，较低层次是较高层次教育目标的基础，较高层次目标则会兼容包含较低层次教育目标；

第三，教育目标都不受具体学科内容和学生年龄的局限，都是超越教学内容而存在的，都可以将相关学科的教学内容融入框架之中，形成每门学科

分门别类的教育目标分类体系;

第四,对教育目标进行分类本身并不是终极目的,而是为教育评价和课程编制服务的一种工具。

霍恩斯坦与布卢姆教育目标分类的不同之处包括分类领域和类别数、理论基础、对人的行为的观念和对教学的过程性的关注四个方面①,具体如表3-17所示。

表 3-17　　　　　　霍恩斯坦与布卢姆教育目标分类的对比

	布卢姆（Bloom）		霍恩斯坦（Hauenstein）	
	项目	主要特征或观点	项目	主要特征或观点
分类领域和类别	3个领域：认知领域、情感领域、动作技能领域	认知领域包括6个类别的教育目标;情感领域包括5个类别的教育目标;动作技能领域包含的教育目标类别数因不同的分类者而不同	4个领域：认知领域、情感领域、动作技能领域和行为领域	每个领域均包含5个类别的教育目标
理论基础	行为主义心理学	布卢姆等在研究教育目标分类时,正是行为主义心理学流行的时候,布卢姆教育目标分类受到行为主义心理学的深刻影响	建构主义	建构主义思想以重新界定的各类别目标和与此相适应的教学系统的方式反映在教育目标分类体系之中
人的行为	分裂了人的行为	认知、情感和动作技能领域被作为互不联系的实体,人的行为被分裂为认知、情感和动作技能3个彼此孤立的方面	体现了人的行为的整体性	个人是作为完整的人进行学习的,行为领域是认知领域、情感领域和动作技能领域的综合
过程性	过程性体现不完整	知识是认知领域的一个层次	教学系统是一个过程性的概念框架	知识不再是一个教育目标的类型,而只是作为动态的系统过程的输入部分

---

① 丁念金. 霍恩斯坦教育目标分类与布卢姆教育目标分类的比较[J]. 外国教育研究, 2004(12): 10-13.

(3) 教育目标分类对翻转课堂教学模式的启示

①布卢姆教育目标分类的启示

布卢姆教育目标分类中关于认知过程维度的金字塔结构，展示了一个认知过程由较低层次向较高层次递进的结构，这也是一个学习从浅层学习向深度学习迈进的过程。在这一点上，与翻转课堂教学模式所倡导的课外进行基础性知识层次的知识传递、课内进行高阶思维训练的知识内化阶段的翻转理念相适应，相关学者就这一点，结合布卢姆提出的认知领域的六大目标，详细划分了翻转课堂教学模式中的认知层次分级①，如图3-36所示。

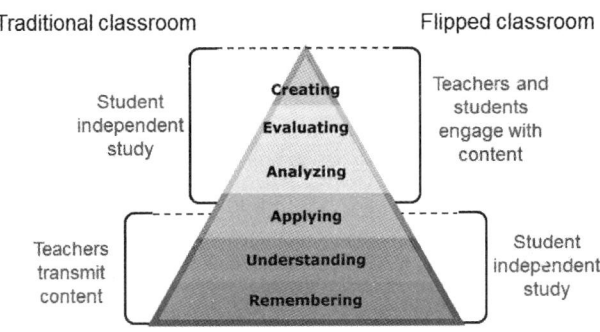

图3-36 基于布卢姆教育目标分类的翻转课堂结构示意图

图片来源：https：//profkinchinblog.files.wordpress.com/2015/01/image.

受此启发，加拿大中学教师Shelley Wright在翻转学习的影响下，认为在21世纪的学习理念下，布鲁姆的教育目标可以进一步翻转，即教学过程可以不从知识开始，而是起始于创建活动，最终辨别所需要的知识②。Shelley Wright在其教育博客中，进一步将其想法进行可倒金字塔式的图形表征，称其为教学目标分类Bloom21版本③，如图3-37所示。Shelley Wright列举了

---

① Kinchin, I. M. Flipped classrooms: isn't that the way around its hould have beenany way? [EB/OL]. [2015-01-15]. https://profkinchinblog.wordpress.com/2015/01/15/flipped-classrooms-isnt-that-just-the-way-it-should-have-been-anyway/.

② 吴秉健. 基于布鲁姆教学目标分类的翻转学习模式研究 [J]. 中小学信息技术教育，2013 (3): 62-66.

③ Shelley Wright. Flipping Bloom's Taxonomy [EB/OL]. [2012-05-15]. http://plpnetwork.com/2012/05/15/flipping-blooms-taxonomy/.

广告设计教学的案例,在传统教学中上,学生首先需要通过听讲或文本阅读,学习一些关于广告媒体设计创作的基本原则,然后最终创建他们自己的设计作品。通过翻转学习模式,学生可以先从浏览一些广告的标准元素(如产品图片、标志设计等)中寻找灵感,创建一个作品模型,然后通过比较广告作品来评价模型,已经通过一些专业案例来讨论他们所做的对与错,找出其中的设计元素的相似之处进行分组,通过元素的重复、对比、排列和相近等方面的分析,就有可能步入设计原则四要素的知识框架中,最后再集中对学生讲授设计原则四要素的理论知识,使学生对知识产生深度的自我转化,而不是片面的文字概念。随后,Shelley Wright 将这一翻转学习理念在科学、技术以及英语课程中进行了实践检验,在近 10 所中学进行了一定范围的校本应用培训,通过翻转学习,实现了从创造能力的激发知识学习和积累的翻转式学习进程。

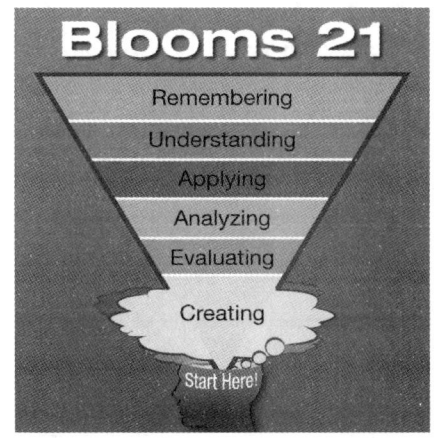

图 3-37 面向翻转学习的 Bloom21 版本示意图

图片来源:http://plpnetwork.com/wp-content/uploads/2012/05/bloom_pyramid-2.png。

②霍恩斯坦教育目标分类的启示

由以上对比可以看出,首先,霍恩斯坦的教育目标分类适当地减少了教育目标类别的数目,而且具体到每个类别的亚类上,以综合领域计,布卢姆的分类体系中包括 53 个亚类,而霍恩斯坦的则只有 20 个,这样的分类不但是一种简化,而且更适合教师的平时应用。其次,霍恩斯坦的教育目标分类中，每个领域都平均设置 5 级类别，每个类别之下亦不过 2—4 个亚类，在类别平衡和类别内部的可比较性之间，都可以说是对布卢姆教育目标分类的一种超越。再次，霍恩斯坦提出了一个概念框架亦即教学系统，更具应用性。最后，霍恩斯坦的教育目标分类是基于建构主义理论的，建构主义所倡导的一些理念，如学习者不是被动地接受知识，而是以他们的经验为基础进行知识构建，学科教学内容并非彼此孤立，而是相互关联，课程是以学生为中心等这些思想，都反映在霍恩斯坦的教育目标分类体系之中。

（4）S-ICM 翻转课堂教学模式教学目标分类框架的构建。基于以上分析，在翻转课堂教学模式的教学目标确定过程中，可以首先按照认知过程维度，将认知领域的教学目标划分为由低到高的几个层次，区分出其中的浅层学习层级如概念掌握、理论理解等，通过教学视频或图文资料，在课前提前发送给学生，由学生自主进行学习，进行知识传授，而在课堂中和课后阶段，则集中进行对学生高阶思维能力和认知内容的深层学习，包括应用、分析以及综合创新等环节，实现知识内化和知识迁移。因此，本书首先构建起较为详尽的翻转课堂教学模式中认知领域的教学目标，如图 3-38 所示。

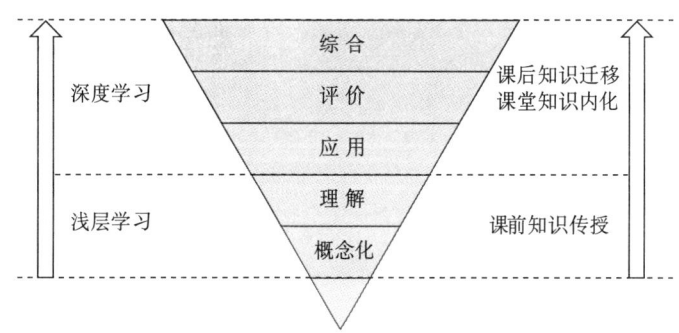

图 3-38　S-ICM 翻转课堂教学模式中的认知领域教学目标

关于学习的整体框架，由于布卢姆目标分类只涉及认知、情感和技能几个领域，而忽视了学习行为的全局性和整体性，因此可以参考霍恩斯坦的四领域目标划分方法，结合上述翻转课堂的课前知识传授、课堂知识内化和课后知识迁移三种模式的阶段特征，最终形成适合翻转课堂教学模式的教学目标整体分类框架，如图 3-39 所示。

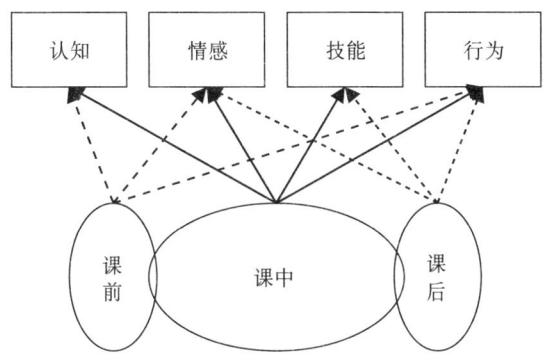

图 3-39　S-ICM 翻转课堂教学模式的教学目标整体分类框架

3. 操作程序

（1）翻转课堂教学模式的纵横结构框架。依据翻转课堂教学模式的时间维度的阶段特征，可以大致构建一个翻转课堂教学模式的实施流程框架，即教师课前教学设计（教学任务设置和学习资源开发）、学生课前知识传授（个体学习和集体讨论）、教师组织课堂教学进行知识内化（设立多种教学情境、开展多种教学活动）、学生课后延伸探究实现知识迁移（个体深入学习和集体项目研究）等，如图 3-40 所示。

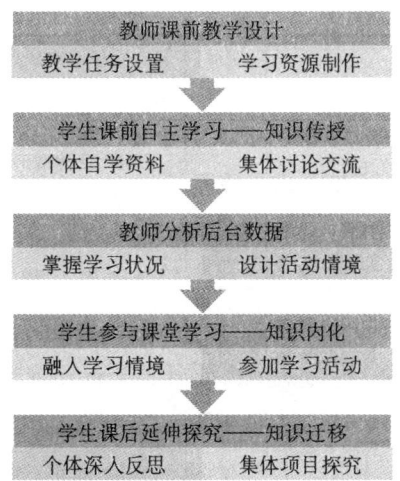

图 3-40　S-ICM 翻转课堂教学模式实施流程之纵向序列框架

在这一纵向框架之下，清晰地呈现了教师和学生两方面融合的整个实施阶段，教师首先根据课程教学内容目标，确定适合在课前进行学习的低阶认知内容，制作相应的教学视频或其他图文资料，并将资料发布在微信公众平台上；学生接收到学习资料后，可根据自己时间，自主安排学习进度，面对一时难以理解或掌握的内容可以进行班集体内的在线交互讨论，这期间，教师提前设置的小步子测试结果以及学生学习完成后的反馈意见，都将记录在后台系统中；教师在课前登录后台，查看学生的学习情况，包括是否参加学习，遇到哪些问题，总体效果如何等，根据这些数据信息，进一步选择并设计相应的教学活动形式；在课堂教学时间中，学生在教师创设的学习情境中开展多种活动形式的学习，进行教学目标中的应用、分析和综合创新性的高阶思维能力锻炼和养成；在课堂活动学习后期，教师根据学生的整体掌握情况，进一步设置课后学习任务，既有面对学生个体的深层扩展阅读资料，引导学生进行深入反思和回顾，也有根据学习内容需要进行的基于项目的学习，针对学生的学习风格和学习水平进行分组，设置具体的探究任务；学生在课后进行更为深入的自主学习和项目设计制作，教师则会进行随时的辅助指导，并在学生项目完成后，组织开展相应的评比评价工作。至此，一个课前、课堂、课后紧密衔接相互关联的翻转课堂学习过程结束，师生在总结和反思的基础上，可进行下一轮次（内容、课时）的翻转教学。考虑到翻转学习中的师生相对地位和交互作用，可进一步将上述流程稍作细化，由基于时间阶段的纵向序列，改制为表明师生交互的横向关系框架，如图 3-41 所示。

这一框架总体反映了如下几个特征：

第一，充分体现了以学生为中心的教学理念。教师在整个教学过程中基本是属于隐现状态的幕后式学习支持者，教师从传统教学中的教学实施者，转变成了学习内容设计者、学习资源开发者、学习交流参与者、学习活动支持者、学习情境创设者，学习活动引导者、学习评价组织者，而不再是像既往课程中的知识权威形象和绝对领导角色。

第二，教师在各个阶段的工作内容，皆是围绕学生展开。课前教学设计中，教师要考虑教学内容的难度深度和关键要点，以此来区分课前的基本认

第 3 章
S-ICM 翻转课堂教学模式理论原型的构建

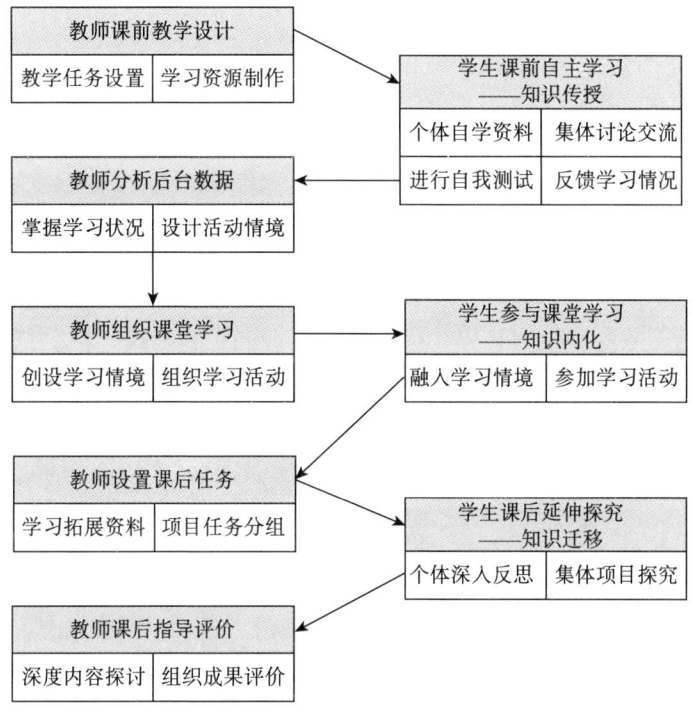

图 3-41　S-ICM 翻转课堂教学模式实施流程之横向关系框架

知内容和课堂的高阶认知内容，进而开展适宜学生学习风格和认知水平的学习资源开发和设计。此外，通过微信公众平台的后台数据分析，可以掌握学生的学习进度，个别的学习困顿之处，全体学生普遍疑惑的学习问题等，这样就可以实现在分析学生学习效果的基础之上，进行有针对性的学习情境创设和学习活动设计，以便更好地满足学生的学习需求。

第三，学生在整个学习过程中，始终处在一个自主学习和同侪互助相互交融、个体渐悟和社交体验相互交织，单向感知和多维习得相互交叉，知识掌握和智慧生成相互交替的行进框架中，形成了一个前后融会贯通，高低有序递进的优构良性学习循环圈。

（2）S-ICM 翻转课堂教学模式的具体实施细则。以上所列纵向序列框架和横向关系框架，是对翻转课堂教学模式的整体实施的概括表述，期间各要素的组配关系、相应的关键部署、流程的进度流向，在教学实际过程中，仍然需要结合具体教学需要，进行更为详全周密的教学流程设计和实施细则规划。现结合教学中的实际操作过程，绘制细则流程图示，如图3-42所示。

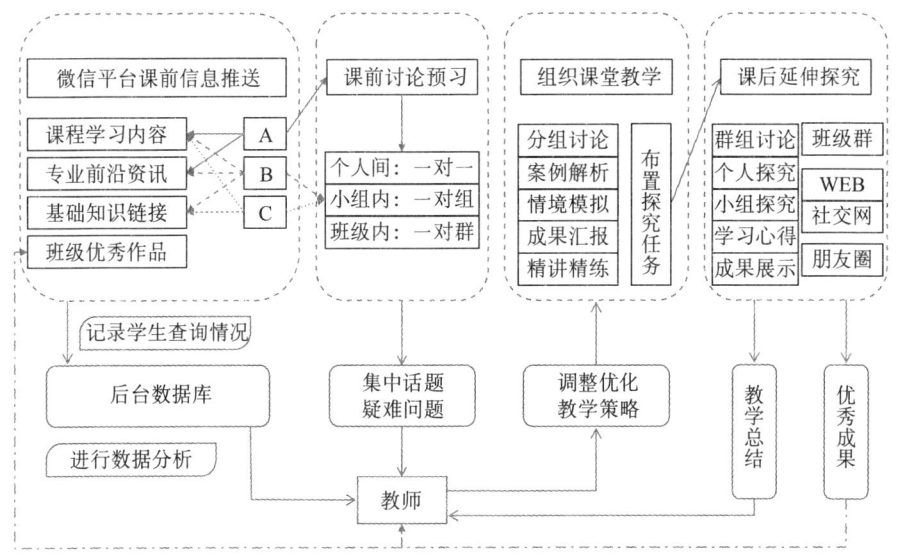

图3-42　S-ICM翻转课堂教学模式操作程序之实施细则

①上课初期由教师本人先行设计制作相关适合移动社交网络推送的学习资源，对授课班级学生提前一至两天进行课前推送，并布置相关讨论话题，由学生自愿选择以个人或小组形式进行预先学习；同时，教师根据学生的学习水平和积极性，遴选部分学生作为学习过程中的小组团队组织者（Team-Leader），先行教授相关软件工具的操作和使用。

②学生接收推送内容后，可进行如下学习操作：

基础较为薄弱学生学习后，如对推送的课程教材内容有不解之处，通过微信公共平台向系统发出相关查询要求，系统返回相应学习内容，如系统中目前不具备，可返回相应网络链接，由学生进行进一步学习。系统会自动记录查询内容与查询次数，以作后期分析之用。该类学生的学习路径，由实线箭头所示；

中等及中等偏上学生学习后，可进一步浏览所推送的资讯类信息，如不满足，可向系统查询，由系统推送更多在线教育资源链接，由学生自行浏览学习。该类学生的学习路径，由虚线箭头所示；

学习基础好的学生（主要是前期选定的 TeamLeader），可在学习中担当"学习意见领袖"或"助教型学习者"，在学习完既定推动内容后，可在小组群或班级群中组织学生进行讨论。此期间，教师也可参与讨论与指导。讨论结束后，可由教师或 teamleader 汇总讨论中出现的未能解决的问题及讨论较为集中问题。该类学生的学习路径，由粗线箭头所示。

③讨论结束后，在授课前，教师需根据以下两类情况，设计教学活动或调整教学策略：

通过系统提供的查询问题的内容和频次数据，分析学生的学习基础和现有学习水平、学习意向，制订课堂教学方案；

通过课前讨论中比较集中的问题汇总，掌握学生对前期推送内容的理解水平和学习进度，调整课堂教学内容。

④进行课堂教学，教师可通过分组讨论、案例分析、情景模拟、成果汇报、精讲精练等多种形式组织教学。如在前期分析中发现大部分学生对所学内容不甚了解，可先进行集中讲授，随后进行讨论探究。课程结束时，布置相关课后探究话题和作业。

⑤教师课后通过系统适当推送相关信息资源，由学生以小组形式进行进一步探究，探究结果以信息图或动态图表形式（前期可由 TeamLeader 带领设计制作），发布在学生个人空间内，由学生之间进行分享评价和延伸讨论，包括点赞、单个留言、群体互动等。

⑥对于优秀成果，可教师指导下，经加工整理，以案例形式存入学习素材数据库中，可用于后续推送与案例分析。

至此，一个"课前知识传授、课中知识内化、课后知识迁移"的课堂教学闭合循环链路基本完成，教师可根据教学内容安排，进行下一循环的教学组织。

4. 教学环境

在 S-ICM 翻转课堂教学模式中，教学环境或者教学条件、支持系统等，应包括两个层面，一是移动社交网络环境，主要实现课前知识传授和课后知识迁移的网络支持功能，当然在课堂教学中也有相应形式的应用；二是教室教学环境，既可以理解为普通教室、网络机房、手持式教学设备（如课堂应答器、IPAD、手机等）、多媒体投影设备等物质条件环境，也可以进一步拓展为由此物质设施所创建的虚拟化教学情境，如仿真实验操作、动画流程演示、专家连线沟通、校际网络协作等多种形式。

在此需要说明的是，本研究中将主要的研究视角聚焦于移动社交网络支持下的学与教的各类环境构筑，对于以往多有论述的多媒体教学环境或网络课堂等教学环境，将不再重复探讨，只是讨论几类基于移动社交网络的课堂教学情境的实现，以使本研究更具现实针对性和有效应用性。为了便于描述，下列支持功能均以微信公众平台的相关功能进行说明，如表 3-18 所示。

表 3-18　移动社交网络支持下的翻转课堂教学环境构建

移动社交网络支持	课前知识传授环境	个体自主学习	信息推送功能
			内置搜索功能
			反馈回复功能
			阅读链接功能
			收藏归类功能
			分享展示功能
			订阅聚合功能
			文件传输功能
		集体协作学习	一对一微信交流
			多对多群组交流
			多对多微社区交流
			文字语音视频融合交流
	课堂知识内化环境		微信墙
			课堂应答
			随机分组
			分别发送资料
			教学管理信息发布

第 3 章
S-ICM 翻转课堂教学模式理论原型的构建

续表

移动社交网络支持	课后知识迁移环境	合作开发
		作品展示
		群组交流
		师生互动
	教学数据分析环境	学习风格
		个性定制
		学习进度
		资料反馈
		学习行为
		用户管理
		素材管理

5. 教学评价

（1）教学评价概述

①教学评价的界定。当前我国教育学研究领域关于教学评价的概念界定并不统一，归纳起来大致可以分为三种基本认识。第一种观点认为教学评价涵盖了教与学两方面的评价，同时包括对学生学习的评价，也包括对教师教学的评价（田汉族，2002 等）。第二种观点是将教学评价等同于对学生的评价，认为教学评价是教学中对学生认知、技能、情感、行为意识、价值观念等方面学习与发展的评价（如易凌峰，1999；蔡伟，2003；周建平，2004等）；第三种观点认为教学评价主要是对教师的评价，包括对教师教学工作、特别是课堂教学效果的评价（如叶澜、吴亚萍，2003；蒋竞莹，2004；梁惠燕、高凌飚，2006 等）。

在我国教育技术界，对教学评价概念界定虽然多样，但整体认识比较统一，即教学评价指的是以教学目标为依据，制订科学的标准，运用一切有效的技术手段，对教学活动过程及其结果进行测定、衡量，并给予价值判断①②③。从这一界定可以看出,教学评价是针对教与学双边的效果价值的客观评判,教学评价一般包括对教学过程中教师、学生、教学内容、教学方法手段、教学环境、教学管理诸因素的评价,即包括对教学效果的评价和对教学资源的评价,但主要是对学生学习效果的评价和教师教学工作过程的评价。

②教学评价的分类。教学评价的具体类型很多,从不同的角度和标准可以划分出不同的评价种类。在具体的运用过程中,不同的类型有着不同的特点、内容和用途④。

按照评价基准的不同,教学评价可以分为相对评价、绝对评价和自身评价等。这个所谓基准,主要是立足于评价对象的不同地位,即评价对象是处于群体之内还是群体之外,藉此可分为相对评价和绝对评价,此外,自身评价则不论及群体内外,而是与自身的过去和现在的表现或者其单个个体的若干侧面进行比较评价。

依据评价功能的不同,教学评价可分为诊断性评价、形成性评价和总结性评价。这种评价的划分,主要是考虑评价的功能性意义,分别设置在学习之前的摸底评价,学习过程中的自我分析和元认知评价,学习活动告一段落之后的总体效果评价。

根据评价分析方法的不同,可以将教学评价分为定性评价和定量评价两种。定量评价的常见形式就是依据纸笔测试结果的分析而进行的评价,大多数属于对学生的智力因素的评判。而定性评价则采用质性评价方法,更多的融入了道德、情感、价值观念等方面的评价,是融合了非智力因素的评价,也在一定程度上体现了促进学生全面发展的评价观念。当然,这两种评价不是截然对立的,二者互为基础相互补充,在现实教学评价中,应该采取多种方式方法,科学合理的综合运用两种评价方法,充分发挥两者的合力,真正促进教与学两方面的整合发展。

---

① 刘华. 课时教案的设计与实施 [J]. 中国电化教育, 1998 (11): 34-36.
② 杨开城, 李文光, 胡学农. 现代教学设计的理论体系初探 [J]. 中国电化教育, 2002 (2): 12-18.
③ 何克抗, 吴娟. 信息技术与课程整合 [M]. 北京: 高等教育出版社, 2007: 219.
④ 乌美娜. 教学设计 [M]. 北京: 高等教育出版社, 1994.

第 3 章
S-ICM 翻转课堂教学模式理论原型的构建

有关教学评价的几种分类的具体内容，如表 3-19 所示。

表 3-19　　　　　　　　教学评价的主要类型

按评价标准的参照系分	绝对评价	绝对评价标准的参照系，来源于评价对象之外，是根据一定的价值目标设立的客观标准
	相对评价	相对评价标准的参照系，来源于评价对象团体内部，以评价对象团体评价结果的平均成绩为参照，强调评价结果服从正态分布
	自我评价	自我评价标准的参照系，来源于评价对象自身
按评价的功能分	诊断性评价	也称教学前评或前置评价，一般是在单元、学期、学年开始时，正常的教学活动尚未纳入轨道之前，对学生的知识和技能、智力和体力以及情感等状况进行"模底"。其目的是设计可以满足不同起点水平和不同学习风格的学生所需的教学方案和教学程序
	形成性评价	在某项教学活动过程中，为使活动效果最好而不断进行的评价，它能及时了解阶段教学的结果和学生学习的进展情况、存在问题等，以便及时反馈，及时调整和改进教学工作
	总结性评价	又称事后评价，一般在教学活动告一段落时，为把握活动最终效果而进行的评价。总结性评价注重的是教与学的结果，借以对被评价者所取得的较大成果作出全面鉴定、区分等级和对整个教学方案的有效性作出评定
按评价分析方法分	定性评价	是运用分析与综合、比较与分类、归纳与演绎等逻辑分析的方法，对评价所获取的数据资料进行思维加工。分析的结果是一种描述性材料
	定量评价	是从量的角度运用统计分析、多元分析等数学方法，从复杂纷乱的评价数据中总结出规律性的结论

表格来源：华南师范大学《现代教育技术》精品课程网站，http://jpkc.gdou.com/jyjs/html/img/common/chapter6/image/chapter6.4.2.gif。

其中，诊断性评价、形成性评价和总结性评价由于目标明确、便于操作，在教学实践中运用较多，三者的的相互对比区别如表 3-20 所示。

③教学评价的功能取向。随着建构主义评价观、多元智力评价观等多种评价观念的发展，教学评价的功能、取向、理念、策略等也都在发生变化。教学评价对于提高教学效果的作用，可以概括为如表 3-21 所示的五个功能。

表 3-20　　　诊断性评价、形成性评价和总结性评价的对比

要点 \ 类型	诊断性评价	形成性评价	总结性评价
实施时间	教学之前	教学过程中	教学之后
评价目的	摸清学生底细，以便安排学习	了解学习过程，调整教学方案	检验学习结果，评定学习成绩
评价方法	观察、调查、作业分析、测验	经常性测验、作业分析、日常观察	考试或考查
作用	查明学习准备情况和不利因素	确定学习效果	评定学业成绩

表格来源：华南师范大学《现代教育技术》精品课程网站，http://jpkc.gdou.com/jyjs/html/img/common/chapter6/image/chapter6.3.6.jpg。

表 3-21　　　　　　　　教学评价的功能

功能	表　述
诊断功能	评价是对教学结果及其成因的分析过程，借此可以了解到教学各方面的情况，从而判断它的成效和缺陷、矛盾和问题
激励功能	评价对教学过程有监督和控制的作用，对教师和学生则是一种促进和强化
调控功能	评价的结果必然是一种反馈信息，这种信息可以使教师及时的指导自己的教学情况，也可以使学生获得学习成功和失败的体验，从而为师生调整教育学的行为提供客观依据
教学功能	评价本身也是一种教学活动，在这种活动中，学生的知识、技能将获得丰富与提高，甚至产生飞跃
导向功能	评价是根据一定的价值标准进行的价值判断活动，在评价活动中，评价者常以国家、社会的价值和需要为准绳设计一套评价指标和评价标准

关于教学评价的功能，在现实语境中还一度存在"甄别功能"与"发展功能"孰优先孰重要的争论，即所谓甄别功能就是通过教学评价来判断学生的学业水平，甄别出学生的成绩优劣，从而进行优选或淘汰。而发展功能则认为评价应该是促进学生发展的教学过程的一个必要部分，评价不是一个单纯的告知环节，不仅仅是给学生一个确定的结论，而是希望通过评价能让学生更加了解自己，能够在现有的基础上谋求更为实在的发展。有关二者的

关系，卢立涛等（2006）认为，甄别与发展也并非不可融合的二元对立关系，而是相互促进、密不可分的①。

（2）翻转课堂教学模式中的教学评价框架。在教学评价的功能和类型分析中，可以清晰地看出教学评价的过程取向和发展取向，基于此，结合翻转课堂教学模式的特点，本书主要基于对诊断性、形成性和总结性评价相结合的综合评价方法，重点突出形成性评价，形成一个关注学生认知、情感、技能和行为发展的综合评价框架，在此将借助发展性评价的理念展开进一步论述和构建。

根据教学评价的功能和类型，结合发展性评价理念与方法，本书尝试构建 S-ICM 翻转课堂教学模式的评价框架，如图 3-43 所示。

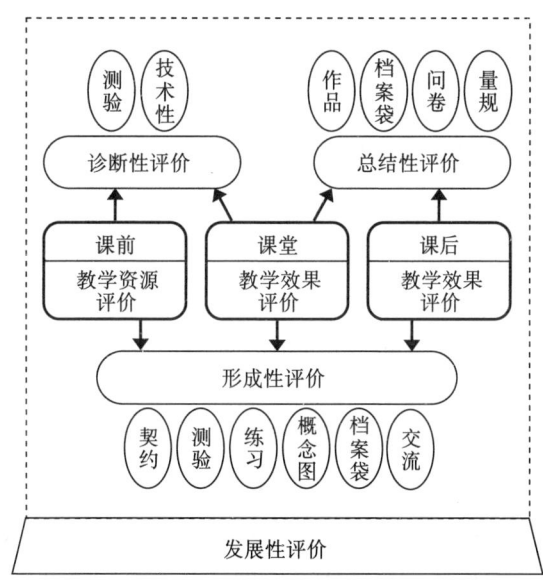

图 3-43 S-ICM 翻转课堂教学模式的评价框架

在该评价框架体系中，发展性评价作为一种核心评价理念，处于基础指导地位，决定了整体评价的价值取向和思想蕴含，即以促进学生的全面发展

---

① 卢立涛，梁威，沈茜. 我国课堂教学评价现状反思与改进路径 [J]. 中国教育学刊，2012 (6)：43-47.

为导向，定性评价与定量评价相结合，自我评价与相对评价相结合，在适当适量进行学习前后阶段的诊断性和总结性评价的同时，重点突出形成性评价即过程中的即时评价的主体地位，实现课程、教学与评价的三位一体式的构架和格局。

在课前的知识传授阶段，学生评价主体可以进行教学资源评价，如网络平台功能的易用性和可用性评价、学习材料的适宜性和难易度评价，此类评价结果可以通过平台的数据分析和汇总功能进行随时记录，可提供给教师，作为教师改进平台功能和材料质量的需求依据；同时学生也可对自身进行学习效果评价和自我效能评价，以此反映学生的学习进度以及学习效率。教师评价主体可以通过知识点学习材料中提前设置的小步子测验，来验证学生对当前材料的掌握情况，也可以通过平台提供的学习记录功能，分析学生的学习参与情况和整体学习进度。

在课堂知识内化阶段，教师可以通过学习目标的阐述，与学生之间产生一种学习契约式的学习过程，最后以目标是否达成作为评价学习效果的依据；教师可以采用随机提问、学生反馈、即时测验、当堂练习等方式，随时评判学生的学习掌握情况；教师可以通过概念图方式呈现整体知识内容结构，也可以让学生在学习之后，用概念图的方式回顾和概括学习内容，以概念图的完整性和层次性来了解学生的学习情况；教师可以在组织学生在参加讨论或其他形式的学习活动之后，进行小组汇报陈述，通过集体评议来掌握小组合作学习效果；教师也可以观察学生的反应是否敏锐、操作是否熟练、态度是否积极、参与是否踊跃等行为，选择具有代表性的一些行为表现记入学习档案袋，同时也可以记入讨论结果报告、当堂训练作品等内容。对于学生而言，依然可以对教师的教学活动的设计是否合理、活动组织是否顺畅、教学流程是否合理、教学方法是否得当等内容进行反馈式评价，以此促进教师进一步优化教学策略，完善教学方法，提高教学效果。

课后的知识迁移活动中，教师可以通过项目作品设计与展示来加深学生对所学知识的分析应用和综合创新，也可以将代表性的作品收入学习档案袋中进行保存，还可以使用调查问卷以及评价量规对学生进行整体学习效果的调研和评测，学生也可依此来进一步反馈教学效果。

3.5 S–ICM 翻转课堂教学模式评价指标体系

上文研究中,初步构建了 S–ICM 翻转课堂教学模式的评价框架,为了促进该模式的实施效果,本书将继续深入探索有关 S–ICM 翻转课堂教学模式的具体评价指标体系。在评价指标体系的构建中,除了常规课堂教学评价指标以外,还需要从以下几个方面探寻构建依据:一是翻转课堂教学模式中,课前学习依然是一种基于网络的在线学习,故而需进行相关网络学习的评价指标体系的分析;二是翻转课堂教学模式的效果评价,也应该从其上位概念——混合学习效果评价中寻找相关依据;三是本书主要是基于移动社交网络开展的,因此有必要进一步探查移动社交学习中的评价量规;四是,需要从国内外有关翻转课堂教学模式的评价指标体系中探寻通行做法和评价标准,以此为蓝本,有效构建 S–ICM 翻转课堂教学模式的评价指标体系。

3.5.1 S–ICM 翻转课堂教学模式评价指标体系的构建依据

1. 网络学习效果评价指标

Henri(1992)提出了在线学习内容分析模型框架,该模型框架包含参与性、社会性、交互性、认知水平、元认知技能五个维度,用来甄别学习者通过在线学习所达到的认知水平和参与程度[1]。

胡晓勇等(2015)在开展有关在线环境下学习者协作解决问题的效果实验研究时,从学生学习态度、团队协作状况、信息处理能力、思维发展、学

---

[1] Yang D, Richardson JC, French BF, et al. The Development of a Content Analysis Model for Assessing Students' Cognitive Learning in Asynchronous Online Discussions [J]. Educational Technology Research and Development, 2011, 59 (1): 43–70.

习支持、学习成果等方面编制了相应的五级量规进行效果实验研究①，如表 3-22 所示。

表 3-22　　在线环境下学习者协作学习行为及效果量规

类别	编号及问题
学习态度	01 在线小组成员之间能相互欣赏，彼此满意
	02 在线小组成员之间能相互信任，成员在小组中都能畅所欲言
	03 在线小组成员能够相互受益，彼此共享价值观念
小组协作	04 小组合作解决问题的方式合理、明确、科学，具有可操作性
	05 小组分工合理，成员职责明晰，在解决问题的过程中能维持成员间良好的合作关系
	06 小组有自己的成员激励措施、管理方法，在问题解决的过程中个别成员的行为出现偏差时能对其进行有效调控
	07 在问题解决的过程中，能依据各方面反馈及时调整小组解决问题的方式和行为
	08 能根据实际安排和分配时间，能在单位时间内完成相应的学习任务，解决学习问题
信息处理	09 信息来源广泛，能根据解决问题的需要对信息进行分析、甄别、筛选
	10 对已知的信息按多种标准加工，能有效地应用于实际问题的解决
思维发展	11 能对信息进行二次加工提取，不是对信息简单的堆砌，提高解决问题的能力
学习支持	12 教师能够提供更及时的学习帮助和问题反馈，指导学生解决问题
学习成果	13 达成事先设立的学习目标，解决提出的学习问题；取得相应的学习成果
	14 学习成果作品质量高，具有一定的创新与突破，有独到之处

2. 混合学习效果评价指标

柯清超（2008）认为，混合学习的评价设计中，首先必须采取多样化的评价方式，其次要注重形成性与总结性评价相结合的方式，第三要注重传统评价与基于网络的评价相结合的方式②。在此基础上，该研究依据 Kirk-

---

① 胡小勇，李丽娟，郑晓丹. 在线环境下学习者协作解决问题的策略研究［J］. 中国电化教育，2015（1）：44-50.

② 柯清超. 混合学习的评价方法——以中小学教师教育技术能力培训课程为例［J］. 中国电化教育，2008（8）：16-19.

patrick 的学习评价四层模型即学习者反应、知识迁移、行为改变和组织影响，设计开发了混合学习评价指标体系，对评价的基本过程及相关评价工具进行详细规划，具体评价设计模板如表 3-23 所示。

表 3-23　　　　混合学习评价设计模板（柯清超，2008）

教学单元名称	教学活动	评价目标	混合维度	评价工具

教学活动 [1] = 面授 - 课堂讲解 [2] = 面授 - 操作演示 [3] = 面授 - 小组讨论 [4] = 面授 - 设计活动参与 [5] = 在线 - 自主学习 [6] = 在线 - 单元测试 [7] = 在线 - 协作交流 [8] = 在线 - 作品创作 [9] = 在线 - 作品展示	评价目标 [1] = 学习者反应 　[1-1] = 目标 　[1-2] = 态度 　[1-3] = 课程内容 [2] = 知识迁移 　[2-1] = 记忆［再认、回忆］ 　[2-2] = 理解［解释、举例、分类、概要、推论、比较、说明］ 　[2-3] = 运用［执行、实施］ 　[2-4] = 分析［区分、组织、归属］ 　[2-5] = 评价［核查、评判］ 　[2-6] = 创造［创新、计划、建构］ [3] = 行为迁移 [4] = 组织影响
混合维度 [1] = 在线单元测试（在线） [2] = 学习历程分析（在线） [3] = 学习行为（在线） [4] = 学习反思报告（在线） [5] = 作品评价（在线） [6] = 态度调查（在线、面授） [7] = 作品汇报（面授） [8] = 访谈（面授）	评价工具 [1] = 网络测试 [2] = 学习历程数据 [3] = 学习论坛 [4] = 结构化电子档案袋 [5] = 开放式电子档案袋 [6] = 调查问卷 [7] = 结构化观察表 [8] = 评价量规

该模板的学习效果评价目标包括形成性评价与总结性评价两个方面，可进一步分解表述为学习者的态度、学习者的学习行为、学习者的知识迁移（运用、评价、创造）、学习者的知识迁移（记忆、理解、分析）四个维度。

3. 移动社交网络学习效果评价指标

王若宾等（2015）在深入分析移动社交网络的教学使用行为后，构建了基于移动社交网络的O2O教学模式，并设计了相应的教学效果评价量规。测量的维度包括模式新颖性、工具开放性、师生交互、生生交互、参与积极性、教师引导、师生距离、学习成就感等八个维度。评价效果显示，通过移动社交网络连接课堂学习和课外学习，不仅解决了教学过程中手机正常使用的问题，还扩展了学习的广度和深度，学生普遍认为通过移动社交网络进行线上线下学习，有着较高的学习积极性和成就感[1]。

邓凌月（2015）通过对学生在QQ群和QQ空间等社交网络环境下进行非正式学习策略的研究中，设计了社交网络环境下非正式学习评价体系，并制定了包含日志发布、阅读和评论、入选教学课件等项目的详细量化计分标准，其中日志发布包括在个人QQ空间里发布原创日志和网上搜索到的课内知识预习、文学知识类日志两大类，在日志标题、界面设计和字数等方面设置了详细评价分值；阅读和评论主要是学生阅读材料数量和发表评论的内容的质量；入选教学课件即将学生学习日志内容是否被选中在教师课件中进行展示，作为一项重要的考察评价标准[2]。

徐宏敏（2015）在有关学习者接受微信公众平台支持下混合学习的影响因素研究中，依据技术接受理论，分别界定了外部变量（包括学习者特点、技术特点、资源特点、主观规范四个因素）、中间变量（感知有用性和感知易用性）和因变量（混合学习接受度，即使用意图），构建出了微信公众平台支持下的混合学习接受度分析模型，并依据该模型进行了学习效果统计分析，分析并确认了具体的影响因素，明确指出了提高学习者的自我效能感、

---

[1] 王若宾，杜春涛，张白波. 基于移动社交网络的O2O教学模式研究 [J]. 中国电化教育，2015（12）：113 – 119.

[2] 邓凌月. 社交网络环境下中学生非正式学习策略研究 [D]. 济南：山东师范大学，2015.

设计开发优质资源、促进师生和生生间的交流互动，是实施微信公众平台支持下的混合学习的三个重要原则①。这也为相关研究中在运用移动社交网络开展效果评价提供了有力的佐证和参考。

4. 翻转课堂教学模式效果评价指标

国外学者 Brooke Morin 等（2014）运用翻转课堂教学模式在工程教育课程中，参照布卢姆学习目标分类理论，将学习过程分为低阶和高阶两个部分，即前期准备和实践应用，并对学生参与各个环节学习活动的等级类别进行了综合评价标准比例设置②，如表 3-24 所示。

表 3-24　　　　　　翻转课堂学习活动评价标准比例设置

等级类别	所占比例
课前学习准备	10%
课堂教学应用	20%
实验操作活动	21%
学术期刊阅读	3%
项目设计作品	5%
每周额外活动	3%（奖励）
即时测验	6%
期中测验	20%
期末测验	15%

同时，该研究设计开发了面向学生学习效果自我评价的测试量表，如表 3-25 所示。

该评价指标体系中，结合不同环节和阶段的具体学习活动设定了评价标准比例，具有较好的现实应用性和参考价值。同时该体系针对翻转课堂教学

---

① 徐宏敏. 微信公众平台支持下的混合学习接受度研究 [D]. 武汉：华中师范大学，2015.

② Kecskemety KM, Morin B. Student Perceptions of Inverted Classroom Benefits in a First-year Engineering Course [J]. Age, 2014 (24): 1.

表 3-25　　　　　　　面向学生学习效果自我评价的测试量表

序号	描述	方向
Q1	我能在翻转课堂学习中得到即时反馈	正向
Q2	我认为翻转课堂教学模式并未能有效利用课堂教学时间	逆向
Q3	我认为翻转课堂中教师可以更加集中于那些引起我困惑的问题	正向
Q4	我认为翻转课堂并没有有效的利用技术	逆向
Q5	我在翻转课堂教学时间内更加投入	正向
Q6	我觉得翻转课堂构建起了一个积极有效的自主学习的环境	正向
Q7	我觉得相比传统课堂，翻转课堂能促使我进行更为深度的学习	正向
Q8	我觉得翻转课堂比较适合我的学习风格	正向
Q9	我觉得翻转课堂给我带了了一种个性化学习方式	正向
Q10	我感觉在翻转课堂中无法按照自己的进度学习	逆向
Q11	我感觉在翻转课堂中随时可以按需学习的课前材料对我很有帮助	正向
Q12	我觉得翻转课堂使我对自己的学习更有责任感	正向
Q13	我觉得通过翻转课堂我成为了一个更好的自主学习者	正向
Q14	我认为翻转课堂并不鼓励我从同伴那里进行学习	逆向
Q15	我感觉翻转课堂让我培养起了终生学习的技巧	正向

的特点和结构，设置了详细测评问题，并设在其中设置了部分逆向测试问题，可以有助于客观清晰地让学生进行自我认知评判。但在评级等级指标中缺乏明确的等级分类，没有具体反映出不同教学阶段或教学结构的对应性，因而在实践中较难进行普及应用。

Rozinah Jamaludin 等（2014）在进行通过翻转课堂增强学生的学习参与意识和促进学生自主学习能力的研究中，参考了 Reeve（2013）提出的有关影响自主学习成效的四个学习投入层次[①]（即在人们普遍认同的行为、情感、认知这三维结构的基础上，进一步加入动因性投入层次即学习者对接收到的信息进行动态建构的过程），构建了通过翻转课堂教学促进自主学习的理论框架，如图 3-44 所示。

---

① Reeve J, Tseng C. Agency as a Fourth Aspect of Students' Engagement During Learning Activities [J]. Contemporary Educational Psychology, 2011, 36 (4): 257-267.

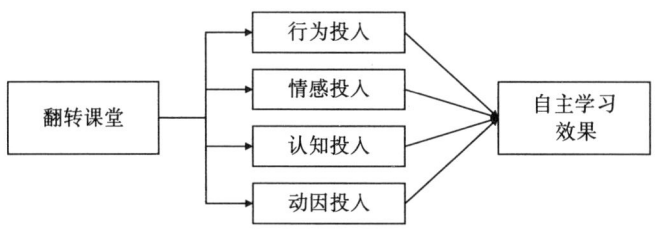

图 3-44　翻转课堂教学促进自主学习的理论框架

在此基础上，Rozinah Jamaludin 等构建了包括行为参与（Behavioral Engagement）、动因参与（Agentic Engagement）、认知参与（Cognitive Engagement）和情感参与（Emotional Engagement）四个维度的评价体系①，对于翻转课堂中有关学生对该模式引发自主学习的参与度方面的测量，提供了明确的测量维度框架，有着较好的启示意义。

国内研究中，王玥（2014）遴选了我国翻转课堂教学模式实证研究的七项典型案例，进行了比较研究。研究发现国内研究中，对于翻转课堂教学模式的教学效果的评价总体可以分为两大类：一是学生最终的笔试成绩或设计作品分数，二是对学生参与翻转学习后的主观态度的统计分析。在上述七项研究中，研究者依然使用传统课堂的评价模式，均未设计面向翻转课堂的教学评价指标体系，大多数是终结性评价，很少有关于学生进行课前、课堂和课后学习的过程性评价②。

赵海霞（2015）提出了基于翻转课堂环境下深度协作知识建构主要发展类别及问题描述③，并依据该类别表述进行了学习效果评价测量，如表3-26所示。

潘炳超（2015）在高校课堂进行翻转课堂教学实验时，根据丹麦心理学博士克努兹·伊列雷斯（Knud Illeris）教授的学习维度理论进行评价体系设计。学习维度理论认为学习至少包含三个维度的因素，即动机、内容和互动

---

① Jamaludin R, Osman SZM. The Use of a Flipped Classroom to Enhance Engagement and Promote Active Learning [J]. Journal of Education and Practice, 2014, 5 (2): 124-131.
② 王玥. 翻转课堂实证研究的总结与评价 [J]. 郑州师范教育, 2014 (2): 15-19.
③ 赵海霞. 翻转课堂环境下深度协作知识建构的策略研究 [J]. 远程教育杂志, 2015 (3): 11-18.

表 3-26　翻转课堂环境下深度协作知识建构主要发展类别及问题描述

信息处理	6	B01	信息来源广泛,能够围绕主题和任务,有目的地从多种途径获取信息,善用权威信息,并能根据需求对信息进行信息深度加工(分析、甄别、筛选、综述等)
	7	B02	对已知的信息按多种标准加工和深度加工,能有效地运用于实际问题解决,推进思维发展
思维发展	8	C01	不是对信息的堆砌,而是能进行二次加工、实现信息的再生产,提高解决问题的能力
学习共同体	9	D01	学习共同体成员能承担、互信、互助,有民主和协作意识和氛围,能进行多样化观念共享、有效交流和对话,形成高质量反思、批判性分析和高水平的整合的文化环境,相互受益
	10	D02	小组有共同体意识、目标和群体动力,把多样性当作优势,并且整合跨学科的工作,深度理解多元并现的认知冲突,协商论证有理有据,均衡推进知识、认知、观念改进
	11	D03	问题设置合理,形成激励措施、管理方法,任务具体明确,分工合理,成员职责明晰,通过协作研究整合,形成创作或解决方案,群体绩效高
	12	D04	成果作品展示、跨组协作、反思、批判、建构钻研、多元评价、应用创新,实现群体知识与集体智慧,促进社会——元认知方向的提升和超越
学习支持	13	E01	在线课程中有支持知识建构的网络资源、内容、学习指导和协作工具等
	14	E02	辅导教师采用不同的策略(奖惩、支架、反思和小组相互评价等),提供及时的学习帮助、引导和问题反馈
学习成果	15	F01	达成事先设立的个体、团队学习目标,建设性地解决问题,取得相应的学习成果,最终形成群体公共知识
	16	F02	小组学习作品质量高,具有一定的创新与突破;勇于继续强调协作作用下的知识转化、智慧产品和知识创新、知识迁移

维度,其中动机维度提供学习过程发生所需的心理能量,包括感觉、情绪、动力与意志等,如图 3-45 所示。通过该维度既可保持学习者的学习心理平衡,也可以培养对个体对学习环境的敏感性;内容维度主要关注学习什么的问题,除了知识和技能,也包括观点态度、洞察力、价值观、行为选择、方法策略等;互动维度则帮助学习者建构起学习的社会性维度,即个体与其所

处的社会性环境之间的互动,既有周边人际交往,也有社会环境互动①。潘炳超结合学习维度理论,基于对"以学为中心"理念的认同,同时考虑到学习所处的社会情境主要指向教师,确定了"教学模式对教学效果影响的调查问卷"的四个基本维度,分别从"学习动机与态度""学习内容与资源""学习环境与活动"及"教师的行为表现"方面设置了22级具体评价指标②。

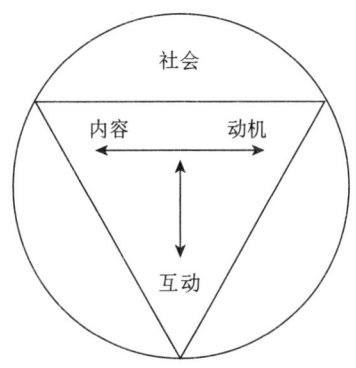

图 3-45　Knud Illeris 的学习维度理论

图片来源:潘炳超.翻转课堂模式应用于高校教学的实验研究[J].电化教育研究,2015(3):83-88.

翟雪松等(2015)认为,翻转课堂教学模式包括交互平台、网络课堂、基于问题解决学习等活动的面授课堂三个板块,对于整个翻转课堂教学模式的质量评价体系需要全面地囊括这三个方面。基于此,该研究结合 TAM 技术接受模型,构建了翻转课堂学习者满意度假设模型并编制了相应评价问卷,评价设计包括了学习者期望、交互平台易用性、交互平台有用性、在线课堂易用性、在线课堂有用性、面授课堂交互性、学习者感知价值、学习者

---

① (丹)克努兹·伊列雷斯.我们如何学习——全视角学习理论[M].孙玫璐,译.北京:教育科学出版社,2010.
② 潘炳超.翻转课堂模式应用于高校教学的实验研究[J].电化教育研究,2015(3):83-88.

满意度等八个维度,用以全面客观地分析学习者对翻转课堂教学模式的满意度[1],如图3-46所示。研究结果指出,感知质量是学习者满意度的最重要的因素,只有把提高学习者的学习效率放在首位,同时提高各个环节的质量才能提高学习者参与翻转课堂学习的满意度。

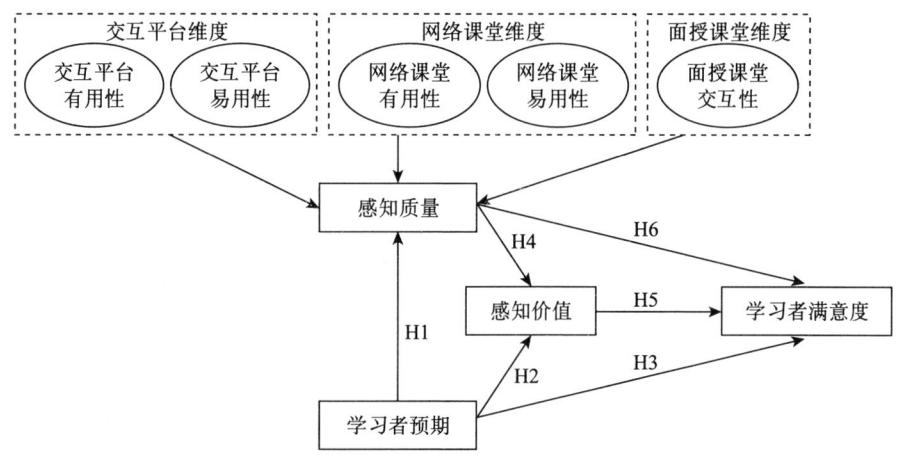

图3-46 翻转课堂学习者满意度假设模型

李晓文(2015)同样构建了翻转课堂教学满意度模型,模型中的具体标识变量,均是学生在翻转课堂教学模式下对学习过程感知的描述,并对翻转课堂学生满意度评价进行了结构方程模型分析[2]。在结构方程模型分析中,采用最大方差法实施正交旋转,将标识变量的个数精简为14个,并提炼出了五个主要的成分因子,如表3-27所示。

3.5.2 S-ICM翻转课堂教学模式评价指标体系构建

本书基于上述评价指标体系的构建依据,进一步采用德尔菲(Delphi)方法进行S-ICM翻转课堂学习效果评价指标体系的构建。德尔菲法是一

---

[1] 翟雪松,尹吉明,林莉兰. 结构方程视角下我国翻转课堂满意度模型构建[J]. 高教探索,2015(5):65-72.

[2] 李晓文. 翻转课堂的学生满意度评价研究[J]. 高教发展与评估,2015(3):98-105,116.

第 3 章
S-ICM 翻转课堂教学模式理论原型的构建

表 3-27　　　　　结构方程模型分析的旋转成分矩阵

	成分				
	课程特征	教学设计	师生互动	学习平台	学习资源
该课程采用翻转课堂教学模式后更有吸引力					
翻转课堂提供了更优质、有效的学习环境					
该课程采用翻转课堂教学模式后的学习效果更好					
翻转课堂让我与老师的交流更多，关系更近					
翻转课堂让我与同学的交流互动更多					
我的学习困惑会得到老师的及时回应					
课程学习过程中各项学习任务明确、学习量和难度适中					
每次翻转课的课堂教学活动都建立在我们课前学习的基础上，课堂设计针对性强					
我能积极主动地投入学习，每次翻转课我都做好了充分的课前准备					
网络应用增加了我和老师、同学之间的交流机会					
支持课程教学的网络课程学习平台使用便捷、高效					
翻转课堂教学可以使我更自主地安排学习时间					
教学视频能代替传统的老师课堂讲解，有效支持我自主学习					
老师提供的视频、课件、测验等各类自主学习资源很丰富					

种凭借多名专家的知识、经验和分析能力而同时避免专家的意见相互干扰的预测及决策方法，该法自 20 世纪 60 年代由美国兰德公司提出以来，被广泛地应用到各个领域的综合评价实践中[①]。该方法的实施流程一般为：①按照研究所需，确定相应行业领域范围内的若干专家，人数可根据研究的大小和涉及面的宽窄而定，一般不超过 20 人；②向所有专家采用单独通信方式，提出所要分析的问题和要求；③各专家提出自己的预测分析意见，并说明分析预测的方法和过程；④笔者收回各专家第一轮判断意见，进行汇总后形成汇总意见，分发给各位专家，为专家的修改提供参考；⑤收集所有专家的修改意见，再次汇总后发给各位专家，进行第二轮修改。最后，依照上述模

---

① 徐蔼婷. 德尔菲法的应用及其难点 [J]. 中国统计，2006 (9)：57-59.

式，逐轮收集意见和反馈，一般需经过 3~4 轮，直到所有专家意见趋于一致，不再修改为止[①]。

本书采用德尔菲法构建 S-ICM 翻转课堂学习效果指标体系的过程如下：

首先，广泛借鉴移动社交网络以及微信应用于学习的评价方法和维度、混合学习评价内容和工具、翻转课堂教学效果评价的量规设计，初步设计开发了 S-ICM 翻转课堂学习效果评价量规。其中，整体满意度维度的测评，主要是依据技术接受模型的分析框架，从教学模式和应用平台两个方面，分别进行感知有用性和感知易用性方面的评价设计；在具体的学习效果评价维度中，根据学习投入层次理论和学习维度理论，设计了认知、技能、情感、行为、交互五个维度，并在每一维度中，参照相关评价量表设置了详细的测试题目作为二级指标。

其次，根据初步指标体系编制了专家意见调查表，在征得国内有关移动社交网络学习和翻转课堂教学模式研究领域内的 10 位专家的同意以后，以电子邮件的方式，将专家意见调查表分别发送给各位专家，并对指标设计思路和相应依据做了说明，恳请各位专家根据自己的意见进行修改。

然后，对专家的反馈意见进行汇总后再次发送，进行意见征集。在这个过程中，有专家就整体满意度中的二级指标设置提出了归并和调整意见，也有专家对学习效果评价的维度提出了修改意见，认为交互维度可以融入其他几个维度之中去体现，而没有必要单独设置维度，还有专家就个别具体指标的表述的严密性和逻辑性提出了修改意见等。

在经过三轮次的意见征询之后，各位专家认为给评价指标体系基本完善，再未提出新的修改意见。本研究对专家修改意见在详细分析和汇总之后，最终形成了"S-ICM 翻转课堂教学模式学习效果评价指标体系"，如表 3-28 所示。

该指标体系共分为学习者对教学模式的满意度、认知维度、情感维度、能力维度和行为维度五个一级指标，除整体满意度指标外，其余四个一级

---

① 刘学毅. 德尔菲法在交叉学科研究评价中的运用 [J]. 西南交通大学学报（社会科学版），2007（2）：21-25.

第 3 章
S-ICM 翻转课堂教学模式理论原型的构建

表 3-28　　S-ICM 翻转课堂教学模式学习效果评价指标体系

一级指标体系	二级指标体系		指标描述	评价方法
学习者对教学模式的满意度	翻转课堂学习整体满意度	价值感知	喜欢翻转课堂这种教学模式	问卷；访谈
			喜欢在教学中融入微信等新媒体技术	
		质量感知	对通过微信进行的翻转学习过程很满意	
			对通过微信进行的翻转学习效果很满意	
	移动社交网络的学习应用满意度	易用性	能收藏和归类微信里感兴趣的或重要的信息	
			能分享和转发微信里感兴趣的或重要的信息	
			能经常在微信里发布的学习感悟	
		有用性	考虑使用微信的更多功能来促进学习	
认知维度	整体认知		通过课前微信平台的学习，能掌握一些基础性知识	测试；问卷；访谈；电子档案袋；平台数据分析
			通过课堂上和课后多种活动对知识的理解和应用更为深入	
	记忆和概念		能清晰地回忆起所学知识	
			能在现实中找到所学知识的多种表现形式	
			能用自己的理解描述出相关知识的定义	
			能对所学知识体系进行整体概括	
	理解		能用自己的语言或图表形式来描述展现所学知识	
			能对某一事物进行举例说明或深入阐释	
			在所学知识领域内对某一事物的状态趋势进行推断或预测	
	应用		能在复杂情境中辨析出某一事物的组成要素或主次问题	
			能运用适当的原理或技术来解决现实问题	
	评价		能对复杂问题进行结构分析或析因分析	
			能对不同事物进行比较分析、把握差异	
	综合		能通过假设和验证来对新问题提出合理的解决方案或思路	
			能对创造性地对已有解决方案进行优化改造	
情感维度	自觉主体性		感觉获得了老师更多的关注	问卷；访谈；电子档案袋；平台数据分析
			在学习中有一种是学习的主人的感觉	
			感觉能够自主安排学习进度和计划	
			愿意花更多的时间和精力进行学习	
	合作交流性		很享受通过课前学习后在课堂与老师同学讨论的体验	
			在集体中的自存在感越来越强	
			乐意和同学一起合作完成一个项目或任务	

续表

一级指标体系	二级指标体系	指标描述	评价方法
情感维度	认同分享性	接受并认可这种学习方式	
		认为这是一种适合的方式	
		愿意继续坚持下去	
		愿意把这种学习方式推荐给他人	
能力维度	自主学习	时间观念和自控能力得到了加强	问卷；访谈；电子档案袋；平台数据分析；作品分析
		自主学习能力得到了加强	
	实践应用	动手操作能力得到了加强	
		分析思辨能力得到了加强	
		问题解决能力得到了加强	
	社交参与	与沟通表达能力得到了加强	
		人际交往能力得到了加强	
		合作参与意识得到了加强	
	创新能力	创新意识和创新能力得到了加强	
行为维度	自发主动	在课前遇到问题会主动搜索相关知识	问卷；访谈；电子档案袋；教学观察
		在课前遇到问题会主动通过微信向别人请教和交流	
	积极参与	在课堂上会积极思考	
		在课堂上会积极发言	
		在课堂上会积极参加各类活动	
		在课后会回顾所学知识	
	深入反思	在课后会独自或和他人一起完成学习任务或项目设计	
		在课后会主动思考更为深刻的问题	
		在课后会尝试运用所学知识来解决问题	

指标的设置主要是依据本研究在前期分析中构建的翻转课堂教学模式的教学目标整体分类框架，从认知、情感、能力和行为四个方面进行评价。

1. 满意度

在学习者对教学模式的满意度评价指标中，包括两个二级指标，一是对该教学模式的总体满意度，分别用感知质量和感知价值两方面的问题来表征；二是对移动社交网络平台的满意度，分别从平台易用性和平台有用性两

第 3 章
S-ICM 翻转课堂教学模式理论原型的构建

个层面来评价。

2. 认知维度

认知维度的二级指标首先设置了整体认知程度的评判，然后主要依据本研究前期构建的翻转课堂教学模式中的认知领域教学目标，将认知领域的目标层级由低到高，划分为记忆和概念、理解、应用、评价、综合五个二级指标，并分别用描述性语言进行具体表示。

3. 情感维度

由于人们的情感较为内隐和多变，因此对情感维度的测量相对较难，在具体的二级指标设置中，主要从以下几个方面进行梳理：一是依据翻转课堂教学模式的核心理念即以学生为中心，培养学生学习的自主性，体现学生对学习的主体性；二是强调师生交互和同侪互助，增强学生的交互意识，在广泛交流中凸显其社会存在感和社会参与意识；三是考察学生对该模式的内心接纳程度以及由此引发的分享观念。

4. 能力维度

在能力维度的指标设置中，本研究参考相关研究成果，对学生的多元学习能力进行了较大范围内的覆盖和汇集，主要用来观测学生各种能力，如时间观念和自控能力、自主学习能力、动手操作能力、分析思辨能力、问题解决能力、沟通与表达能力、人际交往能力、合作参与意识、创新意识和创新能力等方面的综合表现提升情况，在此基础上将能力维度的二级指标具体划分为自主学习、实践应用、社交参与和创新能力四个层次。

5. 行为维度

行为维度主要评价学生在经过 S-ICM 翻转课堂学习之后，其外在行为表现的变化和反应，既可以通过对学生自身的调查和访谈进行分析，也可以通过学生学习电子档案袋和教师的教学观察来评判。该维度主要通过自觉性、主动性和深入性三个二级指标来评价学生参与学习以后的行为效果。

第 4 章
S-ICM 翻转课堂教学模式的迭代修正

本章概要

本章采用基于设计的研究方法,经过三轮迭代研究,对 S-ICM 翻转课堂教学模式进行了实践验证和逐步修正。在此过程中,具体选用"缺陷分析"的设计研究模式,每一轮研究包括目标计划、实施观察、反思评价、模式修正四个环节,并形成了具体的三阶翻转课堂教学模式,教学设计方案、课前知识传授活动流程环节、参与式教学设计机制、学习效果评价方式,系统建立了翻转学习平台。经过经过迭代循环,修正了 S-ICM 翻转课堂教学模式的理论原型,并经细化分解,形成了一整套具体详细的分阶段模式和实施方案,从而构建起了 S-ICM 翻转课堂教学模式的整体谱系框架。

本章脉络结构

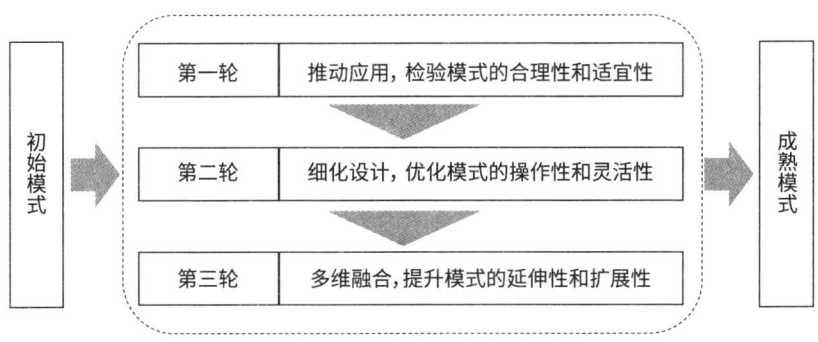

第 4 章
S – ICM 翻转课堂教学模式的迭代修正

实践是检验真理的唯一标准。任何思想的火花或者行动的纲领，只有放诸于广泛而真切的实践中，进行进一步的检验修正，才能趋于完善和成熟。上文结合国内外移动社交网络和翻转课堂教学模式的理论基础与既有模式，借助教育学视野中的教学模式构建方式原则，在广泛考察翻转教学平台的应用效果基础上，通过理论思辨和模式推演，初步构建出了 S – ICM 翻转课堂教学模式的整体框架，并对其分析模式和要素关系进行了理论层面的探讨分析，这些都为模式的实践验证奠定了良好的理论基础和原初模型。本章在既有研究的基础上，进一步开展 S – ICM 翻转课堂教学模式的迭代修正研究，以期在实践中进一步完善该模式的教学设计方案、流程框架和实施细则，同时，在实践中不断修正模式、验证效果、总结规律，通过反复迭代和不断更新，从中探索出适合运用移动社交网络来促进大学翻转课堂教学模式的策略框架，也为下一章策略体系的构建提供充分的数据支撑和效果依据。

任何模式的修正完善，都需要科学的研究方法做以支撑。本研究采用基于设计的研究方法，对 S – ICM 翻转课堂教学模式进行三轮次的迭代循环研究，以达到不断迭代更新、趋于完善的目的。

4.1 基于设计的研究概述

基于设计的研究（Design – Based Research）也被称为设计性实验、设计性研究或者发展研究、开发研究和形成性干预等，在教育技术研究领域，它首先是一种研究范式，相对哲学思辨研究范式、实证主义研究范式、人文主义研究范式和多元综合研究范式四种基本研究范式，基于设计的研究是一种新型研究范式。本研究的总体研究范式正是基于该范式进行研究总体方案设计和篇章结构布局。其次，基于设计的研究也是一种具体的研究方法，是研究者、设计者和实践者在一定的理论指导下，在真实情境中共同分析和鉴定具有普遍性的教育问题，综合运用多种研究方法，通过分析、设计和实验的迭代循环来完善实际问题的解决方案和发展理论①。

基于设计的研究主要是根据来自实践的反馈不断改进直至排除所有的缺陷，形成可靠而有效的设计，进而实现理论和实践双重发展，其研究的核心要素是教育干预的设计、实施、评价和完善②。研究认为，教育干预既可以是将现有的工具、模式稍加调整改变，也可以对全新的工具、模式，通过迭代循环不断修正，使其在实践中得以完善。根据教育干预的缺陷分析完善过程，可将该设计研究模式界定为"缺陷分析"模式③，如图4-1所示。

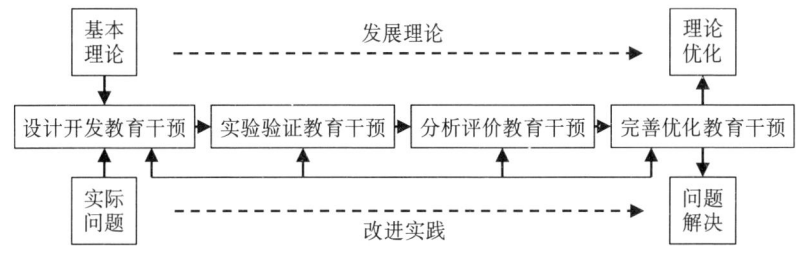

图4-1 基于设计的研究的一般过程

基于设计的研究的主题在于"设计"和"研究"，其中，"设计"面向的是真实学习的真实情境中的创新与改变，众所周知，学习系统是个较为复杂的交互生态系统，它包括学生要解决的问题或要完成的任务，还包括学习材料、学习工具、学习环境、学习支持系统等，教师则需预测这些要素在促进学习的过程中的综合效用，对于教学要素的合理规划和有效组织进行设计。该研究中的"设计"具有三方面的特性：第一，设计是有目的的，而且是创造性的；第二，设计是可扩展的；第三，好的设计是循环迭代的。这种迭代设计的思想对于检验所涉及的模式干预是十分关键的。"研究"则针对设计后的操作实施所带来的进展与改变而言，包括对教学实践过程的深入观

---

① 张屹，周平红. 教育技术学研究方法（第二版）[M]. 北京：北京大学出版社，2013：189.
② 张文兰，刘俊生. 基于设计的研究——教育技术学研究的一种新范式[J]. 电化教育研究，2007（10）：13-17.
③ 张屹，周平红. 教育技术学研究方法（第二版）[M]. 北京：北京大学出版社，2013：200.

测和详细记录，以及对教学效果的分析及持续优化，通过反复迭代形成理想的教学实践效果。在这个过程中，也会随之形成相应的理论用于指导实践，以期为后续或他人的相关研究提供理论借鉴与实践指导。因此该研究中的"研究"具有以下特点：第一，研究具有真实问题针对性；第二，研究注重形成性的进程，关注每一关键要素的设计以及实施结果。因此这种研究是"设计"与"研究"的综合体，将设计的思想贯穿于研究的整个过程之中，又将研究结论反馈到设计之中，检验设计是否合理有效。这种寻求设计缺陷并不断改进的方法，已得到我国教育技术界研究学者的认同。

据此，本书将选用基于设计的方法，对前期通过理论演绎构建起来的 S-ICM 翻转课堂教学模式进行多轮迭代和修正完善。

4.2 研究总体方案设计

4.2.1 研究的总体规划

据此，结合本书研究的实际需求和现实条件，借鉴相关模式验证修正的研究方案（谢幼如，2009[①]；刘颖，2011[②]；陈彦飞等，2013[③]；袁艺丹，2016[④] 等）对本书的总体研究进程和阶段实施构想规划如下，即结合上文所陈的经过理论推演初步构建出的 S-ICM 翻转课堂教学模式理论原型，通过三轮迭代循环研究，经过不断的修改和完善，形成较为成熟的大学课堂教学

[①] 谢幼如. 网络课堂协作知识建构模式研究 [D]. 重庆：西南大学，2009.
[②] 刘颖. 基于设计的研究在《现代教育技术》实验课中的运用 [J]. 现代教育技术，2011 (8)：55-59.
[③] 陈彦飞，李琴. 基于设计的研究方法在教学实践中的应用 [J]. 长春理工大学学报，2013 (1)：164-165.
[④] 袁艺丹. "基于设计的研究"在音乐教育研究中的运用 [J]. 当代教育与文化，2016 (1)：86-90.

模式,并在研究过程中,通过采用不同教学策略,不断积累和深化具体的教学策略的实施范围和路径。三轮迭代设计研究可总体规划如图4-2所示。

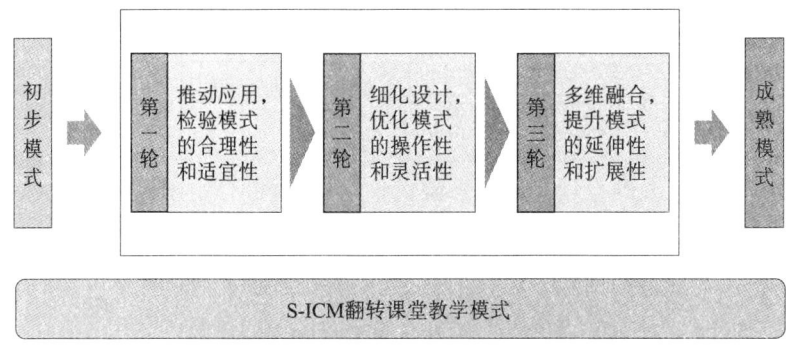

图4-2 基于设计的研究的总体规划

4.2.2 研究的总体目标

本书基于设计的研究的总体目标是探究S-ICM翻转课堂教学模式的科学性和严谨性,包括移动社交网络用于翻转课堂教学模式的适宜性、模式中各要素之间的关系设置的合理性、模式中各分项模式之间的阶段联结的紧密性,以及教学活动组织实施策略的丰富性和效益度,在教学实践中发现模式存在的问题,逐步修改完善模式的有效性,提高操作性,提升扩展性,继而优化实施策略,总结推进规律,最终形成具有一定参考价值和推广意义的理论成果。

根据研究内容的实际需求和开展研究的基础条件,本书将开展三轮迭代循环,每一轮次的具体的目标分别为:

第一轮研究目标:推动应用,检验模式的合理性和适宜性;
第二轮研究目标:细化设计,优化模式的操作性和灵活性;
第三轮研究目标:多维融合,提升模式的延伸性和扩展性。

4.2.3 确定实验班级与实验内容

为了便于开展研究,考虑到教学基础设施条件的均衡、教学资源的便捷

第 4 章
S-ICM 翻转课堂教学模式的迭代修正

易得以及笔者与教学人员的及时沟通交流,本书将选择在 L 大学的两门课程中对应的授课班级开展研究,自 2014 年 9 月起,为期一个学期,具体教学班级及教学内容分配如表 4-1 所示。

表 4-1　　　　　　　　实验班级与实验内容

授课班级	专业	教学内容	教师	课时
13 级网媒班	网络与新媒体	计算机 3D 技术	D 老师	27
13 级网媒班	网络与新媒体	网站运营与管理	D 老师	27
13 级选修班	经管类各专业	新媒体导论	L 老师	12

其中《计算机 3D 技术》和《网站运营与管理》是网络与新媒体专业的专业基础课程,《计算机 3D 技术》侧重于实践操作,《网站运营与管理》侧重于理论探究,《新媒体导论》是面向全校的公共选修课,全校各个年级、各个专业的学生均可通过教务网络管理系统在线自主报名选修。因此,这些实验班级和实验内容既考虑了教学内容上理论与实践课程的不同侧重点,也涵盖了多个年级与专业的不同学生群体,具有一定代表性。

在确定实验班级与实验内容的前提下,经笔者与教学人员进行充分沟通,初步确定了三轮研究的具体内容计划,如表 4-2 所示。

表 4-2　　　　　　　　三轮研究内容计划表

研究阶段	起止时间	研究样本		研究目标	研究任务	研究课时
		班级	内容			
第一轮研究	2014 年 9 月~10 月	13 级网媒班	计算机 3D 技术:3D 打印技术	开展初步的应用,检验模式的有效性	1. 帮助教师熟悉 S-ICM 翻转课堂教学模式的初步模式;2. 帮助学生熟悉通过移动社交网络参与翻转学习的方式;3. 通过课堂观察、调研访谈、教师反思等方式,首先重点验证移动社交网络用于翻转课堂教学模式的适宜性,同时验证模式中各要素之间的关系设置的合理性、模式中各分项模式之间的阶段联结的紧密性,以及教学活动组织实施策略的丰富性和效益度,分析问题及其原因,提出修正方案	9
		13 级网媒班	网站运营与管理:网站运营基础			9
		13 级选修班	新媒体导论:新媒体概述			4

续表

研究阶段	起止时间	研究样本		研究目标	研究任务	研究课时
		班级	内容			
第二轮研究	2014年10月~11月	13级网媒班	计算机3D技术：3D打印机	细化设计与实施，优化模式的操作性	1. 针对第一轮的问题和需求进行反思，修正设计思路；	9
		13级网媒班	网站运营与管理：网站运营之自助建站和电商平台		2. 细化模式中各个环节的设计和实施方案，进一步优化流程和步骤，使其更具操作性；	9
		13级选修班	新媒体导论：大数据与云计算		3. 开展阶段测验，进一步分析师生的教学需求存在问题和原因，提出修正方案	4
第三轮研究	2014年11月~12月	13级网媒班	计算机3D技术：3D打印趋势	进行多种模式的借鉴融合，提升模式的扩展性	1. 针对第二轮出现的问题和需求进行反思，修正设计思路；	9
		13级网媒班	网站运营与管理：网站推广：搜索引擎优化、微信营销、软文与网络广告推广		2. 进一步借鉴和融合多种相关有效教学模式的理念和思路，提升本模式对于不同学科不同内容的扩展性和适用性；	9
		13级选修班	新媒体导论：数据新闻		3. 总结提炼本模式实施的内在规律，形成涵盖模式各个要素环节的实施策略框架	4

4.2.4 开展研究的前期准备

1. 平台构建

进一步优化微信公众平台建设，面向师生开展微信公众平台的使用介绍，建立班级微信群，使参与实验的教师熟悉微信推送文章发布和后台数据查阅。

2. 技术学习

进一步提升微视频摄制编辑水平，同时开展关于页面编辑、图形图像处理、信息图制作等相关技术的研究学习。

3. 理论培训

对参与研究的教师进行移动社交学习、翻转课堂教学模式的理论与相关教育研究方法等方面的初期培训。

4. 内容选定

指导教师根据研究需要进一步优选教学内容，形成具有一定指向性和代表性的研究专题，并制订专题教学方案和研究方案。

5. 教学设计

指导教师开展 S-ICM 翻转课堂教学模式的教学设计，并对教学设计方案经过反复论证和修改。

4.3 第一轮研究——检验模式的合理性和适宜性

4.3.1 目标计划

（1）帮助教师熟悉 S-ICM 翻转课堂教学模式的初步模式；
（2）帮助学生熟悉通过移动社交网络参与翻转学习的方式；
（3）通过课堂观察、调研访谈、教师反思等方式，首先重点验证移动社交网络用于翻转课堂教学模式的适宜性，同时验证模式中各要素之间的关系设置的合理性、模式中各分项模式之间阶段联结的紧密性，以及教学活动组织实施策略的丰富性和效益度，分析问题及其原因，提出修正方案。

4.3.2 实施观察

1. 教学模式理念的引介和释疑

（1）面向参与实验研究的教学人员。首先，为了更好地推动研究的开展，在研究开始之前的准备工作中，向相关教学人员开展了有关翻转课堂教学模式的培训和推荐，主要介绍该模式的发展历史和现状趋势、特征内涵和主要做法，在教学中应用移动社交网络的典型案例和成功经验等。根据培训反馈结果，从参与培训的教学人员中遴选了具有如下特征的人员参与研究：

①对传统教学方法的弊端和不足有着较为深刻的认识，并有采用新型教学模式开展教学、改变教学现状的强烈意愿；

②对信息技术在教育教学中的应用有着较为丰富的经验，有良好的信息技术素养，能够在教学过程中熟练掌握和运用 PPT、PDF、视音频等多种多媒体技术和教学媒体；

③对教学改革研究的相关理论有着较为深刻的理解，基本掌握基于设计的研究法的实施程序和操作要点，并能配合研究中的课堂观察，进行及时的教学反思总结，提出自己的理解和观点。

其次，组织参与研究的教师开展关于翻转课堂教学模式的集中学习。为了提高学习效果，使前期没有接触过该模式的教师能够在短时间内既能获得理论知识上的提升，又能得到相关教学案例的感性认识，笔者向所有参与实验研究的教师推荐了相应的学习材料，一是有关翻转课堂的论文专著，二是由中国大学 MOOC 提供的在线课程《翻转课堂教学法》。

中国大学 MOOC 是由网易与高教社合作联合推出的在线教育平台，是国内影响较大的在线 MOOC 教学平台。而《翻转课堂教学法》正是其中一门深受学习者喜欢的在线课程，该课程由北京大学数字化学习研究中心的汪琼教授带领的团队建设而成，旨在"揭秘翻转课堂教学法背后的教学原理，分享成功实施翻转课堂的经验和秘诀"①，课程辅以视频讲解、文字简介、课程讨论和操作演练，比较适合一线教师从头开始学习翻转课堂教学模式，如图4-3、图4-4所示。

图 4-3 研究前的学习材料——专著论文

图 4-4 研究前的学习材料——在线课程

图片来源：http://www.icourse163.org/learn/pku-21016?tid=1001582011#.

通过学习，参与研究的教师比较系统地了解了移动社交网络融入教学的可行性，初步掌握了翻转课堂教学模式的教学原理、实施法则、核心要义和

---

① 翻转课堂教学法 MOOC 学员手册 [EB/OL]. www.icourse163.org/learn/pku-21016.

施行要点。随后，笔者通过访谈和教师个人总结，参与研究教师基本形成了以下几点共识：

①"随着移动网络和移动手机的基本普及，学生对移动社交的应用已经非常普遍，利用各类课余时间，进行随时随地的阅读学习，正成为一种趋势。所以针对学生使用手机的问题（包括在课堂上），与其堵不如疏，可以充分利用学生对手机的"依赖或沉迷"，正面引导其合理利用课余时间积极开展碎片化学习，也不失为一种有效的办法……"

②"微信已经不止是一种交流工具，它构建的微信公众平台可以发布由制作者精心设计的内容，既可以是视频，也可以是图文并茂的学习材料，使用者可以订阅任何自己喜欢和感兴趣的内容，可以在推送出来的第一时间进行阅读，也可以在不便阅读的时候先收藏起来随后阅读，另外还可以进行群组交流和个人单独交流，便于及时沟通，应该可以用来进行师生对话和互动答疑……"

③"翻转课堂主要就是将原来课后用来作业练习的时间，前移置课堂中解决，而课堂讲授的时间，前移置课前，由教师发布视频或文字的学习材料，学生先行阅读学习。这样既能避免课堂讲授过多指导过少的问题，有助于基础较弱的学生跟上全班的教学进度，也能通过多种活动激发学生的学习兴趣。国内外已经有很多成功的案例，应该可以引入大学的课堂教学中，改变现在这种'教师满堂灌、学生记笔记'的现状……"

通过上述访谈可以认识到，参与研究的教师基本接受了运用移动社交网络进行翻转教学的初步模式，通过在线 MOOC 课程学习，体验到了"在线视频学习"的流程和模式，针对如何制作视频、如何发布学习内容也有了直观的感受，此外，通过对国内外实施案例的观摩研习，也树立了开展翻转课堂教学的信心和兴趣。当然，所有这些前期学习的效果还必须经过课堂教学实践来进一步提高认识，但为最关键的一点是，参研教师对翻转课堂所反映出的教育思想和教学理念有了比较清晰的认识，即"以学生为中心""教师要从'讲坛上的圣人'这样的课堂教学的权威讲授者转变上升为学生学习的组织者、帮助者和指导者"等。总之，教学结构的翻转只是形式，教师观念的真正翻转，才是翻转课堂教学模式的关键之处，在这一点上来看，研究初期针对参与研究的教师的学习活动,基本达到了预期的目的,也为后续教学实践活动的开展,奠定了良好的思想认识基础。

(2) 面向参与翻转学习的学生。为了全面了解参与研究实验班级学生的基本状况和学习意愿,笔者设计了相应调查问卷进行调研。问卷内容设计时参考了《调查问卷的设计与评估》、CNNIC、艾瑞、凯度等问卷设计的原则和设置,涵盖移动网络和移动设备的使用情况、移动社交网络的使用情况、现有教学模式的认知情况以及参与翻转学习的意向情况等四个部分。问卷共计发放 200 份,其中有效问卷 185 份。

在关于移动网络和移动设备的使用情况的调查中,笔者设计了是否拥有可上网手机、使用手机频率、时长、地点等基础问题,目的在于整体掌握学生是否具有利用移动设备通过移动社交网络参与翻转学习的网络环境和硬件条件,以此奠定在大学生中推行 S-ICM 翻转课堂教学模式的前提基础。调查情况如图 4-5~图 4-8 所示。调查数据显示,首先,所有参与调查的大学生均配有手机,其中手机能够实现移动上网功能的占比为 97.30%,其余为手机不具备上网功能或未开通网络服务,可见目前大学生配备智能上网手机的现象非常普遍,手机已经成为现代人进行人际沟通及自我娱乐的日常必需品,这一现实情况也为研究的顺利开展奠定了良好的用户基础。其次,在使用手机上网的频率和时长的调查中,超过七成的学生会使用手机每天多次上网,有近 65% 的学生每天上网的时长超过 1 小时,其中有 12% 的学生每天上网时长甚至超过了 4 小时。从这里也能看出学生对使用手机上网的依赖和迷恋程度。在使用手机上网地点的调查中,绝大部分学生都会选择在宿舍、教室及其他闲暇时所处场所上网,但调查显示也仍有相当比例的学生会在课堂时间使用手机上网,这其中的原因是多方面的,一是部分学生自控能力差,会在教室内上课期间不时使用手机上网聊天、刷微博、看新闻、玩游戏,也有部分学生是出于对所讲内容不感兴趣或教师讲授呆板枯燥而感到无聊才使用手机。在这一点上,需要教师因势利导,在提升授课水平、改进教学方法的同时,引导学生将使用手机与教学活动有效结合起来,实现课堂教学效果的最优化。

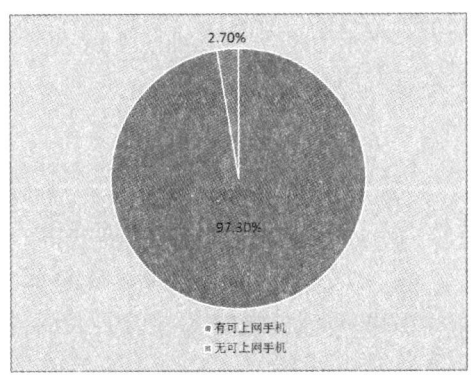

图4-5 大学生拥有可上网的手机情况

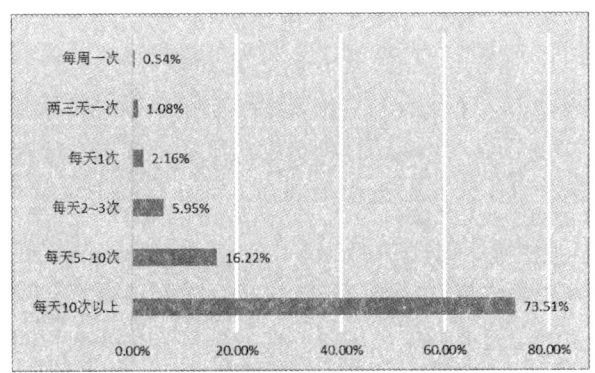

图4-6 大学生使用手机上网的频率情况

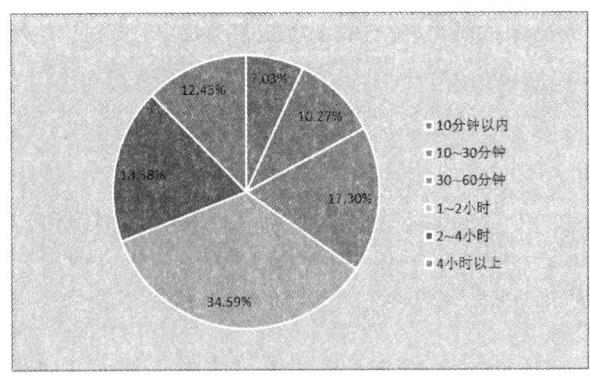

图4-7 大学生使用手机上网的时长情况

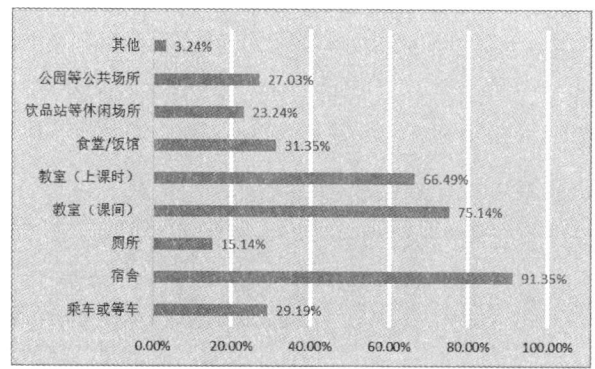

图4-8 大学生使用手机上网的地点情况

在对大学生使用手机进行的各种具体应用的调查显示，使用手机进行交流沟通显然是手机的主流应用，在所有应用中使用率位列第一。其中，手机社交聊天也即即时通信类应用成为主导，占比为86.8%，社交网站、微博等传统社交应用的使用率相对较低，移动社交逐渐向单一应用聚合，如图4-9所示。不论是在现有常见的社交应用中，还是在具体的即时通信应用中，微信的使用率与QQ、微博、人人网等应用相比明显居高，占据了绝对优势，如图4-10所示。同时，数据显示，大学生对于使用手机进行信息搜索和新闻资讯等信息获取的应用需求分别为76.4%和71.2%，明显高于音乐、视频、游戏等娱乐项目，这显示出大学生群体对于即时搜索获取知识和对感兴趣的咨询信息的热衷与渴望，在这一点上，专门利用手机进行在线学习的状况则不尽如人意，仅为29.6%。这也说明现代大学生对知识的需求是多元化的，除了专题学习APP和在线学习网站的学习外，更乐意通过开展自我感兴趣的内容接触和掌握，这既是碎片化学习的基本形式，也是自我综合素质提高的有效途径。这种大学生随时随地进行多元学习的高需求和传统在线学习平台的低关注之间的不平衡，也对学校教育提出了新的要求，既需要学校特别是教师进一步转换教学理念，同时也要提供更多的能够支持大学生自主学习的平台和途径。

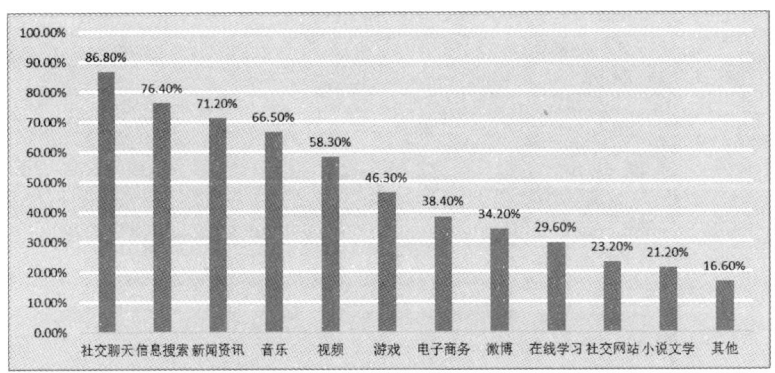

图 4-9　大学生对各类手机应用的使用率情况

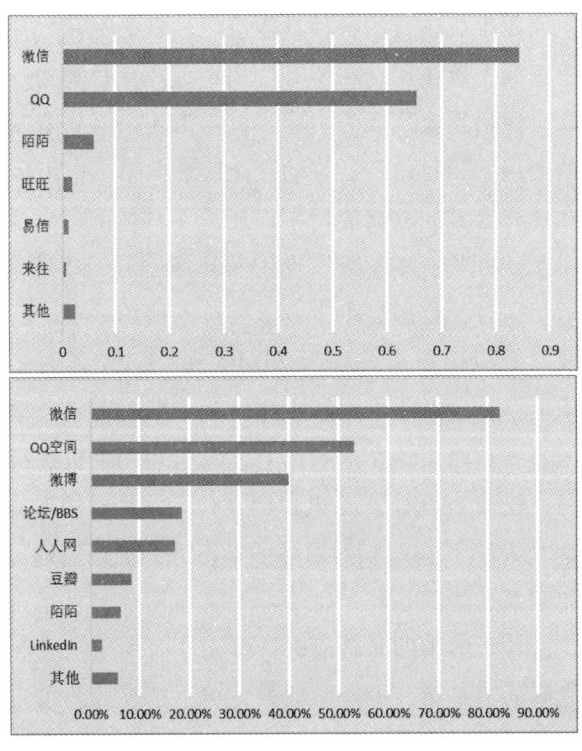

图 4-10　大学生对各类手机社交应用的使用率情况

在后续有关微信具体功能的应用调查中,数据显示大学生对微信的几个核心功能即聊天沟通、微信公众号和朋友圈情有独钟,其中在微信公众号的订阅方面,学生们对通过公众订阅号推送的文章资讯的阅读兴趣相对较高,进一步印证了上文所述大学生对于随时随地的泛在学习的接受程度,如图4-11所示。同时由于调查对象是新闻类专业学生的缘故,学生们普遍关注媒介传播类的微信公众号,这与其他社会成年人对养生保健、财经分析等内容的关注有着明显的区别,如图4-12所示。

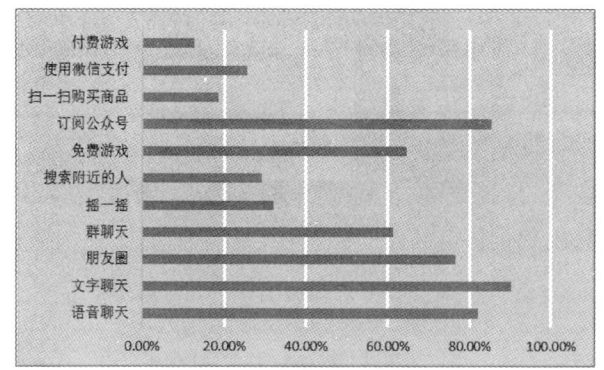

图4-11 大学生对微信功能的使用率情况

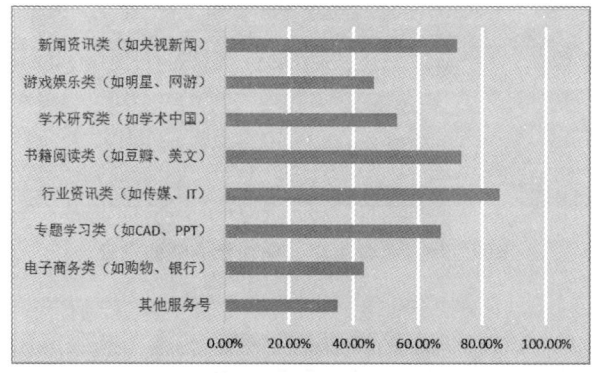

图4-12 大学生对微信公众号的订阅情况

通过上述调查,对于大学生在学习生活中使用手机的基本状况有了整体的认识和判断,从大学生的学习需求中可以看到他们对手机的依赖程度已经远远超过我们想象,同时大学生使用手机获取信息的行为已成常态,这也为运用移动社交网络推进翻转课堂教学模式寻找到了牢固的应用基础和现实根基。

在对大学生利用手机进行移动学习的访谈中,学生普遍反映较少参与,而对于翻转课堂教学模式则闻之甚少。笔者又开展了学生对目前教学状况看法和感受的调查如图4-13所示。调查显示,学生对目前其所参与的教学活动总体较为满意,但在对教学活动实施效果的调查中,则表现出了较为明显的倾向,即超过六成的学生认为,目前教学活动中存在以下需要改进的问题:理论讲授多,实践实习少;教学内容讲授较为枯燥,难以激发学生的兴趣;内容较为落后,适用性不强;期末考试所占权重比例过大,考核方式不尽合理;教学方法单一,学生参与度低等。而在关于学生所期待的教学状态的调查中,学生也进而表现出了如下期许(如图4-14所示):理论讲授少些,实践操作多些;组织多种课堂教学活动形式;能在不明白时得到及时的指导;能充分利用现代信息技术;能多些职业项目任务实战演练等。

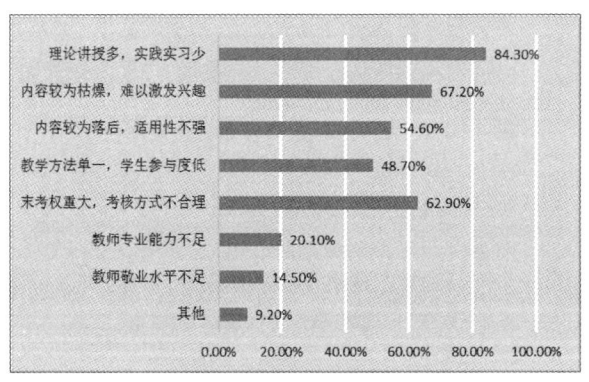

图4-13 大学生对教学现状的认知情况

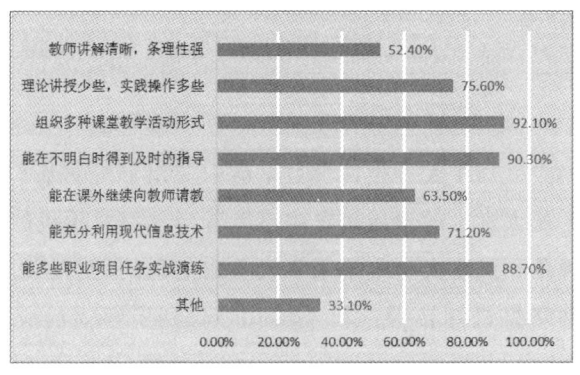

图4-14 大学生对教学改革的期许情况

第4章 S-ICM 翻转课堂教学模式的迭代修正

以上调研数据反映出学生总体上对于课堂教学活动的多样性、教师的实时指导、尽量多地参与实践练习而不是接受单一讲授式教学等方面的要求和期望。而这些也正与翻转课堂教学模式所隐含的教学理念相吻合。因此，笔者继而尝试使用微信公众平台，推送有关翻转课堂介绍的视频、文字和信息图，向参与实验的学生进行模式说明和推广，如图4-15~图4-17所示。

图 4-15 翻转课堂视频介绍

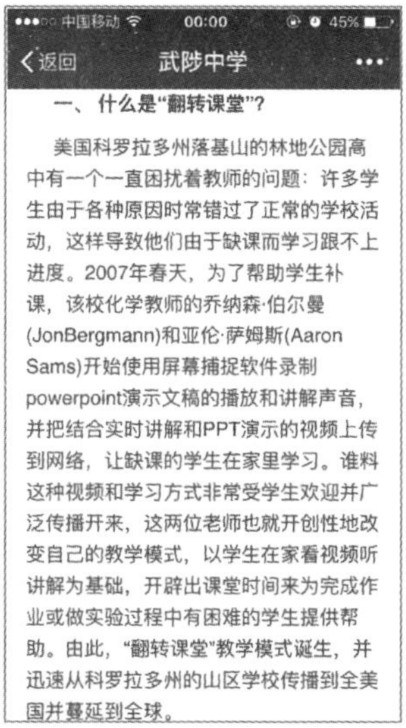

图 4-16 翻转课堂文本介绍

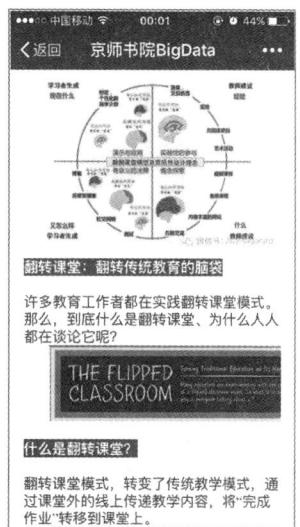

图 4-17 翻转课堂信息图示

通过上述推介和宣讲，学生初步了解了翻转课堂教学模式的特点和优势，在随后的调查和访谈中，大部分学生表现出了对参与翻转课堂教学模式的兴趣，基本形成了以下几种观点和想法：

① "翻转课堂会改变传统课堂中'教师讲学生听'这一普遍现象，值得期待。但这是产生于美国的一种教学方法，我们已经习惯于上课听做笔记然后参加考试的模式了，不知道我们能不能适应这种方法……"

② "翻转课堂中能有更多的时间得到老师的单独指导，而且能和同学们充分交流，而且还能通过多种活动来加深对学习内容的理解和掌握，应该会是一种比较好的教学方法……"

③"通过微信公众平台来推送学习内容,的确比较新鲜,这样就可以在上课以前,在自己方便的时候学习一些基础知识,然后带着问题和想法到课堂上参与老师组织的活动,效果应该会比较好……"

于此,笔者通过多种方式,对参与研究的师生进行了模式的推介和释疑,使其在形成初步感性认识、明确教学理念和教学思路、了解教学方式和流程的同时,也对该模式产生了一种积极的期待和良好的愿望,这样就从思想观念和认识水平上,对 S-ICM 翻转课堂教学模式的顺利实施,形成了良好的基础氛围,有助于推进该模式在广泛实践中得到进一步的成熟和完善。

2. 教学设计思路的选择和形成

在解决了翻转课堂教学模式的引介和释疑后,笔者组织参与研究的教学人员开展了详尽的教学设计。

(1) 教学设计方案的选择。在国内外相关研究中,学者们先后推出了多种教学设计模型,如迪克-凯瑞(Dick&Carey)模式、肯普(Kemp)模式,以及美国培训与发展协会(ASTD)推出的 ADDIE 模式,麦瑞恩博尔(Merrienboer)和戴吉克斯特拉(Dijk-stra)建立的四要素教学设计模式(4C/ID)等。大多数模型都是假定采用系统化的程序能够使得干预(涵盖产品、项目、资源、过程、人员和相关内容)更为有效。设计和开发应当被构想为线性的,或者同时发生的反复或递归的过程,这个过程中所整合的研究活动,为设计过程的改进与迭代提供给养。大多数模型的描述都包括了分析(Analysis)、设计(Design)、开发(Develop)、实施(Implement)、评价(Evaluate)这几个核心要素,即 ADDIE,各要素之间的关联如图 4-18 所示。一旦开发过程开始,这五个核心要素即彼此关联地发挥作用,并不断修订完善,直至设计过程结束[①]。

---

① J. Michael Spector, M. David Merrill, Jeroen Van Merrienboer &Marcy P. Driscoll. 教育传播与技术研究手册 [M]. 3 版. 任友群,焦建利,刘美凤,等,主译. 上海:华东师范大学出版社,2011:832.

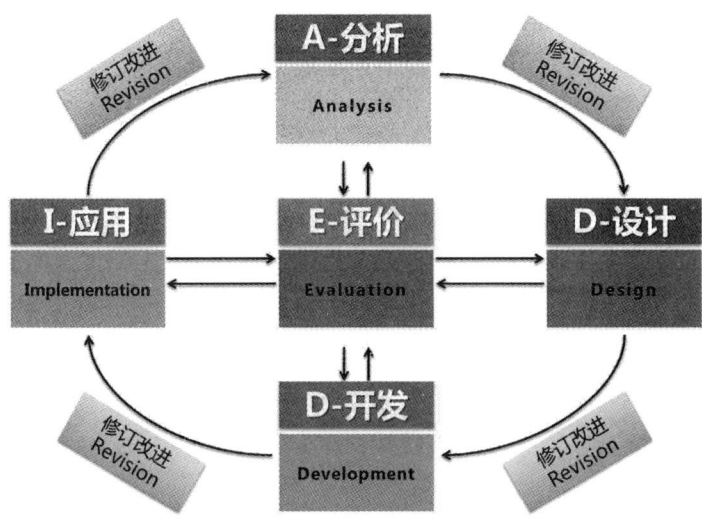

图 4-18 ADDIE 教学设计模型关键要素

我国学者何克抗教授根据国外有关文献资料和国内的实践经验,系统地总结出了以"学"为中心的教学设计方法与步骤[①]:教学目标分析、学习情境创设、信息资源设计、自主学习设计、协作学习环境设计、学习效果评价设计和教学模式设计。纵观上述七个方面的流程,从其本质来看,与 ADDIE 模式具有极高的相似性,即在确定目标以后,进行了包括情境、资源、活动和环境的设计与开发,然后通过实际教学模式的实施达到全面应用的效果,这其中,各个环节都会涉及效果评价,而最终教学效果的实现,也正是教学设计的初衷所在。故而,有关以"学"为中心的教学设计理论对于翻转课堂教学模式中的教学设计有着强烈的启示作用和指导意义。

同时,国内有关翻转课堂教学模式的教学设计研究中,也还存在以下几个方面的扩展。钟晓流等(2013)在分析了教学设计的发展演变、翻转课堂的含义特征以及实践案例后,构建出一个太极环式的翻转课堂模型[②],在初始的教学设计阶段,主要是基于对教学目标、教学对象和教学内容的分析,

---

① 徐晓东. 信息技术教育的理论与方法 [M]. 北京: 高等教育出版社, 2004: 158-159.
② 钟晓流, 宋述强, 焦丽珍. 信息化环境中基于翻转课堂理念的教学设计研究 [J]. 开放教育研究, 2013 (1): 60-66.

制作课程内容、设计教学活动和教学环境,进行整体教学设计,以此作为翻转课堂教学发生的基石。应该说这个教学设计模式与上述两种有代表性的教学设计是一脉相承的,在具体的教学环节设计上,融入了翻转课堂的教学元素,也值得借鉴和参考。陈怡等(2014)构建了包括课前和课中两个部分的翻转课堂教学模型,并据此进行了系统的教学设计,其中课前包括教师制作发布教学资源,学生自主学习,教师分析学习情况几个部分,课中具体包括合作探究阶段、个性化指导阶段、巩固练习阶段、总结点拨阶段和反馈评价阶段等几个阶段[①]。该模式重点突出了在课堂教学活动的有序组织上的环节和阶段设计,具有一定的现实参考价值。吕晓娟(2015)依据学生的不同学习力要素对翻转课堂教学设计的需求分析,详细列举了翻转课堂教学设计的相关教学事件[②],依据知道是什么、明白为什么和学会怎么用的逻辑路径,将课前的在线学习与课中的在场学习有机结合起来,将课程呈现的范式从"内容+学生+讲授者"转变为"问题+问题解决者+指导者",强调学生学习力水平的发展,构建出了包括课前、课中、课后三个阶段的翻转课堂教学设计方案,与本研究中所设计的翻转课堂教学模式更为接近,为本研究的教学设计方案的确定,提供了有效的理论支撑和实践导向。

(2)教学设计方案的形成。据此,本书在广泛研习了国内外相关教学设计方案后,结合本研究的实际情况,初步决定借鉴中国大学 MOOC 提供的在线课程《翻转课堂教学法》中的教学设计模板,以此模板为蓝本,融入本研究所采用的"课前知识传授+课堂知识内化+课后知识迁移"三阶段的翻转课堂实施思路,对其进行优化改造,最终形成了如表 4-3 所示的翻转课堂教学设计范本,以供各个参与研究的教学人员,结合各自课程教学实际情况,开展系统而全面的教学设计。

[①] 陈怡,赵呈领. 基于翻转课堂模式的教学设计及应用研究 [J]. 现代教育技术,2014(2): 49-54.

[②] 吕晓娟. 基于学生学习力的翻转课堂教学设计 [J]. 电化教育研究,2015(12): 98-102.

第 4 章
S-ICM 翻转课堂教学模式的迭代修正

表 4-3　　　　　　　翻转课堂教学设计模板

课程名称		教学内容 （专题）	
该内容总课时	（假设课文共讲 5 讲）	翻转课时	（如：仅第 3 讲）

一、学习内容分析
（这个教学内容在整个学期的授课时节，在学科知识中的位置。这堂翻转课教学内容特色、难点、重点）
二、学习目标分析
（只写本堂翻转课的学习目标，怎样判断学生是否达到了目标？）
三、学习者特征分析
（只写本堂翻转课学生对学习内容的准备情况及可能出现的问题）
四、课前任务设计
（只写本堂翻转课学生课前要做的准备，要完成的任务及算分方式，教师提供的资源内容、形式，至少一个可访问的教学视频的地址）
五、课上任务设计
（写出一节课如 45 分钟的教学流程，包括活动序列，每个活动形式和用时，每个活动所需的资料，对活动成效的评价方式和评价量规，应变候选方案）
六、课后任务设计
（写出课后组织学生开展的延伸探究性的活动或任务，既可以是对课堂问题的深入思考，也可以是结合课堂所学知识进行实践应用的作品和项目等）
七、教学设计反思
（在此解释你对这堂翻转课教学设计的用心之处）

注：表格来源：http://www.icourse163.org/learn/pku-21016?tid=1001582011#/learn/content?type=detail&id=1002011313&cid=1002086988，根据研究需要略加改动。

3. 教学设计方案的细化和设置

参与研究的教学人员在对翻转课堂教学设计经过系统深入的研习和探索

后，结合课程教学的实际情况，分别设计出了相应的教学设计方案。现选取《计算机 3D 技术》课程中有关 3D 打印技术的学习专题，详细阐述该教学设计方案的具体细节设计和活动设置。

(1) 课程总体情况。《计算机 3D 技术》作为网络与新媒体专业的专业基础课程，目的在于培养学生扎实牢固的计算机文化素养和媒体从业能力，通过系统学习面向网络与新媒体方向的计算机 3D 技术，理论阐释与应用案例相结合，课堂讲授与实践操作相结合，使学生全面了解计算机 3D 技术的术语概念、技术原理、发展趋势、应用领域等理论知识，系统掌握 3D 建模技术、数字雕刻技术、3D 扫描技术、3D 打印技术、3D 贴图绘制技术、3D 显示技术、Web3D 技术、3D 虚拟交互技术等实践技能，从而进一步拓宽学生的专业视野，增强学生对网络与新媒体领域的专业认知，为后续计算机应用类课程的深入学习打下良好的基础。

3D 打印技术作为《计算机 3D 技术》课程的核心章节，按照教学计划安排，每周授课 6 课时，总体授课时数为 12 课时，共分为四个专题：

①3D 打印基础

包括《3D 打印之概述》《3D 打印之原理分析》《3D 打印之发展历程》《3D 打印的应用领域》等内容。

②3D 打印机技术

包括《什么是 3D 打印机》《3D 打印技术》《3D 打印材料》等内容。

③3D 打印应用案例

包括《3D 打印汽车》《3D 打印飞机发动机喷嘴》《3D 打印航天器部件》《3D 打印精彩案例》《3D 打印与 Cosplay》《3D 打印与美食》《3D 打印与建筑行业》《3D 打印时尚手表》等内容。

④3D 打印的隐患与反思

包括《3D 打印：我没有那么完美》《3D 打印的十大隐患》《3D 打印：我的未来不是梦》《4D 打印：你的能量，超乎你想象》等内容。

下面以 3D 打印应用案例专题教学内容为例，详细阐述该专题的翻转课堂教学设计。

(2) 学习内容分析（如表 4-4 所示）。

第 4 章
S – ICM 翻转课堂教学模式的迭代修正

表 4 – 4　　　　　学习内容分析——3D 打印应用案例专题

一、学习内容分析
3D 打印应用案例是在学生学习了 3D 打印原理和 3D 打印机的构造和材料之后，引导学生从 3D 打印在各个行业领域的具体应用案例中进一步掌握 3D 打印的影响范围和对未来社会制造业领域的革命性影响，同时也对 3D 打印的隐患和反思，做好前期铺陈和积淀。 　　特色：本堂翻转课的特色在于展示丰富的 3D 打印的应用案例资源，学生可以通过视频、文字和动态图示集中了解 3D 打印的应用现状。 　　难点：本堂翻转课的难点在于如何从具体案例引导学生对 3D 打印原理和 3D 打印实现技术的回顾，判断不同案例具体应用了何种打印方法和打印材料。 　　重点：本堂翻转课的重点在于用已学知识对实际案例进行深度解读。

　　通过学习内容分析，可以看到，本堂翻转课在该专题的学习架构中处于承上启下的关键节点，也是从理论学习走向实践应用的必要环节。课程学习中准备了大量丰富素材资源，但教学的重点并不在素材资源的展示和呈现，而是要引导学生通过观看视频、动态图示等资源，对已学知识中有关 3D 打印的成型技术如熔融沉积快速成型技术（FDM）、立体印刷技术（SLA）、选择性激光烧结技术（SLS）等进行深入了解和掌握，因此需要在课前学习任务和课堂教学活动上进行有效的策略设计和实施。

（3）学习目标分析（如表 4 – 5 所示）。

表 4 – 5　　　　　学习目标分析——3D 打印应用案例专题

二、学习目标分析
课前学习目标：通过浏览查看 3D 打印系列应用案例，体会 3D 打印的精彩和特殊之处，分析和总结 3D 打印的行业应用分布现状。 　　课堂学习目标：通过课堂中教师引导下进行的案例分析和深度解读，了解每一 3D 打印案例的实现方法，同时深入思考使用该方法的必要性或合理性，根据自己的理解提出其他具有可能性的方法和材料，从而加深对 3D 打印原理和成型技术的理解和掌握。 　　课后学习目标：结合课堂案例分析，继续探寻 3D 打印在其他未提及领域的应用案例，并尝试运用所学知识和方法进行分析，并在班级微信群中进行讨论。

本堂翻转课学习目标的设置，涵盖了课前学生自主学习课程资源、课中教师指导开展相关学习活动，以及课后由学生群组开展进一步探究活动，三个阶段与本研究设计的教学模式相对应，充分利用微信公众平台发布学习资源，由学生在班级微信群中展开讨论，并且每一阶段的目标设置都与下一阶段的学习活动相衔接，基本上体现出了 S-ICM 翻转课堂教学模式的基本要求。

（4）学习者特征分析（如表 4-6 所示）。

表 4-6　　　　学习者特征分析——3D 打印应用案例专题

三、学习者特征分析
学生在学习本节内容之前，已经初步掌握了 3D 打印的原理和实现技术，但是对于各种具体的成型技术和打印材料只是停留在理论认识的层面，并无具体实际案例的接触，故而学生在观看课前学习材料时，未必能确切了解其对应的原理知识，需要教师在课前通过微信群里的讨论情况，掌握学生的学习进度，从而有效调整课堂教学方案。 学生通过微信平台在课前查看学习资料的行为习惯还未完全养成，还需要教师在课前学习中采取多种手段进行督促检查。 学生作为网络与新媒体专业的学生，对前沿信息技术比较感兴趣，平时关注较多，需要在探究问题设计上突出新颖性和拓展性。 课堂学习中，由于 3D 打印技术是较新的技术，因此在案例分析时可能会存在某一个问题一时无法寻找到确切的正确答案的情况，教师需要因势利导，将其与课后探究活动结合起来，把学生的思考和探索不断引向深入。

本课程面向网络与新媒体专业学生开设，学生的构成以文科学生居多，在既往的教学过程中存在着不太重视作业练习，但整体思维比较活跃，课堂讨论发言比较积极主动的特征。这些特征既对课堂教学组织提出了更高要求，同时也反映了课前知识传授任务能否按时完成存在一定的问题。其次，本课程属于专业基础课，3D 打印又是比较新颖的技术，学生出于对专业基础课的重视和对 3D 打印技术的好奇，可能会在课堂学习中提出一些意想不到或偏离课堂的问题，这需要教师在课前做好充足的准备，引导学生积极参与课堂教学活动，进行有效和深度学习。

第4章
S-ICM 翻转课堂教学模式的迭代修正

（5）学习任务设计（如表4-7所示）

表4-7　　　学习者特征分析——3D打印应用案例专题

四、课前任务设计

1. 学生需主动加入班级微信群，并积极参与讨论。

2. 学生在收到微信公众平台推送的学习资料后，需根据自己的时间安排进行全面阅读浏览，至少于开课前一天完成自主学习。

3. 学生在阅读过程中必须回答相关测试题目，如"3D打印技术是否能够打印房屋"，并在微信公众平台中进行回复答案。

4. 学生在自主学习中遇到不懂或难以理解的问题，需要及时发布在班级微信群中，与其他学生以其开展讨论

5. 学生对感兴趣的材料可以加入学习收藏夹中，也可以通过微信朋友圈进行转发。

6. 对于无手机或手机未接入移动互联网的学生，可以联合其他学生一起学习，也可使用学校提供的校园网账号，在学校机房或宿舍电脑上，登录微信网页端或PC版进行学习。

五、课上任务设计（2课时，总体100分钟）

活动序列	教师活动	学生活动	教学方式	教学资源	时间设计
课前检测	教师列出简单检测题目： 1. 目前3D打印已经覆盖了哪些行业领域？ 2. 有哪些还未涉及？	思考检测题目并参与回答	提问	PPT	5
辅导释疑	教师对检测问题的回答情况总结讲解，并集中解答学生课前学习中存在的问题	听取讲解并深入思考	讲授	PPT	10
案例分析	教师对课前学习中具有代表性的3D打印汽车案例进行详细分析，重点结合3D打印原理和实现技术进行串讲	听取讲解并回答问题	讲授 提问 展示	微信平台	15
小组讨论	教师进行学生随机分为7组，每一组分析一个案例，重点讨论其实现原理和技术，教师逐一参与各组讨论，并就疑难问题进行引导解答	参加分组讨论，发表各自观点，由小组长引导讨论并汇总观点	分组讨论		15

续表

活动序列	教师活动	学生活动	教学方式	教学资源	时间设计
小组汇报	教师组织各小组长逐一上台汇报讨论结果，并组织全班参与评判性探讨	小组长汇报结果，组员参与全班探讨			10
深入探究	教师总结小组发言后，继续提出拓展性问题： 1. 能否用3D打印机打印出另外一台3D打印机？ 2. 3D打印机能打出一个带有吊灯的房间模型吗？	参加分组讨论，发表各自观点，由小组长引导讨论并汇总观点	分组讨论	微信平台手机网络	25
小组汇报	教师组织各小组长逐一上台汇报讨论结果，并组织全班参与评判性探讨	小组长汇报结果，组员参与全班探讨			15
课堂总结	教师总结探究性问题的讨论情况，并结合存在的疑惑，布置课后学习任务	听取讲解并深入思考	讲授	PPT	5

六、课后任务设计

1. 学生继续对课堂中两个深度探究问题进行延伸探究，分别针对两个问题完成小组分析报告；
2. 学生通过网络或微信公众号的搜索功能，进一步查询3D打印的更多案例；
3. 学生思考3D打印的未来发展会有什么趋势？是应该持乐观还是悲观态度？为什么？

4. 教学活动过程的组织和实施

（1）组建班级和专题微信群（如图4-19所示）。教师组建班级微信群，组织全体学生加入微信群，通过微信群发布课程教学通知信息，组织学生参与课程讨论，也可用来分享资源链接，引导学生开展自主学习。此外也可组建不同人员参与讨论的专题微信群，便于小组集中讨论，待取得一致意见后再参与班级微信群讨论。

第 4 章
S-ICM 翻转课堂教学模式的迭代修正

图 4-19 组建班级微信群和专题讨论微信群

(2) 制作发布学习资源（如图 4-20 所示）。

    第一界面   视频呈现   图形图像   文图混排

图 4-20 微信公众平台发布的课前知识传授材料

教师广泛搜集 3D 打印在各个行业领域的经典案例，经过分类汇总后，在微信公众平台中进行发布。

本期推送的学习资料共分 8 个篇目，列举了 3D 打印在汽车制作、航空航天、食品工业、建筑行业、娱乐游戏等领域中的一些典型案例。通过这些案例的学习，可以使学生对 3D 打印产生更加直观的主观感受和切中实际的深层感悟，也会对继续学习 3D 打印产生浓烈的兴趣和热情。

在学习材料设计之中，也考虑到了学生浏览阅读不深刻、不思考的问题，在相应篇章中，结合微信公众平台的回复推送功能，设计出了"阅读后提问、回复后解答"的环节，有效促进了学生课前参与学习的积极性，如图 4-21 所示。

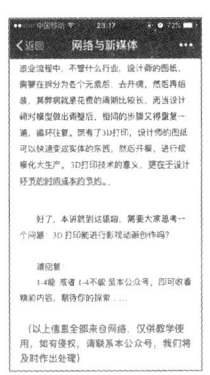   

  提问界面   回复界面   回复内容   具体呈现

图 4-21 微信公众平台回复—推送功能的应用

  （3）组织课堂知识内化。在课堂教学过程中，教师基本上按照课堂教学设计方案来组织教学，按照时间流程完成了课前检测、辅导释疑、案例分析、小组讨论、深入探究、小组汇报和课堂总结几个序列阶段。教师在这个过程中摒弃了以往满堂讲授的方法，而是采取了提问、组织小组讨论、辅导答疑、引导探究等多种教学方法。教师首先利用简单的检测题对学生的课前学习情况进行了大体回顾，这些检测题基本都是对课前学习材料的总结提炼，并带有适当的发散特性，这样做一是可以根据学生的回答，掌握班级整体学习进度，二是可以引发学生对所学知识的回忆和再组织，三是通过发散性问题充分调动学生进行课堂深度学习的积极性。随后教师对问题回答情况进行总结，并针对课前学生普遍反映较有难度的问题进行集中讲解答疑。接着教师通过微信 WEB 端在教室投影上放映有关 3D 打印汽车案例进行详细分析，重点结合 3D 打印原理和实现技术进行引导启发式串讲。课堂学习活动的前三分之一阶段的教学活动主要集中在发挥教师的主导作用，即通过环环相扣的教学流程，逐步呈现出本节课的核心内容，对后续学生主导的小组讨论和合作探究活动做好铺垫。在后续的学习活动中，教师先后抛出两组问题，第一组是对教学内容的深化探讨，通过小组讨论的方式对其他3D打印案例进行分析，然后小组长汇总全组观点上台汇报讨论结果。教师总结后继续提出两个更具拓展性的问题，这需要学生对已学知识高度概括后进行合理有效的推测和探究才能切入答案的核心。在这一环节，教师允许学生使用手机登录移动互联网进行信息检索，也可以使用微信提供的搜索功能，重点搜索含有相关内容的公众号或文章，以此来提升学生深入探究的效率和效果。最后教师针对学生对所探究问题的汇报进行总结，并布置课后练习作业。

（4）开展课后知识迁移。在课后，学生对课堂上未讨论完成或探究不够深入的拓展性问题，继续开展探究学习活动，这种学习活动既可以以学生个体单独思考的方式进行，也可以自行组建随机小组，如按宿舍划分或依兴趣组合，通过专题微信群开展学习。最终需要对所列问题进行深入分析后，提交探究学习报告，并完成其他案例检索观看的相关学习任务。

5. 教学观察小结

笔者在整个教学设计思路的选择、教学方案的制定和教学过程的组织中，始终与教学人员一起参与拟定和落实各个环节的具体活动。在课前，指导并参与了微信学习群体的组建、微信学习素材的制作、微信公众平台的信息发布等活动，在课堂教学中，作为观察者的身份，全程参与了课堂学习活动，一是观察教师对教学设计方案的落实和推进情况，二是观察学生在不同阶段的参与情况。这期间，笔者作为旁观者在观察教学活动组织的过程中，也在不断进行师生角色互换的设想，即如果我是教师该怎么实施、如果我是学生会不会积极参与等，亲身感受翻转课堂的教学场景，深入体验翻转课堂教学的学习氛围。在课后的探究学习活动中，笔者加入了其中一个小组的专题讨论微信群，观测了学生之间探讨交流的过程，并最终查阅了全班的探究学习报告。在整个观察过程中，结合第一轮研究的主要目标，笔者主要从以下几个方面体察教学模式的效果是否明显、措施是否得当：一是教师是否适应采用翻转课堂模式进行教学？教学过程组织是否合理？教学活动设置是否合理？二是学生是否适应通过移动社交网络进行自主学习与合作探究学习？如何确保课前知识传授材料的丰富度和完整性？三是该翻转课堂教学模式中各要素之间的关系设置是否合理性？四是模式中课前、课中和课后几个阶段之间的联结是否紧密？五是教学活动组织实施策略是否丰富？教师和学生的教与学的实际效果如何？

4.3.3 反思评价

1. 参与研究的教师反思

参与研究的教学人员的反思主要通过两方面来进行，一是教师个人进行教学总结、书写教学反思日志，二是笔者对教学人员进行访谈，了解其切身感受和内心体会。通过以上两方面的反思工作的梳理和汇总，可将主要观点总结如下：

（1）积极效果。首先，教师通过实际参与，对翻转课堂教学模式有了比较深刻的认识，也体会到了翻转课堂教学的积极效果：

①教学心理方面。教学过程相比以前的单纯讲授，授课时的紧张情绪有所缓解，即只要在课前设计好课堂活动方案，按照时序流程逐步推进即可，不必整堂课费心费力地全盘讲授。

②教学反馈方面。由于学生基本上在教师课堂授课前已经自主学习了相应的学习材料，即使不是理解很透彻，但也能对本堂课需要学习的内容有大致的了解和整体的把握，所以在课堂提问和其他活动中，学生的反馈回应比较积极，也会增长教师教学的自信心和成就感。

③教学交互方面。在以往的教学过程中，教师的课堂时间基本全部用于讲授，很少有时间和学生进行充分互动交流。采用翻转课堂教学模式后，教师可以参与学生的小组讨论，也可以针对单个或小部分进展较慢学生进行单独辅导和答疑解惑，在小组汇报中，教师可以同全班学生一起，就某一个观点或话题开展辩论式交流，在课外学习活动中，教师可以通过微信群与学生进行在线交流，这种交流包括文字、语音和视频等多种方式，有利于教师进一步通过师生间的互动，掌握学生的学习进展和学业水平。

④教学效果方面。从课堂教学过程中学生的发言和小组汇报情况来看，

学生对于基础知识的掌握比较充分，能够对相关案例进行有效分析，分析结论也与正确答案比较接近。在课后知识迁移任务中，学生的探究报告所列的原因解析和设计方案总体质量较高，有个别作品甚至超出了已学内容的范围，无论在深度还是广度上均较好地实现了课堂教学目标，学生的整体学习效果良好。

（2）疑惑意见。教师通过亲自参与设计和实施翻转课堂教学，在教学过程中也在不断总结反思，对 S–ICM 翻转课堂教学模式也提出了以下疑惑和意见：

①课前知识传授状况。教师普遍反映，翻转课堂中教师不再集中讲授课程中的基础内容，而是由学生在课前通过自主学习的方式来获取，但是教师无法了解和掌握学生课前知识传授的状况，如果学习不参加课前学习或学习不深入，就会影响后续课堂教学效果，导致无法按照时序推进课堂教学活动。因此在教学设计中，需要通过一定的手段和方式，强化对学生课前学习的检查和督促。

②学习资料设计制作。教师普遍习惯课前制作多媒体课件（或沿用历年版本），在课堂上逐页讲授，但对于如何制作微信公众平台上适合的推送文章还比较陌生，整体制作开发进度较慢且质量不高。同时，采用个人录制视频讲解时，也会存在面对镜头产生紧张情绪，不能有效发挥正常水平；录制环境大多是在家中、背景和照明条件不易满足；家用摄像头清晰度不高，后期视频剪辑软件操作烦琐等问题，导致自我摄制的视频影像整体效果不好。

③课堂知识内化组织。课堂知识内化是教师引导学生进行知识深层次内化的主要场合，因此，教学活动是否适当合理，是课堂教学成功与否的关键。目前的教学设计中，所用到的教学活动基本是以"小组讨论——汇报交流"的模式为主，在实施初期会收到较好的效果，但是如果每节课都只有这种模式容易引起学生的兴趣衰退甚至疲劳反感。因此需要设计更多类型的教学活动来支撑课堂教学时间的有效利用。

④教学时间精力投入。教师也还反映，翻转课堂教学中，除在课堂时间组织教学外，还需要在课外制作学习资料，参与在线交流，占用了大量课外时间，总体感觉比以前使用传统教学方法的时间和精力投入更多。

⑤教学设计方案操作。教学设计方案从整体上对整个教学模式的各个阶段都有所涉及,能够指导教师开展各类教学活动,但在实际操作中也还存在着方案比较宽泛,在细节设计和深度描述方面比较欠缺,特别是在两个课前和课中关键环节中,不易进行具体设置或操作,如围绕课前学习任务的相关要求没有详细表述,每一项学习任务与课堂教学活动的对应和衔接程度没有明确体现;在课堂教学活动中,教师的讲授活动与其他活动组织之间的关联缺乏有效规范,不同类型教学活动的侧重方面和引导法则缺乏有效界定。

2. 参与研究的学生评价

有关参与研究的学生的评价意见,主要通过访谈的方式进行收集。笔者根据学生的课前学习和课堂表现情况,在每个实验班级中抽取了三名学生进行访谈,将其比较集中的评价观点总结如下:

首先,学生对采用移动社交网络开展翻转课堂学习表现出了极大的兴趣,一是因为相对传统课堂讲授,该模式比较新颖,引入了学生喜闻乐见的微信开展学习活动,学生更为乐意参与其中。其次,课堂学习不再只是教师的单一讲授,学生可以有更多的时间参与讨论和自由发表观点。再次,教师能够及时对学生存在的疑惑进行点拨指导,减少了以往由于面临难以独立解决的问题而导致的学习挫顿感,学习进程更为顺畅。最后,多种富含启发意义的问题和多种形式的探究活动,也能促使学生对相关知识的探索和学习更为深度有效。

通过访谈,学生对直观的表示出了该模式的一些不足之处:

(1)学习资料方面。学生反映出的学习资料不够精细,主要集中在以下几个方面:一是教师录制的教学视频质量不高,"大头照式"的视频讲解会感觉比较枯燥;二是有些资料篇幅较长,加上手机界面较小,看得久了容易失去耐心;三是呈现形式不够丰富,文字内容太多;四是相比其他公共订阅号的文章,当前的学习资料在排版、配色方面有待加强。

(2)发布内容方面。部分学生表示,目前的微信平台只是在课前发布学习资料,缺少与课程学习相关的一些资讯类学术类信息,因此建议教师能在发布与课堂教学直接相关的学习内容时,多发布一些教师推荐的相关领域的阅读书目和文章，以加深对学习内容的理解和掌握。

（3）互动交流方面。学生也表示，微信群便于及时沟通，多方交流，但是参与人数众多，讨论中话题容易跑偏，同时发表的话题很容易被其他无序信息所淹没，不易查找和总结。

（4）课堂学习方面。学生对参与翻转课堂知识内化总体比较积极，但是也有部分学生反映出，课堂活动形式不够丰富多样，小组讨论的分组方式变化不多，上台汇报人员基本都是一些固定的小组长，发言机会不太均衡等。因此建议采用游戏式、辩论式、模拟式等多种活动形式，以不同的手段方法扩大活动的活跃度和参与度。

4.3.4 改进方向

通过上述的教学观察和反思评价过程，笔者通过访谈和教学日志分析的回馈，对模式有了一个总体上的把握，首先该模式顺应了移动互联时代人们的行为习惯和思想意识，融入了社交化生存和碎片化学习的观念，得到了师生的首肯，具有现实适宜性；其次该模式也回应了师生对传统教学模式不满意的呼声和意见，在初步接触中师生均认可了该模式所倡导的以学生为中心的理念，从而从教与学两个方面均产生了良好的互动体验和效果认知，体现了一定的合理性。但该模式作为初步模式，在实际应用过程中还表现出了一些不足，可总结为以下几点：

（1）翻转平台方面，微信公众平台的设计应用还不完善，功能开发还不充分；

（2）学习资料方面，内容设计和表现形式不够丰富，制作质量有待提高；

（3）教学设计方面，教学设计方案的细化程度不够，实践操作性有待加强；

（4）活动组织方面，课堂教学活动的组织形式比较单一，活动类型还需强化。

据此，笔者会同参与研究的教学人员，针对现实存在的几大问题，集中进行研讨，提出了以下几点相应的改进措施：

1. 修正教学模式

结合上文中的教学过程五大要素和相关理论基础，对模式框架进行细化，将既有框架模式进一步分解为课前知识传授模式、课堂知识内化模式和课后知识迁移模式三类，并对每一阶段的具体教学目标、教学活动形式和教学评价方法进行详细标识。

2. 细化教学设计

根据教学模式的修正情况，相应地改进教学设计方案，进行进一步细化和调整，重点突出课前学习设计和课堂活动设计模块，特别是师生反映比较集中的关于课堂教学活动形式的问题，从更广阔的范围中探查寻求灵活多样的活动形式，最终形成更具操作性和实用性的设计方案。

3. 完善学习平台

对学习平台的完善主要包括平台结构、平台功能和学习资料三方面，将现有结构单一的信息发布平台，改造为融合多元资讯汇聚、学习资料推送、互动社区交流等功能的综合学习平台和知识管理空间，同时改进学习资料的设计和制作模式，多方汇集相关资料进行优化组合，提供更为丰富的学习素材和资料。

4.4 第二轮研究——优化模式的操作性和灵活性

4.4.1 目标计划

（1）针对第一轮行动出现的问题和需求进行深入反思后修正设计思路；
（2）细化模式中各个环节中的设计和实施方案，进一步优化流程和步骤，使模式更具操作性。

（3）开展阶段测验，进一步分析师生的教学需求存在的问题和原因，提出修正方案。

4.4.2 模式修正

1. 修正教学模式，进行分段解构

（1）模式修正的总体原则和实施思路。经过笔者和教学人员的深入分析，依照翻转课堂教学模式的五大要素，分别进行细化，一是进一步融入翻转课堂教学模式的宏观指导理论即人本主义学习理论、建构主义学习理论、混合学习理论和掌握学习理论的指导原则和思想理念；二是依据布鲁姆和霍恩斯坦的教学目标理论，将教学目标详细划分为认知、情感、技能和行为四个具体领域目标；三是对 S-ICM 翻转课堂教学模式的评价框架进行阶段性分解，对每一阶段的评价行为和评价方式进行明确界定。据此，研究人员翻转课堂的阶段特征，将翻转课堂表征整体架构的教学模式的概念框架进行进一步解析，分为课前知识传授模式、课堂知识内化模式和课后延伸探究学习模式三类，下面分别进行详细表述。

（2）S-ICM 课前知识传授模式。翻转课堂的一个重要特征即认知功能的翻转，将原本传统课堂进行的知识传递阶段，前移到课前[1]，由教师通过学习平台发布教学资源、学生自主学习，完成教学目标要求的基本认知任务。据此，可将课前的学习模式界定为一种学生借助网络学习平台的自主学习模式，在本书中，网络学习平台具体界定为移动社交网络，学生的自主学习融合了面对教学视频或其他材料的掌握学习，以及与其他学习伙伴和教师交流探讨的网络学习共同体下的学习。具体如图 4-22 所示。

---

[1] 钟晓流，宋述强，焦丽珍. 信息化环境中基于翻转课堂理念的教学设计研究 [J]. 开放教育研究，2013（1）：60-66.

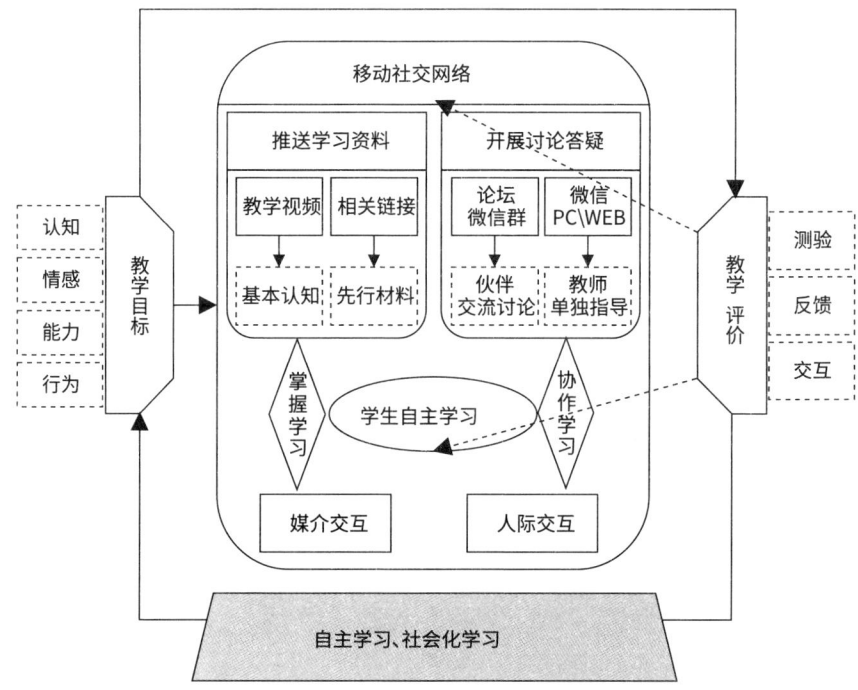

图 4-22 S-ICM 课前知识传授模式示意图

学生课前知识传授的理论依据，首先主要是自主学习，与之相应具体采用掌握学习法，其次要通过社交网络学习，因此社会化学习理论也应有所体现，与之相应具体采用协作学习法。

学生课前知识传授的学习目标，可根据课前学习的阶段特征，详细划分为如下几类：

①认知类：主要学习处于学习目标整体分类中的基础认知任务，包括概念化层级和理解层级。

②情感类：通过移动社交，增强学习的兴趣，激发学习的积极性，促进学习的参与度；在与同伴交流讨论中获得存在感和自信心；在与教师交流中获得关注感。

③技能类：通过学生的自主学习，培养学生的自学能力，移动社交 APP 的操作能力、网络搜索技能、汇总归纳技能等。

④行为类：通过学生的自主学习活动，培养学生的时间观念和自主学习

意识，养成通向深刻理解的掌握式学习的习惯，使得每一个知识点都能得到充分深刻的领会掌握，包括仔细阅读、深入思考、反复观看、联想体验、思维发散等行为意识；培养学生面对学习材料的协作学习意识，养成即时搜索、主动探究的行为习惯，包括学习各类先行材料、网络搜索前沿动态、与同伴之间讨论交流、向老师单独请教等。

学生课前知识传授的学习环境，主要是通过移动社交网络平台来实现的。平台提供两大功能模块——推送学习资料和开展讨论答疑。

推送学习资料主要是实现学生与媒介之间的交互作用，通过移动社交网络具有的信息发布功能，呈现教师课前推送的教学资源，包括发布提前录制的视频或编制的图文素材进行基本知识阐释、提供各类先行资料建立通往新知识的支架和关联、提供相关网络链接来扩充新知识的各类学术动态或前沿资讯等。

开展讨论答疑主要是通过移动社交网络的核心功能即社交功能，实现师生之间的人际交互作用，通过微社区、微论坛以及微信群等可以进行专门话题设置下的集体一对多或多对多交互，也可以通过手机端、PC端和WEB端，进行学生之间或师生之间的一对一交互。此外，学生还可以通过平台内置的搜索功能进行广泛网络搜索，或通过平台内置的浏览器进行相关链接的网页浏览。

学生课前知识传授的效果评价，可以划分为两个方面，一是对移动社交网络所发布资源的评价，二是对学生学习效果的评价。

针对网络平台及学习资源的评价，主要通过学生的直接反馈来获取，即在学习之后设置相关投票话题，让学生对于网络平台功能进行反馈，如平台是否适宜学习、操作是否便捷、信息呈现是否完整、网络导航是否清晰等，以此确定平台的功能完备程度和技术成熟程度。学生对学习资源质量的反馈，如知识点的难易程度、覆盖范围、信息表征形态、知识结构关联等，以此确定学习资源的丰富度和有效性。以上这些反馈可以按需进行，如平台功能可采用阶段间隔的方式，针对学生反映比较集中的问题进行整体功能优化，在试用几期后再次收集学生的反馈。而针对学习资源的反馈，应当在频次上稍高一些，以便掌握学生对学习资源的喜好和认可程度，及时调整后续学习资源制作策略和对应的课堂教学组织策略。

针对学习效果的评价，主要通过学生面对教学资源学习中的随时测验、学习完成后的自我效能反馈以及交互活动的深入程度来反映。在每一个知识点的学习资源中，教师提前设置相关的小测验问题，如果学习后能够完成小测验，则学生可以进行下一个链接知识点的学习，如果尚未能完全领会该知识点的内容，学生的小测验会提示仍需再次学习，这样学生就可以继续运用掌握学习法，通过反复观看、暂停或快进的方式再次学习，直至通过小测验为止。同时，应该认识到，设置测验题目仍然是一种客观性的选择评价，评价的结果仍然带有一定的或然性与随意性。例如，也许学生只是随机点选反而选中了正确答案，也许学生只是理解了所学知识链条中的一个微小基点，而并未掌握整个学习材料的知识谱系。因此，即使学生通过了客观选择题目的测验，也未必能够真实真切地反应学生是否完全彻底地掌握了所学知识。基于这一点考虑，学习效果评价将结合学生自我认知效能感的反馈，即在学习资料的最后部分，设置一些关于学生整体学习感悟的问题，例如"你对本节知识内容的掌握程度如何？"可设置"完全掌握""基本掌握"和"尚未掌握"等选项，由学生进行进一步的自我评价。这种学生自我反馈，可以在一定层面上解决单纯针对学习内容的客观测试不够真实和全面的问题。此外，还可以通过学生的学习交互行为的分析，来观测学生的学习情况，例如通过查看后台中学生的学习时间，来评判学生是否进行了学习，通过查看学生参与论坛讨论和话题交流的频次，来评价学生参与学习的深度和广度等。

（3）S-ICM课堂知识内化模式。课堂活动学习模式的理论依据，主要有活动学习理论和情境学习理论，通过组织形式多样的教学活动，创设丰富多彩的学习情境，引导学生进行知识内化，具体的学习过程中，根据不同的活动和情境，还可继续细化为PBL（Problem-Based Learning 基于问题的学习）、CBR（Cases-Bases Learning 基于案例的推理）、SEP（Student-Expert Partnerships，学生—专家伙伴）、CSCL（Computer Supported Collaborative Learning，计算机支持的协作学习）、CSILE（Computer Supported Intentional Learning Environment，计算机支持的有意义的学习环境，也称知识论坛）、CA（Cognitive Apprenticeship，认知学徒制）、BS（Brain-storming、头脑风暴）以及WC（World Café，世界咖啡式学习）等相关理论，用以指导每一类活动的顺利组织和开展。

在翻转课堂的教学结构中，将较为基础的认知任务前置于课前由学生自主学习完成，由此在课堂教学中将不再像传统课堂那样进行大量的集中讲授，而是可以利用更多的时间组织形式多样的教学活动，广泛开展讨论、辩论、情景模拟、角色扮演、小组合作学习、同侪互助学习、基于情境的学习、基于资源的学习、基于案例的学习、基于问题的学习、基于项目的学习等多种学习活动，让学生参与其中、融入其中、言在其中、思在其中、乐在其中、学在其中。

当然，翻转课堂并不是完全排斥讲授教学，只是可以以一种更具针对性和指向性的方式进行讲授，如针对学生普遍表示没有掌握的内容，面向集体进行精讲精练，针对个别学生没有掌握的内容，可以进行小组辅导或者一对一当面解疑答惑。这些活动的组织与实施，是基于课前教师对平台学习数据的分析，来确定需要重点解决的问题和重点指导的学生，由此实现在学生集体共同提高的同时，又能施行因材施教理念下的个性化学习和个别化学习，最终实现全人教育的整体教学目标。课堂知识内化模式的内涵如图4-23所示。

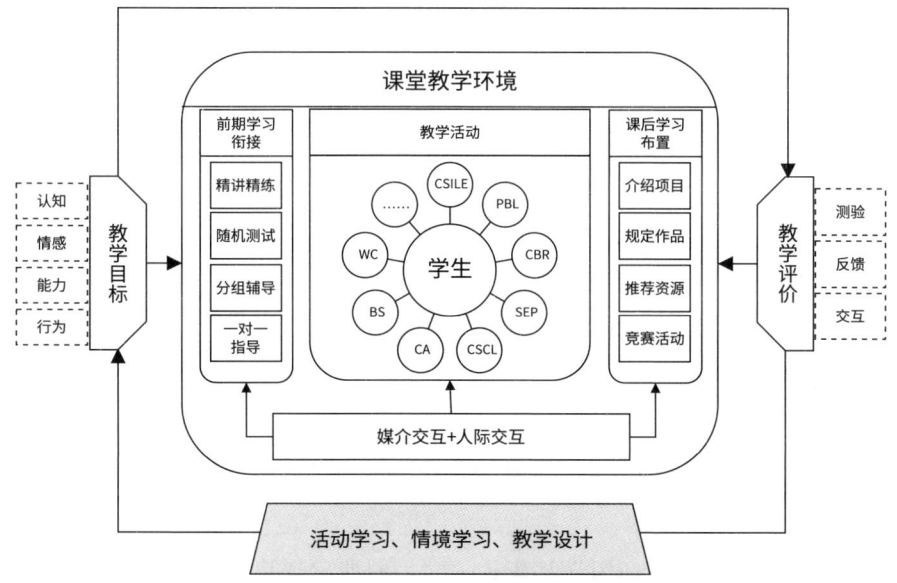

图 4-23　S-ICM 课堂知识内化模式示意图

课堂知识内化模式的操作程序或实施流程方面，可以继续划分为课前学习衔接、课堂教学活动和课后任务布置等环节。

首先，在上课之初，在通过移动社交网络平台的后台数据分析功能掌握学生学习情况的基础上，需要针对大部分学生普遍反映难以理解或尚未掌握的问题，进行集中精讲精练，也可以对整体知识结构进行回顾式的概讲或归纳式的串讲，以此解决大部分学生的学习困惑，随之可以采用分组学习的模式，对于小部分未能掌握课前知识的学生，进行组内面对面讲解或面对单个学生的一对一答疑解惑，其他分组的学生则可以开展各项活动。

随后，在进行完课前学习知识的前后衔接活动之后，就可以根据教学目标、课程内容、学生特征、教学条件等因素，创设目标明确、简洁易行的教学情境，开展形式多样、各具特色的教学活动，其中常规教学活动包括小组讨论、组间辩论、案例分析、情景模拟、角色扮演、教学游戏等，也可有选择性的组织上述 PBL、CBR、SEP、CSCL、CSILE、CA、BS 以及 WC 等活动。

在教学活动的组织中，仍然需要注意两个原则性的问题，一是必须坚持以学生为中心，多采用引导、启发、追问、反问等策略方式，鼓励学生积极参与、认真思考，切忌"为活动而活动"的取向，对活动稍加组织就草草收尾，急于进行概括总结，这样一会打击学生参与活动的积极性，二会导致活动开展不够深入而效果不明显；二是要注意学生知识内化的形成，这是对学生认知层次的高阶要求，要促进学生对所学知识的应用、评价和综合层次的需求，可以在课堂前半段组织一些基础理论的验证性活动，但应充分利用更多的时间开展开放性、发散性和创造性的活动，如应用理论解决实际问题的假设和推理、辨析实际问题的主次矛盾和对比分析、改造和革新实际问题解决的方式和思路等。

最后，在课堂知识内化完成后，教师应当对整体知识体系进行回顾，并就课堂时空内无法或尚未实现的后续衍生性或延伸性的问题，布置课外拓展学习活动。

（4）S-ICM 课后知识迁移模式。学生的课后知识迁移模式，根据教师在课堂结束时的任务布置，既可由学生单独完成，也可由学生自由组合，进行团队式的协作学习。

学生的个体学习活动，包括学生通过少量的作业习题进行课堂学习内容的回顾复习；根据个人兴趣和爱好进行某一专题的继续深入学习；通过移动社交网络发表个人学习感悟，以此作为学习活动的总结和归类存档信息；学生结合所学知识，在现实生活情境中进行应用，获得真实情境下的学习体验等。

学生的团队学习活动，可以是某一具体项目的策划和实施，一类作品的设计和制作，也可以是进行学术前沿的追踪探究和深度学习，或者参与相关学科竞赛活动或学术科技活动。课后知识迁移模式的结构和流程如图4-24所示。

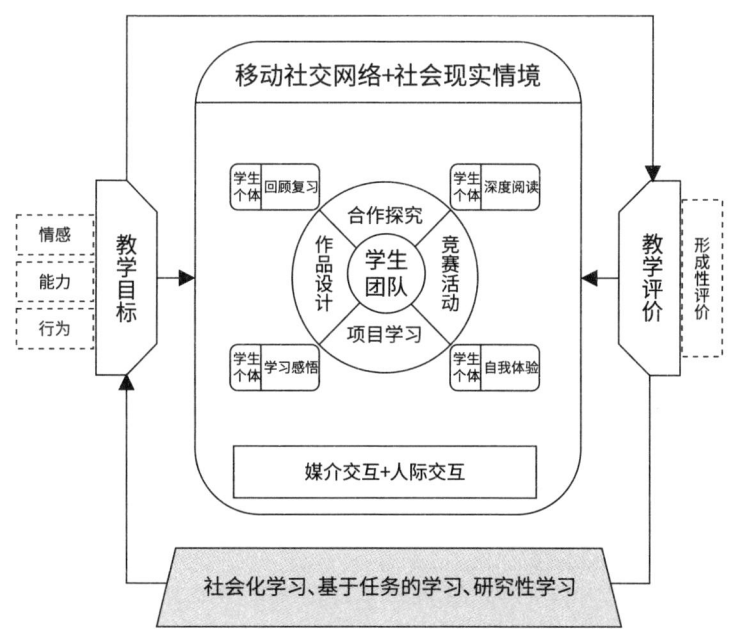

图4-24　S-ICM课后知识迁移模式示意图

总之，课后活动的开展，应是具有趣味性和创造性的，要尽量减少对已学内容的简单文字作业或习题，而是在社会现实情境或问题解决情境中，让学生获得更为丰满的学习体验和更为深刻的内容感知。

2. 细化教学设计，凸显操作规程

在教学设计方案的细化完善过程中，主要是依据教学模式的修正情况，对教学设计方案进行进一步细化和调整。在修正过程中，重点参考借鉴了相对成熟的《翻转课堂教学法》中推介的理念和方法，开展了课前学习任务的详细设置和课堂知识内化的分类设计。

（1）课前知识传授学习任务设计。课前学习任务设置中主要是修正了初始框架中过于宽泛的表述，对学习任务进行了详细表述。首先，依据教学目标分类理论，对课前学习任务的具体目标界定为认知、情感、能力和行为四个方面；其次，将课前学习任务按照学习主题单元划分为详尽的自主学习任务单，列出具体的学习内容和要求；再次，结合 ARCS 动机理论，通过注意（Attention）、切身性（Relevance）、自信（Confidence）和满足感（Satisfaction）四个要素来激发学生的学习动机；要详细表述课前学习任务与课堂教学活动之间的关联，最大程度的实现两个阶段的关联性和一致性；再次，对课前学习资源的表述进行细化，增加视频、文字、图形图像的具体分类，目的在于使教师在制作设计学习资料时，能对学生将如何使用这些资料有一个前瞻式的设计考虑，同时也满足上文学生访谈时表示出的对高质量学习资料的期待；最后，根据翻转课堂教学模式的评价框架，列出对课前学习效果的评价方式。通过上述考虑，最终形成了如表 4-8 所示的课前学习任务设计方案。

表 4-8　　　　　　　　课前知识传授任务设计模板

项目	内容	备注
课程名称		
章节名称		
学生分析		
学习目标	认知类；情感类；技能类；行为类	
自主学习任务单	学习指南（学习要点、具体目标、学习方法建议、课堂学习预告）；任务要求；困惑建议（学生填写）	
ARCS 学习动机	注意力（Attention）；关联性（Relevance）；自信感（Confidence）；满足感（Satisfaction）	

续表

项目	内容	备注
课前学习资料	视频；文稿；图形；信息图；数据动画；图书期刊；网络资源；其他	
学习效果评价	测验；反馈；交互；其他	
课堂教学活动的关联设计		

注：表格来源：http://www.icourse163.org/learn/pku-21016? tid = 1001582011#/learn/content? type = detail&id = 1002011321&cid = 1002090049，根据研究需要进行修改。

（2）课堂知识内化设计。爱因斯坦曾经说过："兴趣是最好的老师，它可激发人的创造热情、好奇心和求知欲。"黑格尔也曾提出："一个深广的心灵总是把兴趣的领域推广到无数事物上去。"我国传统教育观点中，对于教学中激发学生的学习兴趣来促进教学效果也有着类似的表达，如"知之者不如好知者，好之者不如乐之者。（语出孔子《论语·雍也》）""人若志趣不远，心不在焉，虽学无成。（语出张载《经学理窟·义理篇》）"等。这些经典论断充分说明了兴趣对于激发学习的积极性、提升学习效果有着极大的促进作用。学生学习兴趣既有学生的个体禀赋原因，更大程度上需要教师在教学过程中，通过多种教学方法和教学活动，来引导和吸引学生积极参与教学活动。翻转课堂最为成功的一点是将课堂时间释放出来，让教师与学生能充分地交流互动，以学生为中心去组织设计教学活动，激发学生的参与意识与学习兴趣，变被动接受知识为主动获取知识[①]。

在第一轮研究后的访谈调研中，师生普遍表现出了对丰富多样、成熟有效的教学活动形式的热衷和期盼。为此，在本轮研究中，笔者与教学人员首先参阅了大量有关活动教学和情境教学的理论文献和实践案例，并结合多年的教学经验和体会，根据不同的教学活动和情境，在进一步完善小组讨论、作品设计、案例分析、同侪互助、角色扮演、情景模拟等教学活动的基础

[①] 叶青，李明. 高校传统教学与翻转课堂对比的实证分析 [J]. 现代教育技术，2015（1）：60-65.

上,进一步融入 PBL、CBR、SEP、CSCL、CSILE、CA、BS 以及 WC 等相关活动形式。在具体活动的组织中都遵循"四步教学法",即检测、作业、协作、展示四个教学步骤或环节[①],其中检测的目的主要是学生通过体验学习的成就感来激发学习兴趣,并不是传统意义上的查漏补缺。作业即带有梯度性和进阶性的问题或项目,需要贯彻最近发展区的教育思想,充分发挥学生的潜能。协作探究即学生之间协作完成疑难问题或实验项目,最终各组通过汇报和展示进行班级学习交流,如果引发质疑则进一步阐释,全面加深对知识的理解和掌握。课堂知识内化设计模板如表4-9所示。

表4-9　　　　　　　　课堂知识内化设计模板

一、学习内容分析			
分析学习内容的知识类型			
二、学习目标分析			
认知类;情感类;技能类;行为类。			
三、课堂活动流程设计			
活动环节	具体步骤	组织形式	时间分配
导入检测	1.	小组讨论、作品设计、案例分析、同侪互助、角色扮演、情景模拟、PBL、CBR、SEP、CSCL、CSILE、CA、BS、WC……既可以是以上任何一种形式,也可以是多种形式的组合。	
	2.		
问题项目	1.		
	2.		
协作探究	1.		
	2.		
展示汇报	1.		
	2.		
四、学习环境设计			
移动互联网络、多媒体演示、计算机网络教室、实验室、校园无线网络、虚拟仿真环境、实战演练环境等			
五、学习评价设计			
测验;反馈;交互;其他。			

注:表格来源:http://www.icourse163.org/learn/pku-21016? tid=1001582011#/learn/content? type=detail&id=1002011339&cid=1002090176,根据研究需要进行修改。

---

① 金陵. 翻转课堂中国化的实践与理论创新[J]. 中国教育信息化,2014(14):9-11.

3. 完善平台设计,实现功能聚合

结合前期调研中师生反映比较集中的关于微信公众平台的结构功能单一、信息呈现零散的问题,笔者会同相关技术开发人员,深入探索微信公众平台的功能设置和技术架构,并广泛参照目前比较成熟的相关微信公众号的开发设计模式,经过系列升级和调试,对平台的结构功能进行改良升级,形成了一个统一完整的集资讯推送、材料发布、信息检索、专题分类和在线社区等多种功能的微信公众平台,更好地促进了S-ICM翻转课堂教学模式的广泛实施和深入应用。在具体设计开发中,主要是结合微信公众平台中关于自定义菜单的功能,将微信公众号的主体结构分为思维拓展、在线学堂和学习空间三各板块,下面对个功能模块进行详细描述:

(1) 思维拓展模块。思维拓展主要是提供除了教学计划要求的教学内容之外的一些推荐文章,为学生开展课堂前后的自主探究学习和思维扩展训练提供充足的支撑材料。思维拓展又细分为前沿资讯、技能训练、学术资源和深度阅读等分支,如图4-25所示。

图4-25 思维拓展模块功能结构示意图

(2) 在线学堂模块。在线学堂模块主要面向学生推送课前学习材料,学生点击后即可进入相应课程的自主学习。由于微信公众平台对自定义菜单的二级目录限定为五级,超过五种类型的分类则不便呈现。为此,笔者和技术开发人员采用了第三方辅助工具如 BlueMP 等进行开发设置,按照不同的学习科目和学习专题进行了详细分类,便于学生查询和检索需要学习的内容,如图 4-26 所示。

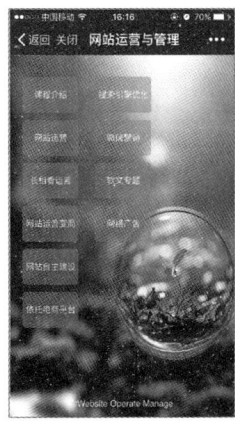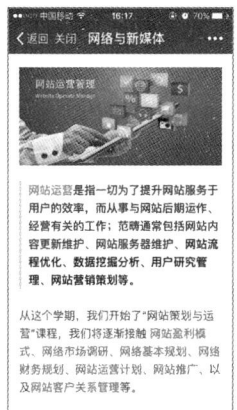

图 4-26　在线学堂模块功能结构示意图

(3) 学习空间模块。学习空间模块的主要用来实现在线互动社区、学生个人探究学习空间以及学生的优秀作品和探究成果,如图 4-27 所示。

图 4-27　学习空间模块功能结构示意图

第 4 章
S‐ICM 翻转课堂教学模式的迭代修正

在线互动社区主要是为了解决微信群讨论中话题零散、不易保存的问题，借助康盛 Discuz！团队开发的移动互动社区，搭建了网络与新媒体的在线社区，教师可以结合课堂学习内容，在课前或课后发布需要深入讨论的议题，学生登录微社区，广泛参与话题互动，在讨论交流中加深对学习内容的掌握，如图 4-28 所示。

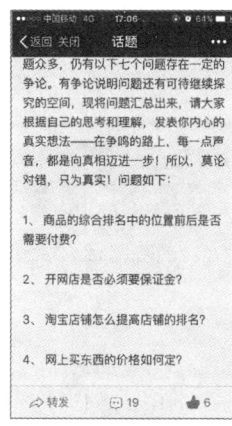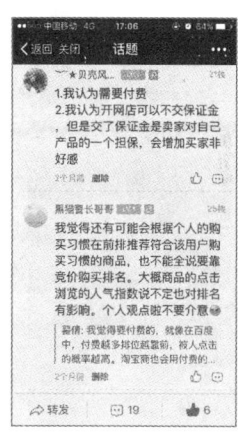

图 4-28　师生通过在线互动社区学习交流

个人学习空间主要是展示学生个人制作的微信订阅号，学生可以将微信公众平台作为自己专业学习和实践的有效途径，既包括学习笔记整理汇集，也可以是对某一问题的深入思考，如图 4-29 所示。

图 4-29　学生个人制作的自主学习探究空间

学生优秀作品展示主要是对学生个人或团队经过翻转课堂学习之后的设计作品或项目报告的集中展示,既可引发班级内外的同学参与阅读评价,也能在通过优秀作品展示来增强学生学习的成效感和自信心,如图4-30所示。

图4-30 学生优秀作品展示

4.4.3 实施观察

第二轮研究的重点目标一是改进第一次研究中发现的几类问题,二是对整体教学模式进行细化和优化,不断提高模式在实践应用中的可操作性和实用性。通过对模式的基本框架进行分阶段详细解构,构建了课前知识传授模式、课堂知识内化模式和课后知识迁移模式三种模式,整个过程紧密结合微信公众平台的系统功能,进一步细化教学设计方案,重点突出了课前知识传授的学习任务设计和课堂知识内化设计,使翻转课堂的课前和课中两个版块得到了实质性的落实和深化。

笔者全程参与了第二轮研究的教学观察,特别是对课堂知识内化的组织和推进,进行了详细的观察和记录。现对研究中采用的几种较为新颖有效的教学活动的组织过程进行总结。

1. 微信墙教学活动

在传统课堂教学中，普遍存在两种真实图景，一是教师按照课前准备好的教案讲义，全力投入讲解阐释，而真正积极反应的学生则数量寥寥，部分学生注意力不集中，会犯困打盹，也会不时翻看手机。一份调查数据显示，90%的学生承认自己在课堂上玩过手机，60%以上的学生表示每10分钟就要看一次手机[1]。众多的教育专家和一线教师对此现象表示出了极大的隐忧和无奈。也有相关学校推行了严格的"无手机课堂"活动[2]，明文要求学生上课不得携带和使用手机，此举引发了社会各界的关注和热议，在具体实施中也依然收效甚微。也有学者指出，"手机顽疾"并非手机的问题，而是手机使用不良的问题，需要教师发挥教学智慧，客观理性地引导学生正确使用手机，教师若能把学生的手机利用好，还能创新课堂教学，提高教学质量[3]。第二类常见教学场景即学生对于教师的课堂提问回应不积极，普遍存在"课堂沉默"现象，相关研究也解析了此类现象的成因[4]，除了课堂教学环境沉闷，缺少合作、平等的交互气氛以外，学生层面也存在着个性沉默不善表达、自信不足缺乏勇气、从众心理明显，自尊意识强烈等原因，因而导致学生普遍存在"多言述穷，不如述中""善者不辨，辨者不善"的消极心理。

在笔者所开展的研究中，也不同程度地存在上述两种情况。为此笔者和教学人员进行了深入沟通，认为手机已经成为现代人生活学习必备的随身设备，完全的查禁不但无法有效落实而且会引起学生的对立情绪。正所谓"堵不如疏，疏不如引"，研究团队决定从研究实施的初衷入手，深入开发微信公众平台的拓展功能，将微信直接引入课堂教学中，让手机从课堂教学的"干扰器"，变为教学活动的"助推器"。有关微信在教学活动中的应用，相

---

[1] 刘昆，张林涛. 手机，该退出大学课堂了 [N]. 光明日报. 2014-11-04（005）.
[2] 衣春翔."无手机课堂"引导学生回归教学 [N]. 黑龙江日报，2014-11-20（006）.
[3] 胡乐乐. 解决高校课堂手机顽疾应对症下药 [N]. 光明日报. 2014-11-07（002）.
[4] 王健，张静. 大学英语课堂沉默现象的解析与对策 [J]. 中国大学教学，2008（1）：81-84.

关学者如刘晓斌[①]、焦建利[②]等开展了相应的研究和实践，其中微信墙就是一种有效的教学辅助方法。

微信墙（Wechat Wall）又称微信上墙、微信大屏幕等，是一款基于微信平台开放性开发出来的移动虚拟服务产品。目前在企业会展、年会、培训、路演等活动现场应用较多，其主要实现方式即用户通过关注微信公众号，即可从手机微信上发出文字、语音等，经过微信墙系统，将其投射在大屏幕上，不同信息的呈现方式包括列表、滚屏和弹幕几种，这就使全体人员可以在第一时间看到不同用户发来的信息，并能就某一条信息表示赞同或展开追问，有利于用户广泛参加互动交流。在具体教学应用实践中，刘晓斌将其总结为头脑风暴、集体纠错、即时评价、学生提问、检查输出、同伴交互、精彩回顾等多种可用于翻转课堂的教学活动形式[③]，并从学习隐喻的角度进行了分析总结。

微信墙的设置并不复杂，经过网上简单注册申请即可免费使用，对于设备也无特殊要求，普通多媒体教室中的电脑加投影仪即可实现。目前从事微信墙开发的在线商业系统较多，如微盟 Weimob、微久信、微信宝等。经过综合比较，研究团队最终选择了比较流行的 Hi 现场微信墙，其功能特性包括微信互动、现场投票、图片墙、签到墙、数据统计、信息管理、大屏投放、个性背景以及个性 LOGO 等，架设简单、场景丰富，比较适合于课堂教学应用。

经过前期测试和应用设置，研究团队在课堂教学中多次应用微信墙开展了相应的教学活动，并进一步总结出了几种比较有效的应用模式，主要流程可以概括为如下几个步骤和环节：

（1）师生加入专题社群。课前，笔者申请注册了主题为"微信营销"的微信墙功能，并进行了前期界面和结构设置，获取了该专题的二维码。上

---

① 刘晓斌．微信墙在培训及教学活动中的应用思考［EB/OL］．http：//blog.sina.com.cn/s/blog_6f010eec0102vavg.html.

② 焦建利．微信在培训和教学中的应用方式［EB/OL］．http：//www.jiaojianli.com/8485.html.

③ 刘晓斌．微信墙教学的八种常见活动形式［EB/OL］．http：//blog.sina.com.cn/s/blog_6f010eec0102vyik.html.

课时，学生用手机微信扫描二维码，即可加入专题社群。通过课堂观察可以看到，学生们普遍对这一新颖形式表现出了极大的热情，在实现课堂签到的同时，也营造起了良好的课前导入情境和氛围。

（2）学生分组面对面讨论。教师根据学生对课前发布的有关微信营销的学习内容的反馈情况，结合课程教学重点，组织学生针对"微信营销理念""微信推广方式""微信营销思维"和"经典营销案例"四个专题开展小组讨论。讨论的分组办法采用系统签到过程中的随机模式，如图4-31所示，本节课共有40人参加学习，故可依照签到的随机显示顺序，每10人一个小组进行讨论，并由教师根据学生课前学习进展状况，为每个小组指定一个小组长，或由组员推荐产生小组长，负责组织全组讨论并做好相应记录和总结。

图4-31　微信墙签到界面

（3）讨论结果上墙展示。各组经过充分讨论，将本组的讨论议题进行梳理，最终汇聚为具体的问题形式，通过微信墙展示在大屏幕上，由小组长上台，就小组讨论得到的问题解决方案面向全班进行问题阐释，在此过程中需接受全班所有同学的质询和提问，进行解释或辩驳。小组讨论结果上墙展示界面如图4-32所示。在这个过程中，初始问题会随着讨论和争辩而走向深入，也就达到了学生深度学习的基本目的。

图4-32 小组讨论结果上墙展示界面

（4）教师组织合作探究。小组汇报结束后，由教师进行总结，并发布该问题的进一步扩展探究的项目和任务。学生利用手机上网检索相关信息，获取更多有关该类问题的研究和案例，继续开展小组讨论和交流，提出更为深刻的问题以及相关解决方案。

（5）选择学生辩论问答。在第二轮讨论结束后，利用微信墙系统提供的"对对碰"功能，对男生和女生进行随机组队，并开展如下几种辩论问答活动（如图4-33所示）：

图4-33 学生随机组队界面

"我问你答"：随机挑选一队组合，由女生根据提问第二轮讨论形成的深度问题，提出相应问题，由男生作答，若回答不上，则由该男生指定班里任意一名学生回答，直至得到满意答案为止；

"组合辩论"：随机挑选两队组合，分别选择某一问题的正方和反方，开展辩论比赛式的问题探究，由教师充当裁判角色，对辩论中问题的走向和深度进行及时的调整和规引。

（6）教师进行课程总结。教师根据学生对问题掌握的程度，可以开展多轮"分组讨论—辩论问答"的过程，直至得到教学预期目标即达到对教学内容的深度领会和融汇贯通。最后由教师进行课堂总结，根据课堂观察和后台数据分析进行学习效果评价，如图 4-34～图 4-36 所示。

图 4-34 微信墙教学场景

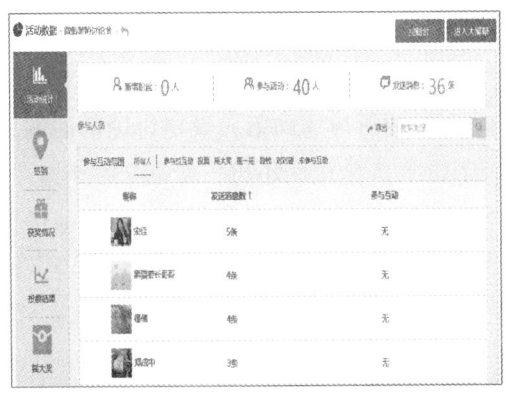

图 4-35 微信墙教后台数据分析界面

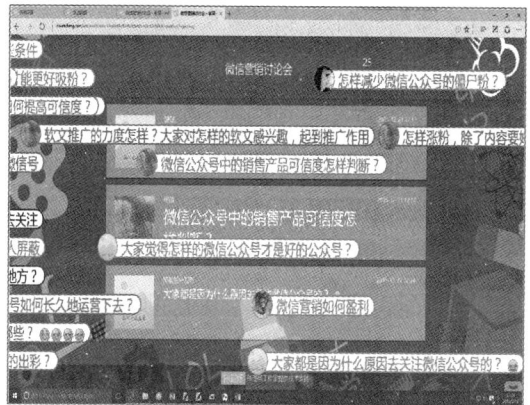

图 4-36　微信墙教学辩论问答弹幕界面

2. 世界咖啡（World café）教学活动

世界咖啡是一种启发和开展建设性合作对话即思考的特殊谈话方式，也是一种行之有效的学习型组织集体对话方式，它能让学员在真诚互利和共同学习的精神下齐聚一堂，通过营造好友相聚喝咖啡聊天的情境和氛围，让背景各异、观念不一，甚至相知甚远的人能围坐在一起，针对特定的问题展开交流和畅谈，让深藏的思想碰撞出激烈的火花，最终形成集体智慧[①]。世界咖啡汇谈方式的原理是深度汇谈，深度汇谈是团队成员之间打破传统的思想禁忌，通过所有对话者的同时参与，分享所有对话者讨论和观点，交换彼此的思想和信息，从而在集体和个体中获得新的理解和共识的一种交流活动过程[②]。

世界咖啡式汇谈的设计假设是人们已经拥有面对艰巨困难挑战的智慧和创造性，其运行的一般过程可简述如下：设定讨论的话题并选择场所，将所有参与汇谈的人分为 4~8 人组成的小组，接下来在小组中展开若干论讨论，并用文字、图画等方式记录下重点的观点和看法，其他组也在同时讨论相关

---

① （美）朱安妮塔·布朗，戴维·伊萨克. 世界咖啡：创造集体智慧的汇谈方法 [M]. 郝耀伟，译. 北京：机械工业出版社，2010.

② 靳玲. 深度汇谈对教育虚拟社区中团队学习绩效的影响研究 [D]. 曲阜：曲阜师范大学，2013.

的问题,也同样用文字、图画等方式记录下重点的观点和看法。然后,每一桌除桌长外所有人换到不同的小组,和新的人坐在一起,汇报自己在原来组的观点,并与新的组员进行讨论①。在此过程中,通过记录、组长统筹观点以及现场幻灯片显示和网络技术的运用,将个人的智慧充分激发并汇集成所有参与者的集体智慧。

在世界咖啡中,通过创设类似于咖啡馆的轻松氛围,滋养了行动性知识广泛传播的条件,参与者常常迅速地从普通谈话(这种谈话限于过去并往往是割裂而又流于肤浅的)转向有意义的汇谈,在这种汇谈中有着更为深刻的集体理解,并对问题的解决有着前瞻性的见解。通过它既可以在组织内部开展,也可以在不同组织间开展。参与者在进行世界咖啡式汇谈的同时创造了一种鲜活体验,能够感受到如何自然自发地组织在一起共同思考、强化群体、共享知识以及激发创新,对会议设计、战略构想、知识创造、协同创新、利益相关者参与记忆大规模变革,都有着令人满意的实用启示。世界咖啡流程如图4-37所示。

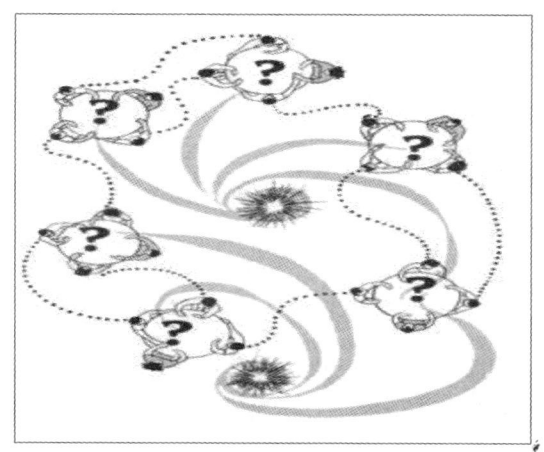

图 4-37 世界咖啡流程示意图

图片来源:彼得·德鲁克管理学院. 世界咖啡汇谈操作手册 [EB/OL]. http://wenku.baidu.com/view/88025f1352ea551810a6873c.html? from = search.

---

① 彼得·德鲁克管理学院. 世界咖啡汇谈操作手册 [EB/OL]. http://wenku.baidu.com/view/88025f1352ea 551810a6873c.html? from = search.

世界咖啡模式虽然起源于企业研讨和行业会议中,但由于其良好的深度汇谈效果,也引起了教育界的广泛关注。国内学者韩雪凉(2013)[①]、常健等(2014)[②]、郭福平(2015)[③]在教育培训领域中的应用研究中提出了相应的原则和策略,并进行了相关实证研究。

基于此,本书为了进一步丰富课堂教学活动形式,决定将其引入翻转课堂教学中来,在学生的深度汇谈中,进行有效的知识构建和集体智慧的生成。在布朗和伊萨克关于世界咖啡的著作中,将世界咖啡的组织原则总结为以下七点:设定情境,明确会谈内容;营造空间,创造友好的氛围;探索真正重要的问题;鼓励每个人的积极投入和贡献;吸收多元文化,交流并联结不同观点;共同倾听审议不同的模式、观点和深层问题;收获分享共同成果和集体智慧。笔者和教学人员在教学活动实践中,认真应用了这些经过多方实证并验证有效的组织原则,开展了系列教学活动。

(1)设定情境,明确会谈内容。教师课前在微信公众平台上发布了有关通过淘宝网店开展电子商务的专题学习资料,根据学生学习后的疑难问题反馈,结合教学内容重点,设置了四个方面的话题:

①淘宝网店的注册流程具体包括哪些环节?

②注册中为什么要上传露出申请者手臂的手持身份证的半身照?

③淘宝网店的推广策略有哪些?

④如何看待淘宝运营中的"差评"现象?

(2)营造空间,创造友好氛围。教师为了营造出类似"咖啡馆"的空间氛围,特意选择了适合分组合作探究的教室空间,如图4-38所示。

在该教室空间中,学生座位布局不再按照行列进行排列,而是分割为8~10人一组围坐的的三角形布局,方便学生开展面对面的交流探讨,每一个座位配置了多媒体电脑,可为学生的深入探究活动提供操作演练和网络查

---

① 韩雪凉. "世界咖啡"汇谈方法及其在企业教育培训中的应用研究 [D]. 武汉:华中师范大学,2013.

② 常健,原珂. 对话方法在冲突化解中的有效运用 [J]. 学习论坛,2014(10):45-48.

③ 郭福平. 世界咖啡汇谈在课程教学改革当中的探索与实践 [J]. 教育教学论坛,2015(33):143-144.

图 4-38 世界咖啡教室空间布局

询功能。

（3）分组汇谈，汇聚观点意见。全班学生进行随机分组，每 8 人一个小组，根据教师布置的话题，开展组内争论。在讨论中，教师提示大家，每个人务必要围绕主题开展贡献自己的观点，还要对别人的论断发表赞同或反对的看法。过程中由每组小组长即"桌主"组织协调讨论进展，必要时可采用计时器、发言棒等小道具，及时在卡纸上记录成员意见并进行总结，带领本组人形成初步解决思路或成因分析，如图 4-39 所示。这期间，成员可以上网检索，也可随意走动至其他组旁听或参与话题。教师在这期间需要在每组间巡回检查督促，也可就某一话题参加辩驳，进行议题走向引导或释疑答惑。

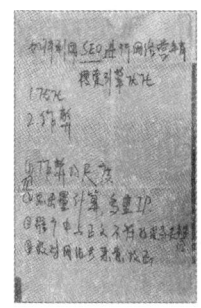 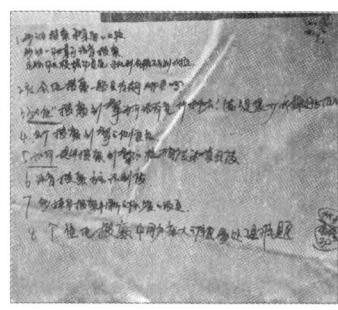 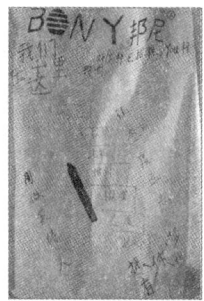

图 4-39 世界咖啡汇谈中的小组记录

（4）重新分组，持续深入汇谈。在第一轮汇谈基本结束后，每个小组的桌主留在原位置，其余组员随机加入其他小组，每组人数依然控制在 8 人左右。人员到位后，原小组桌主首先向新成员布置议题，同时展示上一小组的汇谈结果即记录卡纸，向新成员询问关于解决方案是否可行或成因分析是否合理。小组成员依据自己的见解或结合参加上组讨论的结论，充分表达观点。由此，带动话题持续走向深入。世界咖啡教学活动场景如图4-40所示。

图4-40 世界咖啡教学活动场景

（5）教学总结，发布探究任务。在经过多轮的小组汇谈后，各小组的解决方案或成因分析会随着不同成员意见的汇集而更为完善，各小组分别向全班陈述最终结果。教师加以点评和总结，并将其中仍然存在争议和不确定的话题，布置为课后探究话题，要求学生在课后利用微信群组继续展开探究学习，并最终形成总结报告。

4.4.4 反思评价

在本轮研究结束后，笔者面向教师和学生展开了深度访谈，对师生的意见和建议总结为以下两个方面：

1. 积极效果

教师普遍反映，首先，在操作性上，通过本轮的教学模式修正和教学设计方案细化，在操作过程中能够对课前学习活动进行详细设计，通过设置自主学习任务单，使学生明确相关学习材料所包含的内容要点，以及与将来课堂学习之间的关联，更具操作性和实用性；其次，在灵活性上，在课堂教学活动的组织中，进一步完善了活动的流程和环节设置，并且进行了多种新颖教学活动的实验和推行，特别是微信墙和世界咖啡，教学气氛更为活跃热烈，学生的参与度和完成度更高、更有效，但教师也反映在学习任务单的设置、ARCS动机理论的应用以及不同课堂教学活动的实施面向等问题上，还存在一定的难度，需要在更多的实践中进行积极探索和磨合。总体而言，第二轮研究，教师运用移动社交网络推进翻转课堂教学的意愿和信心，得到了进一步的强化和提升，随着更多教学实践的开展，对其中的不适应感会逐渐消弭，整体理解和掌握程度也会更加灵活和熟练。

学生普遍认为，本轮研究中，在操作性层面，微信公众平台更新和升级后，操作界面更加友好亲切，功能模块设计更为简约合理，学习资料更为丰富，呈现方式更具人性化；平台不但便于学生开展课前学习内容的自主学习，还能进行相关主题的拓展研习；通过在线微社区的讨论交流，能在深入讨论的同时，对话题进行归类和收藏；通过学生作品的展示和成果呈现，也增强了学生学习的主动性和积极性，总体来说，学生对微信公众平台的总体功能和结构表示了极大的肯定和赞许。另外在灵活性层面，对于研究中采用的多种灵活机动的新鲜教学活动形式，学生认为既能贴近学生参与教学活动的心理体验，也能满足多样化和个性化学习的需要，对教师采取更多更有效的教学活动表现出了强烈的期许。

2. 困惑与不足

教师通过多次操作实践，对于如何运用微信公众平台设计制作和发布推送学习材料已经比较熟练，但是仍然感觉无法真切掌握学生的具体学习需求和学习状况，如学生更喜欢什么样的材料形式？学生对课前学习内容是否进行了认真学习？课前材料的内容与学生已有认知结构有无偏差？学生的学习效果如何开展多种方式的评价？这些问题是教师随着模式的深入施行而自然产生的对模式更为深刻的考虑和反思，需要在后续研究中进行深入分析和积极应对。

学生在进一步肯定运用微信公众平台推行翻转课堂教学模式效果的同时，也坦承了自己的内心想法，有些学生虽然很想认真进行课前学习，但是有时会由于时间紧张或自控能力差，未能按时学习微信公众平台发布的学习任务；也有些学生会因为在初步学习中，由于某个问题得不到及时且详尽的解答而中途停顿，最终也就不甚了了；还有些学生认为，自己更为习惯整堂听讲记录笔记，以便更好地应对期末考试。这些来自学生内心的真实疑惑的问题，也在促使笔者对 S – ICM 翻转课堂教学模式进行更为深入的总结和修订。

4.4.5 改进方向

结合第二轮研究的实施效果和不足之处，笔者和教学人员展开了广泛的探讨，进一步探索和寻查相关教学理论、教学模式和实践案例，从中提取有益的做法和经验，形成了新一轮的改进方向。

1. 融合多种教学理念，优化模式实施方案

在下一步的研究中，需要广开言路，扩散思维，不必拘泥于移动社交学习和翻转课堂教学本身，可以从更为广阔的理论视野中扩宽思路，深入探究微课程、学习社区、MOOCs、大数据分析、互联网思维等教育理念和现实案例，从中汲取相应有益养分，进一步提升本模式的理论深度和实施效度。

2. 深化设计评价体系，促进学生深度参与

在此之前的模式实施过程中，对于学生的有效评价开展不够，需要在新一轮的实证中，探索多种评价模式相结合的途径和方式，强化过程性评价，完善形成性评价，通过多种策略促进学生积极而又深度地参加翻转课堂中课前、课中和课后阶段的学习活动。

4.5 第三轮研究——提升模式的延伸性和扩展性

4.5.1 目标计划

（1）针对前两轮研究中存在的问题和需求，进行模式修正和方案优化；

（2）融合多种教学理念和现实案例，针对模式的整体框架和局部细节进行改造和升级，进一步提升模式的延伸性和扩展性；

（3）开展师生角色分析和学习需求分析，进一步深化模式的评价方式和策略，形成具体有效的评价方案。

4.5.2 模式修正

1. 结合 MOOCs 教学模式，改进学习任务结构和流程

（1）MOOCs 概述。MOOCs（Massive Open Online Courses）即大规模开放在线课程，国内将其翻译为"慕课"，简单来说，MOOCs 是由具有协作分享精神的个人或组织制作发布，可通过互联网同时面向大规模的学习者提供在线开放式学习的网络课程。其概念早在 2008 年由加拿大学者 Bryan Alexander 在其设计的在线课程中首先提出，后来斯坦福大学的 Sebastian Thrun 与 Peter Norvig 教授于 2011 年在网上开设《人工智能导论》课程，吸引了来自世界上 190 多个国家的 16 万学生注册学习，被公认为是第一门真正意义上的 MOOCs。2012 年，国外最主流的三大 MOOCs 平台 Udacity、Coursera、edX 相继建立，吸引全球众多知名大学纷纷加盟，向全世界所有学习者开放优质在线教育资源与服务，对世界范围内高等教育的综合改革产生了颠覆性的变革影响，引发了全球高等教育及教学信息化的革新运动，引起政府、高等院

校和商业机构的极大关注，已成为国内外互联网与教育研究领域内的热点与焦点。

（2）MOOCs教学模式的效果机理和实施流程。国内学者王永固等（2014）结合MOOCs的实现形式以及分类特征描述，分析总结了其内在学习机制，即在线学习有效性机制、精细掌握学习机制、学伴交互协作机制和复杂系统自组织机制[①]。研究认为，首先，讲授式、自主式和协作式是三种主要的在线教学的教学方法，其中协作式和教师引导的自主式在线教学的效果明显大于独立式和讲解式在线教学的效果，学习者自主控制学习的程度、教师精心引导和学伴交互协作是增大在线教学效果的关键变量。其次，掌握学习理论认为，大多数学生如果有足够的学习时间，接受合适的教学，就能掌握世界上任何能够学会的知识；教学的根本任务是找到既考虑个别差异又能促进个体充分发展的教学策略和支持机制；如果一个学生通过规定课程单元80%~90%的测验题目，就表明该生已经掌握这个单元的内容，可以进行另一个单元的学习。因此，在MOOC学习中，需在两个方面向学习者提供精细掌握学习机制：教学视频的结构设计和形成性测试，既可支持学习者进行精细掌握学习，也能支持学习者重复提取认知行为。再次，MOOCs提供的课程讨论区以及课程作业互评两种交互协作机制是MOOCs教学质量的关键保证。最后，耗散结构理论和系统动力学理论都进一步指出，作为一种复杂性系统，MOOCs的学习者具有自组织、自涌现和自生成的学习特征。

胡安珍（2015）选取了国内外五大MOOCs平台的十门课程，对MOOCs教学模式进行了深入分析。研究认为，从学习活动分类的角度来看，MOOCs的教学模式是将"传递—接受式"与"自学—辅导式"有效结合的产物。其中"传递—接受式"教学模式依照了"复习旧课—引起注意—讲授新课—练习测验—评价反馈—间隔性复习"的教学程序链条，"自学—辅导式"教学模式的基本教学流程是："自学—讨论—启发—总结—练习巩固"，并在研究中将MOOCs教学模式的程序环节进行了图示表征，如图4-41所示。

---

① 王永固，张庆.MOOC：特征与学习机制 [J]. 教育研究，2014（9）：112-120，133.

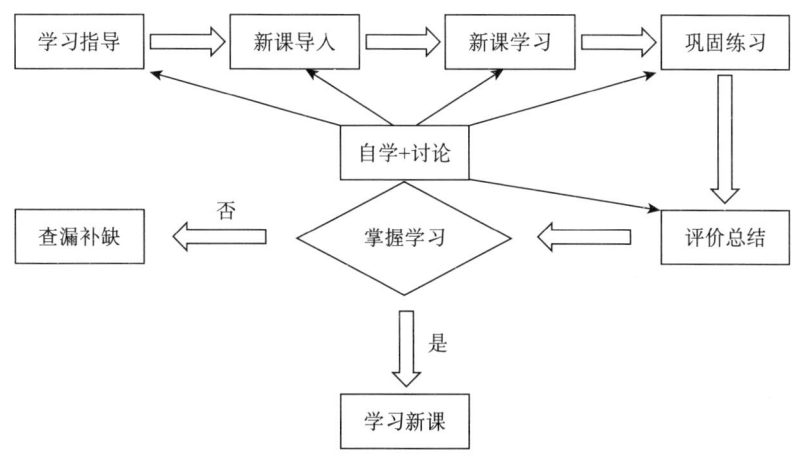

图 4-41 教学模式的程序环节

（3）构建类 MOOCs 的课前知识传授流程环节。在前两轮的研究中，教师一直对于学生课前是否参加自主学习的状况表示疑虑，即学生是否参加了自主学习，有哪些学生没有参加学习，原因在于什么？为此，笔者通过对同样需要学生自主学习的 MOOCs 教学模式的流程环节的考察，从中提取相应解决方案，即在翻转课堂教学模式的课前学习任务设置中，依据掌握学习理论的原则，引入即时评测、反馈解析、增强互动的学习机制，进一步优化设计了课前学习任务的设计和监控，形成了如图 4-42 所示的课前学习模式。

在该模式中，教师首先对课前学习内容进行详细分解，将其细化解构为相互关联、粒度适中的不同微型学习单元，对每一学习单元的内容进行精心设计，包括情境创设、呈现形式、体系结构等，同时配合基础认知目标，同期发布相关先行知识的学习链接，有助于学生形成对所学知识体系的整体认知和有效建构，此外还需根据学习内容的重点和难点，设置相关阶段性测试题目，这些题目一般是对原材料的总结提炼后的综合性问题，既不能超出学习内容的范围，也要避免原文重复式的简单话题，用来检验学生是否充分理解和掌握了上述学习材料。

学生在接收到教师通过微信公众平台发布的学习材料后，首先进行初步学习，回答材料附加的测试题目。为了强化学生的参与意识，题目的呈现采用微信公众平台提供的投票计票功能，即学生必须点选自己认为正确的相关

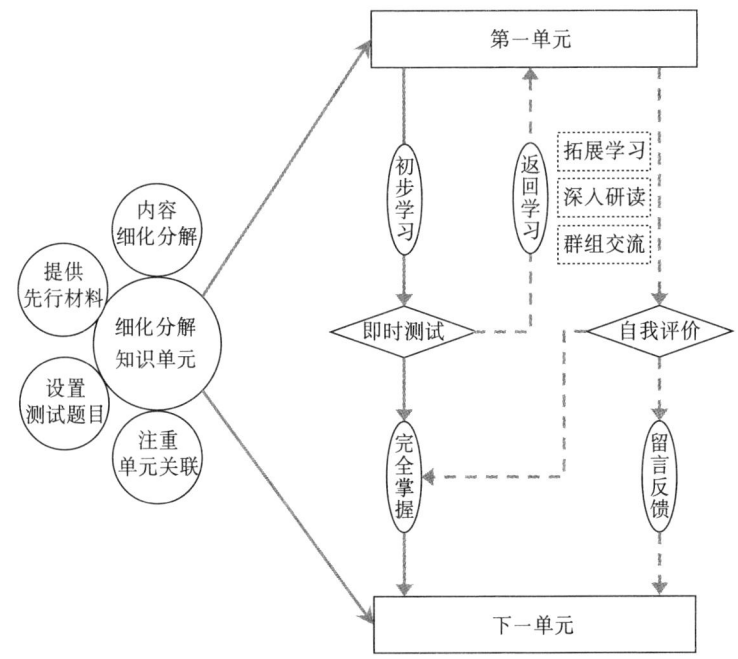

图 4-42 课前知识传授流程环节的修正和改进

选项,然后阅读浏览平台进一步推送的答案解析。如果学生回答正确则表明学生已完全掌握相应学习内容,可以进入下一单元的学习。如果回答错误,则需返回学习。在第二次开展学习时,要求学生再次深入研读学习材料,如果学生是因为粗心或偶尔大意的缘故,则可在用心学习后的较短时间内完成学习任务;如果学生是因为前期学习不够深入,基本认知有所偏差,致使不能进行新知识的自我建构,则需继续学习教师课前推送的相关基础学习材料和相关知识链接,或通过微信平台或手机网络主动检索相关内容进行自我学习;如果学生在此基础上仍然无法理解本单元的学习内容,则可通过微信群组向学习伙伴求助或请教,在班级交流探讨中加深对学习内容的领悟。通过上述学习活动,如果学生自我感觉已经掌握了学习内容,则可进行下一单元的学习,如果由于问题设置偏难或自身基础较弱,仍然无法实现有效学习时,则可通过微信公众平台提供的留言功能,描述自己的疑惑或对问题的不同见解,向教师反馈学习情况后进入下一单元的学习。

2. 借助互联网思维理念，改进学习内容设计开发模式

（1）互联网思维概述。从目前研究成果来看，互联网思维并不是一个出自学术研究领域的严谨的学术性概念，而是一个生发于互联网行业实践领域的自发性意识观念，由于互联网经济商业因素的驱使和传播，从一种流传在互联网产业界的思潮，逐步成为一种自下而上的业界共识，后经"新闻联播""人民日报"等官方媒体的推放，将"互联网思维"话语由互联网行业提升到整个经济行业，使其进入了社会主流话语体系，最终被社会大众所认同，进而成为政府和学界关注的社会热点和学术焦点。

关于互联网思维的定义界定，目前国内研究更多地趋同于百度百科的定义，即"互联网思维就是在（移动）互联网＋、大数据、云计算等科技不断发展的背景下，对市场、用户、产品、企业价值链乃至对整个商业生态进行重新审视的思考方式。"关于互联网思维分类形式的探讨，是目前研究中比较集中的一个领域，熊友君（2015）立足于移动互联网，将其分为碎片化思维等9大思维[①]，陈光锋（2014）主张分为标签思维、简约思维等12大思维类型[②]，安杰（2014）也提出了更为宽泛的24大类思维[③]，目前影响最大、获得认同最多的，仍然是赵大伟（2015）提出的9大思维即用户思维、简约思维、极致思维、迭代思维、流量思维、社会化思维、大数据思维、平台思维和跨界思维[④]，并在此基础上演绎出了互联网思维的价值环模式，这一分类兼顾了整体平衡和微小聚合，相对较为精当。在所有分类模式的研究中，学者普遍认为，用户思维是互联网思维体系中最为重要的一环，注重用户体验，发掘用户价值，也是互联网思维核心要义所在。

商业经济领域在对用户思维的关注过程中，用户本位的思想理念也得到了整体认同和全局深化，如在线视频行业中广泛施行的 UGC 模式，产品制造领域中对商品和服务的供应链进行了积极改造，形成了以用户为中心的资

---

① 熊友君. 移动互联网思维：商业创新与重构 [M]. 北京：机械工业出版社，2015.
② 陈光锋. 互联网思维：商业颠覆与重构 [M]. 北京：机械工业出版社，2014.
③ 安杰. 一本书读懂24种互联网思维 [M]. 北京：台海出版社，2014.
④ 赵大伟. 互联网思维独孤九剑 [M]. 北京：机械工业出版社，2015.

源配置和产品设计方式,即用户参与设计以及用户体验式设计等诸多模式。

(2)构建互联网思维下学生参与式学习机制。借助互联网思维中的核心思维,以用户本位的理念进行商业模式创新,俨然成了商业经济领域内的一大研究和应用热点。以互联网思维促生创新范式转变,落实创新驱动发展,不但对社会经济领域有着深刻意义,也对教育改革发展有着丰富的启示和借鉴意义。以互联网思维来审视、应对教育改革发展的理念和形态,变革、创新翻转课堂教学模式深入推进的路径,既是教育改革发展的必然抉择,也是教学模式创新的应有之义。

将互联网思维纳入翻转课堂教学模式的研究和应用,既有理论上的兼顾,也有实践中的需求。首先,从理论链接上看,倡导以学生为中心的翻转课堂教学模式,亟须在模式设计和应用实践中突出学生本位的价值理念,在这一点上与互联网思维中将用户思维作为的核心思维的理念不谋而合。其次,从时间需求上看,教师在深入实施翻转课堂教学模式的过程中,往往会存在学习内容设计是否能够满足学生的学习期望,学习资料开发是否能够契合学生的学习需求等困惑和疑虑。借助互联网思维的用户本位思想,参考企业供应链改造的实施途径,在"教学产品"即学习内容和学习资料的开发设计中,广泛融入"教学用户"即学生的体验和需求,一方面,能紧密结合学生的实际需求,使学习内容更加具象,学习资料更为贴切,案例形式更加鲜活,问题设置更为合理,从而更大程度上激发学生的学习积极性和主动性。另一方面,学生在参与学习方案的设计中,既能加深对所学知识内容的深层理解,也能通过设计开发学习资料进一步提高软件操作技巧和实践应用能力。

基于以上认识,笔者和教学人员开始构建学生全程参与教学设计的参与式设计(participatory design,PD)实施机制,最终形成了如图4-43所示的学习内容和学习资料开发设计的参与式学习机制。

这一机制中,学生全程参与学习活动的设计和实施,包括学习内容设计、学习资料制作、集体答疑解惑、课堂引导学习和课后带领探究等各个环节,学生的主体性得到全面凸显。而教师的角色主要是学生学习的引导者、辅助者和组织者,从而进一步体现了翻转教学模式中教师的角色定位和引领作用。在前期准备阶段,由教师发布学习主题,即可在课堂教学结束后面向全班发布，也可在班级微信群中统一公示，同时教师根据学生学习状况和知识结构，遴选指定部分学生组建专题学习小组，也可由学生根据自己的兴趣特长自主报名参加学习小组。随后，教师带领学习小组，首先阐明本课程教学单元的学习目标，广泛倾听学生的具体学习需求和愿望，可适当调整既定内容结构，甚至拓展延伸至具有内在关联性的全新话题，进一步明确学习内容的体系结构和框架。然后由学生主导进行学习资料的开发设计，可在其中主动顺应学生群体的关注点和兴趣点，由学生撰写文稿、设计界面、组织材料，设计出语言表述亲切自然、呈现形式风格多元、案例列举生动详实的课前学习资料，经过小组内部测试反馈后，经由微信公众平台推送给全班学生进行课前知识传授。在自主学习中，小组成员需要通过微信群或留言板，积极回应其他学生的提问和建议，不断将学习活动引向深入。在课堂教学阶段，教师需要根据教学内容和教学目标，设计具体的教学活动和组织方式，引导学生开展活动学习，而小组成员则可分配至不同的班级小组，在组内充当小组长的角色，引领本组学生开展深度的合作学习。在课后探究阶段，小组学生即可继续组织团队成员，开展更高层次的探究学习，可以同时在班级微社区和讨论群组中，进一步解答或支持其他学生的探究学习项目。互联网思维下学生参与式学习机制如图 4-43 所示。

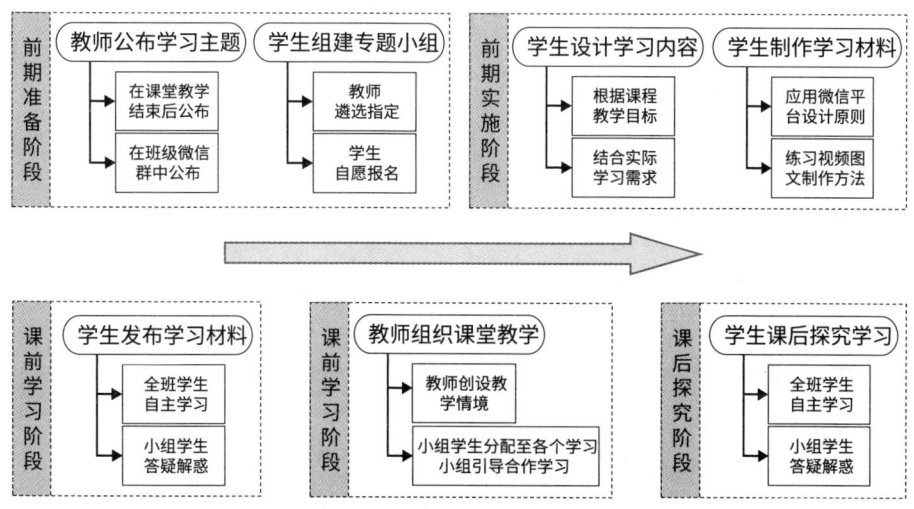

图 4-43 互联网思维下学生参与式学习机制

3. 利用大数据技术，改进学习行为分析的方式和途径

在面对如何有效掌握学生课前知识传授的状况和效果时，笔者和教学人员进一步将解决思路放置于微信公众平台中的腾讯云分析具备的数据分析功能上，决定结合大数据分析的理念，充分挖掘和提取微信公众平台的后台数据，经过数据可视化界面提供的直观图示，观测和掌握学生课前学习的进度和效度。

（1）大数据分析功能的实现

①用户分析。用户分析模块可以让管理者清楚地看到该订阅号用户的增长情况和用户属性，其中用户增长情况可按新加、取消、净增和累积关注人数四个维度统计分析，如图4-44至图4-48所示。

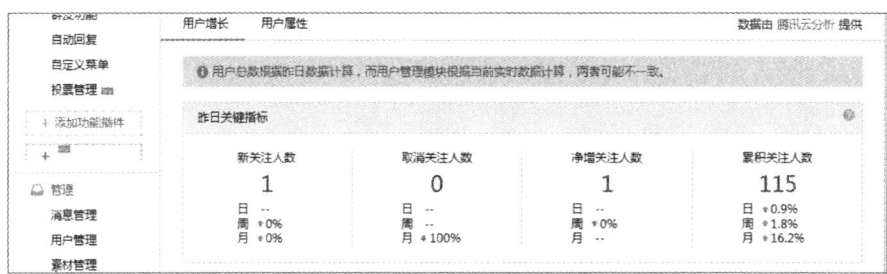

图4-44　用户增长情况分析功能

还可以以图表方式清晰呈现一定时间段内用户的增长趋势：

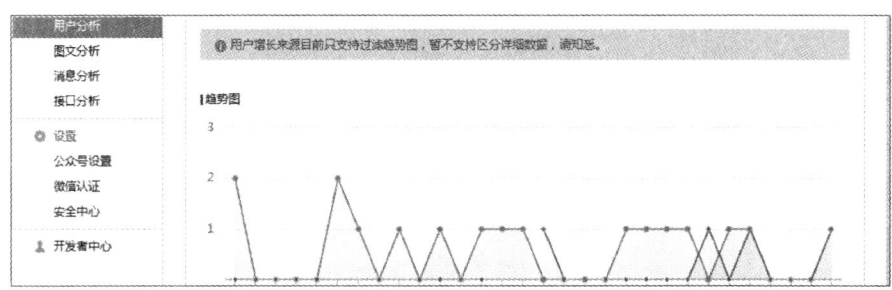

图4-45　用户增长趋势分析功能

在用户属性中,可进一步对用户的性别、地域、终端等情况进行分析显示:

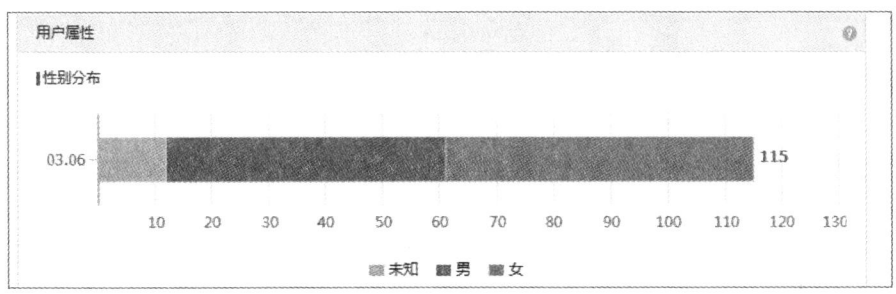

图 4-46　用户属性分析功能

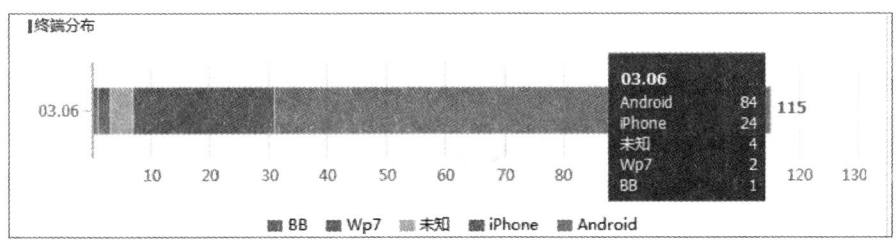

图 4-47　用户终端分布分析功能

性别	用户数	占比
女	54	46.96%
男	49	42.61%

图 4-48　用户情况数值分析功能

②图文分析。图文分析能对已经发布信息进行后台统计分析,包括信息送达人数、图文页面阅读人数、原文阅读人数、收藏和转发人数等数据,并可按照日期区间进行趋势曲线标示,如图 4-49 至图 4-53 所示。

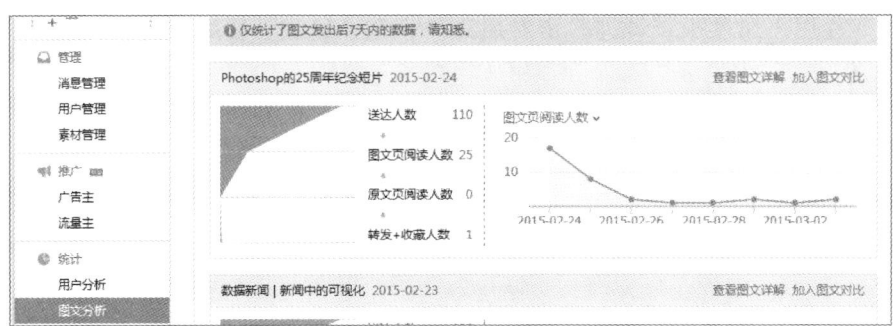

图 4-49 图文群发情况分析功能

图文详解中，可以对某一条信息的具体阅读情况进行进一步的分析，包括整体数据和详细数据：

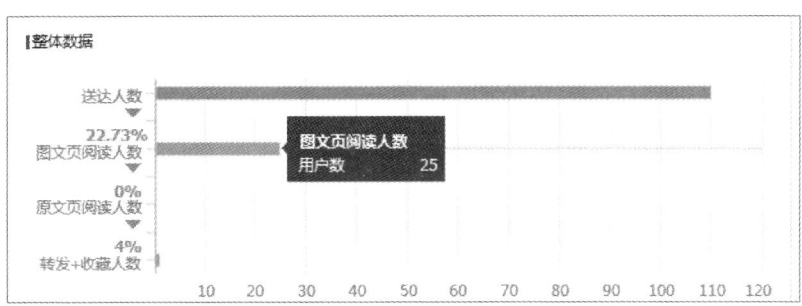

图 4-50 图文阅读整体数据分析功能

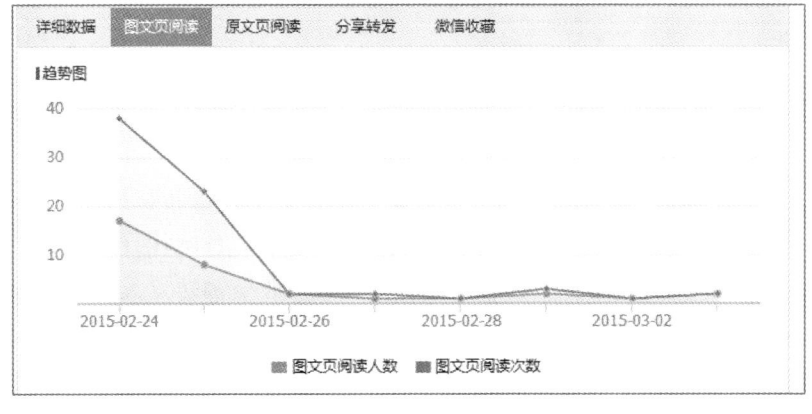

图 4-51 图文阅读趋势分析功能

第 4 章
S-ICM 翻转课堂教学模式的迭代修正

时间	图文页阅读		原文页阅读		分享转发		微信收藏人数
	人数	次数	人数	次数	人数	次数	
2015-03-03	2	2	0	0	0	0	0
2015-03-02	1	1	0	0	0	0	0
2015-03-01	2	3	0	0	0	0	0
2015-02-28	1	1	0	0	0	0	0
2015-02-27	1	2	0	0	0	0	0
2015-02-26	2	2	0	0	0	0	0
2015-02-25	8	23	0	0	0	0	0
2015-02-24	17	38	0	0	1	1	0

图 4-52　图文阅读详细数据分析功能

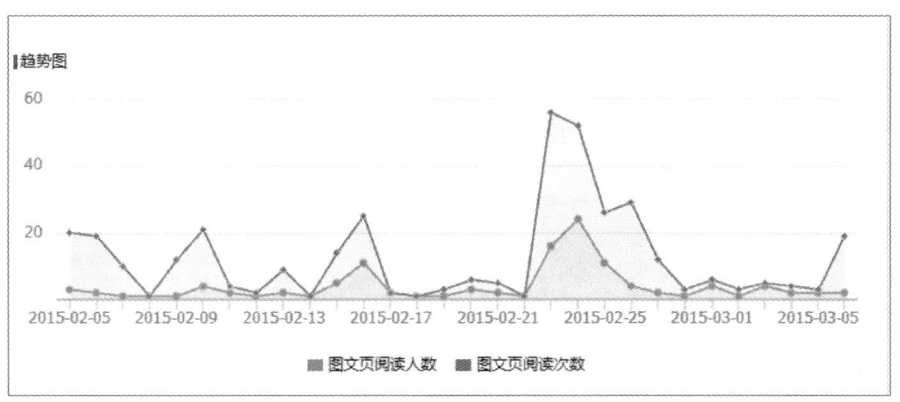

图 4-53　图文阅读趋势分析功能

③信息分析。信息分析可以对用户和订阅号之间的交流情况进行分析，包括留言咨询、关键词回复等多项内容，如图 4-54、图 4-55 所示。

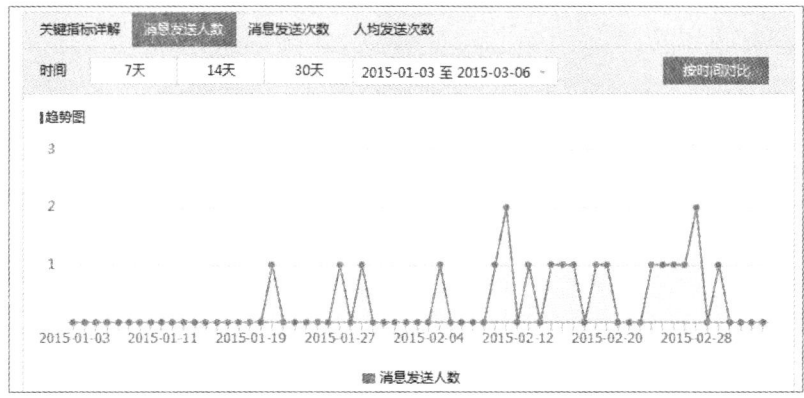

图 4－54　信息发送人数分析功能

消息发送次数分布图

消息发送次数	消息发送人数	占比
1-5次	19(95%)	
6-10次	1(5%)	

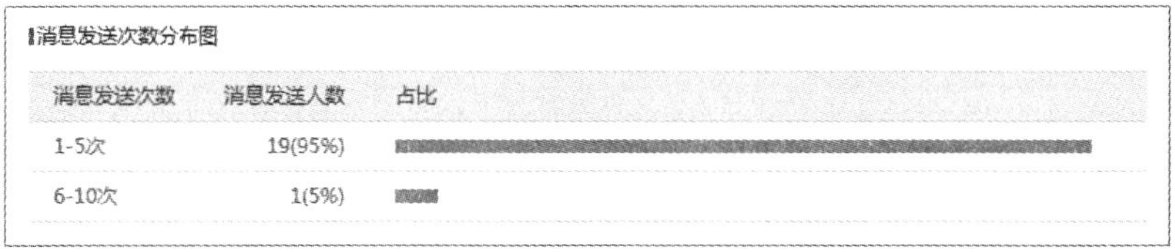

图 4－55　信息发送次数分析功能

其中，对于自定义关键词的回复，根据当期发布信息的不同设置，既可以是对所学核心内容的深入了解，也可以是学生对感兴趣的问题不断追问的记录，如图 4－56 所示。

排行	消息关键词	出现次数	占比
1	历史	138	
2	1-1能	38	
3	云计算	32	
4	大数据	30	
5	3D打印	25	
6	1-4能	21	
7	专业介绍	9	

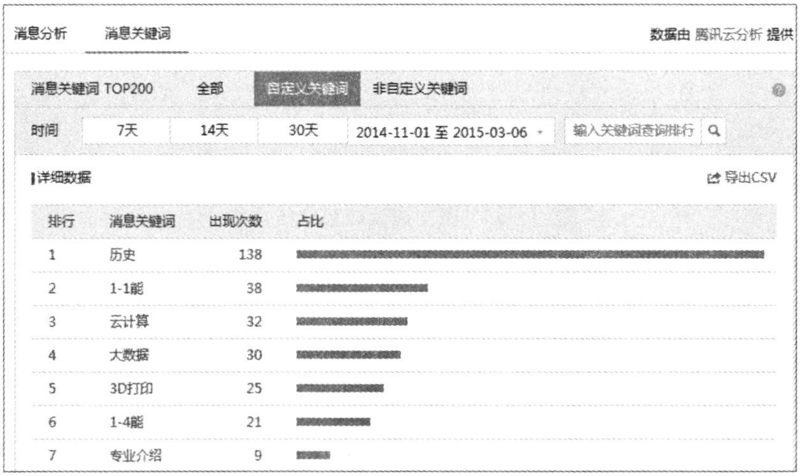

图 4－56　图文阅读趋势分析功能

（2）大数据分析功能的运用

在用户分析中，教师根据关注该微信公众订阅号的人数变化，以及学生向别人推荐而产生的新增人数，都可以用来观测学生对该订阅号的喜好和认可程度。其次，教师通过对用户的性别属性、终端属性的了解，参考相关男女性别以及移动终端类型对微信公众平台推送信息的关注程度的研究结果，在设计制作教学内容时，有针对性地推送不同主题、形式和案例的课前学习资料，以期提高学生对所学内容的关注度和契合度。

在图文分析中，首先，教师可以通过对信息送达人数、图文页面阅读人数、原文阅读人数、收藏和转发人数等数据进行详细分析，从具体阅读人数可以掌握有多少学生开展了课前知识传授，从而可以进一步通过有效手段督促检查学生课前学习行为。其次，从学生对某条图文的收藏和转发数据中又可以观测到学生对该学习内容的重视程度。一般而言，学生在获得该图文信息较有价值或值得分享的内心体验时，才会进行收藏和转发，而教师又可以进一步分析该内容是否与教师本身设置的教学重点的预期相一致，该内容为何会得到学生自主学习的价值认可，是与其学习研究方向高度契合，还是图文内容观点新颖解析深刻，可以从多次的收藏和转发数据中进一步判定学生的兴趣面向和关注重点，从而可以更加有针对性地调整学习材料设计制作思路和途径。

在信息分析中，教师可以从学生在自主学习时，与微信公众平台之间的交互状况，了解学生的学习进度和关注度。首先，从回复关键词获取相关学习内容的频次和趋势上，可以掌握学生对某一话题的阅读兴趣，通过深入分析该内容与课堂教学内容之间的内在联系，有助于教师对课堂教学内容及活动形式的设计做出合理的规划和设置。其次，通过学生对某一问题的留言记录，可以具体勘测到学生对尚存疑虑问题的认知偏差点或对普遍关注问题的思维拓展点，进而可以有效调整教学策略，因势利导地开展课堂教学活动，即可包括课程导入中的初步检测和详细解析，也可涵盖教学活动的选择和探究项目的创设。

4.5.3 实施观察

通过上述修正方案的实施，笔者在参与教学观察的过程中，发现了诸多可喜的变化和成效。首先，类MOOCs的课前知识传授流程环节的优化组合和重新构建，有效提升了学生运用掌握学习法开展课前学习的效果。这种小步渐趋、循环推进的学习任务结构，比较符合学生的基本认知规律，可以对某一暂时无法领会掌握的学习内容开展反复推敲揣摩，并可借助于网络检索、同侪互助、拓展研读等多种方式来加深对所学知识内容的理解。其次，教师采用学生参与学习内容和学习资料设计的开发模式，让学生全程参与前期教学设计过程，也极大地提高了学生参与学习的积极性和主动性。最后，教师在课前学习中始终关注后台数据分析结果，不断调整教学策略，教学效果得到有效提升。

以下列举《新媒体运营》中有关微信运营章节学习中运用该组合模式进行课前学习任务设置的教学案例，如表4-10所示。

表4-10　　　　　　　　课前学习任务设置教学案例

4.5.4 反思评价

在教学观察过程中,笔者观察到了师生对第三轮研究采取的修正方案的进益和成效,同时也在不断反思,如何构筑一套完整有效的教学效果评价机制,客观真实地体现整个研究各个环节的实施效果,当然,这也正是前期访谈中教师普遍关心的问题。为此,笔者和教学人员依据前期研究中构建的S-ICM 翻转课堂教学模式的评价框架,认真回溯了研究各个阶段的修正与实施,再次深入总结了不同评价方式的功能侧重和效果偏倚,进行优化组合和分类细化,进一步总结出了的移动社交网络支持下的翻转课堂教学模式评价体系(如图4-57所示),并在教学过程中进行了广泛应用,基本达到了预期的教学目标和学习效果。

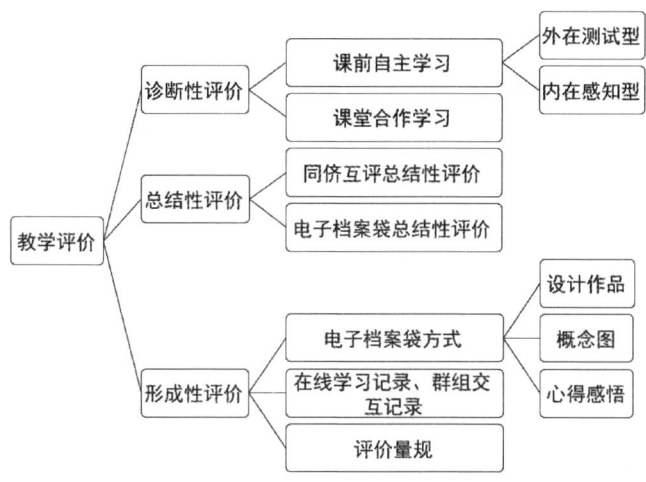

图4-57　S-ICM 翻转课堂教学模式的评价体系

1. 诊断性评价

诊断性评价也称为前置性评价,在传统教学过程中,一般是放置在课堂教学之前,目的在于掌握学生的前期学习水平或初步掌握情况。在翻转课堂教学模式中,诊断性评价可以在课前学习活动和课堂知识内化开始之初,对学生的学习情况进行即时诊断，以便师生双方可以进一步调整教与学的策略和方法，更加高效地施行课前知识传授和课堂知识内化。

（1）课前知识传授中的诊断性评价。笔者和教学人员根据课前知识传授的特点，进一步将这种评价活动分为两类形式，一类是学习掌握情况的外在测试型诊断性评价，一类是学生学习效果的内在感知型诊断性评价。在本书中，笔者结合移动学习、泛在学习和碎片化学习的特点，依托微信公众平台的系统功能，在学生学习界面上通过自主选择的方式，实现了两类评价的测评功能。

①外在测试型诊断性评价。外在测试型诊断性评价即学生学习材料的初步学习效果的测验评价，借助MOOCs学习中的小步子即时测验模式，通过单元学习材料之后设置的即时性测试题目，来实现对学生知识内容学习的掌握和理解情况。此类评价一般放置于学习单元全部呈现之后，向学生提供对学习内容的综合性、概括性的相关问题选项，由学生根据学习后的理解和认知状况进行点选，系统会即时提供所有学习者对该问题的回答情况，同时通过文内链接，指向问题解析页面。学生根据解析结果来评判自己的选项是否正确，然后决定是否进行返回重新学习。在上文所述构建的类MOOCs的课前知识传授流程环节中，正是应用了这种评价形式。

②内在感知型诊断性评价。内在感知型诊断性评价是学生通过学习以后的自我认知评价。美国北美大陆教育学习研究所（McREL）的笔者罗伯特·J.马扎诺教授，对课堂评价进行了系统全面的研究，致力于将教学理论研究转化为有效的课堂实践评价，其研究结果在全美乃至世界范围内的教育改革中得到了充分的认可和应用①。马扎诺认为，自我评估就是要求学生对自己学习内容的理解或技能训练情况进行自我分析，是学生发展高层次的认知技能的核心因素。通过自我评估，学生不仅能找出自己已经掌握的内容，以便确定后续努力方向，同时还能形成积极的自我反思，以明确自己的学习进展状况。据此他提出学生对学习进行自我评估反思是促进学习的有效方法之

---

① 唐玉霞. 马扎诺教学设计思想述评［D］. 杭州：杭州师范大学，2011.

一,并设计出了适用于学生自我评估的评分量表①,如表 4 – 11 所示。

表 4 – 11　　　　　　　　马扎诺学生版评分量表

简化版评分量表	完整版评分量表
4.0 我熟知它,能将他与未教的内容联系起来	4.0 我熟知它,能将他与未教的内容联系起来,而且是对的
	3.5 我熟知它,能将他与未教的内容联系起来,但有时出错
3.0 我理解(能理解)所教的内容,没有出错	3.0 我理解(能理解)所教的内容(包括容易和较难的部分),没有出错
	2.5 我理解(能理解)所有容易的内容和一些(不是所有)较难的内容
2.0 我理解(能理解)所有容易的内容,但不理解(不能理解)较难的内容	2.0 我理解(能理解)所有容易的内容,但不理解(不能理解)较难的内容
	1.5 我理解(能理解)一些比较容易的内容但出了些错误
1.0 在老师帮助下,我明白(能明白)一些教学内容	1.0 在老师帮助下,我明白(能明白)一些较难的内容和一些较易的内容
	0.5 在老师帮助下,我明白(能明白)一些较易的内容,但不明白较难的内容
0.0 我什么都不懂,什么也不能做	0.0 我什么都不懂,什么也不能做

根据马扎诺学习评价的观点和理念,笔者将此评价量表应用于翻转课堂教学模式中,并通过微信公众平台的投票功能进行了设置,以便学生在单元学习之后进行有效的自我评价,如图 4 – 58 所示。

(2)课堂知识内化中的诊断性评价。这类评价主要是在课程开始之初,教师为了全面把握学生课前学习状况,在课程导入时开展问答式或提示型的简单测验。测验题目的编制需要根据教学目标的重点、难点,题目的来源主要通过以下几个方面获取:学生课前知识传授过程中,通过微信图文信息留言板的留言和微信公众号后台的留言功能,提出的通过自主学习难以掌握的问题,或者学生在微社区和微信群讨论中的普遍存在的疑惑不解的话题,其

---

① [美] 马扎诺. 有效的课堂教学评估手册 [M]. 邓研研,彭春艳,译. 北京:教育科学出版社,2009:97 – 98.

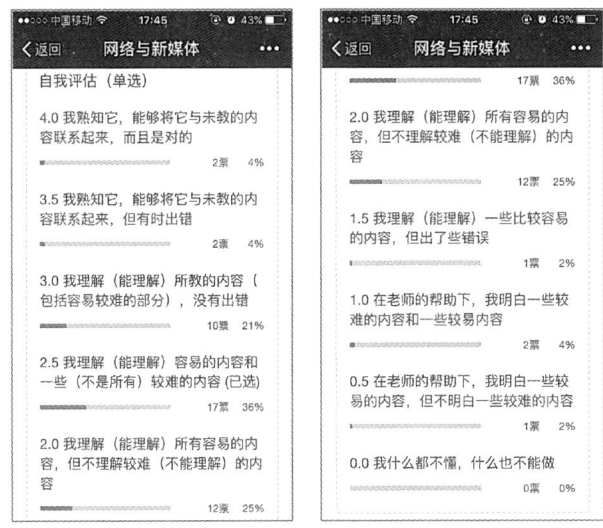

图 4-58 微信公众平台实现的学生自我评估功能

至包括对微信公众平台的后台数据分析后提炼出的问题等。教师结合这些问题，进行归纳整理后，总结出与课堂教学内容具有关联性和指向性的几个问题，开展班级诊断性评价，并以评价结果来确定课堂知识内化的重点方向以及相关教学活动的组织策略和方式。

2. 总结性评价

总结性评价一般设置在阶段学习之后，对学生学习情况进行全面总结，由此判断通过教师的指导，加之学生的自身努力和参与，是否达到了教学目标预期的目的。在 S-ICM 翻转课堂教学过程中，总结性评价一般运用在课堂知识内化和课后探究活动结束之后，既可分别评价，也可总括评价。评价方式包括电子档案袋、成果、项目报告等形式，也可以是较为系统的测验题目和评价量规。评价结果不单是学生学习后的外在表现，还需内化为师生教与学的集体反思。对教师而言，要从评价结果的高低，反思教学设计是否合理、课前学习材料是否充分、课堂知识内化是否有效、案例项目设置是否贴切、课后探究任务是否适当等，在反思和总结中进一步提高教学设计水平和综合教学能力。对学生而言，要从学习态度与意识、学习方法与技巧等多个方面进行深刻总结，也才能真正达到评价目的。

考虑到本书是基于微信公众平台的翻转课堂教学模式研究，因此在评价中积极融入平台提供的功能模块，也能进一步提升研究的适应性和针对性。因此笔者在总结性评价中，首先，引入了微信公众平台提供的朋友圈点赞功能，以此作为学习伙伴互相点评的机制，形成了同侪互评的总结性评价模式，如图4-59所示。在该模式中，由学生根据不同的学习专题或探究项目，进行PBL项目学习探究，并将最终的设计作品，以图片或视频形式发布在朋友圈中。班级学习同伴即其他学习小组成员，可以在朋友圈中对认可的作品点赞，也可以在评论区指出该作品的未尽事宜或不足之处，最后由教师在课堂或微信群中对作品进行逐个点评，并根据班级学生的点赞数量进行作品等级划分，由此完成师生共同参与的总结性评价。其次，可以借助微信提供的收藏功能，即学生在学习过程中，将自己认为有价值的课前发布的学习资料以及其他微信公众号发布的相关专业知识讯息，收藏进个人收藏夹，并可同时添加学习心得、专业资料等，可据此进行电子档案袋式总结性评价，如图4-60所示。

图4-59 微信公众平台实现的同侪互评总结性评价功能

PC端收藏界面　　　　　　　　手机端收藏界面

图4-60　微信公众平台实现的电子档案袋总结性评价功能

3. 形成性评价

根据 S-ICM 翻转课堂教学模式的评价框架的设计思路，形成性基本上贯穿了整个翻转课堂教学过程中的课前知识传授、课堂知识内化和课后知识迁移三个阶段，对每一阶段中学生的基本知识掌握情况、认知、技能和情感态度形成和提高情况，都需进行连续不断的观测和评估，可以通过提问、测试题、练习题等进行阶段测试，可以用电子档案袋方式归置学生的作品、概念图、学习反思和个人总结，也可以借助学习契约、在线学习记录、群组交互记录等测定学生的参与度和热衷度，用来记录情感态度的变化情况，还可以通过评价量规来检测学习效果。通过上述几种方式的组合运用，可以对学生整个学习过程的学习能力和学习绩效进行综合评价。

4.6　三轮研究小结

经过三轮研究之后，本书提出的 S-ICM 翻转课堂教学模式已经基本趋于成熟。此间经过一个学期的教学实践，每一轮研究均历经目标计划、组织实施、教学观察、反思评价等四个环节，在每一阶段研究结束之后，通过访谈和调研的方式，收集参与研究的教学人员和学生的观点看法和意见建议，经过梳理总结后形成模式改进方向，以此作为下一轮研究的开端。由此往复循环三轮，基本实现了研究的初始目标，S-ICM 翻转课堂教学模式在合理性和适宜性方面得到了检验和印证，在操作性和灵活性方面得到了优化和改进，在延伸性和扩展性方面得到了进阶和提升。总体而言，经过迭代研究，S-ICM 翻转课堂教学模式已经由最初的框架模型，形成了一整套具体详细的分阶段模式和实施方案，现汇总如下：

4.6.1 理论探索方面

首先，经过组织相关教学人员和研究人员参与学习中国大学 MOOC 课程《翻转课堂教学法》，不但进一步明确了翻转课堂教学模式的内涵和特征，而且树立起了以学生为中心的教学理念，在随后的教学实践中，正是基于对翻转课堂教学模式的内涵理解和特征把握，基于对以学生为中心教学理念的坚守和秉持，S-ICM 翻转课堂教学模式才能够在实践过程中经过充分验证而得到持续改进和完善。

其次，在研究过程中，每一环节的教学实施，都在潜移默化地应用本研究所构建起的 S-ICM 翻转课堂教学模式理论基础框架中的宏观指导理论和微观实施理论，如人本主义学习理论强调有意义的自主学习观，在承认学生个体差异性的基础上创设个性化学习情境，使学生可以按需依度的开展学习活动；再如在教学设计中，注重课前知识传授与课堂知识内化之间的内在连接和内容呼应，也正是遵照建构主义学习理论，通过设立有效的脚手架来促进学生学习的顺应和同化；而在课前、课堂、课后的三阶学习过程中，移动社交网络和面对面交流互动充分结合，体现了混合学习理论的主旨所在；通过引入 MOOC 模式改造 S-ICM 翻转课堂教学模式的学习流程，让学生在小步子测试中不断加深对所学知识的理解，也正是掌握学习理论的深切体现。

最后，通过迭代研究，进一步完善了 S-ICM 翻转课堂教学模式的分阶段具体实施模式和教学设计方案，并且优化改进了评价措施、实施流程和资源开发方式，从多个层面进一步完善了 S-ICM 翻转课堂教学模式的理论体系。

4.6.2 实践应用方面

从实践应用方面来看，经过研究，形成了一系列富有特色的 S-ICM 翻转课堂教学模式的实践应用形式，主要包括以下几个方面：

第一，形成了三阶分解实施模式。

对 S-ICM 翻转课堂教学模式的框架模型进行解构和细分，构建起了具体而详尽的三阶分解实施模式，即课前知识传授模式、课堂知识内化模式和课后知识迁移模式，每一分项模式都进行了详细的推理和表述，模式表征比较合理，模式内容趋于完满。

第二，形成了三阶教学设计方案。

依据三阶分解模式，广泛借鉴参考了相关翻转课堂教学模式的教学设计方案，分别形成了课前知识传授、课堂知识内化和课后知识迁移阶段的教学设计模板，其中涵括了学习者学习特征分析、学习目标和学习指南设计、学习材料资源形式设计、学习活动设计、教学媒体选择和应用设计、教学评价设计等多个要素，具有一定的实践参考意义和推广应用价值。

第三，优化了课前知识传授活动的流程环节。

借助 MOOC 的学习方式和学习流程，设计开发了课前知识传授活动的结构流程和环节步骤，使学生能够依据掌握学习理论，经过自我检测和多方探索，对知识内容的掌握更为深入。

第四，形成了参与式教学设计机制。

借助互联网思维中的用户参与式设计（participatory design，PD）理念，形成了教学设计的参与式设计机制。在教师进行教学设计的全过程由学生广泛参与，包括学习内容的侧重点和扩展点、学习材料的组织结构和呈现形式、教学案例的遴选和展示、学习效果的测验和评价等。在学生参与教学设计的过程中，一则可以使教师的教学活动更具针对性和时效性，更易贴近学生的实际情况，更易满足学生的学习需求，二则学生在参与设计的过程中，也可以进一步深化对知识内容的理解和掌握，同时也使学生的软件操作技能和作品设计技能得到锻炼和提升。

第五，细化了学习效果评价方式。

研究中，结合前期设计的 S-ICM 翻转课堂教学模式学习效果评价指标体系，借鉴 MOOC 学习平台中的"微视频+即时测试"的学习模式，借助微信公众平台的投票选择、关键词回复以及内嵌超链接功能，形成了能够满足学生自主学习、自我评测、反复观看、多方探索的学习机制，方便学生进行学习效果的自评。同时，积极借助微信公众平台中的朋友圈进行作品展示和学习伙伴互评，通过后台数据分析，进行学习行为和学习进度的诊断性评价，通过微信收藏夹功能和成果展示栏目，实现电子档案袋式的总结性评价。

第六，建立了翻转课堂教学模式的实施平台。

在研究之初，笔者深入分析了移动社交网络的典型应用即微信公众平台的操作要点和结构特征，根据翻转课堂学习平台的功能需求，进行了移植应用和二次开发。

具体而言，在基础功能应用方面，依托微信公众平台的自定义菜单、关键词回复、投票选择、评论留言、图文消息分析、用户素材管理等多项特定功能，将其作为集学习材料制作发布、学习效果自我评价、学习群组交流讨论、学习行为数据分析、课堂学习辅助支撑、课后探究资源汇聚、学习成果评比展示等功能于一体的翻转课堂教学平台。

在系统二次开发方面，通过积极改造和开发，实现了下列功能：

一是建立了在线学习社区。借助康盛 Discuz！的移动互动社区技术，通过微信公众平台的接口设计，搭建面向微信用户的在线微社区，方便学生积累和梳理讨论话题，避免了微信群交流中的话题发散、不易沉淀的问题。

二是开发了学习风格测量系统。经过二次技术开发，设计制作学习风格测量系统，将其接入微信公众平台，便于学生在学习之前开展学习风格测量，以便使师生双方均能对学生的学习认知风格进行整体把握，进而形成不同学习风格的教学策略。

三是构建了学习空间矩阵。借助 BlueMP 等微网站自助服务平台，采用

HTML5 技术，建立起了课程学习的空间矩阵结构，即将学生所学课程以专题及章节进行划分，以矩阵平台的方式形成了在线学堂，方便学生进行浏览阅读和反复学习。

四是创设了微信墙课堂讨论情境。采用微信墙技术，将移动社交网络本身的交互性和课堂教学环境所需的展示性进行有机结合，依托微信平台设计出了微信墙教学模式，实现了集内容呈现、即时互动、随机分组、群组辩论等教学活动于一体的移动社交式教学情境，不但营造了积极活跃的课堂教学气氛，而且提高了课堂教学交互质量。

4.6.3　S–ICM 翻转课堂教学模式修正与总结

1. 总结反思

经过三轮的研究，笔者通过对 S–ICM 翻转课堂教学模式的课前知识传授、课堂知识内化和课后知识迁移的三个阶段进行具体的分项解构，形成了相应的具体模式，并形成了相应的教学设计方案和教学实施流程。在此过程中，笔者也对最开始设计的 S–ICM 翻转课堂教学模式理论原型进行了不断反思，发现原初模型中以下几个方面尚需改进，现总结如下：

一是仅做了课前、课中和课后三个阶段的划分，未能深刻体现知识传授、知识内化与知识迁移的核心理论。

二是因对移动社交网络在课堂教学中的运用未能给予正确认识，而未能跳出移动社交网络仅是信息发布与交互探讨的学习辅助工具的固有窠臼，初始设计时，课中知识迁移中强调课堂内即教室教学环境，并未将移动社交网络融入其中。

三是教学目标的达成，实际上需要在课前知识传授、课堂知识内化和课后知识迁移的三个阶段中均有体现，需要深化为每一阶段的任务设置和教学设计之中，还要考虑三个阶段之间的前后呼应和联系。

四是教学交互中，S–ICM 翻转课堂教学模式中的交互已不单是师生双方交互，需要更加强调学生之间的面对面交流，包括讨论、讲解甚至争辩，

第 4 章
S-ICM 翻转课堂教学模式的迭代修正

由此才能促进学生对所学知识的深度反思和深层内化。

五是教学评价中，根据 S-ICM 翻转课堂教学模式的评价框架，既要包括对学生课前知识传授、课堂知识内化和课后知识迁移中学习效果的评价，也要体现对学习过程中由移动社交网络构建的教学环境，以及教学主体中师生与生生之间教学交互行为的评价。

2. S-ICM 翻转课堂教学模式的理论原型的修正

因此，笔者通过对 S-ICM 翻转课堂教学模式的迭代修正过程的回顾和总结，根据上述反思，对 S-ICM 翻转课堂教学模式的理论原型进行了修改，修改后的理论原型如图 4-61 所示。

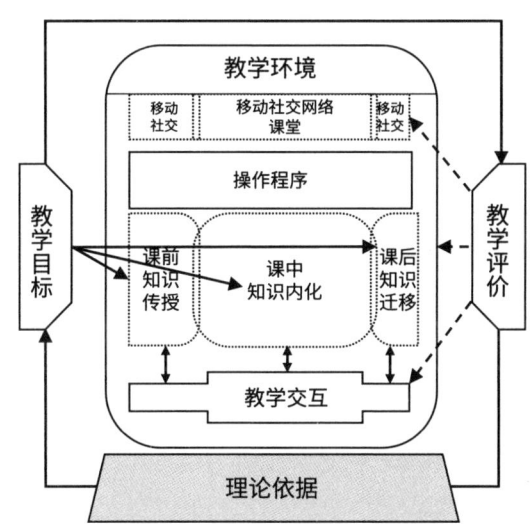

图 4-61　修正后的 S-ICM 翻转课堂教学模式理论原型

修改后的 S-ICM 翻转课堂教学模式理论原型，主要有以下几个方面的变化：

第一，凸显了课前知识传授、课堂知识内化和课后知识迁移三个阶段的教学理念，并适当根据每一阶段的时间分配和参与程度，对其模块框型的大小比例做了调整，而且为了体现三阶段之间的前后联系，对其做了交叉处理，意在三个阶段并非孤立存在，而是紧密关联。

第二，移动社交网络全程融入课前知识传授、课堂知识内化和课后知识迁移三个阶段中，其中课堂教学环境与教室教学环境相互配合，共同完成教学任务，在推进中也是阶段之间相互叠加融合。

第三，教学目标指向了课前知识传授、课堂知识内化和课后知识迁移的每一个阶段。

第四，教学评价覆盖了教学活动、教学交互和教学环境。

第五，教学交互可在课前知识传授、课堂知识内化和课后知识迁移的每一个阶段中发生，尤其在课堂实现知识内化的过程中尤为重要，故而对其模块框型做了进一步调整。

至此，涵盖课前知识传授、课堂知识内化和课后知识迁移三个阶段的翻转课堂教学模式理论原型经过修正已经基本趋于成熟，这既是对 S–ICM 的深刻表征，也是对翻转课堂本质内涵的深度体现。当然，随着未来持续研究的深入推进，该模型也还会有可能的修正空间。

3. S–ICM 翻转课堂教学模式的整体谱系框架

经过三轮的研究，不断丰富了模式的内涵和外延，现结合每一阶段的修正和改进，对 S–ICM 翻转课堂教学模式进行全面总结，形成如图 4–62 所示的谱系构成图示。

第 4 章
S-ICM 翻转课堂教学模式的迭代修正

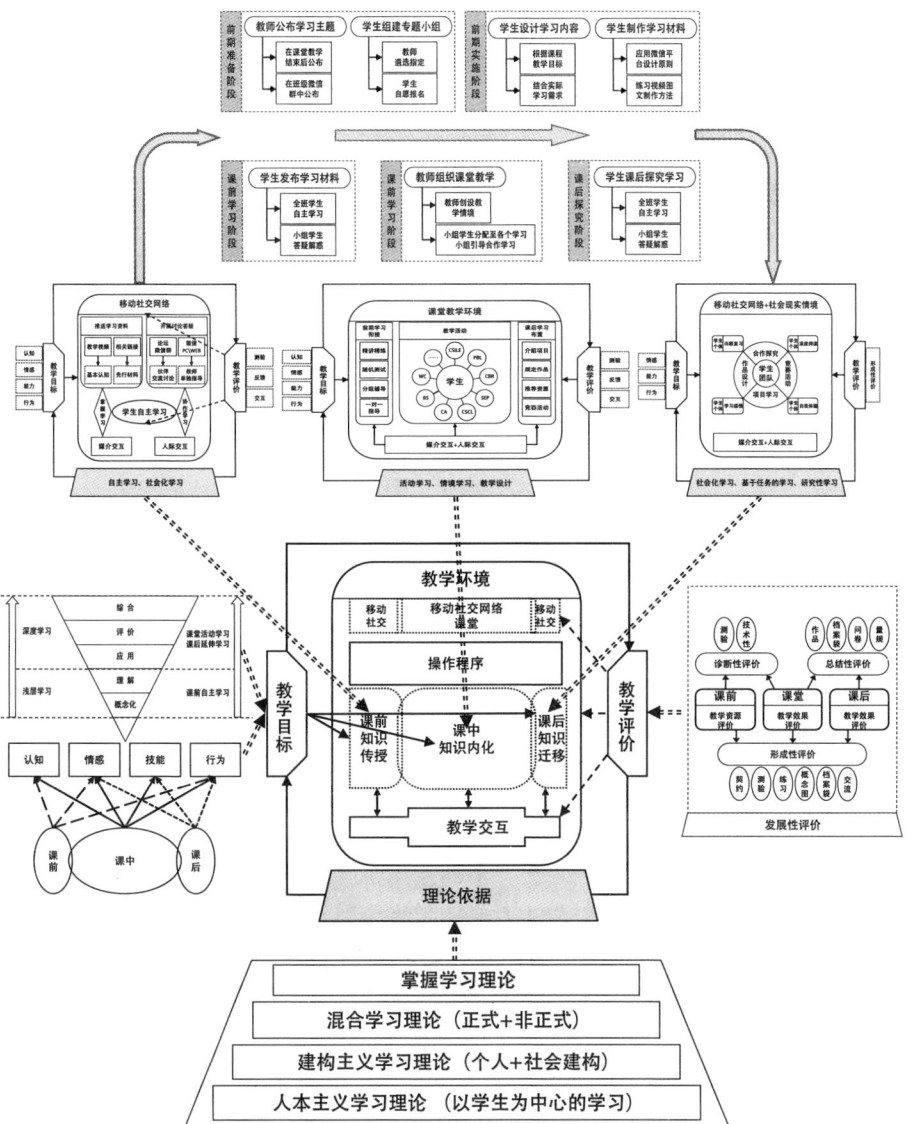

图 4-62　S-ICM 翻转课堂教学模式的整体谱系框架图示

第 5 章　S–ICM 翻转课堂教学模式的实践应用效果

本章概要

本章主要目的在于对前期研究中经过理论思辨和基于设计的研究建构起的 S–ICM 翻转课堂教学模式的实施效果进行验证和评价。评价过程中主要采用准实验研究方法，建立对照组和实验组，设计并实施了不相等区组后测准实验设计模式和单组前测后测时间序列准实验设计模式，在应用 S–ICM 翻转课堂教学模式开展实践教学，通过问卷调查和访谈等形式进行评价数据收集，运用统计学方法对数据进行检验分析。分析结果显示，S–ICM 翻转课堂教学模式在实践教学过程中，得到了师生普遍好评，该模式的构建以及相应内涵体系的建立，基本达到了本研究的预期目标。

本章脉络结构

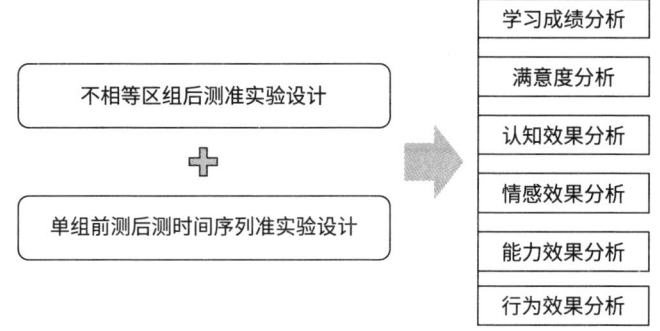

本书在理论探索和实践借鉴的基础上，构建出了 S-ICM 翻转课堂教学模式，并经过三轮研究，在验证模式的有效性、操作性和拓展性的基础上，对模式进行了全面修正和改进，形成了相对成熟的翻转课堂教学模式。为了进一步检验该模式的实践效用，分析其教学效果的实际表现，本书继续在 L 大学的相关课程中进行了具体实验。

根据实验院校的课程和学生的实际情况，本书采用准实验研究中广泛运用的不相等区组后测准实验设计模式，以便比较 S-ICM 翻转课堂教学模式与传统课堂教学模式之间应用效果的差异，同时采用单组前测后测时间序列准实验设计模式，对参与实验研究的学生进行对该模式的整体满意度和应用微信公众平台进行学习的满意度进行测量。通过设计并实施研究方案，收集整理并分析研究数据，对具体应用效果进行了全面的分析和总结。

5.1 效果评价方案设计与实施

5.1.1 评价目的

本实验的目的在于通过实际课堂教学，探察 S-ICM 翻转课堂教学模式与传统课堂教学模式在教学应用效果上的差异，据此来验证该模式的有效性与完善性。根据上文所列该模式的评价框架和指标体系，可将本实验目的依照总体满意度、认知、情感、能力、行为效果进行解构，并细化聚焦为以下几个实际问题：

（1）该模式是否能够得到师生的普遍满意，认可接受并积极践行？
（2）该模式是否能够提升学生的认知、情感、能力、行为效果？
（3）该模式是否能够提高学生的学习成绩？

5.1.2 评价设计

1. 实验方法

威廉·维尔斯曼在《教育研究方法导论》中指出，实验研究是实证研究的重要方法，按照实验对象是否能够真实随机分组，又可分为真实验研究和准实验研究[1]。相关学者认为，真实验设计的控制水平很高，操纵和测定变量很精确，但是它对于实验者和被试的要求较高，带来操作上很大的困难，现实性比较低[2]。因此也有学者鲜明的提出，从现实意义上来说，教育实验只能是准实验[3]。但是，准实验设计利用原始组进行研究，缺少随机组合，无法证明实验组是否为较大群体的随机样本，同时任何因素都可能对原始群体起作用，所以因被试挑选带来的偏差将损害研究结果的可推广性，从而影响了准实验研究的内在效度，因此在内在效度上，准实验设计不如真实验设计[4]。由此来看，真实验研究和准实验研究的区别就在于对实验的处理上，真实验研究要精心地进行随机处理，而准实验研究则不完全进行随机处理，只是"顺其自然"地采用原始班级学生群体，缺少随机组合本身则潜在地影响着实验的内在和外在效度[5]。因此，需要在教育实验中通过增强实验对象抽样分布的随机性来提高教育实验的效度。

在具体的真实验研究和准实验研究的分类中，除了实验对象的单组与多组之分，也还存在前测与后测之分，以多组实验为例，真实验研究中，包括前后测控制组设计、后测控制组设计、不等组后测设计等类型[6]，准实验研

---

[1] 威廉. 维尔斯曼. 教育研究方法导论［M］. 袁振国，译. 教育科学出版社，2001.
[2] 穆肃. 准实验研究及其设计方法［J］. 中国电化教育，2001（12）：13-16.
[3] 郑继伟. 教育实验只可能是准实验［J］. 教育研究与实验，1989（1）：48-51.
[4] 陈俊浩，顾容，李春霞. 准实验研究在教育技术领域的应用［J］. 现代教育技术，2009（12）：31-34.
[5] 邹霞. 谈教育研究中的实验研究与准实验研究——回复袁磊博士的《也谈实验研究方法在教育研究中的应用》［J］. 现代远距离教育，2007（4）：16-17.
[6] 伯克·约翰逊，拉里·克里斯藤森. 教育研究：定量、定性和混合方法［M］. 马健生等，译. 重庆：重庆大学出版社. 2015：277-282.

究中，包括不相等实验组控制前后测准实验设计、不相等区组后测准实验设计、单组前测后测时间序列准实验设计、多组前测后测时间序列准实验设计等类型①。关于前测后测的设置，相关研究认为，在现实实验中，前测获得的经验可能影响后测的敏感性，出现测验的反作用效果，导致对实验设计外部效度的影响。因此，在教育实验中，既需要考虑不同对照组的实验结果，也要考虑前测对后测的影响因素。

据此，笔者通过多方比较，结合实验学校实际情况，最终决定选用不相等区组后测准实验设计的实验方法进行学习效果的验证。在该实验方法中，实验研究对象被分配到一个实验组和一个控制组中，笔者对实验对象施加自变量影响，通过创设或操纵能诱发和引起各种外在表现特征的教学活动情境，实现实验对象的因变量即行为反应的变化，由此来判别两组对象的差异显著性。在这种准实验设计中，研究的设计方法和对变量的操纵等很接近真实验设计中的后测控制组设计，区别在于实验对象的随机性问题。不相等区组后测准实验设计如图5-1所示。

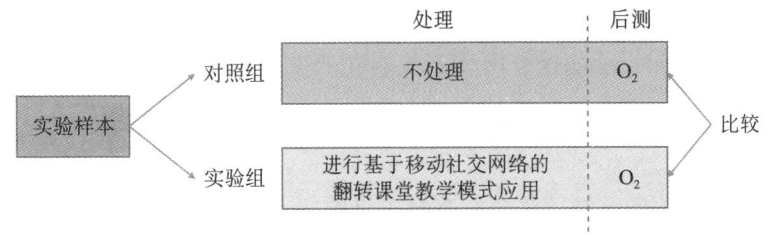

图5-1 不相等区组后测准实验设计

同时，考虑到在对S-ICM翻转课堂教学模式整体满意度以及对微信公众平台应用于学习的满意度测量中，只有实验组参与了运用微信公众平台开展翻转学习的经历，因此，对于对照组而言，参与该满意度测量没有价值，故而在满意度以及后续的影响因素测量中，笔者决定采用单组前测后测时间序列准实验设计的方法进行验证。该方法即在实施处理条件之前，对一组研究被试的因变量O进行测量，接着实施自变量X，之后对因变量O再次进行

---

① 穆肃. 准实验研究及其设计方法 [J]. 中国电化教育，2001 (12): 13-16.

测量,前测后后测的差异成为衡量处理条件有效性的重要指标。单组前测后测时间序列准实验设计如图 5-2 所示。

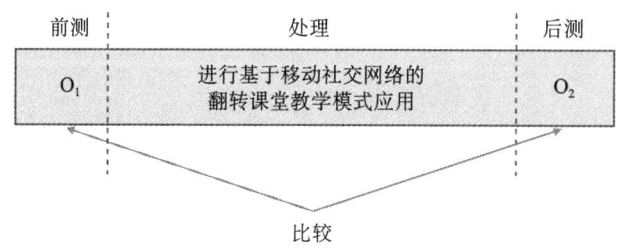

图 5-2 单组前测后测时间序列准实验设计

2. 实验对象

为了确保 S-ICM 翻转课堂教学模式的学习效果以及整体满意度的验证效度,笔者在实验对象选择上,需要重点突出实验样本的抽样随机性。因此,笔者在通过广泛考察后,决定在学校开设的创新创业实训课程中开展实验研究。首先,该课程面向全校各年级各专业开设,可以确保样本来源的普遍性。其次,学生通过教务网络系统自主报名参加,系统对报名学生以 60 人为一个建制,随机分配学生进入教学班级,这样也可以确保样本分组的随机性。相关研究指出,在实验之初,随机分配是使对照组内所有变量相同的最好办法,实验的关键就是使所有对照组的所有变量相同,只是系统地改变自变量来实施验证过程[①]。因此,通过学生自主报名、系统随机分配的方式,确保了实验样本被分配至各个教学班级概率的均等性。在系统完成随机分班之后,笔者随机选取了两个班级开展准实验研究,一个作为实验组,运用移动社交网络进行翻转学习,一组按照常规的传统教学方法开展学习。同时,两组教学内容和教学环境一致,并由一名教师开展班级教学,从而进一步控制了无关混淆变量对实验效果的干扰。

在实验对象选定之后,笔者仍然提醒参与实验的教学人员注意避免以下

---

① 伯克·约翰逊,拉里·克里斯藤森. 教育研究:定量、定性和混合方法 [M]. 马健生等,译. 重庆:重庆大学出版社. 2015:270.

两种消极效应:

一是霍桑效应（Hawthorne Effect）。"霍桑效应"是指那些意识到自己正在被别人观察的个人具有改变自己行为的倾向。实验组的学生一旦得知自己参与实验研究，就会明显觉察到来自教师或其他组成员的过度注视，会在心理感受和行为表现上出现不自然的差异。这种不够真实的效应，会在一定程度上影响因变量的效果数值，使实验的可信度和效度都会下降。对此，比较有效的解决办法就是对实验组和控制组的实验情况不予提前公布，使学生在本真常态下参加准实验研究。

二是皮格马利翁效应（Pygmalion Effect）。皮格马利翁效应指人们基于对某种情境的知觉而形成的期望或预言，会使该情境产生适应这一期望或预言的效应。在课堂教学中，教师的信念会影响其对学生的期望，而学生通过感受到的教师的期望，变得更加顺应，从而使教师的期望变成学生的现实表现。在本研究中，如果教师时常对运用移动社交网络进行翻转课堂教学模式表现出极大的推崇和渲染，就会引导学生不由自主地认可和接受这种期望，会致使实验效果偏离应有的客观和理性的轨道。为避免该效应，除了对参与实验研究的教师进行研究准则、研究能力的培训外，还可以安排未参与研究的教师进行实验，负责对实验组施加处理，以此降低不利影响和消极效应。

5.1.3 评价实施

首先，教师同时对两个班级即实验组和对照组开展教学活动，对实验组采用S-ICM翻转课堂教学模式，但并不言明这是一项教学实验，将其仅作为一种新型教学方法的应用；对于对照组既不加以翻转教学模式的应用，也不提及实验组的存在，只是按照常规进行教学。在教育活动推进两周后，将前期研究中建立的评价指标转换为调查问卷的形式，对学生展开关于教学模式整体满意度和微信公众平台应用于学习的满意度的调研，即开展准实验研究的前测。在此之后的数周教学过程中，教师全面深入地应用经过前面三轮研究修正过的翻转课堂教学模式，并进行积极的教学观察和评价。在课程即将结束前，教师再次发放相同内容的调查问卷，开展准实验研究的后测工作。在课程完全结束后,教师用问卷的形式对学生的学习效果进行调研,然后命制涵盖全部教学内容的试题,同时对实验组和对照组进行单独考试,随后向所有参加准实验研究的师生告知实验研究的目的和过程并争取其理解和支持。

5.2 效果评价数据检验与分析

在此次准实验研究中,笔者的数据收集分为四个方面,一是对实验组和对照组的课程考试成绩进行直观量化的数据分析;二是将前期研究中建立的评价指标转换为调查问卷的形式,在实验组和对照组的教学活动结束后,向所有学生进行 S-ICM 翻转课堂教学模式的学习效果的问卷调查,然后对问卷结果进行数据汇总;三是对实验组进行前测和后测,用来验证参与实验学生对该教学模式的整体满意度;四是在满意度测评的同时,对满意度的影响因素同样开展问卷式调查,并对测试数据进行比较分析。

5.2.1 对学习者学习成绩的影响分析

在对实验组和对照组的学习成绩分析中,笔者主要首先通过直观的成绩区间分布和最高分、最低分、平均分等数据项进行比较分析。然后进行两组学生学习成绩的差异性检验,以此来分析应用该模式对学生成绩影响的显著性。

1. 学习成绩数值比较分析

笔者对实验组和对照组的期末考试成绩进行了成绩区间数据排列,并进行了图标可视化处理。从图中可以直观地看到,实验组的成绩表现明显好于对照组。其中实验组的主体成绩大多分布在 70~90 分,其中 70~79 分占比为 33.3%,80~89 分占比为 51.7%,两者合计占全班总比例为 85%,即超过八成的学生成绩为优良区间,而同比下对照组的数值则为71.7%,其中三分之二的学生成绩分布在70~79分。在90分以上的学生中,实验组的占比为11.7%,而对照组的人数仅接近其一半的水平。另外,在最高分、最低分、平均分等项目的比较中,实验组依然优于对照组。由此可见,实验班具有高分突出、优良比高的特点,因此通过两组的学习成绩比较(如图5-3、图5-4所示),可以印证该教学模式的对学生的成绩影响是积极有效的。

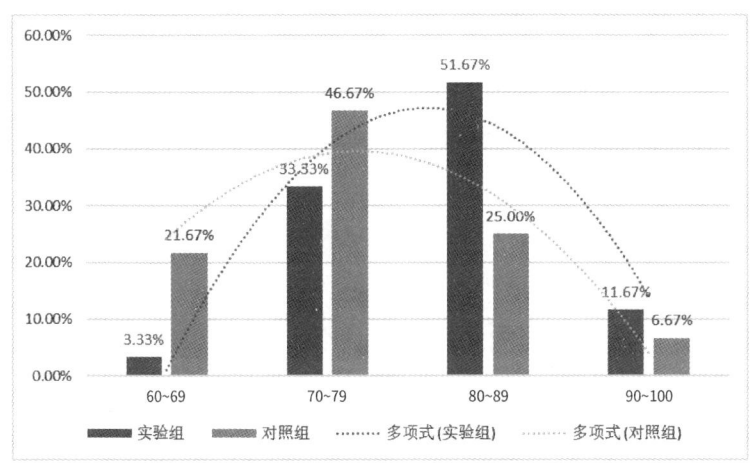

图5-3 实验组与对照组学习成绩的区间比对

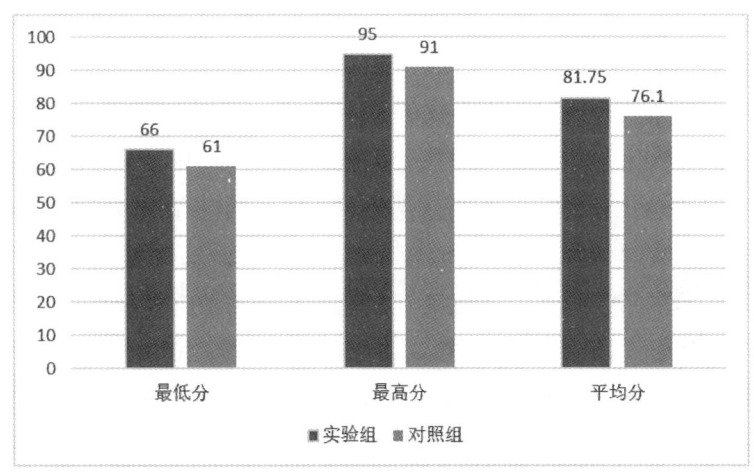

图5-4 实验组与对照组学习成绩的分项比对

2. 学习成绩差异性检验分析

为了进一步分析两组学生学习成绩是否具有显著性差异，笔者对两组成绩进行了差异性检验，检验结果如表 5-1 所示。

表 5-1　　　　　　　　　　　学习成绩差异性检验

	均值		标准差		差异性
	对照组	实验组	对照组	实验组	检验 P 值
考试成绩	76.100	81.750	7.690	6.220	0.000

注：在统计假设检验中，显著性水平通常采用 0.10、0.05、0.01，当检验 P 值小于 0.10、0.05、0.01 时，分别表示实验组和对照组的相关指标水平存在显著差异、较显著差异和极显著差异。下同。

学习成绩差异性检验结果表明，就均值而言，实验组平均分值在 81.750，高于对照组的 76.100，说明整体平均成绩相比之下更为突出。实验组的成绩标准差为 6.220，高于对照组的标准差 7.690，可见实验组学生成绩具有更小的离散程度，换言之其成绩稳定性要高于对照组。同时，由于两组的差异性检验 P 值为 0.000，明显低于标准值 0.01，所以，采用 S-ICM 翻转课堂教学模式的学习者与传统教学模式下学习者的总评成绩之间，具有极显著性差异，该模式对学生成绩有显著影响效果。

5.2.2　对学习者学习效果的影响分析

在学习效果分析中，笔者主要采用了前期研究中构建的评价指标体系，将其转化为调查问卷的形式，面向实验组和对照组，在课程学习结束后，进行了测量，即准实验研究中的后测。在第 3 章有关教学目标分类的研究中，笔者构建了适合于翻转课堂教学模式的整体分类框架，包括认知维度、技能维度、情感维度和行为维度四个部分，评价指标体系的构建，也遵循了这个分类框架。因此，笔者通过对后测数据的收集和整理，分别从上述四个维度，对学习者的学习效果进行了全面分析总结。

第 5 章
S–ICM 翻转课堂教学模式的实践应用效果

1. 认知维度

在第 3 章关于认知领域教学目标的研究中，笔者依据翻转课堂教学模式中课前进行概念记忆和理论理解等浅层学习，课堂进行应用、评价、综合创新的深层学习理念，进行了翻转课堂的教学目标分类。据此，本实验中也进一步对认知领域按照上述分类法进行学习效果评价分析。

（1）浅层学习的认知效果。学生的浅层学习过程中主要是通过课前知识传授活动，对基本概念、基础理论进行记忆和理解。笔者对其学习效果的差异性进行了统计检验，检验结果如表 5–2、表 5–3 所示。

表 5–2   记忆和概念层级的学习效果差异性检验

认知效果	赋值	均值		标准差		差异性检验 P 值
		对照班	实验班	对照班	实验班	
能清晰的回忆起所学知识	x31	2.950	2.967	0.999	0.823	0.921
能在现实中找到所学知识的多种表现形式	x32	3.000	3.250	0.974	0.816	0.130
能用自己的理解描述出相关知识的定义	x33	3.200	3.167	0.953	0.942	0.326
能对所学知识体系进行整体概括	x34	3.250	3.150	0.985	0.860	0.555

表 5–3   理解层级的学习效果差异性检验

认知效果	赋值	均值		标准差		差异性检验 P 值
		对照班	实验班	对照班	实验班	
能用自己的语言或图表形式来描述展现所学知识	x41	3.033	3.217	0.938	0.904	0.278
盟对某一事物进行举例说明或深入阐释	x42	2.833	2.900	0.977	0.951	0.706
在所学知识领域内对某一事物的状态趋势进行推断或预测	x43	3.017	2.950	0.911	0.891	0.485

在学生有关记忆和概念上的学习效果检验中，对照组和实验组之间在均值方面相差无几，但在标准差上，实验组各项数值均小于对照组，说明实验

组对该模式下学习效果的认同更为集中。然而两组的差异性检验 P 值均大于 0.1，这显示出对照组和实验组之间并无显著性差异。究其原因，也就在于翻转课堂教学模式中是将原本课堂需要讲授的基本概念、基本原理和基本理论等均转置于课前，由学生通过自主学习的方式进行学习，这些学习按照目标分类，都属于浅层学习，即只需记忆和简单理解即可完全掌握，并无深层思考和创新的内涵，故而，两组学生无论是通过课堂讲授还是自主学习，最终得到的学习效果基本一致。

（2）深层学习的认知效果。依据翻转课堂的教学目标分类，在课前的浅层学习之后，教师组织课堂教学，进行应用、评价、综合创新等几个层面的形式多样的教学活动，推进对学生高阶思维能力和认知能力的培养过程，均属于深层学习的范畴，笔者分别对这三项进行了差异性检验，检验结果如表 5-4 至表 5-6 所示。

表 5-4　　　　　　　　应用层级的学习效果差异性检验

认知效果	赋值	均值		标准差		差异性检验 P 值
		对照班	实验班	对照班	实验班	
能在复杂情境中辨析出某一事物组成要素或主次问题	x_{51}	2.898	3.217	0.904	0.825	0.061
能运用适当的原理或技术来解决现实问题	x_{52}	2.817	3.267	0.948	0.841	0.007

表 5-5　　　　　　　　评价层级的学习效果差异性检验

认知效果	赋值	均值		标准差		差异性检验 P 值
		对照班	实验班	对照班	实验班	
能对复杂问题进行结构分析或析因分析	x_{61}	2.233	3.267	0.963	0.899	0.000
能对不同事物进行比较分析、把握差异	x_{62}	2.233	2.733	0.981	0.800	0.003

表 5 – 6　　　　　　　　综合层级的学习效果差异性检验

认知效果	赋值	均值		标准差		差异性检验 P 值
		对照班	实验班	对照班	实验班	
能通过假设和验证来对新问题提出合理的解决方案或思路	x71	2.850	3.150	0.936	0.732	0.053
能创造性的对已有解决方案进行优化改造	x72	2.600	3.067	0.978	0.607	0.002

在上述应用、评价和综合三个层级的差异性检验中，实验组的均值水平普遍高于对照组，说明实验组学生在知识的具体应用、问题的反思评价以及综合性的改造创新方面，学习效果均好于对照组；在标准差的数值统计中，实验组的数据分析显示其学习效果更为集中稳定。同时，两组的差异性检验 P 值均小于标准值 0.1，大部分在 0.05 之下，即实验组在深层学习方面的学习效果和对照组之间有着显著差异。其中，x52 小项（能够运用适当的原理或技术来解决现实问题，$P=0.007$）、x61 小项（能够对复杂问题进行结构分析或析因分析，$P=0.000$）、x62 小项（能够对不同事物进行比较分析、把握差异，$P=0.003$）、x72（能够创造性地对已有解决方案进行优化改造，$P=0.002$）这几项的 P 值均小于 0.01，表现出了更具倾向性的显著差异。这表明，学生在翻转课堂教学模式中，由于前期学习已经掌握了基础理论知识，在课堂学习中，能够更加积极地参与教师组织的多种活动，亲自参与活动的时间远远大于对照组，学生可以有更多的时间和途径，应用学到的知识去尝试解决现实问题、对问题的成因和结构进行深入分析、对不同的事物进行差异比较，并创造性地提出解决办法或对现有方案进行优化改造，这与对照组按照传统讲授式教学所能提供的教学条件和教学情境，形成了鲜明的对比。据此，笔者认为，在翻转课堂教学活动中，教师结合移动社交网络构建起良好的教学情境，开展有效的课堂教学活动，极大地激发了学生参与学习的兴趣，学生能够通过多种活动进行合作学习，其深层学习中的高阶思维能力和认知能力的发展，明显优于按照传统教学模式进行学习的对照组的学生。

2. 情感维度

应该说，对学生的情感维度的测量是相对困难的，其过程会受到周边环境复杂变量的干扰以及学习者自身多元情感诉求的影响，但是从学习者的学习态度是否积极、学习意愿是否强烈、学习自觉能否持续等方面，也可以看出学习者的情感变化和态度特征。据此，笔者结合前期研究中列及的学习自觉主体性、学习合作交流性和学习认同分享性三个层级，对实验组和对照组进行了量表测评，并进行了差异性检验，检验结果如表5-7所示。

表5-7　自觉主体性层级的学习情感态度的差异性检验

情感态度效果	赋值	均值		标准差		差异性检验P值
		对照班	实验班	对照班	实验班	
感觉获得了老师更多的关注	x81	1.500	3.900	0.725	0.915	0.000
在学习中有一种是学习的主人的感觉	x82	1.567	3.950	0.767	0.832	0.000
感觉能够自主安排学习进度和计划	x91	1.850	3.083	0.988	0.850	0.000
愿意花更多的时间和精力进行学习	x92	2.033	2.500	0.920	1.081	0.012

在学习自觉主体性检验中，两组的差异性检验P值多数均小于标准值0.01，显示出极为显著的差异性。

首先，在翻转课堂教学中，教师能够通过移动社交网络在学生的课前知识传授和课后探究活动中，在班级微社区以及班级微信群中，和学生进行深入广泛的交流讨论，而且能够通过学生的学习情况反馈和后台数据分析，得知学生的学习进度和掌握情况，因此可以在课堂中进行有针对性的个别单独辅导或集体答疑解惑，学生会有更多的机会和教师接触，这与传统课堂中教师忙于整堂课进行教师主导式的全程讲解，无暇顾及学生个人感受的教学模式不同，学生会感觉得到了教师更多的关注和指导，而这种关注也会激发学生对参与学习的主动性，这一点也正是对检验结果中x81项（P=0.000）的有力注解。

其次，学生在课前学习中，能够根据移动社交网络提供的类 MOOC 的循环往复式小步子教学环节开展精熟掌握学习，包括平台检索和微信交流等方式，能使学生对每一个知识单元进行深入掌握，从而减少了学生学习的停顿感和挫折感，增强了成就感和获得感；其次，学生可以依据自己的特长和兴趣，参与不同教学内容的设计和制作开发，也获得了学生主导学习、学生是学习的主人的自主体性意识和观念。因此，检验结果显示的 x82 项（P = 0.000）具有显著性差异也顺合了模式内含的"以学生为中心"的核心理念。

最后，由于翻转课堂教学模式强调将原有基础理论部分转置于课前，由学生进行积极的自主掌握学习，这就对学生学习的自觉意识和自控能力提出了更高的要求。笔者通过课前及时发布学习材料、组织学生交流讨论、查看平台留言反馈、汇总后台分析数据等形式，在整个学习过程中对学生进行了有效的引导和督促。在不断的学习进程中，学生也逐渐适应了自主学习的特点，养成了自主学习的习惯，树立起了在更为宽泛广阔的范围领域开展自主探究学习的意识。而这些学习态度和情感意向的变化，在实验组和对照的差异性 x91 项（P = 0.000）和 x92 项（P = 0.012）中也得到了相应的印证。合作交流性的学习情感态度的差异性检验如表 5－8 所示。

表 5－8　　　　　合作交流性的学习情感态度的差异性检验

情感态度效果	赋值	均值		标准差		差异性检验 P 值
		对照班	实验班	对照班	实验班	
很享受通过课前学习后在课堂与老师同学讨论的体验	x10－1	1.767	3.550	0.981	0.649	0.000
在集体中的存在感越来越强	x10－2	2.333	3.350	1.052	0.936	0.000
乐意和同学一起合作完成一个项目或任务	x10－3	1.950	3.917	0.872	0.671	0.000

差异性检验数据表明，参与实验的学生表现出了更为强烈的交流互动意识与合作协作意识，其差异性检验 P 值均为 0.000，远低于标准值 0.01，具有非常显著的差异性表现。究其原因，就在于翻转课堂教学模式中，为学生的交互合作提供了丰富的教学情境和学习环境，学生可以通过移动社交网络

进行线上即时沟通，关键是在课堂中有了更多表达自己观点、参与集体交流的机会。在合作交流中，学生对知识内容的理解更为深刻，但更重要的是学生的合作学习能力得到了锻炼，通过基于问题的学习探讨，基于项目的合作探究，学生之间互通有无、协作共进的情感态度得到了进一步强化。认同分享性的学习情感态度的差异性检验如表 5-9 所示。

表 5-9　　　　　　认同分享性的学习情感态度的差异性检验

情感态度效果	赋值	均值		标准差		差异性检验 P 值
		对照班	实验班	对照班	实验班	
接受并认可这种学习方式	x11-1	2.000	2.950	0.883	0.769	0.000
认为这是一种适合方式	x11-2	3.117	3.283	0.846	0.804	0.271
非常愿意继续坚持下去	x11-3	2.817	2.850	0.854	0.840	0.830
愿意把该学习方式推荐给他人	x11-4	2.867	2.933	0.929	0.899	0.690

在认同分享性的差异检验中，两组学生的态度情感表现出了较大的分歧，其差异性不再呈现出类似于上述结果的显著性差异。首先，实验组的学生普遍接受并认可这种基于移动社交网络的翻转课堂学习方式，而对于接收传统教学模式的对照组学生来说，对"满堂灌"式的教师主导的教学模式表现出了极大的不认同，这与前期有关学生对现有教学模式满意度的调研数据基本吻合（详见图 4-16 和图 4-17），因此 x11-1 项的差异性检验 P 值为 0.000，远低于标准值 0.01。这说明 S-ICM 翻转课堂教学模式在实践中是被广大参与者所认同和接受的。

其次，在愿意持续学习和向别人推荐的选项中，两组数值均大于标准值 0.1，差异性并不显著。据此，笔者进一步结合差异性检验结果和学生进行了访谈式交流，以期进一步探查其内在因素。访谈中，有个别学生坦言，自己从小学到大学，一直依照传统课堂讲授式的教学模式开展学习，已经养成了相应的学习习惯，即课堂记笔记、考前背笔记的被动学习模式，虽然翻转课堂教学模式更为有效，但是出于个人习惯或懒惰原因，依然习惯于听取教师讲解而懒于自主探究。通过这一点，笔者也意识到传统教学模式历经数百年的发展和推行，其影响颇为深远，而翻转课堂教学模式作为一种新兴模式，在持续推进中，仍需深入研究有关不同学习习惯、学习意识和学习方法的学生群体的适宜性和接纳度，仍需深刻反思翻转课堂教学模式与我国教育实际现状的对接和改良，即翻转课堂教学模式的本土化问题，对于每一个参与并施行翻转课堂的教师和研究者而言，不但责任重大而且意义深远。

3. 能力维度

在对学习者能力维度的测评设计中，笔者为了全面地考量该教学模式对学生综合技能形成的影响效果，不再拘泥于某一种具体能力，而是将其放诸在较为宽泛的多元能力结构的情景中，进行多种能力的差异性检验，以便从中分析出其差异性的显著层级，进而为该模式的持续完善提供实践效果依据。笔者对实验班和对照班在能力方面的综合差异进行了检验，检验结果如表5-10所示。

表5-10　　　　　　　学习能力效果的差异性检验

能力效果	赋值	均值		标准差		差异性检验P值
		对照班	实验班	对照班	实验班	
通过课前、课堂和课后的学习，综合能力得到了提升	x12-1	3.050	3.183	0.946	0.930	0.438
时间观念自控能力得到了加强	x12-2	3.100	3.133	0.915	0.892	0.547
自主学习能力得到了加强	x12-3	3.100	3.433	0.915	0.998	0.024
沟通表达能力得到了加强	x12-4	2.900	3.117	0.817	0.804	0.146
分析思辨能力得到了加强	x12-5	2.833	3.467	0.924	0.812	0.000
问题解决能力得到了加强	x12-6	2.567	3.450	0.945	0.790	0.000
动手操作能力得到了加强	x12-7	2.917	2.933	0.850	0.800	0.912
人际交往能力得到了加强	x12-8	3.017	3.067	0.873	0.756	0.738
合作学习能力得到了加强	x12-9	2.550	3.183	1.048	0.813	0.000
创新意识创新能力得到了加强	x12-10	1.667	1.917	0.729	0.720	0.055

在能力维度的差异性检验中，笔者首先设计了一项综合能力的差异性检验测试题目，即学生对综合能力进行自我评判。检验结果显示为，两者的差异性检验P值为0.438，表明两组的差异并不显著。这也主要是因为学生对

于综合能力的认知和理解不尽相同，而且学生的综合能力需要结合社会影响、学校整体教育教学以及学生个人的能力差异进行综合分析评判，故而在对这一选项进行自我反思时，两个班的学生差异表现并不显著，但从全部有关调查结果的均值和标准差来看，实验组还是优于对照组，这也从侧面进一步印证了学生对参加了 S-ICM 翻转课堂学习之后的能力提升效果的认可。

从差异性检验结果可以看到，差异性检验 P 值小于标准值 0.1 的选项包括 x12-3 项（自主学习能力，0.024）、x12-5 项（分析思辨能力，0.000）、x12-6 项（问题解决能力，0.000）、x12-9 项（合作学习能力，0.000）以及 x12-10 项（创新意识和创新能力，0.055），这说明在这些具体能力上，实验组和对照对之间存在显著差异。其中分析思辨能力、问题解决能力以及合作学习能力的表现最为突出，究其原因主要在于翻转课堂教学模式给学生提供了大量的思考时间，学生之间乃至师生之间可以进行大量的争论和辩驳，学生的问题分析和思辨能力的显著提升也是顺利成章的。同时在翻转课堂教学模式中，除了课堂教学中的小组合作学习，也还包括了课外的基于项目作品的设计和开发等探究学习活动，因此，学生的合作学习能力和实际问题解决能力以及创新能力，都得到了长足的锻炼和发展，与对照组之间形成了极为显著的差异。另外，两个组有关动手操作能力的差异性检验结果的 P 值为 0.912，表现出不存在统计差异。究其原因主要在于传统教学模式中，对学生的动手操作能力的训练主要集中在实验教学环节中，在实验教学中，既可以是单个学生自己上机操作，也可以是小组合作进行项目实验，与翻转课堂教学模式中进行实验课堂的实施方式极为接近，故而差异性并不显著。

4. 行为维度

学生的行为变化，是学生参与学习之后，在对认知效果、情感效果和能力效果自我感知的基础上，反映出的外在行为表现，包括主动学习、课堂发言、进行讨论、参加活动、合作探究等多个方面。

笔者同样首先设置了一个整体行为是否积极主动的选项，后续进行细化分项测量。检验结果如表 5-11 所示。

第 5 章
S-ICM 翻转课堂教学模式的实践应用效果

表 5-11　　　　　　　　　　学习行为效果的差异性检验

行为效果	赋值	均值		标准差		差异性检验 P 值
		对照班	实验班	对照班	实验班	
通过这种学习方式，学习行为更为积极主动	x13-1	3.133	3.217	0.929	0.885	0.616
在课前遇到问题会主动搜索相关知识	x13-2	2.150	3.683	0.917	0.911	0.000
在课前遇到问题会主动通过微信向别人请教和交流	x13-3	2.000	3.733	0.844	0.899	0.000
在课堂上会积极思考	x13-4	1.983	2.050	0.792	0.832	0.654
在课堂上会积极发言	x13-5	3.300	3.433	0.962	0.890	0.432
在课堂上会积极参加各类活动	x13-6	1.933	2.167	0.756	0.740	0.002
在课后会回顾所学知识	x13-7	1.767	1.833	0.945	0.924	0.697
在课后会独自或和他人一起完成学习任务或项目设计	x13-8	3.050	3.417	0.964	0.809	0.026
在课后会主动思考更为深刻的问题	x13-9	1.333	2.750	0.510	0.856	0.000
在课后会尝试运用所学知识来解决问题	x13-10	1.950	2.250	0.872	0.836	0.150

在该项检验中，实验班的总体表现水平即均值数据水平，要高于对照组，即参与实验的学生在学习行为上更加积极主动。而在具体的差异性检验中，实验组的学生在课前学习活动中，能够积极自主探索相关知识内容，遇到问题也会和学习伙伴进行积极地交流，在这两项上（x13-2：P=0.000；x13-3：P=0.000）与对照组表现出了明显的差异，因为实验组的学生普遍接受了利用移动社交和互联网络进行学习的策略方法，主动完成课前学习任务的意识较对照组学生更为强烈。事实上，对照组学生因为缺少明确的规范要求和任务导向，加之长期以来形成的学习习惯，很少能够在课前进行预习式的前置学习，因而两者反差较大。

在课堂教学过程中，虽然实验组的部分学生也会由于个人原因较少反思和发言，但绝大多数学生依然表现出了参与多种形式活动的积极性（x13-

6；P=0.002），这一数据也进一步提示参与翻转课堂的教师和研究者，不论采取何种课前学习材料的发布和呈现形式，课堂知识内化是否形式丰富多样、是否能调动学生积极参与、是否能达成预期教学目标，的确是翻转课堂教学模式能否取得实效的"最后一公里"的关键问题，需要研究者和一线教师在实施过程中认真对待和思考。

在课后的学习活动中，由于学生在课堂上的积极参与，学习热情在短期内不会明显消退，同时加上教师布置的相关课后合作探究任务，学生也会进一步对所学内容进行积极反思和回顾，并结合自己的疑惑以及探究任务的主题，开展更为深刻的思考活动（x13-8：P=0.026；x13-9：P=0.000），这也正是翻转课堂教学模式所具有的引发学生深度参与学习活动的魅力和宗旨所在。

5.2.3 模式的整体满意度分析

关于学生对该模式的整体满意度测评，笔者将其分为两个方面进行，一是学生对应用微信公众平台开展学习活动的效果表现，二是在此基础上的翻转课堂教学模式的整体满意度。由于只有实验组的学生参与了 S-ICM 翻转课堂教学模式的学习，故而该项测评主要针对实验组，采用前测和后测结合的方式开展，最后为对前测后测结果进行比较分析，进行了差异性检验。

1. 应用微信公众平台开展学习活动的效果分析

在诸多移动社交网络中，笔者经过功能性和普及率比较，最终选择了微信公众平台作为学生参加翻转学习的平台，为了验证学生对该平台的学习满意度，笔者进行了前后测时间序列的准实验设计，并对前后测结果进行了差异性检验，如表5-12所示。

上述检验中，x15-1项通过学生使用微信的自我信息处理行为来分析学生对应用微信开展学习的效果感知，结果表明，前后测的差异性检验P值为0.000，表明学生在前期对于通过微信进行自我信息处理的意识较弱，而经过一个时期的应用之后，逐步建立了该种学习意识，这即可归因于学生对微

表 5 – 12　　应用微信公众平台开展学习活动的效果检验

效果表现	赋值	均值		标准差		差异性检验 P 值
		前测	后测	前测	后测	
喜欢收藏和归类微信里感兴趣的或重要的信息	x15 – 1	1.633	4.050	0.823	0.811	0.000
喜欢分享和转发微信里感兴趣的或重要的信息	x15 – 2	2.450	4.500	0.910	0.624	0.000
会经常在微信里发布学习感悟	x15 – 3	3.033	3.267	1.008	0.880	0.179
会考虑使用微信的更多功能来促进学习	x15 – 4	2.283	3.083	0.958	0.979	0.000

信收藏功能的深入认识，也解读为学生对将微信作为信息处理工具的接收和认可。x15 – 2 项主要是考察学生对于所学知识内容的分享意识，研究认为，学习者在完成了对学习内容的深度意义建构之后也即完全掌握之后，会以分享给其他人共同关注的行为，来表现出对学习内容学习的喜好程度和深刻程度，其前后测的差异性检验 P 值为 0.000，表明学生通过学习，对知识内容有了更为深透的理解和掌握，并愿意通过微信以材料分享的形式进行学习伙伴之间的互动交流。通过学习经验和学习方法的不断积累，学生也进一步产生了对该平台各类功能进行扩展应用的行为意识，x15 – 2 项（P = 0.000）就反映出了学生在使用微信公众平台前后的这种变化。而在实际教学过程中，笔者通过观察和访谈，发现学生对微信的使用率越来越高，由于移动设备和移动网络的便捷性，以及微信功能的丰富性，学习喜欢应用微信进行学习资料的查询搜索和整理汇集，也有个别学生会自己申请注册微信公众号，用来对自己感兴趣的信息和知识进行归类展示，这些行为表现对笔者而言也有极大的启发意义，既然学生如此钟爱利用微信进行学习，而微信的各项功能能基本满足学生对学习内容和学习感悟的汇聚，也能通过发布展示来促进不同学习者之间的交互，那么将微信公众平台进一步打造成为学生的移动学习空间，也未尝不是一个可行的后续研究思路。

2. 应用微信公众平台开展翻转学习的整体满意度分析

在这一整体满意度的测量中，笔者重点设计了四个选项的数据分析，对学习者运用微信公众平台开展翻转学习的整体满意度进行了差异性检验。检验结果如表5-13所示。

表5-13 应用微信公众平台开展翻转学习的整体满意度检验

满意度	赋值	均值		标准差		差异性检验P值
		前测	后测	前测	后测	
喜欢翻转课堂这种教学模式	x11	1.650	3.217	0.954	0.783	0.000
喜欢在学习中融入多种新媒体技术	x12	2.883	3.083	0.804	0.787	0.171
对通过微信进行的翻转学习过程很满意	x13	3.833	4.067	0.960	1.056	0.208
对通过微信进行的翻转学习效果很满意	x14	3.467	4.433	0.812	0.789	0.000

检验结果显示，学生在前后测的比较中，从均值和标准差的数据来看，后测结果明显优于前测，对于翻转课堂教学模式和对通过微信进行的翻转学习效果的整体满意度差异显著（x11：P=0.000；x14：P=0.000），即学生初始对该模式是陌生和犹豫的，但在一个时期的深入接触和系统学习之后，他们表现出了认同喜爱和整体满意。这种整体满意度是对上述认知效果、情感效果、能力效果和行为效果的集中感知后的结果。其中对于学习过程的满意度并无特别显著的差异，笔者通过访谈进行了归因，其主要原因依然在于学生对传统学习方式的依赖和顺从，会有个别学生认为虽然通过微信公众平台进行的翻转学习效果非常显著，但是出于个体懒惰或学习理念不强、学习信心不足，对于长期坚持"课前知识传授+课堂知识内化+课后知识迁移"的过程产生了懈怠感。在这点上，笔者也深深体会到了教育工作者的责任和使命，既要面向全体学生进行价值和理念养成教育，也要面对个体学生促进其全面发展即综合素质培养，任重而道远，唯有不断更新教育理念、革新教学模式、改进教学方法、优化教学环境（媒体、工具等），才能真正有效提升教学质量，促进学生全面发展。

5.2.4 满意度影响因素分析

在满意度测评的基础上,笔者需要进一步明确满意度的影响因素,即哪些因素在学生对该模式产生满意的感觉中起到了主要的影响作用。为此,笔者继续设计了满意度影响因素调查问卷,对实验组的学生展开了后续调查。

1. 因素选择及描述性分析

本书中,笔者将影响学习者对该模式的影响因素,首先分为课前、课堂和课后三个维度,这既是出于对本研究所构建的 S-ICM 翻转课堂教学模式中课前后三个阶段的对应,也是与其相应的教学评价框架和指标体系的契合。随之在每个维度中,根据三轮研究及前期准实验研究过程中积累的经验认识,包括观察数据、师生访谈等表现出的关注点,根据每个维度下的不同权重选择了 19 项最可能影响学生对该模式实施满意程度的因素,形成了如表 5-14 所示的描述性统计体系。

表 5-14　　　　　　　　影响因素变量定义及描述统计

	变量		均值	标准差
因变量				
	y	是否满意	0.733	0.446
自变量				
课前知识传授	x11	丰富的视频、图文等多种学习资料	3.867	0.873
	x12	可以自主掌控学习时间和地点	4.483	0.624
	x13	可以随时暂停或反复观看	3.600	1.988
	x14	微信功能强大,使用便捷	2.967	0.863
	x15	学习内容发送及时	2.900	0.915
	x16	微信平台的回复反馈及时	2.467	1.145
	x17	可以通过微信获取更多的相关知识	2.917	0.926
	x18	通过微信能随时交流,获得帮助	3.817	0.792

续表

	变量		均值	标准差
课堂知识内化	x21	课堂学习活动形式多样	4.133	0.812
	x22	课堂学习活动时间更多	3.534	1.096
	x23	可以随时得到老师的单独指导	4.574	0.590
	x24	老师可以进一步讲解我课前没学明白的内容	3.300	0.908
	x25	和同学的合作中获得了自我价值和存在感	2.900	0.752
	x26	通过项目或作品设计获得成就感	2.050	0.746
	x27	通过演讲锻炼了表达沟通能力	2.250	0.773
	x28	通过讨论辩论加深了知识理解	4.607	0.556
课后知识迁移	x31	通过项目学习获得了更多知识	2.439	0.780
	x32	组建了志同道合的学习小组	2.067	0.778
	x33	获得了丰富的社会体验	1.883	0.761

2. 模型构建和模型回归结果

根据上文表述可以建立如下满意度模型：

学生选择运用移动社交网络开展翻转学习的满意度倾向 = F（课前知识传授中的微信平台功能变量，课堂学习中的教师引导变量和活动形式变量，课后探究中的深层反思和合作探究变量）

假设学生选择运用移动社交网络开展翻转学习的满意度倾向用函数 Y 表示，Y 又取决于 X_i（影响学生选择该模式的各种因素）。分别用 Y = 0 和 Y = 1 表示学生对该模式满意或不满意的两种倾向，这是一个典型的二元选择问题。对于给定的 x，$p(y_i = 1 | x)$ 表示相应个体做出某种选择的概率。本研究在常用的 Probit 和 Logit 模型中进行选择，发现逻辑分布较正态分布能更好地拟合随机误差项的概率分布，所以，本研究选用 Logit 模型来分析学生对该教学模式的满意度。Logit 模型回归结果如表 5 – 15 所示。

3. 模型回归结果分析

在统计检验结果中，P 值小于 0.1 的参数值表示该自变量对因变量具有

表 5-15　　　　　　　　　　Logit 模型回归结果

Y		Coef.	Std. Err.	z	P>|z|
课前知识传授	x11	0.831	0.365	2.28	0.022**
	x12	1.335	0.519	2.57	0.010**
	x13	0.754	0.443	1.70	0.090*
	x14	-0.769	0.591	-1.30	0.195
	x15	1.373	1.260	1.09	0.274
	x16	-0.885	0.671	-1.32	0.186
	x17	-0.459	1.094	-0.42	0.673
	x18	1.005	0.419	2.40	0.016**
课堂知识内化	x21	0.639	0.318	2.01	0.044**
	x22	0.818	0.428	1.91	0.056*
	x23	0.910	0.304	2.99	0.003**
	x24	0.790	0.387	2.04	0.041**
	x25	0.003	0.007	0.37	0.714
	x26	0.635	1.134	0.56	0.579
	x27	-0.953	0.745	-1.28	0.199
	x28	1.215	0.330	3.68	0.000**
课后知识迁移	x31	0.846	0.641	1.32	0.186
	x32	-0.032	0.270	-0.12	0.901
	x33	0.088	0.071	1.24	0.216
	_cons	3.220	2.221	1.45	0.147

Logistic regression　　　　　　　　　　　Number of obs　=　60
　　　　　　　　　　　　　　　　　　　　LR chi2 (19)　=　32.67
　　　　　　　　　　　　　　　　　　　　Prob > chi2　=　0.0262
Log likelihood = -24.416545　　　　　　　Pseudo R2　=　0.4008

注：*、** 表示估计参数在显著性水平 0.05、0.01 下通过假设检验。

显著性影响，可以看到上述模型回归结果中，对因变量具有显著性影响的自变量共有 9 项，可以理解为影响学生对该教学模式满意度的关键影响因素。

其中，在课前知识传授阶段，x11（丰富的视频、图文等多种学习资料，P=0.022）、x12（可以自主掌控学习时间和地点，P=0.010）、x13（可以随时暂停或反复观看，P = 0.090）三项分表显示出了学生对学习材料的呈现、学习进度的掌控的需求意愿，前者反映出了学生对学习资源的精细化要求，后者反映出了学生对于自主选择整个学习进程，包括时间、地点等，也包括对知识提供源的自主掌控，凸显了学生对学习主体性的内在向往和需求，即学生想成为学习的主人，而不是一味依据外在的知识结构和表述方式来决定自己的学习进程。这样意味着，在翻转课堂教学模式中，树立以学生为主的主导思想与核心理念，不但是顺应学生学习心理需求的应然之举，也是提升教学质量和教学效果的必然选择。x18（通过微信能随时交流，获得帮助，P = 0.016）则显示出了学生对课前学习中交流互动的倚重心理，能够实现即时交流，其中包括学生之间的微社区讨论和微信群交流，也包括师生之间的单独会话和平台留言回复，从而减少学生在学习中遇到因困难问题而止步不前的困顿感和挫折感，这也是影响翻转课堂教学模式满意度的重要正向因素。

在课堂知识内化中，x21（课堂学习活动形式多样，P = 0.044）、x22（课堂学习活动时间更多，P = 0.056）、x23（可以随时得到老师的单独指导，P = 0.003）、x24（老师可以进一步讲解我课前没学明白的内容，P = 0.041）、x28（通过讨论辩论加深了知识理解，P = 0.000）几项是影响满意度的重要因素。其中，课堂活动的形式多样且时间增多，教师对学生进行单独辅导和集体答疑，都可以使学生加深对知识的理解和消化吸收，即在翻转课堂中，将知识的传递转换成了知识的内化过程，学生的学习效果感受强烈，这几项能否实现，就会在很大程度上影响到学生对该模式的满意程度。

综上所述，学生对该教学模式的满意程度，与学生是否在整个学习过程中实现了自己成为学习的主人是息息相关的。因此，在翻转课堂教学模式的施行中，为学生提供界面友好、功能丰富、交互便捷、材料丰富的学习平台之外，教师能够真正树立以学生为中心的教学观念，顺应学习的学习进度，贴近学生的学习愿望，满足学生的学习需求，注重学生的学习体验，运用丰富新颖的教学方法，组织积极有效的教学活动，才是翻转课堂教学模式能在实践教学中有序组织、深入实施、持续推进、不断增效的本源所在。

第6章 S-ICM 翻转课堂教学模式的应用策略总结

本章概要

本章在前期研究和效果评价的基础上,结合教学实践经验和体会,进一步总结出 S-ICM 翻转课堂教学模式推广应用时必须遵循的原则和实施的相关策略,既是对该模式推广应用的说明和指南,也是对 S-ICM 翻转课堂教学模式核心特征的再次凝练和深化。

本章脉络结构

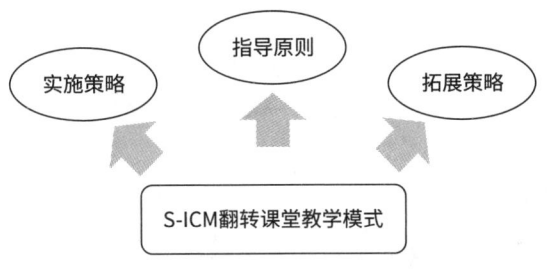

本书通过对国内外有关翻转课堂教学模式的研究成果进行内容研究和案例分析,借助移动学习和社交学习理念,构建出了 S-ICM 翻转课堂教学模

式的框架模型，随后在实践教学中经过三轮研究，对该模式进行了细化解构和修正完善，使模式更具针对性和操作性，然后通过对该模式的实践应用效果分析，探寻了模式成功施行的内在隐含影响因素，进一步丰富了该模式的理论内涵和应用效度。但作为教学研究意义上的模式构建而言，仅有上述理论推演和实证研究仍然是不足的，还需要进一步挖掘生发适合其推广应用的相关策略体系，总结提炼出针对每一阶段、每一环节的具体操作方法和策略，才能使应用者既知其然也知其所以然，既知其效也知其何以效，以期最终形成一个持续更新和动态平衡相结合的良性发展路径，使得该模式能够在广阔的实践中得到渐臻成熟和持续完善。

结合前几章节的理论探究和实证分析，本书拟构建一个涵盖指导性原则、实施性策略和拓展性策略于一体，融合翻转课堂教学设计、平台构建、资源开发、活动组织和教学评价等具体实施环节为一体的策略体系，对运用移动社交网络推进翻转课堂教学模式的具体策略和方法进行全面总结和归纳。该策略体系的内涵表征如图6-1所示。

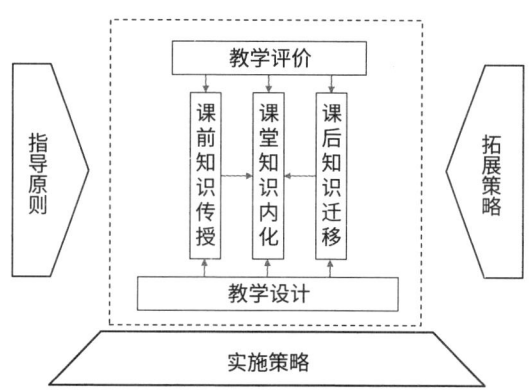

图6-1　S-ICM翻转课堂教学模式推广应用策略框架

在该框架体系中，原则性策略是前导性策略，为翻转课堂教学模式的实施提供原则依据和理念指引，对整个教学模式的起着方向指南和内涵界定的作用；拓展性策略则是对翻转课堂教学模式进行既往反思式的提炼和未来可拓展的描述，为教学模式的未来改造提供可能性提升空间和扩展路径；指导性策略是针对具体实施阶段和环节设定的操作策略和实施方法，其中教学设计策略居于核心主导地位，也即其他相应策略的前提和基础，只用经过充分的教学设计规划，翻转课堂教学模式才有可能顺利施行。学习平台构建主要专注于能够提供翻转学习功能的平台选择和开发策略。学习资源开发的策略是针对如何设计开发学习材料以供学生自主学习所用。最后是教学评价策略，通过教学评价，还可以体现出学生的学习效果，也能反映出前几个策略的不足和需要改进之处，是整个模式最终效果落地的关键环节。而教学互动组织策略在整个翻转课堂教学中居于中枢地位，通过多种教学活动，教师引领学生进行深入思考，体现出了翻转课堂教学模式中将课堂时间真正还给学生的主旨所在。指导性策略在全文有关模式实施过程中已多有表述，在此就原则性策略和拓展性策略进行详细阐述。

6.1 指导原则

所谓指导性原则，也即在实施 S-ICM 翻转课堂教学模式时，必须遵循的一系列主导原则和教学理念，首先需要确保应用移动社交网络真正实现了"移动"式学习，而不致陷入无序"社交"的陷阱；其次需要确保翻转课堂中真正实现了"翻转"，即不仅是教学时空的"颠翻"，更为重要的是教学理念的"转变"。没有理念的翻转，会使翻转课堂教学改革走进不切实际、徒增负担的误区，缺失原则的翻转，会使翻转课堂教学改革面临不知所云、变形走样的尴尬。

6.1.1 牢固树立以学生为中心的核心理念

以学生为中心，既是教育教学综合改革与发展必须遵循的教育理念，也是 S-ICM 翻转课堂教学模式的本质内涵属性所规制的核心要义。

教育理念是在人们进行充分的理性思考和深切的亲身体验基础之上形成的，是有关教育自身及教育价值所在，也是教育价值实现路径的根本判断与观点[①]。教育理念决定着一个学校的人才培养模式、学科体系、专业布局、教学内容、教学方法、教学体制、教学环境、校园文化等涉及人才培养的各个方面。自古以来，对于教育理念的理解可大致分为两类：一是以教师为中心，片面强调教师、教材的主导性作用，课堂教学由教师和教材全盘规定，学生不得僭越其外；二是以学生为中心，强调学生的主体性，通过教师的引导，激发学生对学习的积极性和主动性。以学生为中心，强调的是实施使"人成为人"的教育，是面向学生的全面发展的教育，是面对全体学生均衡发展的教育。就目前世界范围内教育改革的总体趋势来看，大多数国家不管是从教学内容的设置、教学方法的选择，还是教学环境或教学媒体教学辅助工具的使用，都正在或已经进行着积极的转变，从"教师单向度的满堂灌式讲授"到"师生双向互动探究"的转变，从"以教师的内容传授为中心"向"以学生的学习需求为中心"的转变。

而我国的教育理念中，中国的传统文化以儒家思想为核心，自孔子创立儒家思想以降，历来遵循"天地君亲师"的伦理纲常，主张尊卑有别，长幼有序。儒家伦理对中国人的社会行为有着相当深远的影响，并构成了人们判断是非的标准，形成了一种等级森严的制度格局。这种思想对教育理念也产生了极其深远的影响。中国传统文化重视社会人伦，因此中国古代教育基本上是道德教育，极少涉及自然现象以及科学技术方面的知识，"修道之谓教"（《中庸》），而道德教育注重"仁"，以仁德作为人之为人的本质和人生意义的依据[②]。孔子主张的教育"兴于诗，立于礼，成于乐"，即普及、宣传、教导礼乐，用以维持政治统治的仪式和程序。在他的观点中，教育的本质是要使人"迩之事父，远之事君"，后世学生将其总结为"学而优则仕"，即一切教育为政治服务。及至立行千年的封建科举制度，本质上是一代又一代的封建文官制度下的备用人员，以满足阶级统治的需要。传统教育的目的就是让受教育者成仁而不是成人，学生学习的重点就是求善而不是求知，思想

---

① 杨晓宏，党建宁. 翻转课堂教学模式本土化策略研究——基于中美教育文化差异比较的视角[J]. 中国电化教育，2014 (11)：101-110.

② 刘丽群. 从文化传统看中美教育的差异[J]. 福建师范大学学报（哲学社会科学版），2005 (5)：120-124.

教育、道德教育完全演变为政治教育。我国现行的学校教育中,受历史传统观念的影响,注重知识体系的完备性,以适应各种标准化考试,培养的是学习型人才,而忽视了培养社会所需的创新型应用型人才,忽视了人才培养中"人成为人"的教育因素。

在 S－ICM 翻转课堂教学模式中,强调以学生为中心,注重学生的个性化需求和表达;翻转课堂中,教师不是居于权威地位的知识传授者,而是学生学习活动的指导者和课堂教学活动的设计者,师生之间可以进行平等对话[①];翻转课堂强调学生掌控自己的学习,成为学习的主人,而不仅仅只是作为教师施加教学内容的传递对象。

因此,在 S－ICM 翻转课堂教学模式的施行和推进过程中,不管是一线教师还是教学管理者、研究者,都必须首先树立起学生中心的教学理念,并在教学实践过程中体现在教学的各个环节流程上,使以学生为中心的教学理念不再是简单的口号或呼吁,而是对整个教学过程的浸润和融化:

1. 教学方案设计

在教学方案设计时,需要充分考量学生的学习特征和学习风格,关照学生的既有学习水平和教学目标之间的对接和顺应。

2. 教学内容选择

在教学内容选择时,既要遵照教学大纲的目标体系,也要合理兼顾学生的学习需求,包括学生的专业属性、年龄特征、群体兴趣、个性特长等,多方遴选学生喜闻乐见的教学案例,适当扩充学生亟须的前沿资讯和热点议题;此外也可根据实际情况,广泛听取学生的学习期望和需求,或者点选部分学生参与教学内容的设定,以期使教学内容更加贴近学生的实际需求和心理预期。

3. 教学方法运用

在运用具体的教学方法时,需要细致甄别案例教学法、小组讨论法、小

---

① 杨晓宏,党建宁. 翻转课堂教学模式本土化策略研究——基于中美教育文化差异比较的视角[J]. 中国电化教育, 2014 (11): 101-110.

组学习法、研究性学习法、掌握学习法、合作学习法、自主学习法等教学方法之间的区别和特征，在教学过程中灵活运用、按需施行，同时也要兼顾整体讲授法和单独辅导法的现实作用，且不可因选择新型教学模式而对传统有效教学方法进行全盘否定和主动摒弃。

4. 教学媒体选择

在教学媒体选择时，要积极设计开发教学课件、网络课程、演示程序、虚拟实验等普遍流行的教学媒体，需要大胆尝试、不断创新，积极选用学生广泛关注和使用的新兴媒体形式，如微博、微信、贴吧、社区、知乎、果壳、TED、iTunes U、网易云课堂、视频网站、社交网站等，结合多种媒体形式进行有效的知识呈现和内容传达。

6.1.2 客观看待移动社交网络的目的理性

本书经过多方比对，最终选择了移动社交网络实施翻转课堂教学，一是着眼于移动互联网络的普及和学生对社交工具的喜爱，在人手一机、随时上网的条件下，移动学习和泛在学习已经成为可能，要求学生必须通过电脑端登录专属学习平台，既是对移动网络学习环境的浪费，也是对学生开展碎片化学习行为的忽视，于此转为顺应学生对学习工具的爱好倾向和使用习惯，开展基于移动社交网络的翻转学习，是一种具有创新意义的有益尝试；其次，随着移动社交网络的迅猛发展，其中的代表性工具——微信公众平台的各项功能均得到了大幅度提升，其中可以移植应用于教学环境的功能包括信息推送、群组交流、资源汇集、材料收藏等，使移动社交网络作为学习工具颇具可能性和现实性，但更为重要的是微信公众平台提供了强大的后台数据分析功能，可以对学生的学习行为、学习进度进行观测，也可以对学生群体的讨论热点、疑惑反思进行记录，这样就更有助于教师结合学生的学习状况，进行教育数据挖掘，开展学习数据分析，推进更具针对性的精准教学。通过信息技术支持的精准教学，可使教师依据数据分析结果专注于教学设计，针对学习进度和学习水平实施有效的个性化干预，为学生提供精准的学习服务，使学习者获得更高效的学习体验①。

在认同和赞许移动社交网络应用于翻转课堂教学模式的实现基础的同时，也必须客观地看待其作为学习平台的目的理性。

1. 工具属性

移动社交网络在本质上是提供一个不同人群之间分享兴趣、爱好、状态和活动的动机各异、内容多样、互动频繁的在线平台，人们对于使用移动社交网络，既有个体群体交互的情感诉求，有个性观点表达的心理期望，也有心情状态感悟分享的存在体验。将移动社交网络应用到教学过程中，就不能忽视其作为普通社交工具的工具属性，对其作为工具所具有的功能、结构、特征和表现，需要有全面深刻的认识，否则就会出现片面强调社交功能即学生之间的交流互动工具，对讨论内容和交流话题不做引导，放任自流，导致话题结构松散、讨论主题零乱，虽有知识、信息观点和信息的充分沟通和表达，但却缺乏相应的沉淀和汇集机制，使学习交互沦为闲散聊天，失去了其作为学习工具的功能属性和本源驱动。

2. 目的理性

作为一种技术性工具的移动社交网络，在移植嫁接到学习领域中时，从其教学价值的层面深度考察其所具有的目的理性。李芒（2008）在批判教育技术领域的"工具理性"时提出，人们时常对信息技术用于教学的认识，基本上停留在"工具理性"的层面，往往肤浅地、模糊地理解信息技术，使人类理性退化为一种工具效能，导致对信息化教学中的技术要素出现理解偏差，这是"工具理性"或"技术理性"过度扩张的结果。在深刻反省极端片面的"唯工具主义""工具理性主义"时，必须主张"目的理性"②。"目的理性"活动是指人们在从事某一活动时，其指导原则不决定于情感或传

---

① 祝智庭，彭红超. 信息技术支持的高效知识教学：激发精准教学的活力 [J]. 中国电化教育，2016（1）：18 – 25.

② 李芒. 对教育技术"工具理性"的批判 [J]. 教育研究，2008（5）：56 – 61.

统，而决定于理性①。"目的理性"的活动代表了主动的适应形式，应该研究如何使周围环境在文化上适应我们自身的需要，而不仅仅是使我们自身同外界自然相适应。在目的与价值的关系表述中，李芒认为，目的之中渗透着价值，目的和价值都是人类追求的内容，具有同一性。目的的价值反映了目的的本质。价值侧重于主体的需要，"价值理性"主要是一种对人类自身行为的规范性要求。而"目的理性"强调人所特有的目的而不是手段，其活动可以使目的在既定的条件下得到实现，这应该是信息化学习方式最值得关注的。于此，在翻转课堂教学模式中移动社交网络在内的其他信息技术形式进行应用时，必须强调其应用目的所在，透过初始设置目的来探析其教学应用价值的可能性和可行性。例如，微信公众平台中的朋友圈功能，本意是让使用者分享个人心情、个体活动或兴趣链接，在深入分析其功能形式后，可以将其应用目的转置为发表学习感悟、经验体会和相关值得推荐的专业文章，在目的理性的视野中，使学生逐渐适应将其作为一种个性化学习交流与展示的有效载体，促进教师期许的、学生自省的多元学习目的实现。移动社交网络中类似的功能移植改造还有很多，随着信息技术的不断进步和平台工具的日趋完善，此类功能转置后的有效应用也还继续会有很多，这就需要教育工作者和研究者在面对类似的学习平台时，超越工具属性，秉持目的理性，以期引入或生发更多更好的学习平台和工具，在表现形态、功能结构和属性特征上有效融入教育教学的全过程，最终实现信息技术与教育教学的深度融合。

6.2 实施策略

6.2.1 精心设计课前知识传授的任务材料

翻转课堂教学模式与传统教学模式的一个重要区别就是，将课堂中对基

---

① 哈贝马斯.作为"意识形态"的技术与科学[M].上海：学林出版社，1999：38.

础理论的讲授转置于课前,即通过教师发布的学习材料,由学生进行积极主动的自主学习,以完成相应学习任务,然后带着初步理解或问题进入课堂中,在教师的引导下参与多种教学活动,最终实现问题解决和知识内化。这一模式下的课前学习活动,与传统意义上的课前预习有着很大区别。传统的教学课前预习是无人指导、目标不明确的状态下进行的,完全依靠学生的自主性,即使老师布置硬性任务,学生也会敷衍了事,而且即使进行了预习活动,教师在课堂上依然按照提前设定的程序开展教学,与课前预习之间关联较少。而翻转课堂模式中的课前预习已然成为正式课堂的有机组成部分,如果缺失课前学习,就无法跟进课堂教学,此外课前学习中会有随机测试题作为监督手段,从而改善了课前预习的现状[①]。

可见,课前知识传授活动是翻转课堂教学模式的有机组成部分,正是因为可以将大量基础性质的知识内容放置在课前由学生通过自主学习完成,教师才可以在课堂中获得大量的时间和机会进行单独辅导,才有可能开展多种多样的教学活动以促进学生的知识内化。因此,课前学习材料的编制,对于翻转课堂能够成功实施,有着关键性的决定作用。

1. 课前学习任务的设置

首先,教师对课前学习任务的设置应该是经过全盘考虑的,在难度上既要适合学生开展自主学习,也即学生通过个人努力可以达成。其次,更为重要的是课前学习任务和课堂知识内化之间架设有效的关联和支架,以确保学习过程的前后呼应对照和知识体系完整,便于学生进行积极的意义建构和同化顺应。

在具体设置课前学习任务时,可以参照以下几个步骤:第一,制定教学目标,同时设计相应的评价方式,可以参考布鲁姆教学目标分类法来指导教学目标的设计。第二,根据不同的教学目标,设计恰当的课前学习任务。第三,根据课前任务,提供完整的学习资源清单和学习任务清单。第四,融入ARCS模型等来检验自己的课前任务是否完善。第五,设计和开发相应的学

---

① 罗少华. 中美翻转课堂实践案例比较研究[D]. 西安:陕西师范大学,2014.

习资源。

2. 课前学习材料的制作

课前学习材料根据其功能作用可以分为两类，一类是学习清单，另一类是学习资料。

（1）学习清单的设计。有关学习清单的设计，依据金陵（2014）的实践经验总结，应该包括学习指南、学习任务和困惑与建议三部分[①]。其中，学习指南中需要具体明确以下四个部分：课程名称、学习后需达成的分项目标、学习方法建议和课堂学习形式预告。具体学习任务中，可以要求学生通过观看教学视频或者通过阅读教材，或者去分析老师提供的其他的配套资源来完成任务。而困惑与建议，实际上就是学生自主学习以后还有哪些困惑，希望老师在上课的时候能够采取一些什么样的指导的方法等。

（2）学习资料的设计。在学习资料的设计中，可以包括教学视频（教师讲解实录、屏幕录制、网络视频资源等）、教学音频（教师语音、音乐素材、网络音频资源等）、图形图像（静态平面图和动态演示图等）、可视化图形（信息图 infographics 和运动图形 motion-graphics）以及文字等多种形式，通过不同媒体表现形式的多种组合，细致形象地向学生进行信息呈现和知识传递。

6.2.2 合理规划课堂知识内化的价值效度

前期分析中，已经多次提及，能否组织合理有效的课堂知识内化，是翻转课堂教学模式不断深化以后，教师需要面对的一个重要问题，即已经将大量的基础知识讲解分解到了课前完成，那么留给教师的大量课堂教学时间应该如何运用，在失去了整堂讲授的习惯性优势行为后，教师该如何根据不同教学内容，设计不同的教学活动，引导学生开展合作学习和深入探究等。这些问题不但是笔者在教学实践遇到的迫切难题，也是翻转课堂能否深入实施

---

① 金陵. 如何设计自主学习任务单（一）[J]. 中国信息技术教育，2014（13）：17.

的关键所在。

因此，教师需要在课堂教学中，广泛吸收采纳更多形式的教学活动，如头脑风暴、小组讨论、课堂辩论、角色扮演、情景模拟、案例回放等，通过多种有效形式来激发学生参与学习的积极主动性，以改变既往传统课堂讲授中课堂气氛沉闷的、活动形式单一的局面。但在设计和运用各种教学活动时，也需要考虑以下几个原则，避免教学活动的泛化和虚化。

1. 适宜性原则

不是每一种教学活动都适宜于任何知识的传递和问题的解决，也不是每一种教学活动都能被不同年龄阶段和认知层次的学生所能接受，这就需要根据不同教学内容的特点，结合学生群体的学习风格和认知水平，有机选择相应适合的教学活动，如教学内容本身比较浅显易懂，就没有必要再通过多种活动形式来进行展现和模拟，而是应该通过不同情境中的案例具体应用情节，深入探究其合理性以及进一步的优化方案。

2. 适量性原则

教学活动的有效性，最终是要指向学生认知、情感、技能、行为等学习效果的深化，而不仅在于教学活动的丰富与否，因此切忌为了课堂气氛活跃而转化不同活动方式，在第一个活动尚未深化总结时，又急于推出其他形式的教学活动。这样的课堂表面看上去群情亢奋、气氛活跃，但由于缺少必要的结论总括提炼和知识沉淀吸收，课堂教学效果则反应一般。

6.2.3　审慎设置课外探究学习的内容形式

本书通过对教学实践的反思，结合已有翻转课堂教学模式的结构特征，提出了"课前知识传授＋课堂知识内化＋课后知识迁移"的三段式翻转课堂教学模式。其中，课后知识迁移作为课堂知识内化的延伸和补充，目的在于让学生带着课堂学成的理论知识或课堂学习中尚存的疑惑问题，进入实践环节，通过基于项目的学习，进一步完成课堂理论学习的验证或实验操作技能的训练，学生以个体探究或者小组合作探究的方式，共同开展更为深入的思考和实践活动。需要指出的是，课后的延伸探究活动只是翻转课堂教学模式深入开展的充分组成，而不是其广泛推行的必要过程，即教师应该主要推进课前和课堂两个阶段的学习活动，在确有必要时再辅以课后探究活动。根据本研究的经验体会，可在如下几种情形下设置课后探究活动：一是学生参加完前两个阶段的学习，已经基本上全部掌握了所有学习内容，对所学知识的实践应用有着积极的向往或期待，而该知识体系具备在实践中广泛探究的条件，教师即可布置课后探究任务，可以是某个专题的社会调查，也可以是某种技术的作品设计等；二是学生参加完翻转课堂学习后，普遍对某一问题仍然存在疑惑和争论，教师可让学生进一步通过检索网页资料、寻找相应案例、开展集体讨论、查询问答社区（如知乎、果壳等）等方式来加深对问题的理解；三是课堂教学结束后，对学习内容的学习情况存在两极分化，即基础较好学生已经基本掌握，而基础较弱学生尚存疑虑，教师可以对两类学生进行均衡匹配，分为多个学习小组，根据学生的学习水平，布置不同主题的探究任务，使其在协作过程中，进行同侪互助式的学习和探讨，从而实现教学目的的整体达成和全面普及。

6.3 拓展策略

6.3.1 平台拓展

所谓平台拓展，首先在平台外部，不止于应用移动社交网络来推行翻转课堂教学模式，既可以是其他平台形式，如国内其他研究者提出的 MOODLE

平台[①]、BLACKBOARD 平台[②③]、MOOC 平台[④⑤]、CANVAS 平台[⑥]、优酷视频网站等低成本平台[⑦]等多种专门平台,也可以是基于腾讯 QQ 群[⑧]、微博[⑨]等其他移动社交网络,或是多种平台的结合,如在微信公众平台发送消息时,经过系统关联,同时可以推送到腾讯微博,方便不同喜好习惯的学生进行学习。这就要求应用者首先要对翻转学习的内涵要求以及相应平台的功能结构有着深刻的认识和了解,由此才能充分把握该平台应用于翻转课堂教学的可行性和适宜性。

在平台内部,也存在着既有功能拓展和二次开发应用的策略问题。第一,要积极寻求平台内部的功能扩散,即在深入考虑平台原有功能模块的基础上,结合教学活动总体需求和学生实际应用情况,进行平台功能的移植嫁接,经过约束性要求,实现相应的教学功能,如前所述的朋友圈功能可以改造为学生探究作品的发布展示渠道,微信收藏夹可以作为对学生进行电子档案袋式评价的有效工具等。第二,还可以进一步结合微信公众平台提供的开放接口,进一步设置开发深层次应用,如借助康盛 Discuz! 的移动互动社区,搭建面向微信公众平台用户的微社区,方便学生积累和梳理讨论话题,如经过二次技术开发,设计制作学习风格测量系统,将其接入微信公众平台,便于学生在学习之前开展学习风格测量,以便教师对学生的学习认知风

[①] 宋涛. 基于 Moodle 平台的翻转课堂的设计与应用研究 [D]. 绵阳:西南科技大学,2015.

[②] 刘静静. 基于 Blackboard 的翻转课堂教学设计与应用研究 [D]. 西安:陕西师范大学,2015.

[③] 辛晓霞. 基于 Blackboard 平台的翻转课堂模式的构建与应用研究 [D]. 西安:陕西师范大学,2015.

[④] 曾明星,周清平,蔡国民,等. 基于 MOOC 的翻转课堂教学模式研究 [J]. 中国电化教育,2015(4):102-108.

[⑤] 黄美初,沈敏敏. 翻转课堂与 MOOCs 在开放大学教学中的有效结合研究——太极四重嵌套式的翻转课堂与 MOOCs 相结合架构初探 [J]. 远程教育杂志,2015(2):62-70.

[⑥] 胡建平. Canvas 平台支持下的翻转课堂实践探究 [J]. 中国远程教育,2014(9):72-77,96.

[⑦] 王毓馨. 基于低成本平台的翻转课堂教学模式研究 [D]. 福州:福建师范大学,2015.

[⑧] 张新明,何文涛,李振云. 基于 QQ 群 + Tablet PC 的翻转课堂 [J]. 电化教育研究,2013(8):70-74.

[⑨] 张战胜,韦金凤,王美荣,等. 基于社交网络的翻转课堂与实施策略研究——以腾讯微博为例 [J]. 综合实践活动研究,2014(15).

格进行整体把握，进而形成不同学习风格的教学策略。

6.3.2 外延拓展

翻转课堂教学模式虽然与传统课堂教学模式有着极大的区别，但是依然从属于教学模式的分支和体系，其产生、发展和嬗变，也依然属于教育学理论框架下的演进和流变，并未脱离教学模式本身范畴，并未偏离人才培养的教育目标，只是对相应模式的改良和重构。从组织形式和教学结构上来看，表现出了复杂系统的特点。焦建利（2014）在分析微课与翻转课堂中的学习活动设计时明确指出，翻转课堂从其本质上看，仍然属于混合学习的一种特殊形式，既涵括了非正式学习与正式学习、自主学习与社会性学习、在线学习和非在线学习三个维度，也展现出了在线的、面对面的、正式的、非正式的、个人的、集体的六个层次[①]。此外，在基于移动社交网络推进翻转课堂教学时，由于社交工具的介入，该模式又与移动学习、社交学习、泛在学习、碎片化学习等概念形式相互交融。

因此，对于 S-ICM 翻转课堂教学模式的关注，需要以一种更加严谨的态度和审慎的姿态，将其放诸于上位概念中进行深刻把握和深入实施。既要契合教学模式本身应该具备的条件和特征，也要符合混合学习活动设计和组织的原则和理念，同时也要结合移动学习、泛在学习、在线学习、自主学习等多种学习理论和实践形式，汲取多种教学理论的有益养分，参照相应学习活动的特色优势，推动 S-ICM 翻转课堂教学模式不断走向深入和成熟，在广泛的教学实践领域中，获得更为开放的施展空间和应用场景。

6.3.3 内涵拓展

就翻转课堂教学模式的内涵而言，除了本书设定的自主学习、教学活动和探究学习三个阶段的流程模式，也可以在实际应用中，根据不同学科专业

---

① 焦建利.微课与翻转课堂中的学习活动设计［J］.中国教育信息化，2014，24：4-6.

特征和不同学习群体需要,进行多维整合与流程再造。

正如前文在探讨课后探究活动时提出,该阶段是整个模式中的充分组成部分,而不是必须具备的必要条件,可以根据实际教学需要对其进行阶段性减少或环节式补充。另外,三个阶段的活动也可以根据需要进行流程再造组合,可以组织学生在课前学习完学习材料之后,开展初步探究活动,而在课堂上,则主要针对探究活动开展的效果和结论,进行集中分析评价,然后在原有探究活动的基础上,布设更高层级的探究学习任务。当然也可以直接将课前学习材料的学习形式转变为合作探究任务,使学生对某一主题获得初步感性认知后,再进行课堂详尽阐释和呈现。诸如此类的变构和再造还可以生发出更多的教学组织形式,在此不做进一步列举阐述,当然,正是因为模式本身所内嵌的灵活性和变通性基因,才能使模式在应用和发展中,会不断衍生出新型模式,以满足不同层级和不同需求的教学应用,这也正是本模式的内涵价值的拓展性体现和表征。

第7章 结 语

本章概要

本章首先对研究工作做了全面回顾和总结,分别从"为什么""是什么""如何构建""效果如何"以及"怎样推进"等几个方面再次梳理了全文脉络和主要内容。然后对研究的结论以及创新与不足之处进行了分析总结,在此基础上提出对未来研究的展望和期许。

本章脉络结构

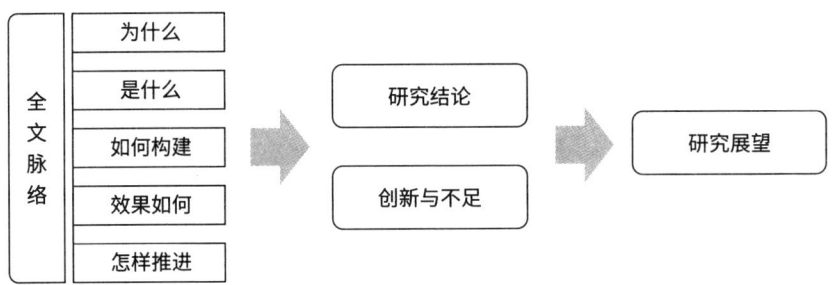

7.1 研究的主要工作

本书研究源起于对翻转课堂教学模式的关注和思考,着眼于教育学研究

第 7 章 结　语

的宽广视角，立足于移动社交网络教学应用的典型模式，提出了 S-ICM 翻转课堂教学模式的构想和框架。

本书通过文献梳理和现状分析，首先系统全面的回答"为什么"和"是什么"两个基础问题，然后重点聚焦于三个层面：一是通过立论依据、相关启示和思辨过程初步构建模式，接着通过三轮基于设计的研究对模式进行了全面修正和完善，即"如何构建"的问题；二是通过准实验研究对模式的实施效果进行了全面验证，即"效果如何"的问题；三是结合实践积累经验和相关研究成果，最后提出了提出相关策略和建议，即"如何实施"的问题。

7.1.1　"为什么"——研究背景和研究缘起

翻转课堂教学模式已经在世界范围内广为流行，其蕴含的教学理念和本质内涵，对于规避传统课堂班级授课的缺陷，适应后工业时代学习方式的变革，促进信息技术与教育教学的深度融合，深化我国高等教育综合改革，均有极大的启示意义和应用价值。移动社交网络是 WEB2.0 时代的典型网络应用，其中微信公众平台由于其操作便捷性和功能丰富性，深受广大师生喜爱，而且其信息及时推送、后台数据统计等独特功能又存在转化应用到教学领域的可行性，能够满足泛在学习环境中的碎片化学习需求。因此，构建 S-ICM 翻转课堂教学模式，并进行积极的理论探究和实践应用，有着重要的理论价值和现实意义。纵观目前国内翻转课堂教学模式的应用现状，模式设计各有不足，平台应用不够普及，因此，开展 S-ICM 翻转课堂教学模式研究，不但适逢其时，而且颇有新意。

7.1.2　"是什么"——内涵界定和理论基础

为了深入探讨 S-ICM 翻转课堂教学模式的理论意蕴，笔者广泛搜集了有关移动社交网络的学习应用以及翻转课堂教学的现有模式和实现平台的大量文献和素材，进行深入分析和研究，在明确移动社交网络和翻转课堂教学模式的特征属性和本质内涵的基础上,进一步对其理论基础进行了深刻提炼,对各类理论进行糅合细分,从而构建起了一个分类明确、体系完备的理论基础框架。

7.1.3 "如何构建"——模式构建和基于设计的研究

在做足前期文献梳理和理论论证的基础上,本书重点面向教育学研究的视野,以教育学意义上的教学模式的构成要素为出发点,初步构建了融合理论依据、教学目标、操作程序、教学环境和教学评价五要素为一体的 S - ICM 翻转课堂教学模式。在此基础上,结合布卢姆和霍恩斯坦教学目标分类理论,构建了翻转课堂教学模式的教学目标整体分类框架,从融合纵向序列框架和横向关系框架两个维度构建起了翻转课堂教学模式实施流程体系,结合移动社交网络的具体功能设计了翻转课堂教学环境,根据教学评价的功能取向和常用方法,构建了 S - ICM 翻转课堂教学模式的评价框架。

随后,本书在实际教学环境中对模式进行了三轮迭代研究,每一轮研究都严格遵循目标、实施、观察、反思的研究步骤要求。通过研究,不断修正模式的有效性、操作性和扩展性,进而将模式继续细分为课前知识传授模式、课堂知识内化模式和课后知识迁移模式,使模式进一步具体化,并构建了功能完备、结构合理的翻转学习平台,形成了相应的详细教学设计方案。最后积极引入 MOOCs、互联网思维和大数据分析的理念,对学习任务设置、教学活动设计、教学内容制作和学习行为分析均进行了优化和拓展,使模式功能和内涵更为丰富,模式本身也在设计研究中逐渐趋于完善和成熟。

7.1.4 "效果如何"——模式验证和效果评价

在 S - ICM 翻转课堂教学模式构建完成之后,本书继续对该模式的具体实施效果进行了实验验证,验证方法采用准实验研究,随机选择了实验组和对照组,并进行了前测和后测的比较,借助统计软件,进行了差异性 P 值检验。验证结果表明,模式在学生的认知、情感、能力和行为等维度的学习效果上，均具有显著影响，学生对该模式整体满意度较高。在此基础上，本书进而开展了满意度影响因素的测评，通过因素分析，从中提取出了 S-ICM 翻转课堂教学模式能否成功施行的几个重要影响因素。

7.1.5 "怎样推进"——应用原则和实施策略

本书根据既有研究过程中的实验观察数据和理论分析结果，进一步为该模式的广泛推行和后续深化，提出了更为明确的指导原则、实施策略和拓展策略。

7.2 研究成果与研究结论

本书总体依据基于设计的研究范式，首先通过现状分析和文献综述进行了广博考察，在相关教学理论和学习理论的支撑下，结合移动社交网络提供的技术支持环境，依据教学模式构建的普遍原则，通过对既有典型翻转课堂教学模式的深入分析，构建起了基于移动社交网络的的大学翻转课堂教学模式即本书所提出的 S-ICM 翻转课堂教学模式的理论原型，对其框架内涵及模式要素进行了深入分析，在此基础上应用基于设计的研究法对模型进行了深入的细化修正，形成了一个涵括教学目标分类、教学设计方案、学习环境支持、评价指标体系、操作实施细则的一体化翻转课堂教学模式，并在实践教学过程中运用准实验研究法进行了效果验证，最后总结提炼出了相应的推广应用的指导原则和策略体系。

7.2.1 研究成果

本书的总体研究成果可总结为以下几点：

一是开发了一个平台。

积极借助在师生中得到普遍应用的移动社交网络，深入分析其功能特征和潜在优势，将其有效引入课堂教学中，并且结合翻转课堂教学的实际需求，经过有效的功能移植和二次开发，设置优化了翻转学习平台，在教学实践中，收到了良好的效果。

二是构建了一个模式。

构建了 S-ICM 翻转课堂教学模式，该模式不同于以往凸显结构流程展示的翻转课堂教学模式，而是立足于教育学研究意义上的教学模式分析，构建了融合"课前知识传授 + 课堂知识内化 + 课后知识迁移"为一体的教学模式。

三是形成了一个体系。

本书在模式构建中，有效采用基于设计的研究法细化修正模式，采用准实验研究法进行模式效果验证，期间做了大量详实观察和记录，形成了一系列课前知识传授、课堂知识内化、课后知识迁移的分项模式、教学设计方案和教学评价体系，使模式更具理论参考价值和实践应用意义。

四是总结了一套策略。

通过对 S-ICM 翻转课堂教学模式进行整体回顾和反思，重点从指导原则、实施策略和拓展策略几方面提出了模式在更广阔范围内实施的策略体系，为模式的进一步升级拓展和推广应用进行了原则界定和策略指引。

7.2.2 研究结论

本书研究的结论可总结为以下几点：

第一，在大学课堂教学中应用 S-ICM 翻转课堂教学模式，有利于提高大学课堂教学质量。

本书认为，翻转课堂教学模式从其本质来讲是一种逆序创新或曰颠覆式创新、破坏性创新，它不但"颠翻"了传统课堂教学结构和流程，将知识传授前置于课前，通过教师设计制作的学习材料由学生通过自主掌握学习来实现，而在课堂中及课后，师生之间更多地采取深入交流探讨和多种活动形式来促进学生对所学知识的深度内化和有效迁移，同时"转变"了长久以来在

第 7 章
结　语

班级授课制体系中形成的以教师为中心的传统教学理念，转而更加关注学生的人性化成长和个性化发展，真正体现了以学生为中心的现代教学理念。教师从对教学过程的讲授者和掌控者，转变为辅导者和指引者，学生也由学习活动中的被动听讲者和从属依赖者，转变为学习主动参与者和知识建构生成者，从而进一步强化了学习动机，激发了学习兴趣，认知水平得到提高，综合能力得以加强，情感态度更为积极，行为表现更加主动，由此必然最终带来学习效果和教学质量的有效提升，这也正是新时期高等教育改革的目标和愿望所在。

第二，S-ICM 翻转课堂教学模式中应用移动社交网络构建翻转课堂教学平台，有利于促进信息技术与教育教学的深度融合。

本书在深入考察移动学习、混合学习、泛在学习和社会化学习的基础上，结合 WEB2.0 时代的学习时空碎片化和学习场域扁平化的特征。通过认真分析移动社交网络的教学应用功能因素，提出将移动社交网络积极引入翻转课堂教学中，以其用户黏度高、覆盖率广、操作简易、功能丰富的特点和优势，来构建翻转学习平台，既有效应用了其固有的即时沟通、交互便捷的基础特性，又兼顾了其内置的信息发布、资源汇聚、分享展示、交流互通的多维功能，同时，也顺应了大学生自主学习意识强、个性化学习需求高、善于网际交互和乐于探究学习的"数字土著"的群体特征。通过平台综合设置、导航路径设计、系统二次开发、功能移植嫁接等技术手段，依托移动社交网络有效构建了翻转课堂教学的支持环境，使其不仅成为了信息呈现工具，而且也成为了学生开展深度学习实现知识内化的辅助资源，既能实现学习情境的营造和创设，也能实现个体知识生成与集体智慧融合，这也正是信息技术与教育教学深度融合的有力表征和体现。

第三，S-ICM 翻转课堂教学模式以知识学习为主线，串联起了知识传授、知识内化和知识迁移的整体链条，有利于学生认知、能力、情感和行为的统合发展。

本书在深入梳理国内外有关翻转课堂教学模式的本质表达的研究成果中，探寻到国内外研究者对于翻转课堂的核心要义在于实现了知识传授与知识内化过程的有效翻转这一普遍认知，继而从学习科学和认知规律的角度，进一步提出仅有课堂教学进行知识内化是不完整的，还应将课堂获取到的知识放置于广泛的社会环境和复杂的现实问题中去深入应用，考察课堂知识单元和社会知识体系之间的内在联系，寻求问题表现形式和问题解决方案之间的普遍规律，在个体学习经验与社会真实情境进行协商沟通的过程中获得知识迁移和实现智慧生成。随着知识学习的逐步深化，伴随而至的会是自主学习能力、人际交往能力、问题解决能力、合作探究能力等能力素质的综合养成，积极乐观的情感态度和自主向上行为表现也会得以激发和凸显，这既是学习的全面深化和发展，也最终会促进人的全面发展。

第四，S-ICM 翻转课堂教学模式的推广施行，必须坚持以学生为中心的教学理念，明确移动社交网络的价值效度，合理进行推广应用。

本书通过审慎思辨、迭代修正和深入实践，构建了 S-ICM 翻转课堂教学模式，在该模式的推广应用中，本书提出，首先，需要确保翻转课堂中真正实现了"翻转"，即不仅是教学时空的"颠翻"，更为重要的是教学理念的"转变"。没有理念的翻转，会使翻转课堂教学改革走进不切实际、徒增负担的误区，缺失原则的翻转，会使翻转课堂教学改革面临不知所云、变形走样的尴尬。其次，需要确保应用移动社交网络真正实现了"移动"式学习，而不致陷入无序"社交"的陷阱，避免出现片面强调社交功能即学生之间的交流互动工具，对讨论内容和交流话题不做引导，放任自流，导致话题结构松散、讨论主题零乱，虽有知识、信息观点和信息的充分沟通和表达，但却缺乏相应的沉淀和汇集机制，使学习交互沦为闲散聊天，失去了其作为学习工具的功能属性和本源驱动。

7.3　创新之处

本书的创新之处可以总结为以下两点：

第 7 章 结 语

7.3.1 理论层面

在微观层面上,本书通过对移动社交网络的功能属性以及翻转课堂教学模式本质内涵的深刻把握,结合现代学习理论和认知发展规律,构建起了"课前知识传授+课堂知识内化+课后知识迁移"的三阶式 S–ICM 翻转课堂教学模式,并通过迭代修正和实践应用,总结出了汇集教学目标分类、教学设计方案、学习环境支持、评价指标体系、操作实施细则、推广应用策略等为一体的 S–ICM 翻转课堂教学模式体系,既是对翻转课堂理论体系的丰富和扩充,也是对移动社交网络有效融入教育教学的理论探索和积累。

在宏观层面上,对 S–ICM 翻转课堂教学模式实施效果的实证研究,也为我国教育领域促进信息技术与教育教学的深度融合、实现高等教育内涵发展中的教学质量提升、推进课堂教学改革和人才培养模式创新,提供有益的模式选择参考和路径取向依据。S–ICM 翻转课堂教学模式本身依从于人本主义、建构主义、混合学习和掌握学习理论,该模式的完善和推广,也将对上述理论框架的演化和推进提供有益的案例汇集和效果支撑。

7.3.2 实践层面

一是翻转教学平台的设计开发方面,通过对移动社交网络的功能移植改造和二次设计开发,搭建起了成本低、效益高、运行稳定、导航清晰的翻转教学平台,实现了工具、资源和环境的有效统合,对相关网络学习平台的开发利用有着积极的启示意义和参考价值。

二是翻转课堂教学实践应用方面,S–ICM 翻转课堂教学模式创新性地整合了知识传授、知识内化和知识迁移,并且有着详尽的教学目标分类、教学设计方案、学习环境设计、评价指标体系、操作实施细则和推广应用策略,对于相关院校开展翻转课堂教学也能提供丰富而具体的路径规划和实践指导。

7.4 研究的不足与展望

深入回顾整个研究过程，笔者自我感觉仍然存在以下几点不足：

一是限于时间和精力，对国外文献研读不够，对其相关研究进展把握不足；二是受现实条件制约，研究样本整体偏少，首先是对国内外相关实证研究范本和案例收集不够，其次是实验研究囿于一所高校，样本覆盖面不够宽广；三是研究周期较短，没有从更长时间范围内开展长期追踪实验研究。

在后续研究中，笔者将深入研习国内外最新研究成果，进一步完善 S-ICM 翻转课堂教学模式的理论框架，优化实施规程和教学设计方案，细化教学评价指标体系，在更宽阔的范围内如基础教育领域、继续教育领域中开展应用研究。同时借助本研究的拓展性策略体系，不断提升模式本身的内涵和外延，使之更加完善和成熟。

此外，在研究过程中，笔者不断沉淀、不断反思，在该研究方向上逐渐积累几个未来可能的研究选题，包括以下几个方面：

一是基于移动社交网络的学习空间构建研究。在研究中，笔者已经初步意识到，移动社交网络在学生中应用极为普及，其本身所有的信息呈现、资料收藏、交流互动和分享展示等功能，有利于学生对知识信息的整理汇聚，另外微信公众平台的后台数据可以提供学习行为分析，学生可以自主建立微信公众号，发布学习信息、凝练学习方向、分享学习感悟，比较适宜于构建自己的学习空间。而目前国内研究中，对这一话题较少涉及，具有进一步研究的价值和空间。

二是翻转课堂与微课、MOOC 的深度融合研究。在研究过程中，笔者意识到，微课资源和 MOOC 学习结构可以用于课前知识传授活动之中，那么有没有更为多元的应用形式？反过来在 MOOC 学习中如何有效借鉴翻转课堂教学的思路和优势？关于这三者如何有效利用或者深度融合，国内外研究仍然在不断探索之中。本书可以结合已有研究经验和理论积淀，进一步深入开展深度融合的价值研究和路径研究。

三是移动社交网络在院校教育体系中得到了大力推广，但是在社会教育和企业培训中应用还不够深入，特别是企业培训中具有鲜明的成人特征和实用导向，似乎往往不太看中基本理论的灌输，更为关注实践应用效果的演练，这与翻转课堂教学模式注重课堂教学活动实效的特征不谋而合，因此开展此类研究，也具有一定的现实意义。

参考文献

[1] Bergmann J, Sams A. You're your Classroom: Reach Every Student in Every Class Every Day [M]. International Society for Technology in Education, 2012.

[2] Goodyear P, Markauskaite L. Pedagogic Designs, Technology and Practice – Based Education. Practice – based Education [M]. Springer, 2012: 131 – 144.

[3] HauensteinAD. Aconceptual framework for educational objectives: A holistic approach to traditional taxonomies [M]. Lanham, MD: UnivProfAmer, 1998.

[4] Joyce BR, Weil M, Calhoun E. Models of teaching [M]. Englewood Cliffs, NJ: Prentice – Hall, 1986.

[5] K. J. Topping and S. W. Ehly, editors. Peer – Assisted Learning. London: Lawrence Erlbaum Associates [M]. 1998. URL: http://books.google.com/books? id = UZv6grfgeF4C.

[6] MifsudL. Changing learning and teaching cultures? [M]. //Mobile Communications. Springer London, 2005: 237 – 252.

[7] Lenhart A, Purcell K, SmithA, etal. Social Media & Mobile Internet Use Among Teens and Young Adults. Millennials [R]. Washington: Eric, 2010.

[8] Staker H, Horn MB. Classifying K – 12 Blended Learning [R]. Innosight Institute, 2012.

[9] Anthony Herrington, Jan Herrington, Jessica Mantei. Design principles for mobile learning [C]. //InJ. Herrington, A. Herrington, J. Mantei, I. Olney, &B. Ferry (Eds.), Newtechnologies, newpedagogies: Mobilelearninginhighereducation, 2009: 129 – 138.

[10] B. L. Smith and J. T. Mac Gregor. What is collaborative learning? [C]. Collaborative learning: A source book for higher education. National Centeron Postsecondary Teaching, Learning and Assessment, 1992: 10 – 30.

[11] Bishop JL, Verleger M. The Flipped Classroom: a Survey of the Research [C]. A see National Conference Proceedings, Atlanta, Ga, 2013.

[12] Cannon – Bowers J., Bowers C. Synthetic learning environments [A]. Hand book of research on educational communications and technology [C]. 2008 (3): 317 – 327.

[13] Dede C, Salzman MC, Loftin RB, etal. Multisensory Immersion as a Modeling Environment for Learning Complex Scientific Concepts [A]. Modeling and Simulation in Science and Mathematics Education [C]. Springer, 1999: 282 – 319.

[14] Eric Bray, Ferial Khaddage. Mobile Computing and Educational Innovation in Japan [C]. InR. McBride& M. Searson (Eds.), Proceedings of Society for Information Technology & Teacher Education International Conference. Chesapeake, VA: AACE, 2013: 3470 – 3472.

[15] H. Foot and C. Howe. The psycho educational basis of peer – assisted learning [C]. In K. J. Topping and S. W. Ehy, editors, Peer – Assisted Learning. Lawrence Erlbaum Associates, 1998: 27 – 43.

[16] Jacob Lowell Bishop, MA Verleger. The Flipped Classroom: a Survey of the Research [C]. Asee National Conference Proceedings, Atlanta, Ga, 2013.

[17] Li L, Ogata H, Yano Y. Research on Pervasive E – learning System Development [C]. World Conference on E – learning in Corporate, Government, Healthcare, and Higher Education, 2003: 595 – 598.

[18] Lussier K. Flipping Clinical Practice In a Nursing Program [C]. Soci-

ety for Information Technology&Teacher Education International Conference 2014, 2014 (1): 376-376.

[19] Mike Sharples, Dan Corlett, Susan Bull, etal. The Student Learning Organiser [A]. In: Agnes Kukulska-Hulme, JohnTraxler (Eds.), Mobile Learning: A Handbook for Educators and Trainers [C]. London: Routledge, 2005: 139-149.

[20] Zhang Zhao bing. Design and Development of Mobile SNS Telephone Client Based on J2ME [C]. Intelligent Systems and Applications, 2009. ISA2009. International Workshop on 2009 IEEE, PP. 1-4.

[21] Musallam R. The effects of screencasting as a multimedia pre-training tool to manage the intrinsic load of chemical equilibrium instruction for advanced high school chemistry students [D]. Doctoral Dissertation, University of San Francisco, 2010.

[22] Zakaria MH. E-learning 2.0 Experiences Within Higher Education: Theorising Students´ and Teachers' Experiences in Web2.0 Learning [D]. Brisbane: Queensland University of Technology, 2013.

[23] Encyclopaedia Britannica. Encyclopaedia Britannica [DB/OL]. http://www.britannica.com/ EBchecked/topic/186618/Encyclopaedia-Britannica. 2014-03-20.

[24] Stat Counter. Platform Comparison [DB/OL]. Stat Counter Global Stats. [2014-4-10]. http://gs.statcounter.com/all-comparison-ww-monthly-201301-201401.

[25] U.S. Office of Education Technology. U.S. Department of Education. Transforming American Education: Learning Powered by Technology [DB/OL]. http://www.ed.gov/sites/default/files/ netp2010.pdf, 2012-01-12.

[26] U.S. Office of Education Technology. U.S. Department of Education. Transforming American Education: Learning Powered by Technology [DB/OL]. http://www.ed.gov/ sites/default/files/ netp2010.pdf, 2012-01-12.

[27] Al-shehriSaleh, Conole G, Alevizou P. A Literature Review of the

Use of Web2. 0 Tools in Higher Education. A Report Commissioned By the Higher Education Academy [EB/OL]. 2010 - 1 - 1. http: //www. heacademy. ac. uk/assets/EvidenceNet/Conole_Alevizou_2010. pdf.

[28] CetisJ. Open Educational Resources – opportunities and Challenges for Higher Education [EB/OL]. 2008 - 1 - 1 [2015 - 2 - 11]. http: //muele. mak. ac. ug/file. php/1/Student _ Reading _ Resource /oer _ briefing _ paper. pdf.

[29] Flipped Learning Network (fln) . The Four Pillars of F - L - I - P [EB/OL]. 2014 - 3 - 12. http: //fln. schoolwires. net/cms/lib07/VA01923112/Centricity/Domain/46/FLIP_handout_FNL_Web. pdf.

[30] Gojak, L. (2012, October) . To Flip or Not to Flip: That is Not the Question! National Council of Teachers of Mathematics. [EB/OL]. Retrieved from http: //www. nctm. org/about/ content. aspx? id = 34585.

[31] Hamdan N, Mcknight P, Mcknight K, etal. A Review of Flipped Learning [EB/OL]. 2013 - 1 - 1. http: //www. flippedlearning. org/cms/lib07/VA01923112/Centricity/Domain/41/LitReview_FlippedLearning. pdf.

[32] Kate Hayden. FACEBOOK IN THE FLIPPED CLASSROOM [EB/OL]. 2014 - 10 - 20. http: //www. flippedchemistry. com/blog/facebook - flipped - classroom.

[33] Kinchin, I. M. Flipped classrooms: isn't that the way around its hould have beenany way? [EB/OL]. [2015 - 01 - 15]. https: //profkinchinblog. wordpress. com/2015/01/15/flipped - classrooms - isnt - that - just - the - way - it - should - have - been - anyway/.

[34] Matthew Alan Verleger. Analysis of an informed peer review matching algorithm and its impact on student work on model – eliciting activities. Dissertation, Purdue University, December2009. [EB/OL]. http: //proquest. umi. com/pqdlink? did = 2056269091&Fmt = 7&clientId = 1652&RQT = 309&VName = PQD.

[35] Musallam R. Should You You're your Classroom? [EB/OL]. [2011 -

1-1]. http://www.edutopia.org/blog/flipped-classroom-ramsey-musallam.

[36] Noora Hamdan, P Mcknight, K Mcknight, et al. A Review of Flipped Learning [EB/OL]. 2013-1-1. http://www.flippedlearning.org/cms/lib07/VA01923112/Centricity/Domain/41/ LitReview _ Flipped Learning.pdf (last viewed July 2013).

[37] Owyang Jeremiah. Slides: Developing a Learning Strategy for Mobile and Social (Keynote) [EB/OL]. 2011-6-21. http://www.web-strategist.com/blog/2011/06/21/slides-developing-a-learning-strategy-for-mobile-and-social-keynote/.

[38] Robert Talbert. Inverting the Linear Algebra Classroom [EB/OL]. http://prezi.com/ dz0rbkpy6tam /inverting-the-linear-algebra-classroom.

[39] Shelley Wright. Flipping Bloom's Taxonomy [EB/OL]. [2012-05-15]. http://plpnetwork.com/ 2012/05/15/flipping-blooms-taxonomy/.

[40] YarbroJ, ArfstromK, McknightK, etal. Extension of a Review of Flipped Learning [EB/OL]. 2014-1-1 [2015-1-16]. http://fln.schoolwires.net/cms/lib07/VA01923112/Centricity/Domain /41/Extensionof% 20FLipped% 20Learning% 20LIt% 20Review% 20June% 202014.pdf.

[41] Cohen PA, Ebeling BJ, Kulik JA. A Meta-analysis of Outcome Studies of Visual-based Instruction [J]. Educational Technology Research and Development, 1981, 29 (1): 26-36.

[42] Fonseca D, Villagrasa S, Martí N, etal. Visualization methods in architecture education using 3D virtual models and augmented reality in mobile and social networks [J]. Procedia-Social and Behavioral Sciences, 2013 (93): 1337-1343.

[43] Fulton K. The Flipped Classroom: Transforming Education at Byron High School: A Minnes ot a High School with Severe Budget Constraints Enlisted You TubeinIts Successful Effort to Boos tMath Competency Scores [J]. THE Journal (Technological HorizonsIn Education), 2012, 39 (3): 18.

[44] Gikas J, Grant MM. Mobile Computing Devices in Higher Education: Student Perspectives on Learning with Cellphones, Smartphones&SocialMedia [J]. The Internet and Higher Education, 2013.

[45] Gredler ME. Implications of portfolio assessment for program evaluation [J]. Studies in educational evaluation, 1995, 21 (4): 431-437.

[46] Hakkarainen P, Saarelainen T, Ruokamo H. Towards Meaningful Learning Through Digital Video Supported, Case Based Teaching [J]. Australasian Journal of Educational Technology, 2007, 23 (1): 87-109.

[47] Hill P. Online Educational Delivery Models: a Descriptive View [J]. Educause Review, 2012, 47 (6): 84.

[48] Horn M. The Transformational Potential of Flipped Classrooms [J]. Education Next, 2013, 13 (3): 78-79.

[49] Johnstone SM. Open Educational Resources Serve the World [J]. Educause Quarterly, 2005, 28 (3): 15.

[50] Lage M J, Platt G J, Treglia M. Inverting the classroom: A gateway to creating an inclusive learning environment [J]. The Journal of Economic Education, 2000, 31 (1): 30-43.

[51] Martin Ebner, Conrad Lienhardt, Matthias Rohs, IrisMeyer. Microblogs in Higher Education —A Chance to Facilitate Informal and Process-oriented Learning? [J]. Computers &Education, 2010 (1): 92-100.

[52] Milgram S. The small world problem [J]. Psychology today, 1967, 2 (1): 60-67.

[53] Patient Rambe, Aaron Bere. Using mobile instant messaging to leverage learner participation and transform pedagogy at a South African University of Technology [J]. British Journal of Educational Technology, 2013 (4): 544-561.

[54] R. S. Grabinger and J. C. Dunlap. Rich environments for active learning: A definition [J]. Association for Learning Technology Journal, 1995, 3 (2): 5-34.

[55] Silius Kirsi, Miilumaki Thumas, Huhtamaki Jukka. Students' motivations for social media enhanced studying and learning [J]. Knowledge Management&E - Learning: An International Journal (KM&EL), 2010, 2 (1): 51-67.

[56] Tanya Elias. Universal Instructional Design Principles for Mobile Learning [J]. The International Review of Research in Open and Distance Learning, 2011 (2): 143-156.

[57] Tess PA. The Role of Social Media in Higher Education Classes (real and Virtual) - a Literature Review [J]. Computers in Human Behavior, 2013, 29 (5): 60-68.

[58] Tucker B. The flipped classroom [J]. Education Next, 2012, 12 (1): 82-83.

[59] Tudge J R H, Winterhoff P A. Vygotsky, Piaget, and Bandura: Perspectives on the Relations between the Social World and Cognitive Development [J]. Human Development, 1993, 36 (2): 61-81.

[60] Vanlehn K. The Relative Effectiveness of Human Tutoring, Intelligent Tutoring Systems, and Other Tutoring Systems [J]. Educational Psychologist, 2011, 46 (4): 197-221.

[61] Wang J, Yu WCW, Wu E. Empowering mobile assisted sociale-learning: Students' expectations and perceptions [J]. World Journal of Education, 2013, 3 (2): 59.

[62] Yazici M, Sarac M. Centrality measures with a new index called E-User (Effective User) Index for determining the most effective user in Twitter Online Social Network [J]. International Journal on Computer Science and Engineering (IJCSE), 2015 (1): 1-12.

[63] Yu-Liang Ting. Using Mobile Technologies to Create Interwoven Learning Interactions: AnIntuitive Design and its Evaluation [J]. Computers & Education, 2013 (1): 1-13.

[64] Zhang D, Zhou L, Briggs RO, etal. Instructional Video in E-learn-

ing: Assessing the Impact of Interactive Videoon Learning Effectiveness [J]. Information & Management, 2006, 43 (1): 15 – 27.

[65] Zingarod Porter – L. Peer Instruction in computing_The value of instructor intervention [J]. Computers&Education, 2014 (71): 87 – 96.

[66] Yang D, Richardson JC, French BF, et al. The Development of a Content Analysis Model for Assessing Students' Cognitive Learning in Asynchronous Online Discussions [J]. Educational Technology Research and Development, 2011, 59 (1): 43 – 70.

[67] Kecskemety KM, Morin B. Student Perceptions of Inverted Classroom Benefits in a First – year Engineering Course [J]. Age, 2014 (24): 1.

[68] Reeve J, Tseng C. Agency as a Fourth Aspect of Students' Engagement During Learning Activities [J]. Contemporary Educational Psychology, 2011, 36 (4): 257 – 267.

[69] Jamaludin R, Osman SZM. The Use of a Flipped Classroom to Enhance Engagement and Promote Active Learning [J]. Journal of Education and Practice, 2014, 5 (2): 124 – 131.

[70] (捷) 夸美纽斯. 大教学论 [M]. 傅任敢, 译. 北京: 教育科学出版社, 1999.

[71] (美) L. W. 安德森, L. A. 索斯尼克. 布卢姆教育目标分类学——40 年的回顾 [M]. 谭晓玉, 袁文辉等, 译. 上海: 华东师范大学出版社, 1998: 30.

[72] (美) L. W. 安德森, 等. 学习, 教学和评估的分类学——布鲁姆教育目标分类学修订版 (简缩本) [M]. 上海: 华东师范大学出版社, 2007: 12 – 14, 21 – 22.

[73] (美) 阿尔温·托夫勒. 第三次浪潮 [M]. 北京: 新华出版社. 1984: 56.

[74] (美) 保罗·D. 埃金, 唐纳德·P·考切克, 罗伯特·J. 哈德. 课堂教学策略 [M]. 王维成, 刘廷宇, 徐仲林, 等, 译. 北京: 教育科学出版社, 1990.

[75]（美）丹尼尔·贝尔. 后工业社会的来临——对社会预测的一项探索［M］. 北京：商务印书馆，1986：9.

[76]（美）伯克·约翰逊，拉里·克里斯藤森. 教育研究：定量，定性和混合方法［M］. 马健生，等，译. 重庆：重庆大学出版社. 2015：270，277-282.

[77]（美）布卢姆，等. 教育目标分类学：第一分册，认知领域［M］. 罗黎辉，丁证霖等，古伟平，译. 上海：华东师范大学出版社，1986：6-18.

[78]（美）哈贝马斯. 作为"意识形态"的技术与科学［M］. 李黎，郭官义，译. 上海：学林出版社，1999：38.

[79]（美）马扎诺. 有效的课堂教学评估手册［M］. 邓研研，彭春艳，译. 北京：教育科学出版社，2009：97-98.

[80]（美）乔纳森·伯格曼，亚伦·萨姆斯. 翻转课堂与慕课教学：一场正在到来的教育变革［M］. 宋伟，译. 北京：中国青年出版社，2014：39.

[81]（美）萨尔曼·可汗. 翻转课堂的可汗学院：互联时代的教育革命［M］. 刘婧，译. 杭州：浙江人民出版社，2014.

[82]（美）托马斯·弗里德曼. 世界是平的：21世纪简史［M］. 何帆，肖莹莹，郝正非，译. 长沙：湖南科学技术出版社，2006.

[83]（美）威廉·维尔斯曼，斯蒂芬·G. 于尔斯. 教育研究方法导论［M］. 袁振国，译. 北京：教育科学出版社，2001.

[84]（美）约翰·奈斯比特. 大趋势——改变我们生活的十个新走向［M］. 北京：新华出版社，1984：16.

[85]（美）朱安妮塔·布朗，戴维·伊萨克. 世界咖啡：创造集体智慧的汇谈方法［M］. 郝耀伟，译. 北京：机械工业出版社，2010.

[86] J. MichaelSpector, M. DavidMerrill, JeroenVanMerrienboer & MarcyP. Driscoll. 教育传播与技术研究手册（第三版）［M］. 任友群，焦建利，刘美凤，汪琼，主译. 上海：华东师范大学出版社，2011：832

[87]（丹）克努兹·伊列雷斯. 我们如何学习——全视角学习理论

[M]．孙玫璐，译．北京：教育科学出版社，2010.

［88］安杰．一本书读懂 24 种互联网思维［M］．北京：台海出版社，2014.

［89］陈光锋．互联网思维：商业颠覆与重构［M］．北京：机械工业出版社，2014.

［90］段永朝．互联网：碎片化生存［M］．北京：中信出版社．2009.

［91］樊昌志，王勇，唐晓玲．传播学应用教程［M］．长沙：湖南人民出版社，2008.

［92］何克抗，吴娟．信息技术与课程整合［M］．北京：高等教育出版社，2007：219，224.

［93］黄济，王策三．现代教学论［M］．北京：人民教育出版社，1996：417－418.

［94］蒋建洲．发展性教育评价制度的理论与实践研究［M］．长沙：湖南师范大学出版社，2000.

［95］李伯黍．教育心理学［M］．上海：华东师范大学出版社，1994：333.

［96］李定仁，徐继存．教学论研究二十年［M］．北京：人民教育出版社，2001：267－268，289－290.

［97］李克东．教育技术学研究方法［M］．北京：北京师范大学出版社，2006：186.

［98］乌美娜．教学设计［M］．北京：高等教育出版社，1994.

［99］熊友君．移动互联网思维：商业创新与重构［M］．北京：机械工业出版社，2015.

［100］徐晓东．信息技术教育的理论与方法［M］．北京：高等教育出版社，2004：158－159.

［101］叶澜．新编教育学教程［M］．上海：华东师范大学出版社，1993：332.

［102］张屹，周平红．教育技术学研究方法（第二版）［M］．北京：北京大学出版社，2013：141－165.

［103］张屹，周平红．教育技术学研究方法（第二版）［M］．北京：北京大学出版社，2013：167，173-174．

［104］赵大伟．互联网思维独孤九剑［M］．北京：机械工业出版社，2015．

［105］祝智庭．现代教育技术［M］．北京：教育科学出版社，2002．

［106］陈峰．基于微信的微型移动学习资源设计研究［D］．沈阳：辽宁师范大学，2014．

［107］陈丽．SNS环境下的JiTT教学模式应用设计［D］．杭州：浙江师范大学，2011．

［108］陈晓菲．翻转课堂教学模式的研究［D］．武汉：华中师范大学，2014．

［109］陈怡．基于混合学习的翻转课堂教学设计与应用研究［D］．武汉：华中师范大学，2014．

［110］程洋洋．翻转课堂中过程性教学评价指标体系的构建与应用研究［D］．昆明：云南大学，2015．

［111］仇慧．基于翻转课堂模式下的大学英语教学的研究［D］．大庆：东北石油大学，2014．

［112］邓凌月．社交网络环境下中学生非正式学习策略研究［D］．济南：山东师范大学，2015．

［113］冯旭鹏．构建基于SNS的研究生校际网络学习共同体的探究［D］．南昌：南昌大学，2010．

［114］付兰敏．基于翻转课堂理念的初中信息技术教学模式的应用研究［D］．济南：山东师范大学，2014．

［115］管靖华．基于信息技术的教学模式研究［D］．济南：山东师范大学，2003．

［116］韩丽．基于Moodle的混合学习设计与应用研究［D］．上海：华东师范大学，2008．

［117］韩雪凉．"世界咖啡"汇谈方法及其在企业教育培训中的应用研究［D］．武汉：华中师范大学，2013．

[118] 何文涛. 翻转课堂及其教学实践研究 [D]. 新乡：河南师范大学，2014.

[119] 胡继强. WEB2.0时代背景下非正式学习环境研究 [D]. 上海：上海师范大学，2009.

[120] 靳玲. 深度汇谈对教育虚拟社区中团队学习绩效的影响研究 [D]. 曲阜：曲阜师范大学，2013.

[121] 李国锋. 面向翻转课堂的网络教学系统设计与开发 [D]. 扬州：扬州大学，2014.

[122] 李宏敏. 基于翻转课堂教学理念的课程设计与开发 [D]. 南宁：广西师范学院，2013.

[123] 李彦娜. 关于移动社交网络的用户行为影响因素研究 [D]. 大连：东北财经大学，2012.

[124] 李燕. 基于翻转课堂理念的初中信息技术网络课程设计与开发 [D]. 济南：山东师范大学，2014.

[125] 林才英. 初中英语翻转课堂教学行动研究 [D]. 桂林：广西师范大学，2014.

[126] 刘国欢. 生本教育理念下翻转课堂教学模式的研究 [D]. 长春：东北师范大学，2014.

[127] 刘静静. 基于Blackboard的翻转课堂教学设计与应用研究 [D]. 西安：陕西师范大学，2015.

[128] 刘良华. 行动研究的史与思 [D]. 上海：华东师范大学，2001.

[129] 刘艳斐. "翻转课堂"教学应用研究 [D]. 西安：陕西师范大学，2014.

[130] 卢胜男. 基于微信公众平台的微型移动课程的设计与研究 [D]. 上海：上海师范大学，2014.

[131] 陆奇. 移动社交网络对青年受众态度和行为的影响研究 [D]. 成都：电子科技大学，2011.

[132] 罗少华. 中美翻转课堂实践案例比较研究 [D]. 西安：陕西师范大学，2014.

[133] 吕海燕. 微信在移动教育中的应用研究 [D]. 延安：延安大学，2014.

[134] 邵明杰. 基于微视频资源的翻转课堂在实验教学中的应用研究 [D]. 武汉：华中师范大学，2014.

[135] 宋涛. 基于Moodle平台的翻转课堂的设计与应用研究 [D]. 绵阳：西南科技大学，2015.

[136] 孙辰昕. "翻转课堂"在农村地区教师教育技术能力培训中的应用 [D]. 长春：东北师范大学，2014.

[137] 唐玉霞. 马扎诺教学设计思想述评 [D]. 杭州：杭州师范大学，2011.

[138] 王安琪. 翻转课堂在初中英语语言技能教学中的应用 [D]. 上海：上海外国语大学，2014.

[139] 王觅. 面向碎片化学习时代微视频课程的内容设计 [D]. 上海：华东师范大学，2013.

[140] 王瑞霞. 布卢姆教育目标分类理论新发展及其教学意义 [D]. 上海：华东师范大学，2007.

[141] 王婷. 基于微信公众平台的微课程学习现状调查研究 [D]. 上海：上海师范大学，2014.

[142] 王毓馨. 基于低成本平台的翻转课堂教学模式研究 [D]. 福州：福建师范大学，2015.

[143] 吴亚书. 班级授课制的历史发展与德育改革研究 [D]. 长春：东北师范大学，2007.

[144] 谢幼如. 网络课堂协作知识建构模式研究 [D]. 重庆：西南大学，2009.

[145] 辛晓霞. 基于Blackboard平台的翻转课堂模式构建与应用研究 [D]. 西安：陕西师范大学，2015.

[146] 徐宏敏. 微信公众平台支持下的混合学习接受度研究 [D]. 武汉：华中师范大学，2015.

[147] 杨杨. 移动社区业务用户持续使用意向研究 [D]. 北京：北京

邮电大学，2010.

[148] 游录超. 高职实用写作课程的翻转课堂设计与实施［D］. 杭州：浙江师范大学，2014.

[149] 张秀梅. 基于微信的混合式学习研究［D］. 保定：河北大学，2014.

[150] 张妍. 翻转课堂教学模式用于小学信息技术课程的行动研究［D］. 北京：首都师范大学，2014.

[151] 赵万霞. 电子双板环境下翻转课堂的应用研究［D］. 武汉：华中师范大学，2014.

[152] 赵莹莹. "翻转课堂"在高中信息技术教学中的应用研究［D］. 北京：首都师范大学，2014.

[153] 朱凯歌. 基于电子双板的翻转课堂教学模式应用研究［D］. 武汉：华中师范大学，2014.

[154] 邓凌月. 社交网络环境下中学生非正式学习策略研究［D］. 济南：山东师范大学，2015.

[155] 徐宏敏. 微信公众平台支持下的混合学习接受度研究［D］. 武汉：华中师范大学，2015.

[156] SalehAL-SHEHRI，马东明，贺万霞等. 口袋中的语境：应用移动电话和社交网络进行情境化的语言学习［J］. 中国远程教育，2012（7）：34-40.

[157] 白浩，郝晶晶. 微信公众平台在高校教育领域中的应用研究［J］. 中国教育信息化，2013（4）：78-81.

[158] 胡小勇，李丽娟，郑晓丹. 在线环境下学习者协作解决问题的策略研究［J］. 中国电化教育，2015（1）：44-50.

[159] 王若宾，杜春涛，张白波. 基于移动社交网络的O2O教学模式研究［J］. 中国电化教育，2015（12）：113-119.

[160] 柯清超. 混合学习的评价方法——以中小学教师教育技术能力培训课程为例［J］. 中国电化教育，2008（8）：16-19.

[161] 王玥. 翻转课堂实证研究的总结与评价［J］. 郑州师范教育，

2014（2）：15-19.

[162] 赵海霞. 翻转课堂环境下深度协作知识建构的策略研究 [J]. 远程教育杂志，2015（3）：11-18.

[163] 潘炳超. 翻转课堂模式应用于高校教学的实验研究 [J]. 电化教育研究，2015（3）：83-88.

[164] 翟雪松，尹吉明，林莉兰. 结构方程视角下我国翻转课堂满意度模型构建 [J]. 高教探索，2015（5）：65-72.

[165] 李晓文. 翻转课堂的学生满意度评价研究 [J]. 高教发展与评估，2015（3）：98-105，116.

[166] 蔡欢欢，段作章. 翻转课堂教学模式的理论探析 [J]. 现代教育科学，2014（12）：120-122.

[167] 蔡雯，翁之颢. 微信公众平台：新闻传播变革的又一个机遇——以"央视新闻"微信公众账号为例 [J]. 新闻记者，2013（07）：40-44.

[168] 曾明星，周清平，蔡国民等. 基于MOOC的翻转课堂教学模式研究 [J]. 中国电化教育，2015（4）：102-108.

[169] 曾明星，周清平，王晓波等. 软件工程专业"翻转课堂"云计算教学平台探讨 [J]. 现代教育技术，2013（8）：28-33.

[170] 曾淑煌. "翻转课堂"的理论意蕴与实践探索 [J]. 教育评论，2014（10）：118-120.

[171] 查尔斯·M·赖格卢特，盛群力. 面向教育新范式的教学理论与技术 [J]. 远程教育杂志，2012（6）：86-93.

[172] 常健，原珂. 对话方法在冲突化解中的有效运用 [J]. 学习论坛，2014（10）：45-48.

[173] 陈俊浩，顾容，李春霞. 准实验研究在教育技术领域的应用 [J]. 现代教育技术，2009（12）：31-34.

[174] 陈晓华. 传统报纸使用微信新媒体的现状及问题研究 [J]. 新闻传播，2013（1）：14-17.

[175] 陈旭. "微信热"与小众化传播 [J]. 青年记者，2013（35）：76-77.

［176］陈怡，赵呈领. 基于翻转课堂模式的教学设计及应用研究［J］. 现代教育技术，2014（2）：49-54.

［177］党昊祺. 从传播学角度解构微信的信息传播模式［J］. 东南传播. 2012（07）：71-72.

［178］丁朝蓬，梁国立，Toml. sharpe. 我国课堂教学评价研究概况，问题与设想［J］. 教育科学研究，2006（12）：10-14.

［179］丁念金. 布卢姆之后美国教育目标分类研究的进展分析［J］. 上海师范大学学报（基础教育版），2007（1）：28-32.

［180］丁念金. 霍恩斯坦教育目标分类与布卢姆教育目标分类的比较［J］. 外国教育研究，2004（12）：10-13.

［181］杜文超，何秋琳，江丽君. 开启世界课程资源共享的先河——MITOCW项目评析［J］. 现代教育技术，2011（4）：14-18.

［182］杜炤，赵灿，付小龙. 高校校园社交网络系统的设计与实现［J］. 实验技术与管理，2012（7）：99-102.

［183］方兴东，石现升，张笑容，等. 微信传播机制与治理问题研究［J］. 现代传播（中国传媒大学学报）. 2013（06）：122-127.

［184］公海霞，王甘霖，彭立. 基于即时通信平台的翻转课堂教学模式研究［J］. 软件导刊，2013（11）：183-185.

［185］龚孟伟. 历史的视角：教师中心教学文化的价值与局限［J］. 学术论坛，2011（8）：172-173.

［186］郭敦，张天财. 论移动互联网环境下高校"泛在学习"的构建［J］. 电脑知识与技术，2012（9）：31-32.

［187］郭福平. 世界咖啡汇谈在课程教学改革当中的探索与实践［J］. 教育教学论坛，2015（33）：143-144.

［188］韩锡斌，葛文双，周潜，等. MOOC平台与典型网络教学平台的比较研究［J］. 中国电化教育，2014（1）：61-67.

［189］何克抗，李克东，谢幼如，王本中. "主导—主体"教学模式的理论基础［J］. 电化教育研究，2000（2）：3-9.

［190］何克抗，吴娟. 信息技术与课程整合的教学模式研究之一——教

学模式的内涵及分类 [J]. 现代教育技术, 2008 (7): 5-8.

[191] 何克抗. 从 BlendingLearning 看教育技术理论的新发展（下）[J]. 电化教育研究, 2004 (04): 22-26.

[192] 何克抗. 建构主义——革新传统教学的理论基础（上）[J]. 电化教育研究, 1997 (3): 3-9.

[193] 何克抗. 建构主义的教学模式，教学方法与教学设计 [J]. 北京师范大学学报（社会科学版), 1997 (05): 74-81.

[194] 何克抗. 论现代教育技术与教育深化改革（上）——关于 ME 命题的论证 [J]. 电化教育研究, 1999 (1): 3-10.

[195] 何世忠, 张渝江. 再谈"可汗学院" [J]. 中小学信息技术教育, 2014 (2): 24-26.

[196] 洪岩, 梁林梅. 从精英到公众的开放资源：TED 的发展及启示 [J]. 现代教育技术, 2013 (4): 12-15.

[197] 胡建平. Canvas 平台支持下的翻转课堂实践探究 [J]. 中国远程教育, 2014 (9): 72-77, 96.

[198] 黄德群. 基于高校网络教学平台的混合学习模式应用研究 [J]. 远程教育杂志, 2013 (3): 64-70.

[199] 黄浩波, 何卫华, 叶青. 微信及其在图书馆信息服务中的应用 [J]. 图书馆学刊, 2013 (1): 62-64.

[200] 黄美初, 沈敏敏. 翻转课堂与 MOOCs 在开放大学教学中的有效结合研究——太极四重嵌套式的翻转课堂与 MOOCs 相结合架构初探 [J]. 远程教育杂志, 2015 (2): 62-70.

[201] 黄强. 基于微信平台的翻转课堂的实施 [J]. 教育信息技术, 2014 (5): 24-26.

[202] 黄秋香. 浅谈现行班级授课制的遭遇及其变革 [J]. 长春理工大学学报（社会科学版), 2011 (5): 167-169.

[203] 黄莺, 彭丽辉, 杨心德. 知识分类在教学设计中的作用——论对布卢姆教育目标分类学的修订 [J]. 教育评论, 2008 (5): 165-168.

[204] 姜淑敏, 戴心来, 乔诗淇. 基于破坏性创新的翻转课堂实施策略

探究 [J]. 中国信息技术教育, 2014 (17): 114-115.

[205] 蒋东兴, 杜炤, 张新钰, 等. 一个面向知识分享的校园社交网络设计 [J]. 武汉大学学报 (理学版), 2012 (S1): 1-6.

[206] 蒋东兴. 校园社交网络大有可为 [J]. 中国教育网络, 2012 (5): 16-17.

[207] 焦建利. 微课与翻转课堂中的学习活动设计 [J]. 中国教育信息化, 2014 (24): 4-6.

[208] 焦建利. 基于设计的研究: 教育技术学研究的新取向 [J]. 现代教育技术, 2008 (5): 5-11.

[209] 金陵. 如何设计自主学习任务单 (一) [J]. 中国信息技术教育, 2014 (13): 17.

[210] 金陵. "翻转课堂" 翻转了什么? [J]. 中国信息技术教育, 2012 (9): 18.

[211] 金陵. 翻转课堂中国化的实践与理论创新 [J]. 中国教育信息化, 2014 (14): 9-11.

[212] 柯清超. 混合学习的评价方法——以中小学教师教育技术能力培训课程为例 [J]. 中国电化教育, 2008 (8): 16-19.

[213] 柯清超. 技术推动的教育变革与创新 [J]. 中国电化教育, 2012 (4): 9-13.

[214] 雷钢. 人本主义学习理论对教育技术的新启示 [J]. 中国电化教育, 2010 (6): 30-33.

[215] 李爱晖, 李洋. 关于微信社交功能的调查 [J]. 青年记者, 2013 (27): 37-38.

[216] 李成严, 高峻, 唐远新, 等. 翻转课堂教学评价体系研究 [J]. 计算机教育, 2015 (11): 100-103.

[217] 李华琼. 微信时代大学生思想政治教育创新刍议 [J]. 学校党建与思想教育, 2013 (13): 63-65.

[218] 李娇娇, 雷俊, 黎加厚. 微信公众平台支持下翻转课堂的实施研究 [J]. 中小学电教, 2014 (Z2): 94-98.

[219] 李克东,赵建华. 混合学习的原理与应用模式 [J]. 电化教育研究,2004 (07): 1-6.

[220] 李蕾,高海珍. 微信: 3亿用户的背后 [J]. 新闻与写作,2013 (4): 34-36.

[221] 李卢一,郑燕林. 泛在学习的内涵与特征解构 [J]. 现代远距离教育,2009 (4): 17-21.

[222] 李卢一,郑燕林. 泛在学习环境的概念模型 [J]. 中国电化教育,2006 (12): 9-12.

[223] 李芒,陈维超. 信息化学习方式的理论阐释 [J]. 开放教育研究,2006 (2): 18-22.

[224] 李芒. 对教育技术"工具理性"的批判 [J]. 教育研究,2008 (5): 56-61.

[225] 李楠,胡元,杨亚河. 基于SNS的移动学习平台设计构想 [J]. 红河学院学报,2012 (4): 22-25.

[226] 李权,杨德刚,宋伟伟. 基于微信公众平台的翻转课堂学习模式研究 [J]. 东南传播,2014 (12): 103-105.

[227] 李小刚,靳素丽,王运武. 教学视频支持下的网络时代个性化学习研究 [J]. 中国远程教育,2013 (7): 40-44,98.

[228] 李晓文. 翻转课堂的学生满意度评价研究 [J]. 高教发展与评估,2015 (3): 98-105,116.

[229] 李馨. 翻转课堂的教学质量评价体系研究——借鉴CDIO教学模式评价标准 [J]. 电化教育研究,2015 (3): 96-100.

[230] 李玉峰. 基于微信的大学道德教化信息的传播与优化 [J]. 中国电化教育,2013 (9): 133-136.

[231] 林少杰. 发展性评价的认识 [J]. 现代教育论丛,2003 (6): 27-30.

[232] 刘华. 课时教案的设计与实施 [J]. 中国电化教育,1998 (11): 34-36.

[233] 刘建伟,李忠康. 基于Blog与QQ相结合的教学平台设计与应

用——以"学科教学论"为例[J]. 中国电化教育, 2011 (5): 139-142.

[234] 刘丽群. 从文化传统看中美教育的差异[J]. 福建师范大学学报(哲学社会科学版), 2005 (5): 120-124.

[235] 刘荣. 翻转课堂: 学与教的革命[J]. 基础教育课程, 2012 (12): 28.

[236] 刘煜. 关于师生关系研究的几点思考[J]. 湖南农业大学学报(社会科学版), 2003 (2): 78-80.

[237] 刘云, 张博. 基于微信公众平台的学习资源策展平台设计[J]. 计算机光盘软件与应用, 2014 (15): 15-16.

[238] 卢立涛, 梁威, 沈茜. 我国课堂教学评价现状反思与改进路径[J]. 中国教育学刊, 2012 (6): 43-47.

[239] 罗明东. 拉尔夫·W·泰勒与"泰勒原理"[J]. 教育研究与实验, 1988 (4): 67-69.

[240] 罗勇. 微信学习, 找回流逝在指尖的光阴[J]. 中国远程教育(资讯), 2013 (6).

[241] 吕晓娟. 基于学生学习力的翻转课堂教学设计[J]. 电化教育研究, 2015 (12): 98-102.

[242] Saleh Al-Shehri. 口袋中的语境: 应用移动电话和社交网络进行情境化的语言学习[J]. 马东明, 贺万霞, 何伏刚, 译. 中国远程教育, 2012 (7): 34-40.

[243] 马卉宇. 基于微信公众平台下在线学习系统的应用[J]. 信息技术与信息化, 2014 (6): 137-138.

[244] 马开剑. 泰勒原理在后现代语境中的解构与重塑[J]. 全球教育展望, 2004 (4): 48-52, 6.

[245] 马兰, 盛群力. 教育目标分类新架构——豪恩斯坦教学系统观与目标分类整合模式述评[J]. 中国电化教育, 2005 (7): 20-24.

[246] 孟凡立, 陈琳. 基于微信公众平台的移动学习空间构建研究[J]. 现代教育技术, 2014 (10): 19-25.

[247] 穆肃. 准实验研究及其设计方法[J]. 中国电化教育, 2001

（12）：13-16.

［248］聂磊，傅翠晓，程丹．微信朋友圈：社会网络视角下的虚拟社区［J］．新闻记者，2013（5）：71-75.

［249］潘登．社交软件作为一种服务——移动网络学习实施的新框架［J］．电子测试，2013（15）：128-129.

［250］潘思敏．微信公共平台下"翻转课堂"学习研究［J］．当代教育，2014（3）：78-79.

［251］庞维国．论学习方式［J］．课程·教材·教法，2010（5）：13-19.

［252］乔诗淇，戴心来，姜淑敏．基于微信的移动学习模式探究［J］．中国信息技术教育，2014（13）：109-111.

［253］乔诗淇，戴心来，姜淑敏．微信支持下的移动学习共同体应用模式探究［J］．中国教育信息化，2014（12）：31-32.

［254］任丹丹，徐媛媛．教师中心说，学生中心说的合理性和局限性及其整合发展趋势［J］．邢台学院学报，2011（1）：45-47.

［255］萨尔曼·可汗．视频改变教育：萨尔曼·可汗在TED大会上的演讲［J］．上海教育，2012（17）：28-31.

［256］桑新民，谢阳斌．在学习方式的变革中提高大学教学质量和办学水平——高等教育信息化的攻坚战［J］．高等教育研究，2012（5）：64-69，89.

［257］商春锦．班级授课制的历史，现状与对策［J］．福建教育学院学报，2003（7）：110-112.

［258］宋艳玲，孟昭鹏，闫雅娟．从认知负荷视角探究翻转课堂——兼及翻转课堂的典型模式分析［J］．远程教育杂志，2014（1）：105-112.

［259］孙先亮．翻转课堂：走向全人发展的教学革命［J］．未来教育家，2014（2）：16-17.

［260］谭震．传统媒体如何借助微信扩大影响——微信的媒介功能及影响分析［J］．中国记者，2013（5）：101-102.

［261］田恩学，何北．微信支持下的网络教学资源交互性研究［J］．黑龙江科技信息，2014（15）：121.

参考文献

[262] 田嵩,魏启荣. 混合云模式下移动学习环境的设计与实现——以微信公共平台下阿拉伯语课程学习为例 [J]. 开放教育研究,2014 (6): 103 – 110.

[263] 童慧. 微信的传播学观照及其影响 [J]. 重庆社会科学,2013 (9): 61 – 66.

[264] 汪梦竹. 网络社交新媒体的狂欢 [J]. 媒体时代,2013 (10): 23 – 25.

[265] 王海艳,季敏婷,张成龙. 基于 ARCS 理论的翻转课堂课前任务布置模型设计 [J]. 中国教育技术装备,2014 (22): 59 – 60.

[266] 王虎. 基于社交网络的影视创作课程协作平台研究 [J]. 中国电化教育,2014 (10): 58 – 64.

[267] 王欢,祝阳. 人际沟通视阈下的微信传播解读 [J]. 现代情报,2013,33 (7): 24 – 27.

[268] 王健,张静. 大学英语课堂沉默现象的解析与对策 [J]. 中国大学教学,2008 (1): 81 – 84.

[269] 王萍. 教育微博系统研究 [J]. 电化教育研究,2011 (8): 21 – 27.

[270] 王萍. 微信移动学习的支持功能与设计原则分析 [J]. 远程教育杂志,2013 (6): 34 – 41.

[271] 王萍. 微信移动学习平台建设与应用 [J]. 现代教育技术,2014 (5): 88 – 95.

[272] 王若宾,杜春涛,张白波. 基于移动社交网络的 O2O 教学模式研究 [J]. 中国电化教育,2015 (12): 113 – 119.

[273] 王伟,赵桐,钟绍春. 基于翻转课堂模式的网络学习空间设计与案例研究 [J]. 远程教育杂志,2014 (3): 71 – 77.

[274] 王瑶. 微信与微传播 [J]. 传媒观察,2013 (2): 39 – 41.

[275] 王永固,张庆. MOOC: 特征与学习机制 [J]. 教育研究,2014 (9): 112 – 120,133.

[276] 王宇,张五红. 高校网络辅助教学平台选择、实施及分析 [J].

电化教育研究,2006(2):43-46,51.

[277] 王长江,胡卫平,李卫东."翻转的"课堂:技术促进的教学[J].电化教育研究,2013(8):75-80,99.

[278] 王志军,余胜泉.网络教学平台的选择和分析模型研究[J].电化教育研究,2012(5):36-42.

[279] 魏翥凡.微博,微信对传统新闻业的影响[J].声屏世界,2013(8):64.

[280] 吴秉健.基于布鲁姆教学目标分类的翻转学习模式研究[J].中小学信息技术教育,2013(3):62-66.

[281] 吴江.知识经济的历史考察[J].中国经济史研究,2000(2):8-18.

[282] 吴也显.试析教学模式的研究[J].课程.教材.教法,1992(4):19-23.

[283] 谢新洲,安静.微信的传播特征及其社会影响[J].中国传媒科技.2013(11):21-23.

[284] 徐静.微信对大学生社交的影响[J].新闻传播,2013(2):39-40.

[285] 杨洪刚,宁玉文,高东怀,等.基于SNS的网络学习共同体构建研究[J].现代教育技术,2010(5):95-98.

[286] 杨开城,李文光,胡学农.现代教学设计的理论体系初探[J].中国电化教育,2002(2):12-18.

[287] 杨敏.微信对大学生思想政治教育的挑战及应对策略研究[J].思想理论教育,2012(6):72-76.

[288] 杨南昌.设计研究的过程模式分析:整合的视角[J].中国电化教育,2008(11):15-20.

[289] 杨晓宏,党建宁.翻转课堂教学模式本土化策略研究——基于中美教育文化差异比较的视角[J].中国电化教育,2014(11):101-110.

[290] 佚名.翻转课堂和社交网络创新学习方式[J].中国电化教育,2013(11):147.

[291] 佚名. 新媒体联盟地平线报告（2014高等教育版）[J]. 北京广播电视大学学报, 2014（S1）: 3-38.

[292] 于开莲. 发展性评价与相关评价概念辨析[J]. 当代教育论坛（宏观教育研究）, 2007（3）: 36-38.

[293] 于深德, 朱学思. 探索新的教学模式[J]. 山东教育科研, 1989（4）: 31-33.

[294] 于文浩. "翻转课堂"的学习满意度——高校课程教学行动研究[J]. 开放教育研究, 2015（3）: 65-73.

[295] 余胜泉, 陈莉. 构建和谐"信息生态"突围教育信息化困境[J]. 中国远程教育, 2006（5）: 19-24.

[296] 余胜泉. 推进技术与教育的双向融合——《教育信息化十年发展规划（2011—2020年）》解读[J]. 中国电化教育, 2012（5）.

[297] 袁磊, 陈晓慧, 张艳丽. 微信支持下的混合式学习研究——以"摄影基本技术"课程为例[J]. 中国电化教育, 2012（7）: 128-132.

[298] 詹恂, 古玉立. 我国校园SNS受众媒介使用的调查[J]. 新闻界, 2008（3）: 48-50.

[299] 张富强. 美国"以学生为中心"教育理念的启示——兼论从"以教师为中心"到"以学生为中心"的转变[J]. 华南理工大学学报（社会科学版）, 2007（2）: 68-72.

[300] 张国霖. 教育的理想与理想的教育——从《学会生存》到《教育——财富蕴藏其中》[J]. 当代教育科学, 2003（12）.

[301] 张健. 大学生课堂手机控现象探析[J]. 长春教育学院学报, 2013（23）: 24-25.

[302] 张金磊, 王颖, 张宝辉. 翻转课堂教学模式研究[J]. 远程教育杂志, 2012（4）: 46-51.

[303] 张金磊. "翻转课堂"教学模式的关键因素探析[J]. 中国远程教育, 2013（10）: 59-64.

[304] 张新明, 何文涛, 李振云. 基于QQ群+TabletPC的翻转课堂[J]. 电化教育研究, 2013（8）: 70-74.

[305] 张新明,何文涛.支持翻转课堂的网络教学系统模型探究 [J].现代教育技术,2013(8):21-25.

[306] 张跃国,张渝江.透视"翻转课堂" [J].中小学信息技术教育,2012(3):11-12.

[307] 张战胜,韦金凤,王美荣,等.基于社交网络的翻转课堂与实施策略研究——以腾讯微博为例 [J].综合实践活动研究,2014(15).

[308] 张铮,余静.信息化环境下中小学"翻转课堂"研究综述 [J].中国信息技术教育,2014(15):77-78.

[309] 张子锋,范春香.基于QQ的翻转课堂学习环境设计 [J].江苏教育研究,2014(25):70-72.

[310] 赵海霞.翻转课堂环境下深度协作知识建构的策略研究 [J].远程教育杂志,2015(3):11-18.

[311] 郑继伟.教育实验只可能是准实验 [J].教育研究与实验,1989(1):48-51.

[312] 钟晓流,宋述强,焦丽珍.信息化环境中基于翻转课堂理念的教学设计研究 [J].开放教育研究,2013(1):58-64.

[313] 钟志荣.基于QQ群的网络学习共同体构建及其应用 [J].中国电化教育,2011(8):98-101.

[314] 仲玮,杨庆海,代成琴.校园社交网络的设计 [J].武汉大学学报(理学版),2012(S1):302-304.

[315] 朱国顺.LMS支持的"翻转课堂"构建 [J].中小学信息技术教育,2014(4):94-96.

[316] 朱宏洁,朱赟.翻转课堂及其有效实施策略刍议 [J].电化教育研究,2013(8):81-85.

[317] 朱学伟,朱昱,徐小丽.微信支持下的移动学习平台研究与设计 [J].中国远程教育,2014(4):77-83.

[318] 祝智庭,管珏琪.教育变革中的技术力量 [J].中国电化教育,2014(1):1-9.

[319] 祝智庭,彭红超.信息技术支持的高效知识教学:激发精准教学

的活力［J］．中国电化教育，2016（1）：18 – 25．

［320］祝智庭，张浩，顾小清．微型学习——非正式学习的实用模式［J］．中国电化教育，2008（2）：10 – 13．

［321］庄秀丽．Web2.0 技术学习的问题与对策［J］．开放教育研究，2007（5）．

［322］邹霞．谈教育研究中的实验研究与准实验研究——回复袁磊博士的《也谈实验研究方法在教育研究中的应用》［J］．现代远距离教育，2007（4）：16 – 17．

［323］谷大海，赵海洲，项勋，等．手机对大学生课堂学习影响的研究［J］．大学教育，2013（14）：130 – 131．

［324］温凤鸣．手机上网对课堂学习效果影响的实证研究［J］．教育教学论坛，2014（38）：1 – 2．

［325］张文娟．信息社会概念溯源：背景，产生，发展［J］．情报科学，2007（7）：1006 – 1010．

［326］教育部．国家中长期教育改革和发展规划纲要（2010—2020 年）［DB/OL］．http：//www.gov.cn /jrzg/2010 – 07/29/content _ 1667143.htm，2012 – 01 – 12．

［327］教育部．教育信息化十年发展规划（2011—2020 年）［DB/OL］．http：//www.moe.gov.cn/ewebeditor/uploadfile/2012/03/29/20120329140800968.doc，2012 – 04 – 01．

［328］eMarketer：2015 年近 40% 中国人拥有智能手机一线城市普及率达 55%［EB/OL］．http：//www.199it.com/archives/378476.html．

［329］QuestMobile.2015 年中国移动互联网研究报告［EB/OL］．http：//tech.sina.com.cn/ 2016 – 01 – 08/doc – ifxnkkuy7746197.shtml．

［330］TalkingData.2015 移动社交应用行业报告［EB/OL］．http：//www.donews.com/net/ 201507/2896716.shtm．

［331］Understoodit：网络教学辅助系统［EB/OL］．2012 – 05 – 03.http：//www.36kr.com/p/105452.html．

［332］艾媒咨询：中国 APP 活跃用户排行榜 TOP400［EB/OL］．http：//www.iimedia.cn/40687.html.

[333] 彼得·德鲁克管理学院.世界咖啡汇谈操作手册［EB/OL］.http：//wenku.baidu.com/view/88025f1352ea551810a6873c.html? from = search.

[334] 翻转课堂教学法MOOC学员手册［EB/OL］.www.icourse163.org/learn/pku - 21016.

[335] 付伟.微信，让培训更精彩［EB/OL］.［2013 - 07 - 11］.http：//blog.sina.com.cn/s/blog_43b7f3130101du3o.html.

[336] 付伟.移动化学习（三）［EB/OL］.［2013 - 07 - 11］.http：//blog.sina.com.cn/s/blog_43b7f3130101d8sd.html.

[337] 焦建利.微信在培训和教学中的几种应用方式［EB/OL］.http：//www.jiaojianli.com/8485.html.

[338] 李小飞：全球智能手机普及率排行：韩国第4 中国第15［EB/OL］.http：//www.techweb.com.cn/data/2015 - 07 - 08/2172756.shtml.

[339] 刘晓斌.微信墙教学的八种常见活动形式［EB/OL］.http：//blog.sina.com.cn/s/blog_6f010eec0102vyik.html.

[340] 刘晓斌.微信墙在培训及教学活动中的应用思考［EB/OL］.http：//blog.sina.com.cn/s/blog_6f010eec0102vavg.html.

[341] 王彦云.Geek大学生利用微信搭建英语课堂互动系统，将社交参与性和实时性带入课堂［EB/OL］.［2013 - 07 - 11］.http：//www.36kr.com/p/203431.html.

[342] 张瑜江.学校社交网络的未来［EB/OL］.http：//www.eqilai.com/thread - 15065 - 1 - 1.html.

[343] 中国互联网络信息堵中心.2014年中国社交类应用用户行为研究报告［EB/OL］.［2014 - 8 - 22］.http：//www.cnnic.net.cn/hlwfzyj/hlwxzbg/201408/P020140822379356612744.pdf.

[344] 中国互联网络信息中心.中国互联网络发展状况统计报告［EB/OL］.［2015 - 2 - 3］.http：//www.cnnic.net.cn/hlwfzyj/hlwxzbg/hlwtjbg/201502/P020150203548852631921.pdf.

[345] 中国互联网络信息中心.中国互联网络发展状况统计报告［EB/

OL]．[2016-2-22]．http：//www.cnnic.net.cn/hlwfzyj/hlwxzbg/201601/P020160122469130059846.pdf．

[346] 王传军．社交媒体翻转美国校园 [N/OL]．光明日报，2013-3-30．

[347] 胡乐乐．解决高校课堂手机顽疾应对症下药 [N]．光明日报，2014-11-07（002）．

[348] 黄艾娇，彭德倩．同济课堂实现实时反馈 [N]．解放日报，2013-09-13．

[349] 刘昆，张林涛．手机，该退出大学课堂了 [N]．光明日报，2014-11-04（005）．

[350] 刘先琴．河南农大倡导"无手机课堂" [N]．光明日报，2014-06-17（001）．

[351] 衣春翔．"无手机课堂"引导学生回归教学 [N]．黑龙江日报，2014-11-20（006）．

附录一：移动社交网络应用现状调查问卷

"基于移动社交网络的大学翻转课堂教学模式研究"调查问卷
（移动社交网络应用现状）

亲爱的同学：

　　欢迎参加本次的问卷调查。本次调查的目的是全面了解同学们使用移动社交网络的使用状况和进行翻转课堂学习的情感意向，以更好地反应同学们的学习需求和期望，以便促使我们更好的调整教学策略，为大家带来更为精彩的学习体验。希望您能支持我们的工作，谢谢！

　　本次调查不会收集个人具体信息，各个选项也无对错之分，只需在相应的选框内划"√"标示即可。您在问卷中填答的所有信息我们都会为您严格保密，请您根据自己的实际情况和真实感受来回答。

　　感谢您的配合！

一、个人基本情况

1. 您的性别：
男〇　　　　　　　　女〇

2. 您所在的学校：_____

3. 您所在的学科：
哲学〇　经济学〇　法学〇　教育学〇　文学〇　历史学〇
理学〇　工学〇　　农学〇　医学〇　管理学〇　艺术学〇

4. 您所在的专业：_____

二、调查问卷

5. 您是否拥有可接入移动互联网的手机？

有可上网手机〇　　　有手机但没开通网络服务〇　　无手机〇

（如果您目前暂时没有手机或没有开通网络服务，请直接从后续第 16 题开始回答，谢谢！）

6. 您使用手机上网的频率：

每天多次〇　每天 1 次〇　　两三天一次〇

每周一次〇　每两三周一次〇　每月一次〇

7. 您每天使用手机上网的时间长度：

10 分钟以内〇　10～30 分钟〇　30～60 分钟〇

1～2 小时〇　　2～4 小时〇　　4 小时以上〇

8. 您每次使用手机上网的场所地点：

乘车或等车〇　宿舍〇　厕所〇　教室（课间）〇　教室（上课时）〇

食堂/饭馆〇　　饮品站等休闲场所〇　　公园等公共场所〇　　其他〇

9. 下列应用当中，您的使用率如何：

应用类型	从 1 到 5 代表指数从低到高				
	1	2	3	4	5
即时通信（社交/聊天）					
音乐					
游戏					
视频					
微博					
信息搜索					
在线学习					
电子商务					
新闻资讯					
小说文学					
其他					

10. 下列应用当中，您现在更倾向于使用手机还是电脑？

应用类型	媒介	从1到5代表指数从低到高				
		1	2	3	4	5
即时通信（社交/聊天）	手机					
	电脑					
音乐	手机					
	电脑					
游戏	手机					
	电脑					
视频	手机					
	电脑					
微博	手机					
	电脑					
信息搜索	手机					
	电脑					
在线学习	手机					
	电脑					
电子商务	手机					
	电脑					
新闻资讯	手机					
	电脑					
小说文学	手机					
	电脑					
其他	手机					
	电脑					

11. 下列社交应用中，您的使用倾向和使用率如何：

应用类型	媒介	从1到5代表指数从低到高				
		1	2	3	4	5
社交网站类	QQ空间					
	人人网					

续表

应用类型	媒介	从1到5代表指数从低到高				
		1	2	3	4	5
社交网站类	朋友网					
	开心网					
	豆瓣网					
	其他					
微博类	新浪微博					
	腾讯微博					
	搜狐微博					
	网易微博					
	其他					
即时通信类	QQ					
	微信					
	阿里旺旺					
	YY/YY语音					
	陌陌					
	飞信					
	其他					

12. 您使用微信的频次：

每天1次以上○　　每周4~6次○　　每周2~3次○

每周1次○　　每月2~3次○　　每月1次或更少○

13. 在微信的使用中，您对下列功能的使用意向如何：

使用功能	从1到5代表指数从低到高				
	1	2	3	4	5
语音聊天					
文字聊天					
朋友圈					
群聊天					
摇一摇					

续表

使用功能	从1到5代表指数从低到高				
	1	2	3	4	5
搜索附近的人					
免费游戏					
订阅产品或服务的公众号					
扫一扫购买商品					
使用微信支付					
付费游戏					

14. 在微信公众订阅号中，您关注了哪些类型的订阅号：

使用功能	从1到5代表指数从低到高				
	1	2	3	4	5
新闻资讯类（如央视新闻）					
电子商务类（如购物、银行）					
行业资讯类（如传媒、IT）					
游戏娱乐类（如明星、网游）					
书籍阅读类（如豆瓣、美文）					
学术研究类（如学术中国）					
专题学习类（如CAD、PPT）					
其他服务号					

15. 您的微信通信录中的联系人都有哪些：

使用功能	从1到5代表指数从低到高				
	1	2	3	4	5
现实生活中的朋友					
同学					
亲人或亲戚					
同事					
老师或领导					
网友					
陌生人					

16. 如果您还有其他意见和建议，请写在下面的表格区域：

非常感谢您花费宝贵时间填写问卷,再次对您的认真参与表示诚挚的感谢,祝您学习进步!

附录二：参与移动学习和课堂学习现状调查问卷

"基于移动社交网络的大学翻转课堂教学模式研究"的调查问卷
（参与移动学习和课堂学习现状）

亲爱的同学：

　　欢迎参加本次的问卷调查。本次调查的目的是全面了解同学们使用移动社交网络的使用状况和进行翻转课堂学习的情感意向，以更好地反应同学们的学习需求和期望，以便促使我们更好的调整教学策略，为大家带来更为精彩的学习体验。希望您能支持我们的工作，谢谢！

　　本次调查不会收集个人具体信息，各个选项也无对错之分，只需在相应的选框内划"√"标示即可。您在问卷中填答的所有信息我们都会为您严格保密，请您根据自己的实际情况和真实感受来回答。

　　感谢您的配合！

一、个人基本情况

1. 您的性别
男○　　　　　　　女○

2. 您所在的学校：_____

3. 您所在的学科：
哲学○ 经济学○ 法学○ 教育学○ 文学○ 历史学○
理学○ 工学○　　农学○ 医学○ 管理学○ 艺术学○

4. 您所在的专业：_____

二、调查问卷

5. 您平时是否使用移动互联网络进行学习：

是○　　　　　　　　否○

（如果您目前暂时没有通过移动互联网络进行学习，请直接从后续第 10 题开始回答，谢谢!）.

6. 您是如何通过移动互联网络进行学习的：

学习途径	从 1 到 5 代表指数从低到高				
	1	2	3	4	5
浏览网页					
信息搜索					
社交网络（如微信、微博等）					
学习类 APP（如网易云课堂、多看阅读等）					
其他					

7. 您通过微信等移动社交网络是如何学习的：

学习方式	从 1 到 5 代表指数从低到高				
	1	2	3	4	5
订阅公众号，接收信息					
关注微博博主，收看咨询					
内置搜索引擎查找相关话题					
个人发表话题感言，引起讨论或"围观"					
学习伙伴间组建交流群					
其他					

8. 您通过微信等移动社交网络会开展哪些内容的学习：

学习内容	从 1 到 5 代表指数从低到高				
	1	2	3	4	5
现实案例（呈现/解析/应用）					

续表

学习内容	从1到5代表指数从低到高				
	1	2	3	4	5
软件技能（操作/技巧/实例）					
语言学习（词汇/句式/美文）					
学科理论（简介/解读/应用）					
自我素养（道德/文学/艺术）					
专业拓展（前沿/深度/趋势）					
其他					

9. 您希望微信等移动社交网络在学习方面能够提供哪些功能：

软件功能	从1到5代表指数从低到高				
	1	2	3	4	5
学习伙伴间及时交流					
学习资料的收藏归类					
使用便捷，容易上手					
安全稳定，保护隐私					
界面友好，导航清晰					
其他					

10. 您觉得学校现有教学过程中哪些方面还需要改进；

教学问题	从1到5代表指数从低到高				
	1	2	3	4	5
理论讲授多，实践实习少					
内容较为枯燥，难以激发兴趣					
内容较为落后，适用性不强					
教学方法单一，学生参与度低					
末考权重大，考核方式不合理					
教师专业能力不足					
教师敬业水平不足					
其他					

11. 您期望的教学过程是什么样的：

教学问题	从 1 到 5 代表指数从低到高				
	1	2	3	4	5
教师讲解清晰，条理性强					
理论讲授少些，实践操作多些					
组织多种课堂教学活动形式					
能在不明白时得到及时的指导					
能在课外继续向教师请教					
能充分利用现代信息技术					
能多些职业项目任务实战演练					
其他					

12. 如果您还有其他的意见和建议，请写在下面的表格区域：

_____
_____
_____
_____
_____
_____
_____
_____
_____
_____
_____
_____

附录二
参与移动学习和课堂学习现状调查问卷

非常感谢您花费宝贵时间填写问卷,再次对您的认真参与表示诚挚的感谢,祝您学习进步!

附录三：翻转课堂教学模式调查问卷

"基于移动社交网络的大学翻转课堂教学模式研究"调查问卷
（翻转课堂教学模式）

亲爱的同学：

　　欢迎参加本次的问卷调查。本次调查的目的是全面了解同学们使用移动社交网络的使用状况和进行翻转课堂学习的情感意向，以更好地反应同学们的学习需求和期望，以便促使我们更好地调整教学策略，为大家带来更为精彩的学习体验。希望您能支持我们的工作，谢谢！

　　本次调查不会收集个人具体信息，各个选项也无对错之分，只需在相应的选框内划"√"标示即可。您在问卷中填答的所有信息我们都会为您严格保密，请您根据自己的实际情况和真实感受来回答。

　　感谢您的配合！

一、个人基本情况

1. 您的性别

男○　　　　　　　　　女○

2. 您所在的学校：_____

3. 您所在的学科：

哲学○ 经济学○ 法学○ 教育学○ 文学○ 历史学○

理学○ 工学○　 农学○ 医学○ 管理学○ 艺术学○

附录三
翻转课堂教学模式调查问卷

4. 您所在的专业：_____

二、调查问卷

2012年在世界范围内兴起了一种新的教学模式，即翻转课堂教学。简单来说就是在传统教学中，教师课堂讲授，学生课外完成作业，而在翻转课堂中，将传统课堂中教师的基本理论概念的讲解环节，提前到课前，通过教师提供的视频录像或其他资料由学生自学，然后空出课堂时间，进行答疑解惑或者更多的讨论、案例或操作演练。

5. 您听说过这种模式吗？

听说过，有些了解〇　　　　　没听说过，不了解〇

6. 您是否有兴趣尝试参与这种教学模式？

很有兴趣〇　　　一般，无所谓〇　　　没有兴趣〇

如果不太感兴趣请做第11题，如果感兴趣请继续答题，谢谢！

7. 如果您对这一模式感兴趣，主要是因为

原因	从1到5代表指数从低到高				
	1	2	3	4	5
既然国际流行，就应该积极试用					
我希望课堂能多练习多讨论					
理念比较新颖，愿意尝试					
我喜欢通过视频学习，比较方便					
我的自控能力好，可以保证自学					
我听说过别人的学习体验，很想参加					
其他					

8. 如果借助微信公众平台订阅号来发布课前学习内容，你是否能接受：

经常使用微信，能接受〇

一般，无所谓〇

不清楚是否能满足需要，不能接受〇

9. 如果借助微信公众平台订阅号来发布课前学习内容，你希望它能实现哪些需求：

功能需求	从 1 到 5 代表指数从低到高				
	1	2	3	4	5
学习资源丰富多样、生动活泼					
及早发布，学习时间充足					
自学中遇到问题能获得帮助					
自学内容能与课堂学习联系起来					
学习内容可以随时查阅					
其他					

10. 您希望自学后在课堂上参与哪些教学活动：

教学活动	从 1 到 5 代表指数从低到高				
	1	2	3	4	5
教师讲授					
讨论					
案例分析					
情景模拟					
课堂游戏					
实际操作					
向老师单独请教					
和同学合作					
小竞赛					
演讲或辩论					
作品设计					
其他					

11. 如果您不太感兴趣，主要是因为：

原因	从 1 到 5 代表指数从低到高				
	1	2	3	4	5
习惯了听讲学习，觉得没必要改变					
没有尝试过视频学习，担心效果不好					
习惯被督促学习，担心自学效果不好					

附录三
翻转课堂教学模式调查问卷

续表

原因	从1到5代表指数从低到高				
	1	2	3	4	5
课前自学加上课堂学习,太占时间					
作为新的教学模式也许还不成熟					
国外教学模式不一定适合中国实际					
没有听过成功案例,担心整体效果					
担心讲解少了会学到的更少					
担心教师组织不好课堂活动反而更糟					
其他					

12. 如果您还有其他意见和建议,请写在下面的表格区域:

_____

_____

_____

_____

_____

非常感谢您花费宝贵时间填写问卷,再次对您的认真参与表示诚挚的感谢,祝您学习进步!

附录四：整体满意度调查问卷

"基于移动社交网络的大学翻转课堂教学模式研究"调查问卷
（整体满意度）

亲爱的同学：

　　欢迎参加本次的问卷调查。本次调查的目的是全面了解同学们使用移动社交网络的使用状况和进行翻转课堂学习的情感意向，以更好地反应同学们的学习需求和期望，以便促使我们更好地调整教学策略，为大家带来更为精彩的学习体验。希望您能支持我们的工作，谢谢！

　　本次调查不会收集个人具体信息，各个选项也无对错之分，只需在相应的选框内划"√"标示即可。您在问卷中填答的所有信息我们都会为您严格保密，请您根据自己的实际情况和真实感受来回答。

　　感谢您的配合！

一、个人基本情况

1. 您的性别
男〇　　　　　　　　女〇

2. 您所在的学校：_____

3. 您所在的学科：
哲学〇 经济学〇 法学〇 教育学〇 文学〇 历史学〇
理学〇 工学〇　农学〇 医学〇 管理学〇 艺术学〇

4. 您所在的专业：_____

二、调查问卷

5. 经过前期的学习,请您发表您对这种教学模式的总体看法:

整体满意度	从1到5代表指数从低到高				
	1	2	3	4	5
我喜欢翻转课堂这种教学模式					
我喜欢在教学中融入微信等新媒体技术					
我对通过微信进行的翻转学习过程很满意					
我对通过微信进行的翻转学习效果很满意					

6. 您在学习过程中是如何应用微信公众平台的:

整体满意度	从1到5代表指数从低到高				
	1	2	3	4	5
我会收藏和归类微信里感兴趣的或重要的信息					
我会分享和转发微信里感兴趣的或重要的信息					
我会经常在微信里发布我的学习感悟					
我会考虑使用微信的更多功能来促进学习					

7. 请谈谈您通过使用微信公众平台的进行翻转课堂学习后,在知识获取和认知能力方面,您有哪些变化和感受:

认知效果	从1到5代表指数从低到高				
	1	2	3	4	5
我能清晰地回忆起所学知识					
我能在现实中找到所学知识的多种表现形式					
我能用自己的理解描述出相关知识的定义					
我能对所学知识体系进行整体概括					
我能用自己的语言或图表形式来描述展现所学知识					
我能对某一事物进行举例说明或深入阐释					
我在所学知识领域内对某一事物的状态趋势进行推断或预测					
我能在复杂情境中辨析出某一事物的组成要素或主次问题					

续表

认知效果	从1到5代表指数从低到高				
	1	2	3	4	5
我能运用适当的原理或技术来解决现实问题					
我能对复杂问题进行结构分析或析因分析					
我能对不同事物进行比较分析、把握差异					
我能通过假设和验证来对新问题提出合理的解决方案或思路					
我能对创造性的对已有解决方案进行优化改造					

8. 请谈谈您通过使用微信公众平台的进行翻转课堂学习后，在情感态度方面，您有哪些变化和感受：

情感效果	从1到5代表指数从低到高				
	1	2	3	4	5
相比传统课堂，我更喜欢这种方式的学习					
我感觉获得了老师更多的关注					
我在学习中有一种是学习的主人的感觉					
我感觉我能够自主安排学习进度和计划					
我愿意花更多的时间和精力进行学习					
我很享受通过课前学习后在课堂与老师同学讨论的体验					
我在集体中的自我存在感越来越强					
我和乐意和同学一起合作完成一个项目或任务					
我接受并认可这种学习方式					
我认为这是一种适合我的方式					
我愿意继续坚持下去					
我愿意把这种学习方式推荐给他人					

9. 请谈谈您通过使用微信公众平台的进行翻转课堂学习后，在综合能力方面，您有哪些变化和感受：

能力效果	从1到5代表指数从低到高				
	1	2	3	4	5
通过课前、课堂和课后的学习，我的综合能力得到了提升					

续表

能力效果	从1到5代表指数从低到高				
	1	2	3	4	5
我的时间观念和自控能力得到了加强					
我的自主学习能力得到了加强					
我的动手操作能力得到了加强					
我的分析思辨能力得到了加强					
我的问题解决能力得到了加强					
我与沟通表达能力得到了加强					
我的人际交往能力得到了加强					
我的合作参与意识得到了加强					
我的创新意识和创新能力得到了加强					

10. 请谈谈您通过使用微信公众平台的进行翻转课堂学习后，在行为表现方面，您有哪些变化和感受：

能力效果	从1到5代表指数从低到高				
	1	2	3	4	5
通过这种学习方式，我的学习行为更为积极主动					
我在课堂上会积极思考					
我在课堂上会积极发言					
我在课堂上会积极参加各类活动					
我在课后会回顾所学知识					
我在课后会独自或和他人一起完成学习任务或项目设计					
我在课后会主动思考更为深刻的问题					
我在课后会尝试运用所学知识来解决问题					

11. 如果还有其他的意见和建议，请写在下面的表格区域：

附录四
整体满意度调查问卷

_____
_____
_____
_____
_____
_____
_____

非常感谢您花费宝贵时间填写问卷,再次对您的认真参与表示诚挚的感谢,祝您学习进步!

附录五：满意度影响因素调查问卷

"基于移动社交网络的大学翻转课堂教学模式研究"调查问卷
（满意度影响因素）

亲爱的同学：

　　欢迎参加本次的问卷调查。本次调查的目的是全面了解同学们使用移动社交网络的使用状况和进行翻转课堂学习的情感意向，以更好地反应同学们的学习需求和期望，以便促使我们更好地调整教学策略，为大家带来更为精彩的学习体验。希望您能支持我们的工作，谢谢！

　　本次调查不会收集个人具体信息，各个选项也无对错之分，只需在相应的选框内划"√"标示即可。您在问卷中填答的所有信息我们都会为您严格保密，请您根据自己的实际情况和真实感受来回答。

　　感谢您的配合！

一、个人基本情况

1. 您的性别
男○　　　　　　　　女○

2. 您所在的学校：＿＿＿＿＿＿＿＿＿＿＿＿

3. 您所在的学科：
哲学○ 经济学○ 法学○ 教育学○ 文学○ 历史学○
理学○ 工学○　 农学○ 医学○ 管理学○ 艺术学○

4. 您所在的专业：＿＿＿＿＿＿＿＿＿＿＿＿

二、调查问卷

5. 经过前期的学习，你现在是否能接受基于微信公众平台的翻转课堂教学模式？

效果很好，能接受○　效果一般，但能接受○　效果一般，不能接受○

（如果您不目前还无法接受这一模式，请直接从后续第12题开始回答，谢谢！）

6. 您能接受这一模式并愿意继续参与的主要原因是：

	原因	从1到5代表指数从低到高				
		1	2	3	4	5
课前学习	逐渐适应视频学习					
	逐渐适应自主学习					
	微信功能强大，使用便捷					
	发送及时，内容丰富					
	随时交流，获得帮助					
课堂学习	课堂活动形式多样，乐于参加					
	可以得到教师的单独指导					
	和同学的合作中获得了自我价值和存在感					
	通过作品设计获得了成就感					
	通过演讲锻炼了表达沟通能力					
	通过讨论辩论加深了知识理解					
课后学习	通过项目学习获得了更多知识					
	组建了志同道合的学习小组					
	获得了丰富的社会体验					

7. 您每次用于学习课前学习的时间是多长：

30分钟之内○　30-60分钟○　60分钟以上○

8. 您感觉课前学习时间是否增加了学习负担：

能够承受，不算负担○　有一些负担，但能克服○　负担重○

9. 您每次能否学完全部的课前材料，如果不能，为什么：

原因	从1到5代表指数从低到高				
	1	2	3	4	5
每次发布太多，无法一时消化					
形式简单，看多了就没兴趣					
单节内容过长，不便回看					
观看视频比较消耗流量					
网络不稳定					
大家学习时间不统一，交流不便					

10. 您更喜欢收看哪种类型的学习材料：

材料类型	从1到5代表指数从低到高				
	1	2	3	4	5
教师讲授录像					
教师课件录屏					
画中画（教师与课件）视频					
其他专家讲授视频					
MG动画视频					
专题节目视频					
视频辅以文字说明					
信息图					
文字					
图像辅以文字说明结合					
音频					

11. 您希望如何改进和优化目前的翻转学习模式：

相关措施	从1到5代表指数从低到高				
	1	2	3	4	5
课前发布材料形式多样					
考虑知识点的课前课后分配					

续表

相关措施	从 1 到 5 代表指数从低到高				
	1	2	3	4	5
发布更多学生感兴趣的或对学习有帮助的扩展延伸类的学习资讯					
学习交流讨论不受外界干扰					
可以查询小组讨论学习记录					
增加更多的课堂学习活动形式					
学生可以参与到学习任务设计中来					
课程考试形式多样化					
将课堂空间完成不了的学习任务延伸到课后					
提供更多的职业项目任务实战演练的机会					

12. 如果还有其他的意见和建议，请写在下面的表格区域：

_____

_____

_____

_____

_____

_____

非常感谢您花费宝贵时间填写问卷,再次对您的认真参与表示诚挚的感谢,祝您学习进步!

附录六：访谈提纲（面向学生）

"基于移动社交网络的大学翻转课堂教学模式研究"
访谈提纲
（面向学生）

注：可用于三轮迭代研究中，根据阶段推进情况适当删减相关问题。

一、你喜欢使用微信进行学习吗？

1. 以前微信使用的多吗？
2. 尝试过使用微信进行相关学习活动吗？
3. 经过一个阶段的学习，现在能接受使用微信进行学习吗？
4. 你觉得还应该扩充或改造哪些微信功能开展学习？

二、经过一段学习是否能够接受翻转课堂这种模式？

5. 你觉得喜欢以前的教学模式吗？
6. 对以前的教学模式你觉得还应该从哪些方面改进？
7. 你觉得你能适应翻转课堂教学模式吗？
8. 你觉得翻转课堂教学模式有哪些好处？

三、感觉目前还有哪些问题与困惑？

9. 你觉得在课前学习活动中还存在哪些问题？
10. 你觉得课堂知识内化中还存在哪些问题？

11. 你觉得课后探究活动中还存在哪些问题？

四、根据你的学习体验，请谈一些相关建议。

附录七：访谈提纲（面向教师）

"基于移动社交网络的大学翻转课堂教学模式研究"
访谈提纲
（面向教师）

注：可用于三轮迭代研究中，根据阶段推进情况适当删减相关问题。

一、经过一段教学是否能够适应这种模式？

1. 这种模式比起传统教学模式有哪些优点？
2. 通过这种模式学生的整体反应如何？
3. 通过这种模式教学效果如何？

二、感觉目前还有哪些问题与困惑？

4. 课前制作学习材料有哪些问题？
5. 整体工作教学工作量感觉如何？
6. 学生课前学习情况如何？
7. 课堂学习活动组织情况如何？

三、根据你的教学体验，请谈一些相关建议。

附录八：专家意见征询表

尊敬的专家：

您好！通过网络文献检索和他人推荐，获悉您在翻转课堂教学模式（移动社交网络学习应用）领域内的研究颇有建树，我是西北师范大学教育技术学院的博士生，目前正在进行"基于移动社交网络的大学翻转课堂学习效果评价指标体系"的研究，希望您能在百忙中抽出宝贵时间，参与专家意见征询。

此表中已经初步遴选出一些评价指标，敬请选出您认为适合的评价指标，并在所选指标旁边的　内打"√"。如果您对某项指标有异议或者其他意见，请您在备注栏或者此表的最后填写意见，非常感谢您的拨冗相助！

专家基本情况

1. 专家基本情况

姓名		年龄		性别	男　　女
文化程度		职称		电话	
研究方向					
工作单位					
通信地址				邮编	

附录八 专家意见征询表

2. 相关领域的熟知程度

咨询项目	很熟悉	较为熟悉	一般熟悉	不太熟悉	不熟悉
翻转课堂					
移动社交网络					
教学评价					
德尔菲法					

基于移动社交网络的大学翻转课堂学习效果评价指标体系专家咨询表

满意度与效果	从1~5表示重要程度的递增					备注（请您填写意见）
	1	2	3	4	5	
整体满意度						
我喜欢翻转课堂这种教学模式						
我喜欢在教学中融入微信等新媒体技术						
我对通过微信进行的翻转学习过程很满意						
我对通过微信进行的翻转学习效果很满意						
认知效果						
通过课前微信平台的学习，我能掌握一些基础性知识						
通过课堂上和课后多种活动我对知识的理解和应用更为深入						
记忆和概念						
我能清晰地回忆起所学知识						
我能在现实中找到所学知识的多种表现形式						
我能用自己的理解描述出相关知识的定义						
我能对所学知识体系进行整体概括						
理解						
我能用自己的语言或图表形式来描述展现所学知识						
我能对某一事物进行举例说明或深入阐释						
我在所学知识领域内对某一事物的状态趋势进行推断或预测						

续表

满意度与效果	从 1~5 表示重要程度的递增					备注
	1	2	3	4	5	（请您填写意见）
应用						
我能在复杂情境中辨析出某一事物的组成要素或主次问题						
我能运用适当的原理或技术来解决现实问题						
评价						
我能对复杂问题进行结构分析或析因分析						
我能对不同事物进行比较分析、把握差异						
综合						
我能通过假设和验证来对新问题提出合理的解决方案或思路						
我能创造性地对已有解决方案进行优化改造						
情感效果						
相比传统课堂，我更喜欢这种方式的学习						
我感觉获得了老师更多的关注						
我在学习中有一种是学习的主人的感觉						
我感觉我能够自主安排学习进度和计划						
我愿意花更多的时间和精力进行学习						
我很享受通过课前学习后在课堂与老师同学讨论的体验						
我在集体中的自我存在感越来越强						
我和乐意和同学一起合作完成一个项目或任务						
我接受并认可这种学习方式						
我认为这是一种适合我的方式						
我愿意继续坚持下去						
我愿意把这种学习方式推荐给他人						
能力效果						
通过课前、课堂和课后的学习，我的综合能力得到了提升						

附录八
专家意见征询表

续表

满意度与效果	从 1~5 表示重要程度的递增					备注
	1	2	3	4	5	（请您填写意见）
我的时间观念和自控能力得到了加强						
我的自主学习能力得到了加强						
我的动手操作能力得到了加强						
我的分析思辨能力得到了加强						
我的问题解决能力得到了加强						
我与沟通表达能力得到了加强						
我的人际交往能力得到了加强						
我的合作参与意识得到了加强						
我的创新意识和创新能力得到了加强						
行为效果						
通过这种学习方式，我的学习行为更为积极主动						
我在课前遇到问题会主动搜索相关知识						
我在课前遇到问题会主动通过微信向别人请教和交流						
我在课堂上会积极思考						
我在课堂上会积极发言						
我在课堂上会积极参加各类活动						
我在课后会回顾所学知识						
我在课后会独自或和他人一起完成学习任务或项目设计						
我在课后会主动思考更为深刻的问题						
我在课后会尝试运用所学知识来解决问题						
交互效果						
通过这种学习方式，我与老师和同学们的交流更为深入						
我在遇到不明白的问题时会和同学广泛交流						

续表

满意度与效果	从1~5表示重要程度的递增					备注
	1	2	3	4	5	(请您填写意见)
我在遇到不明白的问题时能更多的获得老师的指点						
我与老师的交流机会更多了						
我在课堂上得到老师单独辅导的机会更多了						
平台应用						
我会收藏和归类微信里感兴趣的或重要的信息						
我会分享和转发微信里感兴趣的或重要的信息						
我会经常在微信里发布我的学习感悟						
我会考虑使用微信的更多功能来促进学习						

评价指标体系修正情况汇总表

需更改的指标及理由	1
	2
	3
	4
	5
需增加的指标及理由	1
	2
	3
	4
	5
需删除的指标及理由	1
	2
	3
	4
	5

敬请您将其他意见填写在此处，再次对您的帮助和支持表示衷心感谢！

附录八
专家意见征询表

附录九：所罗门学习风格量表

1. 为了较好地理解某些事物，我首先
（a）试试看。
（b）深思熟虑。

2. 我办事喜欢
（a）讲究实际。
（b）标新立异。

3. 当我回想以前做过的事，我的脑海中大多会出现
（a）一幅画面。
（b）一些话语。

4. 我往往会
（a）明了事物的细节但不明其总体结构。
（b）明了事物的总体结构但不明其细节。

5. 在学习某些东西时，我不禁会
（a）谈论它。
（b）思考它。

6. 如何我是一名教师，我比较喜欢教
（a）关于事实和实际情况的课程。
（b）关于思想和理论方面的课程。

7. 我比较偏爱的获取新信息的媒体是
（a）图画、图解、图形及图象。
（b）书面指导和言语信息。

8. 一旦我了解了
（a）事物的所有部分，我就能把握其整体。
（b）事物的整体，我就知其构成部分。

9. 在学习小组中遇到难题时，我通常会
（a）挺身而出，畅所欲言。
（b）往后退让，倾听意见。

10. 我发现比较容易学习的是
（a）事实性内容。
（b）概念性内容。

11. 在阅读一本带有许多插图的书时，我一般会
（a）仔细观察插图。
（b）集中注意文字。

12. 当我解决数学题时，我常常
（a）思考如何一步一步求解。
（b）先看解答，然后设法得出解题步骤。

13. 在我修课的班级中，
（a）我通常结识许多同学。
（b）我认识的同学寥寥无几。

14. 在阅读非小说类作品时，我偏爱
（a）那些能告诉我新事实和教我怎么做的东西。
（b）那些能启发我思考的东西。

15. 我喜欢的教师是
（a）在黑板上画许多图解的人。
（b）花许多时间讲解的人。

16. 当我在分析故事或小说时，
（a）我想到各种情节并试图把他们结合起来去构想主题。
（b）当我读完时只知道主题是什么，然后我得回

附录九
所罗门学习风格量表

续表

头去寻找有关情节。

17. 当我做家庭作业时，我比较喜欢

(a) 一开始就立即做解答。

(b) 首先设法理解题意。

18. 我比较喜欢

(a) 确定性的想法。

(b) 推论性的想法。

19. 我记得最牢是

(a) 看到的东西。

(b) 听到的东西。

20. 我特别喜欢教师

(a) 向我条理分明地呈示材料。

(b) 先给我一个概貌，再将材料与其他论题相联系。

21. 我喜欢

(a) 在小组中学习。

(b) 独自学习。

22. 我更喜欢被认为是：

(a) 对工作细节很仔细。

(b) 对工作很有创造力。

23. 当要我到一个新的地方去时，我喜欢

(a) 要一幅地图。

(b) 要书面指南。

24. 我学习时

(a) 总是按部就班，我相信只要努力，终有所得。

(b) 我有时完全糊涂，然后恍然大悟。

25. 我办事时喜欢

(a) 试试看。

(b) 想好再做。

26. 当我阅读趣闻时，我喜欢作者

(a) 以开门见山的方式叙述。

(b) 以新颖有趣的方式叙述。

27. 当我在上课时看到一幅图，我通常会清晰地记着

(a) 那幅图。

(b) 教师对那幅图的解说。

28. 当我思考一大段信息资料时，我通常

(a) 注意细节而忽视概貌。

(b) 先了解概貌而后深入细节。

29. 我最容易记住

(a) 我做过的事。

(b) 我想过的许多事。

30. 当我执行一项任务是，我喜欢

(a) 掌握一种方法。

(b) 想出多种方法。

31. 当有人向我展示资料时，我喜欢

(a) 图表。

(b) 概括其结果的文字。

32. 当我写文章时，我通常

(a) 先思考和着手写文章的开头，然后循序渐进。

(b) 先思考和写作文章的不同部分，然后加以整理。

33. 当我必须参加小组合作课题时，我要

(a) 大家首先"集思广益"，人人贡献主意。

(b) 各人分头思考，然后集中起来比较各种想法。

34. 当我要赞扬他人时，我说他是

(a) 很敏感的。

(b) 想象力丰富的。

35. 当我在聚会时与人见过面，我通常会记得

(a) 他们的模样。

(b) 他们的自我介绍。

36. 当我学习新的科目时，我喜欢

(a) 全力以赴，尽量学得多学得好。

(b) 试图建立该科目与其他有关科目的联系。

37. 我通常被他人认为是

(a) 外向的。

(b) 保守的。

续表

38. 我喜欢的课程内容主要是 （a）具体材料（事实、数据）。 （b）抽象材料（概念、理论）。 39. 在娱乐方面，我喜欢 （a）看电视。 （b）看书。 40. 有些教师讲课时先给出一个提纲，这种提纲对我 （a）有所帮助。 （b）很有帮助。 41. 我认为只给合作的群体打一个分数的想法 （a）吸引我。 （b）不吸引我。	42. 当我长时间地从事计算工作时 （a）我喜欢重复我的步骤并仔细地检查我的工作。 （b）我认为检查工作非常无聊，我是在逼迫自己这么干。 43. 我能画下我去过的地方 （a）很容易且相当精确。 （b）很困难且没有许多细节。 44. 当在小组中解决问题时，我更可能是 （a）思考解决问题的步骤。 （b）思考可能的结果及其在更广泛的领域内的应用。

附录十：VAK学习类型自我测试量表

1	我喜欢乱涂乱画，笔记本里常有许多图画或者箭头之类的内容。
2	我的字写得不整洁，作业本上常常有涂黑圈的字或者橡皮擦过的痕迹。
3	对刚买来的电器或其他新产品，我不喜欢看说明书，我喜欢马上动手试着去用。
4	我把事物写下来能够记得更清楚。
5	我只要听见了就能记住，无须看见或者通过阅读。
6	当别人给我演示如何去做某事时我的学习收获最大，而且我也会找机会试着动手去做。
7	如果有人告诉我如何到一个新地方去，我不写下行走线路图就会迷路或者迟到。
8	写字很累，我用钢笔或者铅笔写字的时候用力很重。
9	我喜欢以尝试错误的方式解决问题，不喜欢以按部就班的方式解决问题。
10	当我想记住某人的电话号码或者诸如此类的事情时，我得在脑子里"看"一遍才行。
11	即使医生认为我的视力很好，我的眼睛也很容易疲劳。
12	我在按照指示或说明去做事情之前，喜欢先看一看别人是怎么做的。
13	我答题的时候，脑子里往往能"看到"答案在书中的第几页。
14	我阅读的时候，容易把结构相似的词弄混。如，马与鸟、请与清、them与then等。
15	我发现自己在学习的时候常常中断下来去做别的事。
16	我在课堂上听讲的时候，喜欢聚精会神地注视着主讲人。
17	我难以看懂别人的笔记。
18	我不善于口头或书面表达。
19	当有人在谈话或者有音乐声时，我很难集中注意力听明白某个人在说什么。
20	如果让我选择是通过听讲座还是看书的方式获得新信息，我会选择听讲座。
21	甚至在陌生的环境中我也比别人不容易迷路。
22	如果有人给我讲个笑话，我很难马上明白过来。
23	我对听来的故事比书上看到的故事印象更深

续表

24	当我想不起一个具体的词时,我会用手比划着帮助回忆。
25	如果有一个安静的地方,我会把事情干得更好。
26	一首新歌我只要多听几遍就会唱了。
27	体育课中,我不喜欢听老师讲动作要领,而是喜欢自己先模仿。
28	我只要观察过别人做活,无须亲自看书就能学会。
29	看过的电影电视,我对里面的音乐音响效果比画面印象更深。
30	别人告诉我一个电话号码,我自己不说一遍或者写一遍,一般很难记住,哪怕别人说很多遍或者写下来给我看。
31	我读书的时候喜欢用手指或者笔指着所读之处。
32	如果没有电视看,听广播也能让我很欢乐。
33	我比较喜欢手舞足蹈地跟别人说话。
34	字迹印刷得小,书上有污点,纸张质量差,或者装订不好的书或试卷影响我的阅读情绪。
35	我不喜欢非常安静的环境。
36	我对记过笔记的上课内容,即使没有回头看笔记,也要比没有记过笔记的内容容易记住。

后 记

时过而立,"回首来时路,苍苍横翠微",年近不惑,"行到水穷处,坐看云起时"。有时想来,本命年却不认命,远离家小再求学,如若不是荒唐,便是一种执著,抑或是一种宿命之中舍得之间的必由之路吧。既如此,也当不能负了这忙碌与浮躁之后难得的回归与沉淀。

书到用时方恨少,事非经过不知难。

在兹念兹,四年研读,感慨良多,倘若论及最大体悟与获益,则是经过这一段修业历程,使我真正对学术研究有了敬畏之心!我的本科、硕士阶段的学业皆是在西北师大完成,这里有我的青春印记和诗样年华,至少学术会堂旁的老树,旧文科楼后的光影,曾经见证了一个懵懂少年逐渐长大的过程。彼时年少疏狂,不知所以,每每临阵背记皆可巧取,及至工作之后,苟且周旋,常将曲径通幽奉为至境。期间忙于奔走,疲于应酬,于读书作记、学术修研,视为身外事,皆作壁上观,遑论书写感悟、体察心灵。年近不惑再度踏入师大,苦读修业之余,才知晓缺乏学术研究的意识素养和方法沉淀,学问研究何等艰辛!毕业论文铺展之际,已感惶恐,行文近半,有如灯竭,常常困顿,每每嗟叹,时有转身隐退之意。好在期间在导师指引下已经开始了广博阅读和深入查究,点滴之悟渐成涓溪,丝缕进益已有框型,乃至后来夜夜笔耕偶有小得,日日思索初具形脉,那些落单的文字已可词可句,零散的节段亦有序有章,时至今日几可成文。欣慰暗喜之余,敬畏之情早已深透骨髓直抵魂灵,也将成为我日后谨修苦研之柢脉与根基。大道至简,衍化至繁,六经注我,我注六经,是以为记。

如切如磋,如琢如磨,知行合一,止于至善。

为学四年,恩师杨晓宏教授宽厚仁慈,亦师亦友,无论是学业还是生活,都对我关照有加,他深厚的学术素养、宽广的研究视野、敏锐的问题意识和规整的行文风范,于我若高山景行,钦仰不止,感恩之意,难于言表,也为我在学术研究的道路上树立起了需要终身追从和图骥的标杆。学院的众位师长,有如南国农先生、杨改学教授、郭绍青教授、张筱兰教授等,对我的学业和论文也多有指导匡正,在此一并致谢。特别是南先生,虽已远去但德范犹存,他在授课和指导之际常言之:"做学问需先做人。"至今仍铭记于心,先生做人的豁达乐观与治学的严谨求实所透出的人生智慧,也将是指引我不断前行的橡炬之光。

论文期摘瑕,求友惟攻阙。

庆幸在师大四年,流走的时光为我沉积下了诸多益友,诚如赵健、汇海、向平、妍莉、贾巍、永军、炳林、银健等学长,古丽娜、张乐、童慧、厚福、袁媛、杨滨、诺曼等同窗,以及方琦、相春、刘军、海燕、杜华、雷虹、晓辉、运福、河山、进良等学友,他们对我的关心和鼓励坚定了我前行的方向,其中特别感谢海燕、童慧和张乐几位同学在我论文汇集材料、梳理思路的过程中的鼎力相助!此外,我的好友儒毓、嵩华、炜童、新帅、为民、建平、益冬、利军、李强、述亮、魏江等,对论文写作中的建议、校改、鼓励和支持,也使我获益良多,在此一并致谢!

繁花宇澄处,俱有默耕人。

论文写作期间,我的父母、岳父母及众亲友对我的求学选择和行文艰苦表达出了极大的理解和支持,特别是我的妻子,四年期间默默承担起了烦琐家务而未尝抱怨,对我写作中的烦闷和焦虑给予了贴心的疏解与分担,难以为谢,唯有相伴!还有我的小女依宝,劳累之余总有她的绕膝环颈、挠痒捶背,也使我内心能够得到些许平静和安宁。前些日子,互联网创业者扎克伯格和马云有过一次对话,扎氏说到:"希望教给她的是一种好奇心,世界上很多东西不是显而易见的,我希望她能够自己去探索。"马云称:"我不在乎我女儿做什么,我希望她能去解决一些问题。我们努力工作,就是想让下一代生活得更好。"古今中外父母亲的舐犊之情大抵如此,我的努力付出不一定能够给我的女儿能带来美好未来,只是希望她能够从我求学的艰辛和不懈的努力当中,体会世事不易,学会坚强、坚持和坚守,吾心足矣。

后　记

不经意间又想起了彼时学长毕业时写就的几句词语，于今也转赠于自己吧：

往后平凡的日子
也许会尘封了理想的城邦
也许会暗淡了前行的星光
那就请你推开记忆的后窗
在那里
总会有师大四季的芬芳

丙申　槐月　于新教103